中華古籍保護計劃

ZHONG HUA GU JI BAO HU JI HUA CHENG GUO

·成 果·

遼寧大學圖書館古籍普查登記目録

全國古籍普查登記目録

國家圖書館出版社
National Library of China Publishing House

圖書在版編目(CIP)數據

遼寧大學圖書館古籍普查登記目録/遼寧大學圖書館編. --北京:國家圖書館出版社,
2018.3
(全國古籍普查登記目録)
ISBN 978 - 7 - 5013 - 6347 - 6

Ⅰ.①遼…　Ⅱ.①遼…　Ⅲ.①院校圖書館—古籍—圖書館目録—遼寧　Ⅳ.①Z838

中國版本圖書館 CIP 數據核字(2017)第 014422 號

書　　名	遼寧大學圖書館古籍普查登記目録
著　　者	遼寧大學圖書館　編
責任編輯	王　雷

出　　版　國家圖書館出版社(100034　北京市西城區文津街 7 號)
　　　　　　(原書目文獻出版社　北京圖書館出版社)
發　　行　010 - 66114536　66126153　66151313　66175620
　　　　　　66121706(傳真)　66126156(門市部)
E-mail　　nlcpress@ nlc. cn(郵購)
Website　www. nlcpress. com →投稿中心
經　　銷　新華書店
印　　裝　河北三河弘翰印務有限公司
版　　次　2018 年 3 月第 1 版　2018 年 3 月第 1 次印刷

開　　本　787 × 1092(毫米)　1/16
印　　張　21.25
字　　數　430 千字

書　　號　ISBN 978 - 7 - 5013 - 6347 - 6
定　　價　220.00 圓

《全國古籍普查登記目録》

工作委員會

主　　任： 周和平

副主任： 張永新　詹福瑞　劉小琴　李致忠　張志清

委　　員（按姓氏筆畫排序）：

于立仁　王水喬　王　沛　王紅蕾　王筱雯

方自今　尹壽松　包菊香　任　競　全　勤

李西寧　李　彤　李忠昊　李春來　李　培

李曉秋　吳建中　宋志英　努　木　林世田

易向軍　周建文　洪　琰　倪曉建　徐欣禄

徐　蜀　高文華　郭向東　陳荔京　陳紅彦

張　勇　湯旭巖　楊　揚　賈貴榮　趙　嬿

鄭智明　劉洪輝　歷　力　鮑盛華　韓　彬

魏存慶　鍾海珍　謝冬榮　謝　林　應長興

《全國古籍普查登記目録》

序　言

　　全國古籍普查登記工作是"中華古籍保護計劃"的首要任務,是全面開展古籍搶救、保護和利用工作的基礎,也是有史以來第一次由政府組織、參加收藏單位最多的全國性古籍普查登記工作。

　　2007年國務院辦公廳發佈《關於進一步加强古籍保護工作的意見》(國辦發[2007]6號),明確了古籍保護工作的首要任務是對全國公共圖書館、博物館和教育、宗教、民族、文物等系統的古籍收藏和保護狀況進行全面普查,建立中華古籍聯合目録和古籍數字資源庫。2011年12月,文化部下發《文化部辦公廳關於加快推進全國古籍普查登記工作的通知》(文辦發[2011]518號),進一步落實了全國古籍普查登記工作。根據文化部2011年518號文件精神,國家古籍保護中心擬訂了《全國古籍普查登記工作方案》,進一步規範了古籍普查登記工作的範圍、内容、原則、步驟、辦法、成果和經費。目前進行的全國古籍普查登記工作的中心任務是通過每部古籍的身份證——"古籍普查登記編號"和相關信息,建立古籍總臺賬,全面瞭解全國古籍存藏情況,開展全國古籍保護的基礎性工作,加强各級政府對古籍的管理、保護和利用。

　　《全國古籍普查登記工作方案》規定了全國古籍普查登記工作的三個主要步驟:一、開展古籍普查登記工作;二、在古籍普查登記基礎上,編纂出版館藏古籍普查登記目録,形成《全國古籍普查登記目録》;三、在古籍普查登記工作基本完成的前提下,由省級古籍保護中心負責編纂出版本省古籍分類聯合目録《中華古籍總目》分省卷,由國家古籍保護中心負責編纂出版《中華古籍總目》統編卷。

　　在黨和政府領導下,在各地區、各有關部門和全社會共同努力下,古籍普查登記工作得以扎實推進。古籍普查已在除臺、港、澳之外的全國各省級行政區域開展,普查内容除漢文古籍外,還包括各少數民族文字古籍,特别是於2010年分别啓動了新疆古籍保護和西藏古籍保護專項,因地制宜,開展古籍普查登記工作;國家古籍保護中心研製的"全國古籍普查登記平臺"已覆蓋到全國各省級古籍保護中心,並進一步研發了"中華古籍索引庫",爲及時展現古籍普查成果提供有力支持;截至目前,已有11375部古籍進入《國家珍貴古籍名録》,浙江、江蘇、山東、河北等省公佈了省級《珍貴古籍名録》，古籍分級保護機制初步形成。

　　《全國古籍普查登記目録》是古籍普查工作的階段性成果，旨在摸清家底，揭示館藏，反映古籍的基本信息。原則上每申報單位獨立成冊，館藏量少不能獨立成冊者，則在本省範圍内幾個館目合併成冊。無論獨立成冊還是合併成冊，均編製獨立的書名筆畫索引附於書後。著録的必填基本項目有：古籍普查登記編號、索書號、題名卷數、著者（含著作方式）、版本、冊數及存缺卷數。其他擴展項目有：分類、批校題跋、版式、裝幀形式、叢書子目、書影、破損狀況等。有條件的收藏單位多著録的一些擴展項目，也反映在《全國古籍普查登記目録》上。目録編排按古籍普查登記編號排序，内在順序給予各古籍收藏單位較大自由度，可按分類排列古籍普查登記編號，也可按排架號、按同書名等排列古籍普查登記編號，以反映各館特色。

　　此次全國古籍普查登記工作，克服了古籍數量多、普查人員少、普查難度大等各種困難，也得到了全國古籍保護工作者的極大支持。在古籍普查登記過程中，國家古籍保護中心、各省古籍保護中心爲此舉辦了多期古籍普查、古籍鑒定、古籍普查目録審校等培訓班，全國共 1600 餘家單位參加了培訓，爲古籍普查登記工作培養了大量人才。同時在古籍普查登記工作中，也鍛煉了普查員的實踐能力，爲將來古籍保護事業發展奠定了良好的基礎。

　　《全國古籍普查登記目録》的出版，將摸清我國古籍家底，爲古籍保護和利用工作提供依據，也將是古籍保護長期工作的一個里程碑。

國家古籍保護中心

2013 年 10 月

《全國古籍普查登記目録》

編纂凡例

　　一、收録範圍爲我國境内各收藏機構或個人所藏，產生於 1912 年以前，具有文物價值、學術價值和藝術價值的文獻典籍，包括漢文古籍和少數民族文字古籍以及甲骨、簡帛、敦煌遺書、碑帖拓本、古地圖等文獻。其中，部分文獻的收録年限適當延伸。

　　二、以各收藏機構爲分冊依據，篇幅較小者，適當合併出版。

　　三、一部古籍一條款目，複本亦單獨著録。

　　四、著録基本要求爲客觀登記、規範描述。

　　五、著録款目包括古籍普查登記編號、索書號、題名卷數、著者、版本、冊數、存缺卷等。古籍普查登記編號的組成方式是：省級行政區劃代碼—單位代碼—古籍普查登記順序號。

　　六、以古籍普查登記編號順序排序。

　　七、編製各館藏目録書名筆畫索引附於書後，以便檢索。

《遼寧大學圖書館古籍普查登記目録》
編委會

《遼寧大學圖書館古籍普查登記目録》

前　言

　　遼寧大學始建於 1948 年,由原東北財經學院、瀋陽師範學院、瀋陽俄文專科學校三校合并組建而成。遼寧大學圖書館古籍藏書主要來源於三校圖書館館藏文獻,後陸續有歷史學院、哲學與公共管理學院轉贈以及後期據本館特色采購的舊籍。古籍書庫成立之初,即有簡單的書目卡片,并設有古舊借書口。1996 年遷入新館時,按照東北法分類排架整理古籍,并建立了新的卡片目録,新建 403.75 平方米專門古籍書庫,古籍全部采用帶有樟木夾板的實木書櫃存放。

　　遼寧大學圖書館目前館藏古籍 7000 餘種,14 萬餘册;其中《中國古籍善本書目》收録 143 種,2500 餘册;孤本書 7 種,68 册。館藏古籍以元末明初《古今韻會舉要》爲最早版本。未經刊印的海内外孤本《盛京景物輯要》,卷首、中、尾三處鈐"乾隆御覽之寶"朱印,是清末重臣勵宗萬輯録并手抄進呈清乾隆皇帝第二次東巡御覽之袖珍本,爲本館鎮館之寶。

　　遼寧大學圖書館古籍以明清文獻爲主要收藏,明版古籍 254 部 3566 册,其中國子監本有明萬曆十四年(1586)國子監刊本《周易正義》《兼義》《周易略例》《經典釋文》,明萬曆三十九年(1611)南京國子監刊本《古史》等;書品寬大、紙墨上乘、刻印精良的内府刻本有明正統十二年(1447)經廠刊本《五倫書》,卷端鈐"廣運之寶"之印璽;藏書家所珍重的明藩府刻本多以宋元舊版爲底本,我館收藏有明嘉靖間晋藩刻本《宋文鑒》等;還收藏有明末常熟毛晋之汲古閣所刻書十餘種,如《陸放翁全集六種》《樂府詩集》《元名家集十種》等;歙縣人吳勉學刻明萬曆《書經集傳》,也爲罕見之本;明代坊刻本書有金陵奎壁齋刻本《書經集傳》;明代閔凌套印有明萬曆凌蒙初朱墨套印本《選詩》《選賦》等,以及明萬曆閔齊伋三色套印本《三經評注》等,這些具有明代特點的古籍本館都有收藏。

　　遼寧大學圖書館藏書以清代爲重點,清善本達 500 餘部,5000 餘册。以清康熙時期著名書法家侯官林佶手寫的《漁洋山人精華録箋注》爲珍貴之古籍;清乾隆間著名書畫家鄭燮手寫本書稿《板橋集》,寫刻俱精并請著名刻家司徒文膏爲之刻板。清乾隆道光間鮑廷博輯刻本《知不足齋叢書》三十集,清乾隆二十年(1755)盧見曾輯刊本《金石三例》等名家校勘之古籍本館都有收藏。同時本館還把收集滿洲八旗文獻

1

作爲館藏的重點，形成自己獨特的藏書體系。有清鄂爾泰等纂修乾隆九年（1744）內府刻本《八旗滿洲氏族通譜》；清阿桂、和珅等輯，乾隆五十七年（1792）武英殿刊本《欽定八旗氏族通譜輯要》，爲研究愛新覺羅氏提供了第一手資料。此外，還收藏八旗作者的文學作品，有嘉慶九年（1804）鐵保輯《熙朝雅頌集》，收清初至嘉慶初543位八旗詩人的作品六千餘首；有盛昱輯《八旗文經》，收二百多位八旗作者的古文辭賦650篇，使不少罕見資料賴以保存。地方人物資料也是我館收藏的重要任務。我館廣泛收集地方名人之族譜，收藏康熙六十一年（1722）李成樑之十世孫李樹德重修本《李氏譜系》。20世紀80年代鐵嶺縣催陣堡公社開展群衆性文物普查，在小屯大隊社員李士林家發現這部家譜，歷史學院的老師千方百計想盡各種辦法，多次登門拜訪，最後用一臺電視換得這部珍貴的李氏家譜。爲研究明末清初的歷史及李成樑這個歷史人物提供了寶貴的資料。同時我館對地方文人的詩文集也廣泛收集，多年來致力於遼瀋地區人物作品的收藏，現藏有清唐英撰《陶人心語》、清多隆阿撰《毛詩多識》、清李鍇撰《尚史》、清魏燮均撰《九梅村詩集》等；中國古典文學名著《紅樓夢》的作者曹雪芹祖籍遼陽，續書作者高鶚是鐵嶺人，我館收藏《紅樓夢》及其續書的各種版本有十餘種。

遼寧省是清朝的發祥地，爲清史研究提供了有利條件。遼寧大學史學、文學研究均以清代爲重點。爲了配合重點學科的科學研究，遼寧大學圖書館古籍藏書建設均以清代爲重點，形成了以收藏清代史料爲重點的古籍藏書特色。

隨着2007年"中華古籍保護計劃"的實施，遼寧大學圖書館積極參與國家古籍保護中心的各項古籍項目及高校間的古籍數據庫建設項目。先後被授予"全國古籍重點保護單位""遼寧省古籍重點保護單位"。爲更好地完成國家及高校間古籍保護計劃的實施，2012年遼寧大學圖書館成立古籍特藏部，積極參與CALIS"高校古文獻資源庫"建設項目。由於此項目任務重時間緊，圖書館領導臨時抽調一批相關編目員集中進行古籍普查編目，經過大家的共同努力付出，前期工作順利完成。後期古籍特藏部工作人員對數據庫數據多次審校，發現問題及時修改，爲後期的古籍普查做好基本功。力爭確保普查數據完整、準確。此項目遼寧大學圖書館獲"二等獎"。項目成果"學苑汲古"以館際互借方式，實現了資源共享。

《遼寧大學圖書館古籍普查登記目錄》一書的出版，不僅能夠全面準確地揭示館藏古籍資源，爲讀者閱覽、教學與科研提供便利，而且爲日後古籍保護工作進一步開展奠定了基礎。在古籍普查整理過程中，我們發現了一批新的古籍善本。今後我們將分類對館藏古籍加強保護，在古籍原生性保護的基礎上，加大再生性保護的步伐，使館藏古籍資源發揮其更大的價值，爲讀者提供更好的服務。

本書共收錄遼寧大學圖書館館藏古籍 4908 條，涵蓋經、史、子、集、叢五大類。其中入選《國家珍貴古籍名錄》12 部、《遼寧省珍貴古籍名錄》92 部。其中有明抄本 1 部、朱墨套印本 11 部、三色套印本 1 部、内府刻本 1 部、藩府刻本 1 部、國子監本 2 部，清抄本 1 部、武英殿四色套印本 1 部、内府刻本 3 部。館藏古籍以清代爲重點，上承元明，下至民國，是遼瀋地區清史及滿族文化研究的文獻資源基地之一，受到國内外學者的重視。

　　通過此次古籍普查，我們加深了對古籍保護的重要性和緊迫性的認識。學校領導對古籍保護愈加重視，采取有效措施實施保護，如實現了古籍存藏環境的改善；投放樟腦塊、進行殺蟲滅菌；購置空氣潔净屏；購置新式空調，保證書庫恒温恒濕。在古籍整理出版方面也邁出了堅實的一步。在校黨委書記、博士生導師周浩波教授的直接領導下，圖書館與遼寧大學出版社、瀋陽故宫博物院聯合申報并成功獲批了 2017 年度國家古籍整理出版項目——"《盛京景物輯要》影印本及校點本研究"。《盛京景物輯要》是遼寧大學圖書館珍藏的海内外孤本。以此項目爲契機，我們會逐步深入發掘本館館藏資源，將束之高閣的古籍善本整理出版并數字化，使之化身千百，傳承中華優秀傳統文化，服務學界。

　　感謝所有參與古籍普查工作的館員同志們！你們在工作中付出了辛勤的勞動，表現出了精益求精的工匠精神，爲本館古籍摸清家底工作做出了積極貢獻，爲國家古籍普查工作貢獻了力量。

　　由於此次普查工作任務急、工作量大、專門人才少，故在普查過程中難免出現錯誤及不够準確的現象，敬請大方之家批評指正！

遼寧大學圖書館館長　劉寧寧

2017 年 8 月 30 日

目　　録

210000－0741－0000001　011.2/7211

相臺書塾刊正九經三傳沿革例一卷　（宋）岳珂撰　清咸豐四年（1854）南海伍氏刻本　一冊

210000－0741－0000002　011.23/1085

欽定天祿琳琅書目十卷後編二十卷　（清）于敏中等編　（清）彭元瑞續編　清光緒十年（1884）長沙王氏刻本　十冊

210000－0741－0000003　011.23/1747

四庫簡明目錄標注二十卷　（清）邵懿辰編　清宣統三年（1911）仁和邵氏刻本　十冊

210000－0741－0000004　011.3/1050

武林藏書錄三卷首一卷末一卷　（清）丁申撰　清光緒二十六年（1900）杭州嘉惠堂刻本　二冊

210000－0741－0000005　011.31/8354

曝書雜記三卷　（清）錢泰吉撰　清同治刻本　一冊

210000－0741－0000006　011.4/2101

群書拾補三十七種　（清）盧文弨撰　清光緒十三年（1887）上海蜚英館石印本　八冊

210000－0741－0000007　011.4/3388

經籍訪古志六卷補遺一卷　（日本）澀江全善（日本）森立之撰　清光緒十一年（1885）鉛印本　八冊

210000－0741－0000008　011.42/0043

新學偽經考十四卷　康有為撰　清光緒十七年（1891）武林望雲樓石印本　八冊

210000－0741－0000009　011.42/4279/25

古今偽書考一卷　（清）姚際恒撰　清光緒蘇州文學山房木活字印本　一冊

210000－0741－0000010　011.42/4279/57

古今偽書考一卷　（清）姚際恒撰　清光緒蘇州文學山房木活字印本　一冊

210000－0741－0000011　011.42/4279/800

古今偽書考一卷　（清）姚際恒撰　清光緒蘇州文學山房木活字印本　一冊

210000－0741－0000012　011.42/4279/86－87

古今偽書考一卷　（清）姚際恒撰　清光緒蘇州文學山房木活字印本　二冊

210000－0741－0000013　011.5/1004

讀書引十二卷　（清）王謨輯　清刻本　六冊

210000－0741－0000014　011.5/2323

華延年室題跋三卷　（清）傅以禮撰　清宣統元年（1909）鉛印本　三冊

210000－0741－0000015　011.5/4411

士禮居藏書題跋記六卷　（清）黃丕烈撰　清光緒十年（1884）潘氏滂喜齋刻本　四冊

210000－0741－0000016　011.5/7433

儀顧堂題跋記十六卷　（清）陸心源撰　清光緒十六年（1890）歸安陸氏刻本　六冊

210000－0741－0000017　011.9/1010/07－22

善本書室藏書志四十卷附錄一卷　（清）丁丙輯　清光緒二十七年（1901）錢塘丁氏刻本　十六冊

210000－0741－0000018　011.9/1010/66－77

善本書室藏書志四十卷附錄一卷　（清）丁丙輯　清光緒二十七年（1901）錢塘丁氏刻本　十二冊

210000－0741－0000019　011.9/6081

昭德先生郡齋讀書志二十卷志二卷　（宋）晁公武撰　（宋）姚應績編　清光緒六年（1880）會稽章氏刻本　八冊

210000－0741－0000020　011.9/6081/487－496

昭德先生郡齋讀書志二十卷志二卷　（宋）晁公武撰　（宋）姚應績編　清光緒十年（1884）長沙王氏刻本　十冊

210000－0741－0000021　011.9/6081/579－588

昭德先生郡齋讀書志二十卷志二卷　（宋）晁公武撰　（宋）姚應績編　清光緒十年（1884）長沙王氏刻本　十冊

210000－0741－0000022　011.9/7433

皕宋樓藏書志一百二十卷　（清）陸心源編　清光緒八年（1882）歸安陸氏十萬卷樓刻本

四十冊

210000－0741－0000023　011.9/7551

直齋書錄解題二十二卷 （宋）陳振孫撰　清光緒九年（1883）蘇州江蘇書局刻本　六冊

210000－0741－0000024　011/0054

書林揚觶不分卷 （清）方東樹撰　清末蘇州文學山房木活字印本　二冊

210000－0741－0000025　013.1/0033

隋經籍志考證十三卷 （清）章宗源撰　清光緒元年（1875）湖北崇文書局刻本　四冊

210000－0741－0000026　013.1/0033/20－21

隋經籍志考證十三卷 （清）章宗源撰　清光緒三年（1877）湖北崇文書局刻本　二冊　存六卷（一至六）

210000－0741－0000027　013.1/0033/63－66

隋經籍志考證十三卷 （清）章宗源撰　清光緒三年（1877）湖北崇文書局刻本　四冊

210000－0741－0000028　013.1/0033/68－71

隋經籍志考證十三卷 （清）章宗源撰　清光緒三年（1877）湖北崇文書局刻本　四冊

210000－0741－0000029　013.1/1000

漢藝文志攷證十卷 （元）王應麟撰　清光緒十年（1884）成都志古堂刻本　四冊

210000－0741－0000030　013.1/1111

明史藝文志補註不分卷 （清）張廷玉修　清抄本　四冊

210000－0741－0000031　013.1/4055

[清朝宮史續編書籍門圖繪目錄]不分卷 （清）仁宗顒琰撰　清末油印本　一冊

210000－0741－0000032　013.1/7727

[偽滿洲國立中央圖書館藏清代諸帝親撰欽定目錄]不分卷 （清）□□抄　清光緒十一年（1885）稿本　一冊

210000－0741－0000033　013.1/7727/77－92

八史經籍志不分卷 （□）□□輯　清光緒九年（1883）蘇州振新書社刻本　十六冊

210000－0741－0000034　013.1/7727/96－11

八史經籍志不分卷 （□）□□輯　清光緒九年（1883）蘇州振新書社刻本　十六冊

210000－0741－0000035　013.1/8042

補後漢書藝文志一卷攷十卷 （清）曾樸纂　清光緒二十一年（1895）常熟曾氏木活字印常熟曾氏叢書本　六冊

210000－0741－0000036　014.1/4031

袁氏藝文金石錄二卷 （清）袁昶撰　清光緒二十三年（1897）桐盧袁氏漸西村舍刻本　一冊

210000－0741－0000037　0157.9/6644

清吟閣書目四卷 （清）瞿世瑛編　清光緒四年（1878）石印本　一冊

210000－0741－0000038　017.1/1458

江南圖書館書目不分卷 江南圖書館編　清末江南圖書館鉛印本　八冊

210000－0741－0000039　017.1/4033

河南圖書館書目六卷首一卷 （清）李濱編　清宣統元年（1909）學務公所印刷處鉛印本　一冊

210000－0741－0000040　017.3/1458

秘書省續編到四庫闕書目二卷 （宋）□□撰　清光緒二十八年（1902）錢塘丁氏八千卷樓刻本　一冊

210000－0741－0000041　017.3/2004

國史經籍志六卷 （明）焦竑輯　清抄本　三冊

210000－0741－0000042　017.5/4927

石墨鐫華六卷附錄二卷 （明）趙崡撰　明萬曆四十六年（1618）陝西趙崡刻本　三冊

210000－0741－0000043　017.9/4444

持靜齋藏書紀要二卷 （清）莫友芝撰　清同治九年（1870）蘇州文學山房木活字印本　一冊

210000－0741－0000044　017.9/6680

鐵琴銅劍樓藏書目錄二十四卷 （清）瞿鏞編

清光緒二十四年（1898）常熟瞿氏刻本
十冊

210000 - 0741 - 0000045　017.9/8724
汲古閣校刻書目一卷補遺一卷刻板存亡考一
卷　（清）鄭德懋輯　清同治十三年（1874）虞
山顧氏刻本　一冊

210000 - 0741 - 0000046　019.1/1133/32 - 33
書目答問不分卷　（清）張之洞撰　清光緒二
十三年（1897）沔陽盧氏刻慎始基齋叢書本
二冊

210000 - 0741 - 0000047　019.1/1133/64 - 67
書目答問不分卷輶軒語　（清）張之洞撰　清
光緒三年（1877）濠上書齋刻本　四冊

210000 - 0741 - 0000048　019.1/3334
西學書目表三卷附一卷讀西學書法一卷　梁
啓超編　清光緒二十三年（1897）沔陽盧氏刻
慎始基齋叢書本　一冊

210000 - 0741 - 0000049　019.2/4435
皇清經解檢目八卷　（清）蔡啟盛編　清光緒
十二年（1886）武林刻本　二冊

210000 - 0741 - 0000050　019.3/2767/025 - 154
欽定四庫全書總目二百卷　（清）紀昀纂　清
同治七年（1868）廣州廣東書局刻本　一百二
十冊

210000 - 0741 - 0000051　019.3/2767/47 - 78
欽定四庫全書總目二百卷　（清）紀昀撰　清
宣統二年（1910）存古齋石印本　三十二冊

210000 - 0741 - 0000052　019.3/2767/50 - 81
欽定四庫全書總目二百卷　（清）紀昀撰　清
宣統二年（1910）存古齋石印本　三十二冊

210000 - 0741 - 0000053　019.3/2767/935 - 054
欽定四庫全書總目二百卷　（清）紀昀纂　清
同治七年（1868）廣東書局刻本　一百三十冊

210000 - 0741 - 0000054　019.3/4427
全上古三代秦漢三國晉南北朝文編目一百三
卷　（清）蔣壑編　清光緒五年（1879）烏程蔣
氏刻本　十六冊

210000 - 0741 - 0000055　019.4/0436/093 - 112
小學考五十卷　（清）謝啓昆撰　清咸豐二年
（1852）樹經堂刻本　二十冊

210000 - 0741 - 0000056　019.4/0436/13 - 28
小學考五十卷　（清）謝啓昆撰　清咸豐二年
（1852）樹經堂刻本　十六冊

210000 - 0741 - 0000057　019.4/7110
揅經室外集五卷　（清）阮元撰　清道光二年
（1822）阮氏刻本　二冊

210000 - 0741 - 0000058　019.53/3437
浙江採集遺書總錄十一卷　（清）沈初等纂
清乾隆三十九年（1774）刻本　十冊

210000 - 0741 - 0000059　019.6/4724
日本國見在書目錄一卷　（日本）藤原佐世撰
　清光緒遵義黎氏影印古逸叢書本　一冊

210000 - 0741 - 0000060　019.6/4755
銷燬抽燬書目一卷測圓密率三卷　（清）高宗
弘曆撰　清光緒九年（1883）歸安姚氏刻本
一冊

210000 - 0741 - 0000061　030/2540
萬國政治藝學全書三百八十卷　（清）朱大文
等編　清光緒二十八年（1902）上海鴻文書局
石印本　五十四冊

210000 - 0741 - 0000062　031.4/2144
北堂書鈔一百六十卷　（唐）虞世南輯　（清）
孔廣陶校注　清光緒十四年（1888）南海孔氏
三十有三萬卷堂刻本　二十冊

210000 - 0741 - 0000063　031.4/7770
藝文類聚一百卷　（唐）歐陽詢撰　清光緒五
年（1879）華陽宏達堂刻本　三十二冊

210000 - 0741 - 0000064　031.41/2877
初學記三十卷　（唐）徐堅等撰　明萬曆十五
年（1587）徐守銘壽堂刻本　十六冊

210000 - 0741 - 0000065　031.5/1080
王先生十七史蒙求十六卷　（宋）王令撰　清
康熙四十九年（1710）海陽程宗瑊刻本　六冊

210000 - 0741 - 0000066　031.51/1000/728 - 849

玉海二百四卷校補瑣記二卷深寧年譜一卷附刻十三種　（元）王應麟撰　（清）張大昌編清光緒九年（1883）杭州浙江書局刻本　一百二十冊

210000－0741－0000067　031.51/1000

小學紺珠十卷　（元）王應麟撰　清光緒九年（1883）杭州浙江書局刻本　四冊

210000－0741－0000068　031.51/1000/525－644

玉海二百四卷附刻十三種　（元）王應麟撰清嘉慶十一年（1806）江寧藩屬刻本　一百二十冊

210000－0741－0000069　031.51/4060

太平御覽一千卷　（宋）李昉等撰　清光緒十八年（1892）南海李氏刻本　一百二十冊

210000－0741－0000070　031.51/6030

詩律武庫十五卷　（宋）呂祖謙撰　清永康胡氏退補齋刻金華叢書本　二冊

210000－0741－0000071　031.6/0028/71－86

通雅五十二卷首三卷刊誤一卷　（清）方以智撰　清光緒十一年（1885）桐城方氏刻本　十六冊

210000－0741－0000072　031.6/0028/47－66

通雅五十二卷首三卷刊誤一卷　（清）方以智撰　清康熙姚氏浮山此藏軒刻本　二十冊

210000－0741－0000073　031.6/0724

新鐫分類評註文武合編百子金丹（百子金丹）十卷　（明）郭偉選註　明刻本　十冊　存九卷（二至十）

210000－0741－0000074　031.6/0825

增補註釋故事白眉十卷新簽名公尺牘不分卷　（明）許以忠輯　清光緒二年（1876）經濟堂刻本　六冊

210000－0741－0000075　031.6/1011

新刻古今事物考八卷　（明）王三聘輯　明嘉靖十七年至崇禎十七年（1538－1644）刻本四冊

210000－0741－0000076　031.6/1740/91－96

精選黃眉故事十卷　（明）鄧百拙編　清光緒三年（1877）經濟堂重刻本　六冊

210000－0741－0000077　031.6/1740/32－37

精選黃眉故事十卷　（明）鄧百拙編　清乾隆七年（1742）天德堂重刻本　六冊

210000－0741－0000078　031.6/2167

卓氏藻林八卷　（明）卓明卿輯　明萬曆八年（1580）妙香室刻本　八冊

210000－0741－0000079　031.6/2614/24－28

埽葉山房精校新增繪圖幼學故事瓊林四卷首一卷　（清）程允升撰　（清）鄒聖脈增補　清光緒二十六年（1900）上海掃葉山房石印本五冊

210000－0741－0000080　031.6/2614/69－72

新增幼學故事瓊林四卷首一卷　（清）程允升撰　（清）鄒聖脈增補　清光緒二年（1876）本立堂刻本　四冊

210000－0741－0000081　031.6/4441/42－65

廣博物志五十卷　（明）董斯張編　清光緒五年（1879）廣州學海堂刻本　二十四冊

210000－0741－0000082　031.6/4441/59－82

廣博物志五十卷　（明）董斯張編　清光緒五年（1879）廣州學海堂刻本　二十四冊

210000－0741－0000083　031.6/7528

潛確居類書百二十卷　（明）陳仁錫纂輯　明崇禎刻本　四十八冊

210000－0741－0000084　031.6/9137

三多齋重訂註釋采眉故事十卷　題（清）烟霞逸叟增訂　清乾隆三十六年（1771）三多齋刻本　四冊

210000－0741－0000085　031.7/0052/48－59

古事比五十二卷　（清）方中德輯　清光緒十三年（1887）上海點石齋石印本　十二冊

210000－0741－0000086　031.7/0052/78－83

古事比五十二卷　（清）方中德輯　清光緒十三年（1887）上海點石齋石印本　六冊

210000－0741－0000087　031.7/0077/273－312

子史精華一百六十卷 （清）允祿等修撰 清雍正五年(1727)武英殿刻本 四十冊

210000－0741－0000088 031.7/0077/389－420

子史精華一百六十卷 （清）允祿等修撰 清雍正五年(1727)武英殿刻本 三十二冊

210000－0741－0000089 031.7/0724

新鐫校正詳註分類百子金丹全書十卷 （清）郭偉輯 清光緒二十年(1894)上海袖海山房石印本 六冊

210000－0741－0000090 031.7/1029

衛濟餘編十八卷 （清）王纘堂編 清道光二十七年(1847)刻本 十冊

210000－0741－0000091 031.7/1111

子史精華一百六十卷 （清）允祿等修撰 清光緒十三年(1887)上海蜚英館石印本 八冊

210000－0741－0000092 031.7/1111/587－634

御定駢字類編二百四十卷 （清）張廷玉纂 清光緒十三年(1887)上海同文書局石印本 四十八冊

210000－0741－0000093 031.7/1111/01－48

御定駢字類編二百四十卷 （清）張廷玉纂 清光緒十三年(1887)上海同文書局石印本 四十八冊

210000－0741－0000094 031.7/1115/48

佩文韻府一百六卷 （清）張玉書等撰 清石印本 一冊 存十八卷(三十一至四十八)

210000－0741－0000095 031.7/1115/951－010

佩文韻府一百六卷 （清）張玉書等撰 清光緒十二年(1886)上海同文書局石印本 六十冊

210000－0741－0000096 031.7/1115/353－412

佩文韻府一百六卷 （清）張玉書等撰 清光緒十二年(1886)上海同文書局石印本 五十九冊 存八十八卷(一至三十、四十九至一百六)

210000－0741－0000097 031.7/1115/11－70

佩文韻府一百六卷 （清）張玉書等撰 清光

緒十二年(1886)上海同文書局石印本 六十冊

210000－0741－0000098 031.7/1120

記事珠十卷 （清）張以謙纂 （清）王剛重訂 清光緒八年(1882)上海掃葉山房刻本 十二冊

210000－0741－0000099 031.7/1144

淵鑑類函四百五十卷 （清）張英等編 清光緒九年(1883)上海點石齋石印本 十冊

210000－0741－0000100 031.7/1144/316－363

淵鑑類函四百五十卷 （清）張英等編 清光緒十三年(1887)上海同文書局石印本 四十八冊

210000－0741－0000101 031.7/1144/016－063

淵鑑類函四百五十卷 （清）張英等編 清光緒十三年(1887)上海同文書局石印本 四十八冊

210000－0741－0000102 031.7/1148

皇朝掌故彙編內編六十卷首一卷 （清）張壽鏞等編 清光緒二十八年(1902)求實書社鉛印本 三十六冊

210000－0741－0000103 031.7/1458

群玉摘腴不分卷 （清）□□編 清抄本 一冊

210000－0741－0000104 031.7/1731/18－29

通俗編三十八卷 （清）翟灝撰 清書坊刻本 十二冊

210000－0741－0000105 031.7/1731/77－88

通俗編三十八卷 （清）翟灝撰 清乾隆十六年(1751)無不宜齋刻本 十二冊

210000－0741－0000106 031.7/1792

佩文韻府約編二十四卷 （清）鄧愷輯 清刻本 六冊 存六卷(十九至二十四)

210000－0741－0000107 031.7/2444

益智新囊三十四卷 題（清）種蕉藝蘭生編 清光緒二十三年(1897)上海鉛印本 八冊

210000－0741－0000108 031.7/2629

策學備纂三十二卷　（清）吳潁炎輯　清光緒十四年（1888）上海點石齋石印本　四十八冊

210000－0741－0000109　031.7/2634

人鏡類纂四十六卷　（清）程之楨輯　清同治十二年（1873）江夏程氏刻本　十六冊

210000－0741－0000110　031.7/2640

古學記問錄十五卷　（清）吳蔚文編　清同治四年（1865）文瑞堂刻本　六冊

210000－0741－0000111　031.7/4008

時務通考三十一卷　題（清）杞廬主人編　清光緒二十三年（1897）上海點石齋石印本　二十四冊

210000－0741－0000112　031.7/4409

廣治平略正集三十六卷續集八卷　（清）蔡方炳撰　清光緒十六年（1890）上海廣百宋齋鉛印本　六冊

210000－0741－0000113　031.7/4418/6606－8172

欽定古今圖書集成一萬卷目錄三十二卷　（清）蔣廷錫等編　清光緒十年（1884）上海圖書集成印書局鉛印本　一千五百九十二冊　存一萬卷（欽定古今圖書集成一萬卷）

210000－0741－0000114　031.7/4418/0688－2315

欽定古今圖書集成一萬卷目錄三十二卷　（清）蔣廷錫等編　清光緒十年（1884）上海圖書集成印書局鉛印本　一千六百二十八冊

210000－0741－0000115　031.7/4431

錦字箋四卷　（清）黃溰輯　清光緒六年（1880）掃葉山房刻本　四冊

210000－0741－0000116　031.7/4447/48－55

廣事類賦四十卷　（清）華希閔撰　清乾隆二十九年（1764）無錫華氏劍光閣刻本　八冊

210000－0741－0000117　031.7/4447/20－27

廣事類賦四十卷　（清）華希閔撰　（清）華希閔重訂　清嘉慶四年（1799）無錫華氏劍光閣刻本　八冊

210000－0741－0000118　031.7/4447/56－63

廣事類賦四十卷　（清）華希閔撰　（清）華希閔重訂　清嘉慶四年（1799）無錫華氏劍光閣刻本　八冊

210000－0741－0000119　031.7/4500

經講類典合編十種　題（清）奎壁齋主人編　清光緒十九年（1893）上海鴻寶齋石印本　十二冊

210000－0741－0000120　031.7/6021

中外大略四十八卷　（清）羅傅瑞等輯　清光緒二十三年（1897）東粵經韻樓鉛印先務齋叢書本　二十六冊

210000－0741－0000121　031.7/6629

文獻通考詳節二十四卷　（元）馬端臨撰　（清）嚴虞惇錄　清光緒二十五年（1899）鄂城求志學社刻本　十冊

210000－0741－0000122　031.7/7210

九通通二百四十八卷首一卷　（清）劉可毅輯　清光緒二十八年（1902）武進劉氏石印本　六十冊

210000－0741－0000123　031.7/7474

小知錄十二卷　（清）陸鳳藻輯　清同治十二年（1873）揚州淮南書局刻本　四冊

210000－0741－0000124　031.7/7510

格致鏡原一百卷　（清）陳元龍編　清光緒二十二年（1896）上海大同書局石印本　十六冊

210000－0741－0000125　031.7/7542

[陳刻二種]表異錄二十卷清異錄二卷　（清）陳世修輯　清光緒二年（1876）陳氏庸閒齋刻本　二冊

210000－0741－0000126　031/1144

淵鑑類函四百五十卷目錄四卷　（清）張英等編　清康熙四十九年（1710）清吟堂刻本　一百四十冊

210000－0741－0000127　031/2337

子史精華一百六十卷　（清）允祿等撰　清雍正五年（1727）刻本　三十二冊

210000－0741－0000128　031/3643

三通考輯要七十六卷　（清）湯壽潛輯　清光

緒二十五年(1899)上海圖書集成局鉛印本
三十冊

210000－0741－0000129　031/4037
九通不分卷　（□）□□撰　清光緒二十八年
(1902)上海圖書集成局鉛印本　二百九十
四冊

210000－0741－0000130　031/4428/25－26
三通序一卷　（清）蔣德鈞錄　清末刻本
二冊

210000－0741－0000131　031/4428/27－28
三通序一卷　（清）蔣德鈞錄　清末刻本
二冊

210000－0741－0000132　031/7510
格致鏡原一百卷　（清）陳元龍輯　清雍正十
三年(1735)刻本　三十二冊

210000－0741－0000133　031/8740
通志略五十一卷　（宋）鄭樵撰　明嘉靖二十
九年(1550)刻本　二十冊

210000－0741－0000134　041.19/0069
中國歷代學派述不分卷　（清）唐璟瑩編　清
末衡州府中學堂刻本　二冊

210000－0741－0000135　051.201/6051/53－54
國學叢刊第一至二冊　羅振玉編　清宣統三
年(1911)北京國學研究會石印本　二冊

210000－0741－0000136　051.201/6051/87－89
國學叢刊第一至三冊　羅振玉編　清宣統三
年(1911)北京國學研究會石印本　三冊

210000－0741－0000137　051.401/1730
國粹學報不分卷　（清）鄧實編　清光緒三十
一年至宣統三年(1905－1911)上海國粹學報
館鉛印本　十二冊　存九種(博物篇、學篇、
政篇、史篇、社學、叢談、文篇、撰錄、附錄)

210000－0741－0000138　051.401/2548
集成報第一冊　上海集成報館編　清光緒二
十七年(1901)上海商務印書館鉛印本　一冊

210000－0741－0000139　051.401/3334/91－96
時務報附書八種　梁啟超編　清光緒二十二

年(1896)上海時務報館石印本　六冊

210000－0741－0000140　051.401/3334/972－021
時務報十七冊　梁啟超主編　清光緒二十二
年至二十三年(1896－1897)上海時務報館石
印本　五十冊

210000－0741－0000141　051.401/3425
選報第八期　選報編輯部編　清光緒二十八
年(1902)上海選報發行所鉛印本　一冊

210000－0741－0000142　051.401/7547
著作林第十七十八期　題（清）天虛我生編
清光緒三十三年(1907)杭州著作林社刻本
二冊

210000－0741－0000143　051.402/4334
南洋官報不分卷　南洋官報局編印　清宣統
三年(1911)鉛印本　四冊

210000－0741－0000144　051.43/4320
杭州白話報第八期第十期　杭州白話報館編
清光緒二十七年(1901)杭州白話報館木活
字印本　二冊

210000－0741－0000145　051/3121
壬寅新民叢報全編二十五卷　新民叢報社編
馮紫珊主編　清光緒二十九年(1903)維新
室石印本　十六冊

210000－0741－0000146　069.2/7727
[清宮物品單]一卷　（□）□□撰　清末刻本
二冊

210000－0741－0000147　071.401/3148
滙報第一百五十三至二百二期　上海滙報館
編　清光緒二十六年(1900)上海滙報館鉛印
本　五冊

210000－0741－0000148　071.42/8840
白話報第七期　錫金教育會編　清宣統元年
(1909)錫金教育會鉛印本　一冊

210000－0741－0000149　080.4/7522
尚白齋祕笈二十帙　（明）沈德先等校輯　明
萬曆沈氏尚白齋刻本　十二冊

210000－0741－0000150　081.1/0714

[三經評註]五卷 (明)閔齊伋輯 明萬曆四十四年至四十七年(1616－1619)烏程閔齊伋刻朱墨黛色套印本 四冊

210000－0741－0000151 081.1/1167
欽定篆文六經四書十種 (清)李光地等閱 清光緒九年(1883)上海同文書局石印本 十冊

210000－0741－0000152 081.1/1223
十三經注疏三百六十卷校勘記一卷 (清)阮元校 清嘉慶二十一年(1816)南昌府學刻本 一百二十冊

210000－0741－0000153 081.1/1223/368－487
十三經注疏三百六十卷考證一卷 (唐)孔穎達等疏 (清)張照等考證 清同治十年(1871)廣州廣東書局刻本 一百二十冊

210000－0741－0000154 081.1/1223/70－86
宋本十三經注疏四百十六卷校勘記一卷 (清)阮元校 清光緒十三年(1887)上海胍望仙館石印本 十七冊 存三百七十五卷(周易兼義九卷音義一卷注疏校勘記九卷釋文校勘記一卷、附釋音尚書注疏二十卷附校勘記、附釋音毛詩注疏一至二十附校勘記、附釋音周禮注疏一至十六、禮記注疏校勘記一至二十三、春秋左傳注疏校勘記三十一至六十、監本附音春秋公羊注疏二十八卷附校勘記、監本附音春秋穀梁注疏二十卷附校勘記、論語注疏解經二十卷附校勘記、孝經注疏九卷附校勘記、爾雅疏十卷附校勘記、孟子注疏解經十四卷附校勘記、十三經注疏校勘記識語四卷)

210000－0741－0000155 081.1/1223/803－906
十三經注疏三百六十卷考證一卷 (唐)孔穎達等疏 (清)張照等考證 清同治十年(1871)廣州廣東書局刻本 一百四冊 存三百十六卷(周易注疏十三卷、周易略例一卷、尚書注疏十九卷、毛詩注疏三十卷、周禮注疏四十二卷、禮記注疏六十三卷、春秋左傳注疏六十卷、春秋公羊傳注疏二十八卷、春秋穀梁傳注疏二十卷、論語注疏二十卷、孝經注疏九

卷、爾雅注疏十一卷)

210000－0741－0000156 081.1/7211
岳氏相臺五經三十卷攷證一卷 (宋)岳珂輯 清光緒十年(1884)長沙龍氏家塾刻本 四十冊

210000－0741－0000157 081.2/0111
十三經客難五十五卷 (清)龔元玠撰 清道光二十六年(1846)南昌縣學刻本 二十五冊

210000－0741－0000158 081.2/1113/39－46
經義述聞三十二卷 (清)王引之撰 清刻本 八冊 存十六卷(十七至三十二)

210000－0741－0000159 081.2/1113/73－82
經義述聞三十二卷 (清)王引之撰 清鴻章書局刻本 十冊

210000－0741－0000160 081.2/1113/23－38
經義述聞三十二卷 (清)王引之撰 清道光七年(1827)北京壽藤書屋刻本 十六冊

210000－0741－0000161 081.2/1130
張選四書五經義全集十八卷 張謇批選 清光緒三十一年(1905)上海書局石印本 十六冊

210000－0741－0000162 081.2/1204/93－97
孔叢伯說經五橐(幼眉孔氏經說橐)三十六卷說經未竟橐一卷儀禮士冠禮箋一卷 (清)孔廣林撰 清光緒十六年(1890)山東書局刻本 五冊

210000－0741－0000163 081.2/1204/89－92
通德遺書所見錄七十二卷 (清)孔廣林撰 清光緒十六年(1890)山東書局刻本 四冊

210000－0741－0000164 081.2/2314
皇清經解一千四百卷 (清)臧琳 (清)姜宸英撰 清咸豐十年(1860)廣東學海堂刻本 五冊 存十一卷(一百九十四至二百四)

210000－0741－0000165 081.2/4081
皮氏經學叢書八種 (清)皮錫瑞撰 清光緒二十二年至三十四年(1896－1908)思賢書局刻本 八冊

210000－0741－0000166　081.2/4087

鄭氏佚書二十三種　（清）袁鈞輯　清光緒十四年（1888）浙江書局刻本　十冊

210000－0741－0000167　081.2/4342

新輯經義大全十卷　（清）求恕生編　清光緒二十八年（1902）上海醉六堂石印本　十冊

210000－0741－0000168　081.2/4447

味經齋遺書十二種　（清）莊存與撰　清光緒八年（1882）陽湖莊氏刻本　十冊　存十一種二十八卷（彖傳論一卷、彖象論一卷、系辭傳論二卷、八卦觀象解二卷、卦氣解一卷、尚書既見三卷、尚書說一卷、毛詩說四卷、春秋正辭十一卷、春秋舉例一卷、春秋要指一卷）

210000－0741－0000169　081.2/4664

十一經音訓二十六卷　（清）楊國楨撰　清光緒三年（1877）湖北崇文書局刻本　二十六冊

210000－0741－0000170　081.2/5045/79－82

九經古義十六卷　（清）惠棟撰　清常熟蔣氏省吾堂刻本　四冊

210000－0741－0000171　081.2/5045/32－33

九經古義十六卷　（清）惠棟撰　清咸豐十年（1860）廣東學海堂刻本　二冊

210000－0741－0000172　081.2/7110

皇清經解續編一千四百三十卷　王先謙輯　清光緒十四年（1888）江陰南菁書院刻本　三百十二冊　存一千四百三卷（一至二百二十六、二百五十四至一千四百三十）

210000－0741－0000173　081.2/7110/344－703

皇清經解一千四百卷首一卷續刻八卷　（清）阮元輯　清咸豐十年（1860）廣東學海堂刻本　三百六十冊

210000－0741－0000174　081.2/7110/439－822

皇清經解一千四百卷首一卷續刻八卷　（清）阮元輯　清咸豐十年（1860）廣東學海堂刻本　三百八十四冊

210000－0741－0000175　081.2/7110/13－28

詩書古訓六卷　（清）阮元撰　清道光二十一年（1841）刻本　十六冊

210000－0741－0000176　081.2/7426

經典釋文三十卷附考證　（唐）陸德明撰（清）盧文弨考證　清光緒十五年（1889）湘南書局刻本　十六冊

210000－0741－0000177　081.2/8043

古經解鈎沉三十卷　（清）余蕭客編　清道光刻本　十冊

210000－0741－0000178　081.2/8208

古經解彙函三十種　（清）鍾謙鈞等輯　清同治十三年（1874）廣州粵東書局刻本　五十九冊

210000－0741－0000179　081.2/8324

新鐫經苑二十五種　（清）錢儀吉輯　清同治七年（1868）大梁書院王懿行等刻本　七十七冊

210000－0741－0000180　081.2/8840

讀書堂叢刻四種　（清）簡朝亮撰　清光緒、宣統間刻本　五十三冊

210000－0741－0000181　081.3/0014

子書二十八種　上海文瑞樓重校　清光緒三十四年（1908）上海集成圖書公司鉛印本　四十八冊

210000－0741－0000182　081.3/0057

子書二十五種　上海育文書局輯　清宣統三年（1911）上海育文書局石印本　三十二冊

210000－0741－0000183　081.3/1017/61－80

十子全書十種　（清）王子興輯　清嘉慶九年至十二年（1804－1807）姑蘇王氏聚文堂刻本　二十冊

210000－0741－0000184　081.3/1017/688－722

十子全書十種　（清）王子興輯　清嘉慶九年（1804）姑蘇王氏聚文堂刻本　三十五冊

210000－0741－0000185　081.3/1178

新刻舉業便覽百子精華六卷　（明）張璧輯　明萬曆金陵周如滇刻本　三冊

210000－0741－0000186　081.3/2057

[子書四種合輯] 湖北崇文書局輯　清光緒元年(1875)湖北崇文書局刻本　一冊

210000－0741－0000187　081.3/3057

二十五子彙函　(清)上海鴻文書局輯　清光緒十九年(1893)上海鴻文書局石印本　十六冊　存二十二種三百十三卷(老子道德經二卷、莊子十卷、管子二十四卷、列子八卷、墨子十六卷、荀子二十卷、尸子二卷存疑一卷、孫子十家注十三卷、孔子集語十七卷、晏子春秋七卷、呂氏春秋二十六卷附考一卷、賈誼新書十卷、董子春秋繁露十七卷附錄一卷、揚子法言十三卷、文子纘義十二卷、黃帝內經素問二十四卷、竹書紀年統箋十二卷前編一卷雜述一卷、商君書五卷附考一卷、韓非子二十卷、淮南子二十一卷、文中子中說十卷、山海經十八卷)

210000－0741－0000188　081.3/3357

十子全書十種一百二十八卷　浙江書局輯清光緒二十七年(1901)浙江書局刻本　三十九冊

210000－0741－0000189　081.3/3357/05－87

二十二子二百九十五卷　浙江書局輯　清光緒二十七年(1901)浙江書局刻本　八十三冊

210000－0741－0000190　081.3/3357/31－46

二十二子合刻二百九十五卷　浙江書局輯清光緒二十年(1894)上海積山書局石印本十六冊

210000－0741－0000191　081.3/3357/761－843

二十二子二百九十五卷　浙江書局輯　清光緒二十七年(1901)浙江書局刻本　八十三冊

210000－0741－0000192　081.3/3357/893－975

二十二子二百九十五卷　浙江書局輯　清光緒二十七年(1901)浙江書局刻本　八十三冊

210000－0741－0000193　081.3/8043/14－21

諸子平議三十五卷　(清)俞樾撰　清同治八年(1869)江蘇吳郡刻本　八冊

210000－0741－0000194　081.3/8043/7007－7018

諸子平議三十五卷　(清)俞樾撰　清同治十

年(1871)春在堂刻本　十二冊

210000－0741－0000195　081.4/1004

漢魏叢書(增訂漢魏叢書)八十六種　(明)何鏜原輯　(明)何允中重輯　(清)王謨增訂清乾隆五十六年(1791)王氏刻本　七十七冊

210000－0741－0000196　081.4/1223/77－94

戴氏遺書十三種　(清)戴震撰　清乾隆曲阜孔氏微波榭刻本　十八冊

210000－0741－0000197　081.4/1223/71－76

算經十書　(清)孔繼涵輯　清乾隆曲阜孔氏微波榭刻本　六冊

210000－0741－0000198　081.4/1223/65－70

微波榭遺書七種　(清)孔繼涵輯　清乾隆曲阜孔氏微波榭刻本　六冊

210000－0741－0000199　081.4/2168/17－44

雅雨堂叢書十二種附一種　(清)盧見曾輯清乾隆二十一年(1756)德州盧氏雅雨堂刻本二十八冊

210000－0741－0000200　081.4/2168/76－99

雅雨堂叢書十二種附一種　(清)盧見曾輯清乾隆二十一年(1756)德州盧氏雅雨堂刻本二十四冊

210000－0741－0000201　081.4/2714

知不足齋叢書三十集　(清)鮑廷博輯　(清)鮑志祖續輯　清乾隆至道光歙縣鮑氏木活字印本　二百四十冊

210000－0741－0000202　081.4/3143

秘書二十一種　(清)汪士漢輯　清康熙八年(1669)新安汪士漢刻本　十二冊

210000－0741－0000203　081.4/6031

經訓堂廿一種叢書　(清)畢沅輯　清乾隆鎮洋畢氏刻本　四十八冊

210000－0741－0000204　081.4/7123

龍威祕書十集一百六十九種　(清)馬俊良輯清乾隆五十九年(1794)石門馬氏大酉山房刻本　八十冊

210000－0741－0000205　081.4/7722/11－12

五代史補五卷　（宋）陶岳撰　清乾隆五十七年(1792)刻本　二冊

210000－0741－0000206　081.4/7722/13

五代史闕文不分卷　（宋）王禹偁撰　清乾隆五十七年(1792)刻本　一冊

210000－0741－0000207　081.4/7722/13－1

五代春秋二卷　（宋）尹洙撰　清乾隆五十七年(1792)刻本　與210000－0741－0000206、0000208合冊

210000－0741－0000208　081.4/7722/13－2

五國故事二卷　（宋）無名氏撰　清乾隆五十七年（1792）刻本　與210000－0741－0000206、0000207合冊

210000－0741－0000209　081.4/7722/14

詩品三卷　（南朝梁）鍾嶸撰　清乾隆五十七年(1792)刻本　一冊

210000－0741－0000210　081.4/7722/14－1

詩品不分卷重刻四庫全書辨正通俗文字　（唐）司空圖撰　清乾隆五十七年(1792)刻本　與210000－0741－0000209合冊

210000－0741－0000211　081.4/7738

貸園叢書初集十二種　（清）周永年輯　清乾隆五十四年(1789)歷城周氏竹西書屋刻本　十六冊

210000－0741－0000212　081.47/1122

重修正誼堂全書六十八種　（清）張伯行輯（清）楊浚補輯　清同治五年至九年(1866－1870)福州正誼書院刻本　一百六十冊

210000－0741－0000213　081.47/1137

昭代叢書十一集五百六十一種　（清）張潮輯（清）楊復吉增輯　清道光吳江沈氏世楷堂刻本(卷六前配道光十四年刊本)　一百六十冊

210000－0741－0000214　081.47/1150

墨子經説解二卷虞氏易言補一卷太元述虞一卷　（清）張惠言撰　清抄本　一冊

210000－0741－0000215　081.47/1231/26

問經堂叢書二十六種　（清）孫馮翼輯　清嘉慶二年至七年(1797－1802)承德孫氏問經堂刻本　八冊　存八種二十八卷(爾雅漢註三卷、明堂考三卷、鄭氏遺書五種、世本一卷、説文正字二卷、神農本草經三卷、尸子二卷、逸子書九卷)

210000－0741－0000216　081.47/1231/739－740

爾雅漢注三卷　（清）臧鏞堂撰　（清）孫馮翼校訂　清嘉慶七年(1802)孫氏問經堂刻本　二冊

210000－0741－0000217　081.47/1231/741

明堂考三卷　（清）孫星衍撰　（清）孫馮翼校訂　清嘉慶七年(1802)孫氏問經堂刻本　一冊

210000－0741－0000218　081.47/1231/742

鄭氏遺書五種六卷　（漢）鄭玄撰　（清）王復輯　清嘉慶二年(1797)孫氏問經堂刻本　一冊

210000－0741－0000219　081.47/1231/743

世本(帝王世本)一卷附考證一卷　（漢）宋衷注　（清）孫馮翼集　清嘉慶七年(1802)孫氏問經堂刻本　一冊

210000－0741－0000220　081.47/1231/744－745

説文正字二卷附原目一卷　（清）王石華撰（清）孫馮翼輯　清嘉慶六年(1801)孫氏問經堂刻本　二冊

210000－0741－0000221　081.47/1231/746

神農本草經三卷　（三國魏）吳普述　（清）孫星衍　（清）孫馮翼輯　清嘉慶四年(1799)孫氏問經堂刻本　一冊

210000－0741－0000222　081.47/1231/747

尸子輯本二卷　（清）孫星衍撰　清嘉慶二年(1797)孫氏問經堂刻本　一冊

210000－0741－0000223　081.47/1231/748

逸子書七種　（清）孫馮翼輯　清嘉慶七年(1802)孫氏問經堂刻本　一冊

210000－0741－0000224　081.47/1231－1

問經堂叢書二十六種　（清）孫馮翼輯　清嘉慶二年至七年（1797 - 1802）承德孫氏問經堂刻本　十冊　存八種二十八卷（爾雅漢註三卷、明堂考三卷、鄭氏遺書五種、世本一卷、說文正字二卷、神農本草經三卷、尸子二卷、逸子書九卷）

210000 - 0741 - 0000225　081.47/1262

平津館叢書四十二種　（清）孫星衍輯　清嘉慶十七年（1812）蘭陵孫氏刻本　八十二冊

210000 - 0741 - 0000226　081.47/2230

述記（三代兩漢遺書）不分卷　（清）任北麟輯　清嘉慶十五年（1810）遂古堂刻本　六冊

210000 - 0741 - 0000227　081.47/2610

說鈴前集三十七種後集十六種　（清）吳震方輯　清光緒五年（1879）文富堂刻本　三十二冊

210000 - 0741 - 0000228　081.47/2610/317 - 348

說鈴前集三十七種後集十六種　（清）吳震方輯　清道光五年（1825）聚秀堂刻本　三十二冊

210000 - 0741 - 0000229　081.47/2610/545 - 580

說鈴前集三十七種後集十六種　（清）吳震方輯　清道光五年（1825）聚秀堂刻本　三十六冊

210000 - 0741 - 0000230　081.47/2630/81 - 92

重刊拜經樓叢書十種　（清）吳騫輯　清光緒十一年（1885）會稽鄂渚章氏刻本　十二冊

210000 - 0741 - 0000231　081.47/2630/3999 - 4008

重校拜經樓叢書十種　（清）吳騫輯　清光緒二十年（1894）吳縣朱氏校經堂刻本　十冊

210000 - 0741 - 0000232　081.47/2714

知不足齋叢書一百九十六種　（清）鮑廷博輯　清光緒坊間刻本　二百四十冊

210000 - 0741 - 0000233　081.47/2832

春暉堂叢書十一種　（清）徐渭仁輯　清道光至同治上海徐氏刻本　十二冊

210000 - 0741 - 0000234　081.47/3128

讀畫齋叢書八集　（清）顧修輯　清嘉慶四年（1799）桐川顧氏刻本　三十四冊

210000 - 0741 - 0000235　081.47/3133

藝苑捃華四十八種　（清）顧之逵輯　清同治七年（1868）務本堂刻本　二十八冊

210000 - 0741 - 0000236　081.47/3225

海山仙館叢書五十六種　（清）潘仕成輯　清道光、咸豐間番禺潘氏刻本　一百二十二冊

210000 - 0741 - 0000237　081.47/4001

函海一百五十七種　（清）李調元輯　清道光五年（1825）綿州李氏萬卷樓刻本　一百六十冊

210000 - 0741 - 0000238　081.47/4082

惜陰軒叢書十五種　（清）李錫齡輯　清道光二十年（1840）三原李氏惜陰軒刻本　四十八冊

210000 - 0741 - 0000239　081.47/4411

士禮居黃氏叢書二十一種　（清）黃丕烈輯　清光緒十三年（1887）上海蜚英館石印本　三十冊

210000 - 0741 - 0000240　081.47/4496

別下齋叢書初集二十六種　（清）蔣光煦輯　清道光十七年（1837）海昌蔣氏別下齋刻本　三十冊

210000 - 0741 - 0000241　081.47/4748/09 - 71

宜稼堂叢書七種　（清）郁松年輯　清道光二十年至二十二年（1840 - 1842）上海郁氏刻本　六十三冊

210000 - 0741 - 0000242　081.47/4748/841 - 904

宜稼堂叢書十種　（清）郁松年輯　清道光二十年至二十二年（1840 - 1842）上海郁氏刻本　六十四冊

210000 - 0741 - 0000243　081.47/4878

武英殿聚珍版全書一百四十八種　（清）高宗弘曆輯　清光緒二十五年（1899）廣雅書局刻本　七百九十七冊　存一百三十一種二千三百二十四卷（周易口訣義六卷、易說六卷、易

原八卷、吳園易解九卷附錄一卷、郭氏傳家易說十一卷、誠齋易傳二十卷、易象意言一卷、易學濫觴一卷、易緯十二卷、尚書詳解二十六卷、尚書詳解五十卷、融堂書解二十卷、禹貢指南四卷、禹貢說斷四卷、詩總聞二十卷、續呂氏家塾讀詩記三卷、絜齋毛詩經筵講義四卷、欽定詩經樂譜三十卷附樂律正俗一卷、儀禮集釋三十卷、儀禮釋宮一卷、儀禮識誤三卷、大戴禮記注十三卷、春秋釋例十五卷、春秋集傳纂例十卷、春秋傳說例一卷、春秋經解十五卷、春秋集注四十卷、春秋攷十六卷、春秋辨疑四卷、春秋繁露十七卷、白虎通義四卷、鄭志三卷補遺一卷、論語意原四卷、方言十三卷、東觀漢記二十四卷、漢官舊儀一卷補遺一卷、兩漢刊誤補遺十卷、三國志辨誤三卷、新唐書糾繆二十卷、五代史纂誤三卷、河朔訪古記三卷、嶺表錄異三卷、蠻書十卷、琉球國志略十六卷、畿輔安瀾志五十卷、幸魯盛典四十卷、真齋書錄解題二十二卷、欽定四庫全書總目二百卷、欽定四庫全書攷證一百卷、欽定武英殿聚珍版程式一卷、欽定校正淳化閣帖釋文十卷、絳帖平六卷、寶真齋法書贊二十八卷、老子首先經注二卷、文子纘義十二卷、鶡冠子注二卷、傅子一卷、帝範四卷、帝王經世圖譜十六卷、公是先生弟子記四卷、明本釋三卷、項氏家說十卷附錄二卷、農書三十六卷、農桑輯要七卷、蘇沈良方八卷、小兒藥證真訣三卷、周髀算經二卷、九章算術九卷、海島算經一卷、孫子算經三卷、五曹算經五卷、五經算術二卷、夏侯陽算經三卷、墨法集要一卷、意林六卷、學林十卷、唐語林八卷、涑水紀聞十六卷、能改齋漫錄十八卷、雲穀雜記四卷、猗覺寮雜記二卷、甕牖閑評八卷、攷古質疑六卷、朝野類要五卷、澗泉日記三卷、敬齋古今黈八卷、歸潛志十四卷、張燕公集二十五卷、文忠集十六卷、小畜集三十卷外集七卷、南陽集六卷、元憲集三十六卷、景文集六十二卷、文恭集四十卷、祠部集三十五卷、華陽集四十卷、公是集五十四卷、彭城集四十卷、凈德集三十八卷、忠肅集二十卷、山谷集三十九卷、後山集十二卷、柯山集五十卷、陶山集十

六卷、學易集八卷、西台集二十卷、浮沚集九卷、毘陵集十六卷、浮溪集三十卷、簡齋集十六卷、茶山集八卷、文定集二十四卷、雪山集十六卷、攻媿集一百十二卷、乾道淳熙章泉稿二十七卷、止堂集十八卷、絜齋集二十四卷、南澗甲乙稿二十二卷、蒙齋集二十卷、恥堂存稿八卷、拙軒集六卷、金淵集六卷、牧庵集三十六卷、御製詩文十全集五十四卷、御製悅心集五卷、萬壽衢歌樂章十六卷、詩倫二卷、文苑英華辨證十卷、歲寒堂詩話十卷、碧溪詩話十卷、浩然齋邪雅談三卷）

210000－0741－0000244　081.47/7550
訂譌雜錄十卷　（清）胡鳴玉撰　清嘉慶十八年（1813）蕭山陳氏湖海樓刻本　二冊

210000－0741－0000245　081.47/7550/24－55
湖海樓叢書十二種　（清）陳春輯　清嘉慶十七年至二十四年（1812－1819）蕭山陳氏湖海樓刻本　三十二冊

210000－0741－0000246　081.47/7550/41－64
湖海樓叢書十二種　（清）陳春輯　清嘉慶十七年至二十四年（1812－1819）蕭山陳氏湖海樓刻本　二十四冊

210000－0741－0000247　081.471/0040
式訓堂叢書一集十四種二集十三種　（清）章壽康輯　清光緒二年至十一年（1876－1885）會稽章氏刻本　三十二冊

210000－0741－0000248　081.471/0123
半厂叢書初編八種　（清）譚獻輯　清光緒仁和譚氏刻本　二十冊

210000－0741－0000249　081.471/0178
陶菴集二十二卷首一卷末一卷　（明）黃淳耀輯　（清）龍鳳鑣校勘　清光緒十八年（1892）順德龍氏知服齋刻本　四冊

210000－0741－0000250　081.471/0848/84－1
筆史一卷　（清）梁同書撰　（清）許增栞　清光緒十五年（1889）仁和許氏刻本　一冊

210000－0741－0000251　081.471/0848/86－1
陽羨名陶錄二卷　（清）吳騫編　（清）許增栞

清光緒十五年(1889)仁和許氏刻本　一冊

210000－0741－0000252　081.471/0848/84－2
藏書記要一卷　（清）孫從添撰　（清）許增校
　流通古書約一卷　（清）曹溶撰　清光緒十
五年(1889)仁和許氏刻本　一冊

210000－0741－0000253　081.471/0848/85
端谿硯史三卷　（清）吳蘭修編　（清）許增校
　清光緒十五年(1889)仁和許氏刻本　一冊

210000－0741－0000254　081.471/0848/84－3
閒者軒帖考一卷　（清）孫承澤撰　（清）許增
　校　清光緒十五年(1889)仁和許氏刻本
　一冊

210000－0741－0000255　081.471/0848/84－4
金粟箋説一卷　（清）張燕昌撰　（清）許增校
　清光緒十五年(1889)仁和許氏刻本　一冊

210000－0741－0000256　081.471/0848/84－5
漫堂墨品一卷　（清）宋犖撰　雪堂墨品一卷
　（清）張仁熙撰　清光緒十五年(1889)仁和
許氏刻本　一冊

210000－0741－0000257　081.471/0848/86－2
頻羅庵論書一卷　（清）梁同書撰　清光緒十
五年(1889)仁和許氏刻本　一冊

210000－0741－0000258　081.471/0848/86－3
賞延素心錄一卷　（清）周二學撰　（清）許增
　校　清光緒十五年(1889)仁和許氏刻本
一冊

210000－0741－0000259　081.471/0848/86－4
書畫説鈐一卷　（清）陸時化撰　清光緒十五
年(1889)仁和許氏刻本　一冊

210000－0741－0000260　081.471/0848/66
白石道人歌曲四卷別集一卷　（宋）姜夔撰
　清光緒十年(1884)刻本　一冊

210000－0741－0000261　081.471/0848/77－1
笙月詞五卷　（清）王詒壽撰　清同治十一年
(1872)刻本　一冊

210000－0741－0000262　081.471/0848/74－1
松壺畫憶二卷　（清）錢杜撰　清光緒十四年

(1888)刻本　一冊

210000－0741－0000263　081.471/0848/74－2
松壺畫贅二卷　（清）錢杜撰　清光緒十四年
(1888)刻本　一冊

210000－0741－0000264　081.471/0848/73－1
微波詞一卷　（清）錢枚撰　清光緒十五年
(1889)刻本　一冊

210000－0741－0000265　081.471/0848/68－1
衍波詞二卷　（清）王士禛撰　清光緒十五年
(1889)刻本　一冊

210000－0741－0000266　081.471/0848/73－2
憶雲詞五卷　（清）項廷紀撰　清光緒十九年
(1893)刻本　一冊

210000－0741－0000267　081.471/0848/78－80
娛園叢刻十種　（清）許增輯　清光緒十五年
(1889)刻本　三冊

210000－0741－0000268　081.471/0848/65
白石道人詩集二卷集外詩一卷附錄一卷錄補
遺一卷詩説一卷　（宋）姜夔撰　清光緒十年
(1884)刻本　一冊

210000－0741－0000269　081.471/0848/72
拜石山房詞鈔四卷　（清）顧翰撰　清光緒十
五年(1889)刻本　一冊

210000－0741－0000270　081.471/0848/68－2
詞源二卷　（宋）張炎撰　清光緒八年(1882)
刻本　一冊

210000－0741－0000271　081.471/0848/77－2
花影詞一卷　（清）王詒壽撰　清同治十一年
(1872)刻本　一冊

210000－0741－0000272　081.471/0848/70－71
靈芬館詞四種七卷　（清）郭麐撰　清光緒五
年(1879)刻本　一冊

210000－0741－0000273　081.471/0848/75－76
縵雅堂駢體文八卷　（清）王詒壽撰　清光緒
六年(1880)刻本　二冊

210000－0741－0000274　081.471/0848/69

納蘭詞五卷補遺一卷　（清）納蘭性德撰　清光緒六年(1880)刻本　一冊

210000－0741－0000275　081.471/0848/67

山中白雲詞八卷附錄一卷逸事一卷　（宋）張炎撰　清光緒八年(1882)刻本　一冊

210000－0741－0000276　081.471/1020/46－2

安甫遺學三卷　（清）江承之撰　清光緒十四年(1888)江陰南菁書院刻本　一冊

210000－0741－0000277　081.471/1020/38－39

蔡氏月令五卷　（漢）蔡邕撰　（清）蔡雲輯　清光緒十四年(1888)江陰南菁書院刻本　二冊

210000－0741－0000278　081.471/1020/25－26

操養齋遺書四卷　（清）管禮耕撰　清光緒十四年(1888)江陰南菁書院刻本　一冊

210000－0741－0000279　081.471/1020/29

疇人傳三編七卷　（清）諸可寶撰　清光緒十四年(1888)江陰南菁書院刻本　一冊

210000－0741－0000280　081.471/1020/35－2

春秋世族譜拾遺一卷　（清）成蓉鏡撰　清光緒十四年(1888)江陰南菁書院刻本　一冊

210000－0741－0000281　081.471/1020/23

春秋摘微一卷　（唐）盧仝撰　（清）李邦黻輯　清光緒十四年(1888)江陰南菁書院刻本　一冊

210000－0741－0000282　081.471/1020/15－23

登科記考三十卷　（清）徐松撰　清光緒十四年(1888)江陰南菁書院刻本　九冊

210000－0741－0000283　081.471/1020/31

爾雅詁二卷　（清）徐孚吉撰　清光緒十四年(1888)江陰南菁書院刻本　一冊

210000－0741－0000284　081.471/1020/45

方氏易學五書五卷　（清）方申撰　清光緒十四年(1888)江陰南菁書院刻本　一冊

210000－0741－0000285　081.471/1020/24－3

公羊傳補注一卷　（清）姚鼐撰　清光緒十四年(1888)江陰南菁書院刻本　一冊

210000－0741－0000286　081.471/1020/24－4

穀梁傳補注一卷　（清）姚鼐撰　清光緒十四年(1888)江陰南菁書院刻本　一冊

210000－0741－0000287　081.471/1020/24－5

國語補注一卷　（清）姚鼐撰　清光緒十四年(1888)江陰南菁書院刻本　一冊

210000－0741－0000288　081.471/1020/37－4

漢太初曆考一卷　（清）成蓉鏡撰　清光緒十四年(1888)江陰南菁書院刻本　一冊

210000－0741－0000289　081.471/1020/28－2

淮南萬畢術一卷　（漢）劉安撰　（清）丁晏輯　清光緒十四年(1888)江陰南菁書院刻本　一冊

210000－0741－0000290　081.471/1020/37－3

駉思室答問一卷　（清）成蓉鏡撰　清光緒十四年(1888)江陰南菁書院刻本　一冊

210000－0741－0000291　081.471/1020/35－1

句股演代二卷　（清）江衡撰　清光緒十四年(1888)江陰南菁書院刻本　一冊

210000－0741－0000292　081.471/1020/33

開方用表簡術一卷　（清）程之驥撰　清光緒十四年(1888)江陰南菁書院刻本　一冊

210000－0741－0000293　081.471/1020/42－43

劉炫規杜持平六卷　（清）邵瑛撰　清光緒十四年(1888)江陰南菁書院刻本　一冊

210000－0741－0000294　081.471/1020/42

陸氏草木鳥獸蟲魚疏疏（詩陸氏疏疏）二卷　（清）焦循撰　清光緒十四年(1888)江陰南菁書院刻本　一冊

210000－0741－0000295　081.471/1020/40－41

律呂古誼六卷　（清）錢塘撰　清光緒十四年(1888)江陰南菁書院刻本　二冊

210000－0741－0000296　081.471/1020/24－6

論語注二十卷　（清）戴望撰　清光緒十四年(1888)江陰南菁書院刻本　一冊

210000－0741－0000297　081.471/1020/33－35

毛詩異文箋十卷　（清）陳玉樹撰　清光緒十

四年(1888)江陰南菁書院刻本　一冊

210000－0741－0000298　081.471/1020/15－46

南菁書院叢書八集四十一種　王先謙輯　清光緒十四年(1888)江陰南菁書院刻本　三十二冊

210000－0741－0000299　081.471/1020/25

羣經賸義一卷　（清）俞樾撰　清光緒十四年(1888)江陰南菁書院刻本　一冊

210000－0741－0000300　081.471/1020/36－3

三統術補衍一卷　（清）成蓉鏡撰　清光緒十四年(1888)江陰南菁書院刻本　一冊

210000－0741－0000301　081.471/1020/24－1

深衣考一卷　（清）黃宗羲撰　清光緒十四年(1888)江陰南菁書院刻本　一冊

210000－0741－0000302　081.471/1020/37－1

史漢駢枝一卷　（清）成蓉鏡撰　清光緒十四年(1888)江陰南菁書院刻本　一冊

210000－0741－0000303　081.471/1020/36－2

釋名補證一卷　（清）成蓉鏡撰　清光緒十四年(1888)江陰南菁書院刻本　一冊

210000－0741－0000304　081.471/1020/32

水經注洛涇二水補一卷武陵五溪考一卷（清）謝鍾英撰　清光緒十四年(1888)江陰南菁書院刻本　一冊

210000－0741－0000305　081.471/1020/30－2

說文舊音補注一卷補遺一卷續一卷改錯一卷　（清）胡玉縉撰　清光緒十四年(1888)江陰南菁書院刻本　一冊

210000－0741－0000306　081.471/1020/30－1

說文職墨三卷　（清）于鬯撰　清光緒十四年(1888)江陰南菁書院刻本　一冊

210000－0741－0000307　081.471/1020/37－2

宋州郡志校勘記一卷　（清）成蓉鏡撰　清光緒十四年(1888)江陰南菁書院刻本　一冊

210000－0741－0000308　081.471/1020/27－2

投壺考原一卷　（清）丁晏撰　清光緒十四年(1888)江陰南菁書院刻本　一冊

210000－0741－0000309　081.471/1020/36－4

推步迪蒙記一卷　（清）成蓉鏡撰　清光緒十四年(1888)江陰南菁書院刻本　一冊

210000－0741－0000310　081.471/1020/32

吳疆域圖說三卷　（清）范本禮撰　清光緒十四年(1888)江陰南菁書院刻本　一冊

210000－0741－0000311　081.471/1020/37－5

心巢文錄二卷　（清）成蓉鏡撰　清光緒十四年(1888)江陰南菁書院刻本　一冊

210000－0741－0000312　081.471/1020/28－1

佚禮扶微五卷　（清）丁晏輯　清光緒十四年(1888)江陰南菁書院刻本　一冊

210000－0741－0000313　081.471/1020/46－1

易例輯略一卷　（清）龐大堃撰　清光緒十四年(1888)江陰南菁書院刻本　一冊

210000－0741－0000314　081.471/1020/27－1

易林釋文二卷　（清）丁晏撰　清光緒十四年(1888)江陰南菁書院刻本　一冊

210000－0741－0000315　081.471/1020/36－1

鄭志攷證一卷　（清）成蓉鏡撰　清光緒十四年(1888)江陰南菁書院刻本　一冊

210000－0741－0000316　081.471/1020/44

周易二閭記三卷　（清）茹敦和撰　清光緒十四年(1888)江陰南菁書院刻本　一冊

210000－0741－0000317　081.471/1020/24－2

左傳補注一卷　（清）姚鼐撰　清光緒十四年(1888)江陰南菁書院刻本　一冊

210000－0741－0000318　081.471/1033/13－39

天壤閣叢書二十種增刊六種　（清）王祖源（清）王懿榮輯　清咸豐至光緒福山王氏一雲精舍刻本　二十八冊　存二十三種六十二卷（夏小正一卷、爾雅直音二卷、弟子職正音一卷、急就篇直音四卷、說文聲讀表七卷、說文逸字二卷附錄一卷、古今韵攷四卷、疑年錄四卷續疑年錄四卷、麟角集一卷附錄一卷、莆陽黃御史集二卷別錄一卷附錄一卷、聲調三譜四卷、漁洋山人秋柳詩箋一卷、東古文存一卷、内功圖說一卷、求雨篇一卷、明刑弼教錄六卷、正俗備用字解四卷附一卷、周公年表一卷、籭齋傳古別錄一卷、木皮子詞一卷、王太常集二卷、王布政集二卷)

210000－0741－0000319　081.471/1033/46－62

天壤閣叢書二十種增刊六種　(清)王祖源(清)王懿榮輯　清咸豐至光緒福山王氏一雲精舍刻本　十七冊　存二十一種五十三卷(麟角集一卷附錄一卷、莆陽黃御史集二卷別錄一卷附錄一卷、漁洋山人秋柳詩箋一卷、東古文存一卷、聲調三譜五卷、内功圖說一卷、求雨篇一卷、明刑弼教錄三卷、爾雅直音二卷、弟子職正音一卷、弟子職一卷、急就篇直音一卷、急就篇四卷、說文逸字二卷附錄一卷、說文聲讀表七卷、古今韻考四卷附記一卷、切韻一卷、疑年錄四卷續疑年錄四卷、夏小正正義一卷、增刊一卷)

210000－0741－0000320　081.471/1035/20－29

月河精舍叢鈔五種　(清)丁寶書輯　清光緒六年(1880)苕溪丁氏刻本　十冊　存四種十九卷(唐御史台精舍題名考三卷附錄一卷、安定言行錄二卷、讀書雜識十二卷、風水袪惑一卷)

210000－0741－0000321　081.471/1035/46－53

月河精舍叢鈔五種　(清)丁寶書輯　清光緒六年(1880)苕溪丁氏刻本　八冊　存四種十九卷(唐御史台精舍題名考三卷附錄一卷、安定言行錄二卷、讀書雜識十二卷、風水袪惑一卷)

210000－0741－0000322　081.471/1149/203

成人篇一卷　(清)張壽榮撰　清光緒九年(1883)蛟川張氏花雨樓刻本　一冊

210000－0741－0000323　081.471/1149/184－198

初月樓四種　(清)吳德旋撰　清光緒九年(1883)蛟川張氏花雨樓刻本　十五冊

210000－0741－0000324　081.471/1149/231

戴東原先生[震]年譜一卷　(清)段玉裁編清光緒十年(1884)蛟川張氏花雨樓刻本一冊

210000－0741－0000325　081.471/1149/232－238

定香亭筆談四卷附錄一卷　(清)阮元記(清)吳文溥錄　清光緒十年(1884)蛟川張氏花雨樓刻本　七冊

210000－0741－0000326　081.471/1149/242－243

芙村文鈔二卷　(清)沈豫撰　清光緒十一年(1885)蛟川張氏花雨樓刻本　二冊

210000－0741－0000327　081.471/1149/204－210

各經承師立學考四編　(清)張壽榮輯　清光緒十一年(1885)蛟川張氏花雨樓刻本　七冊

210000－0741－0000328　081.471/1149/173－174

經書算學天文攷二卷　(清)陳懋齡撰　清光緒八年(1882)蛟川張氏花雨樓刻本　二冊

210000－0741－0000329　081.471/1149/219－221

考工記圖二卷　(清)戴震撰　清光緒十一年(1885)蛟川張氏花雨樓刻本　三冊

210000－0741－0000330　081.471/1149/215－218

禮記釋注四卷　(清)丁晏撰　清光緒十年(1884)蛟川張氏花雨樓刻本　四冊

210000－0741－0000331　081.471/1149/239－241

靈芬館雜著二卷　(清)郭麐撰　清光緒九年(1883)蛟川張氏花雨樓刻本　三冊

210000－0741－0000332　081.471/1149/183

茗柯詞一卷　(清)張惠言撰　清光緒八年(1882)蛟川張氏花雨樓刻本　一冊

210000－0741－0000333　081.471/1149/178－182

茗柯文編四編　(清)張惠言撰　清光緒八年(1882)蛟川張氏花雨樓刻本　五冊

210000－0741－0000334　081.471/1149/201－202

確山駢體文四卷　(清)宋世犖撰　清光緒九年(1883)蛟川張氏花雨樓刻本　三冊

210000－0741－0000335　081.471/1149/244－246

仁在堂論文各法六卷　(清)路德撰　(清)張壽榮輯　清光緒十四年(1888)蛟川張氏花雨樓刻本　三冊

210000－0741－0000336　081.471/1149/199－200

尚絅堂駢體文二卷　(清)劉嗣綰撰　清光緒

九年(1883)蛟川張氏花雨樓刻本　二冊

210000－0741－0000337　081.471/1149/247

詩答問二卷　（清）王士禛撰　（清）張宗柟輯
清光緒十四年(1888)蛟川張氏花雨樓刻本
一冊

210000－0741－0000338　081.471/1149/211－214

詩攷補注補遺四卷　（元）王應麟輯　（清）丁
晏補注　清光緒十一年(1885)蛟川張氏刻本
四冊

210000－0741－0000339　081.471/1149/175－177

說雅二卷　（清）朱駿聲紀錄　清光緒九年
(1883)蛟川張氏花雨樓刻本　三冊

210000－0741－0000340　081.471/1149/222－230

莟岑經義鈔六卷首一卷　（清）張鴻桷輯　清
光緒八年(1882)蛟川張氏花雨樓刻本　九冊

210000－0741－0000341　081.471/1149/170

易學闡元一卷　（清）姚配中撰　清光緒八年
(1882)蛟川張氏花雨樓刻本　一冊

210000－0741－0000342　081.471/1149/168－169

虞氏易禮二卷　（清）張惠言撰　清光緒九年
(1883)蛟川張氏花雨樓刻本　二冊

210000－0741－0000343　081.471/1149/171－172

鄭氏詩譜攷正一卷　（漢）鄭元撰　（宋）歐陽
修補正　（清）丁晏重編　清光緒九年(1883)
蛟川張氏花雨樓刻本　二冊

210000－0741－0000344　081.471/2126/2293－2294

寶刻類編八卷　（宋）□□撰　清咸豐十一年
(1861)南海伍氏刻粵雅堂叢書本　二冊

210000－0741－0000345　081.471/2126/2108

北江詩話六卷　（清）洪亮吉撰　清咸豐四年
(1854)南海伍氏刻粵雅堂叢書本　一冊

210000－0741－0000346　081.471/2126/2309

比雅十九卷　（清）洪亮吉撰　清咸豐七年
(1857)南海伍氏刻粵雅堂叢書本　一冊

210000－0741－0000347　081.471/2126/2215－1

采硫日記三卷　（清）郁永河撰　清咸豐三年
(1853)南海伍氏刻粵雅堂叢書本　一冊

210000－0741－0000348　081.471/2126/2113－3

草廬經畧十二卷　（明）□□撰　清道光三十
年(1850)南海伍氏刻粵雅堂叢書本　三冊

210000－0741－0000349　081.471/2126/2275－
2277

程侍郎遺集初編十卷附錄一卷　（清）程恩澤
撰　清咸豐五年(1855)南海伍氏刻本　三冊

210000－0741－0000350　081.471/2126/2206－
2210

崇文總目五卷補遺一卷附錄一卷　（宋）王堯
臣等撰　（清）錢東垣等輯　清咸豐三年
(1853)南海伍氏刻粵雅堂叢書本　五冊

210000－0741－0000351　081.471/2126/2062

芻蕘奧論二卷　（宋）張方平撰　清咸豐元年
(1851)南海伍氏刻粵雅堂叢書本　一冊

210000－0741－0000352　081.471/2126/2229

春秋穀梁傳時月日書法釋例四卷　（清）許桂
林撰　清咸豐四年(1854)南海伍氏刻粵雅堂
叢書本　一冊

210000－0741－0000353　081.471/2126/2285

春秋國都爵姓考一卷補一卷　（清）陳鵬撰
清咸豐十一年(1861)南海伍氏刻粵雅堂叢書
本　一冊

210000－0741－0000354　081.471/2126/2282

春秋五禮例宗十卷　（宋）張大亨撰　清咸豐
十一年(1861)南海伍氏刻粵雅堂叢書本　一
冊　存七卷(一至三、七至十)

210000－0741－0000355　081.471/2126/2232

詞林韻釋二卷　（宋）□□撰　清咸豐四年
(1854)南海伍氏刻粵雅堂叢書本　一冊

210000－0741－0000356　081.471/2126/2184

詞源二卷　（宋）張炎撰　清咸豐三年(1853)
南海伍氏刻粵雅堂叢書本　一冊

210000－0741－0000357　081.471/2126/2113－1

打馬圖經一卷　（宋）李清照撰　清咸豐元年
(1851)南海伍氏刻粵雅堂叢書本　一冊

210000－0741－0000358　081.471/2126/2175

道德真經註四卷 （元）吳澄撰 清咸豐五年（1855）南海伍氏刻粵雅堂叢書本 一冊

210000－0741－0000359 081.471/2126/2050

東城雜記二卷 （清）厲鶚撰 清道光三十年（1850）南海伍氏刻粵雅堂叢書本 一冊

210000－0741－0000360 081.471/2126/2283－2285

兒易外儀十五卷 （明）倪元璐撰 清咸豐十一年（1861）南海伍氏刻粵雅堂叢書本 二冊

210000－0741－0000361 081.471/2126/2224－2226

爾雅新義二十卷敘錄一卷 （宋）陸佃撰 清咸豐三年（1853）南海伍氏刻粵雅堂叢書本 三冊

210000－0741－0000362 081.471/2126/2051

奉天錄四卷 （唐）趙元一撰 清咸豐二年（1852）南海伍氏刻粵雅堂叢書本 一冊

210000－0741－0000363 081.471/2126/2308

鳳氏經說三卷 （清）鳳應韶撰 清同治元年（1862）南海伍氏刻粵雅堂叢書本 一冊

210000－0741－0000364 081.471/2126/2079－2080

古韻標準四卷詩韻舉例一卷 （清）江永撰 清咸豐二年（1852）南海伍氏刻粵雅堂叢書本 二冊

210000－0741－0000365 081.471/2126/2055－1

谷音二卷 （元）杜本輯 清咸豐元年（1851）南海伍氏刻粵雅堂叢書本 一冊

210000－0741－0000366 081.471/2126/2249－2250

顧亭林先生年譜四卷附錄一卷 （清）張穆撰 清咸豐三年（1853）南海伍氏刻粵雅堂叢書本 二冊

210000－0741－0000367 081.471/2126/2310

廣釋名二卷首一卷 （清）張金吾撰 清咸豐十年（1860）南海伍氏刻粵雅堂叢書本 一冊

210000－0741－0000368 081.471/2126/

2235－2241

國策地名考二十卷首一卷 （清）程恩澤纂 （清）狄子奇箋 清咸豐三年（1853）南海伍氏刻粵雅堂叢書本 七冊

210000－0741－0000369 081.471/2126/2245－2248

國朝漢學師承記八卷國朝經師經義目錄一卷 國朝宋學淵源記二卷附記一卷 （清）江藩撰 清咸豐四年（1854）南海伍氏刻粵雅堂叢書本 三冊

210000－0741－0000370 081.471/2126/2086－2090

國史經籍志五卷附錄一卷 （明）焦竑撰 清咸豐元年（1851）南海伍氏刻粵雅堂叢書本 五冊

210000－0741－0000371 081.471/2126/2213

寒山堂金石林時地攷二卷 （明）趙均撰 清咸豐三年（1853）南海伍氏刻粵雅堂叢書本 一冊

210000－0741－0000372 081.471/2126/2201－2202

韓柳年譜二種八卷 （清）馬曰璐輯 清咸豐五年（1855）南海伍氏刻粵雅堂叢書本 二冊

210000－0741－0000373 081.471/2126/2233－2234

漢書地理志稽疑六卷 （清）全祖望撰 清咸豐三年（1853）南海伍氏刻粵雅堂叢書本 二冊

210000－0741－0000374 081.471/2126/2326－2328

漢唐事箋二十卷 （元）朱禮撰 清光緒元年（1875）南海伍氏刻粵雅堂叢書本 三冊

210000－0741－0000375 081.471/2126/2137－2138

蒿庵閒話二卷 （清）張爾岐撰 清道光三十年（1850）南海伍氏刻粵雅堂叢書本 二冊

210000－0741－0000376 081.471/2126/2055－2

河汾諸老詩集八卷 （元）房祺輯 清咸豐二

年(1852)南海伍氏刻粵雅堂叢書本　一冊

210000 – 0741 – 0000377　081.471/2126/2145 – 2147

後漢書補表八卷　（清）錢大昭撰　清咸豐二年(1852)南海伍氏刻粵雅堂叢書本　三冊

210000 – 0741 – 0000378　081.471/2126/2139 – 2144

後漢書補注二十四卷　（清）惠棟撰　清咸豐元年(1851)南海伍氏刻粵雅堂叢書本　六冊

210000 – 0741 – 0000379　081.471/2126/2136

胡子知言六卷疑義一卷附錄一卷　（宋）胡宏撰　清道光三十年(1850)南海伍氏刻粵雅堂叢書本　一冊

210000 – 0741 – 0000380　081.471/2126/2110 – 2112

虎鈐經二十卷　（宋）許洞撰　清咸豐二年(1852)南海伍氏刻粵雅堂叢書本　三冊

210000 – 0741 – 0000381　081.471/2126/2180 – 2181

紀元編三卷末一卷　（清）李兆洛撰　（清）六承如錄　清咸豐五年(1855)南海伍氏刻粵雅堂叢書本　二冊

210000 – 0741 – 0000382　081.471/2126/2148 – 2149

絳雲樓書目四卷　（清）錢謙益撰　（清）陳景雲注　清道光三十年(1850)南海伍氏刻粵雅堂叢書本　二冊

210000 – 0741 – 0000383　081.471/2126/2152 – 2

焦山紀遊集一卷　（清）馬曰璐等輯　清道光三十年(1850)南海伍氏刻粵雅堂叢書本　一冊

210000 – 0741 – 0000384　081.471/2126/2044 – 2049

焦氏筆乘六卷續八卷　（明）焦竑撰　清道光三十年(1850)南海伍氏刻粵雅堂叢書本　六冊

210000 – 0741 – 0000385　081.471/2126/

2296 – 2300

焦氏類林八卷　（明）焦竑撰　清同治元年(1862)南海伍氏刻粵雅堂叢書本　四冊

210000 – 0741 – 0000386　081.471/2126/2056

揭文安公文粹二卷　（元）揭傒斯撰　清咸豐元年(1851)南海伍氏刻粵雅堂叢書本　一冊

210000 – 0741 – 0000387　081.471/2126/2119 – 2120

今世說八卷　（清）王晫撰　清咸豐二年(1852)南海伍氏刻粵雅堂叢書本　二冊

210000 – 0741 – 0000388　081.471/2126/2315 – 2316

京口耆舊傳九卷　（宋）□□撰　清光緒元年(1875)南海伍氏刻粵雅堂叢書本　二冊

210000 – 0741 – 0000389　081.471/2126/2098 – 2100

經義攷補正十二卷　（清）翁方綱撰　清道光三十年(1850)南海伍氏刻粵雅堂叢書本　三冊

210000 – 0741 – 0000390　081.471/2126/2185

精選名儒草堂詩餘三卷　（元）鳳林書院輯　清咸豐三年(1853)南海伍氏刻粵雅堂叢書本　一冊

210000 – 0741 – 0000391　081.471/2126/2134 – 2135

九國志十二卷　（宋）路振撰　清道光三十年(1850)南海伍氏刻粵雅堂叢書本　二冊

210000 – 0741 – 0000392　081.471/2126/2231 – 2

九經補韻一卷附錄一卷　（宋）楊伯嵒撰　（清）錢侗考證　清咸豐三年(1853)南海伍氏刻粵雅堂叢書本　一冊

210000 – 0741 – 0000393　081.471/2126/2259 – 2261

樂府雅詞六卷拾遺二卷　（宋）曾慥輯　清咸豐三年(1853)南海伍氏刻粵雅堂叢書本　三冊

210000 – 0741 – 0000394　081.471/2126/2245

樂縣考二卷 （清）江藩撰 清咸豐四年(1854)南海伍氏刻粵雅堂叢書本 一冊

210000－0741－0000395 081.471/2126/2253

李元賓文集六卷 （唐）李觀撰 清咸豐四年(1854)南海伍氏刻粵雅堂叢書本 一冊

210000－0741－0000396 081.471/2126/2177－2179

歷代帝王年表三卷 （清）齊召南撰 清咸豐五年(1855)南海伍氏刻粵雅堂叢書本 三冊

210000－0741－0000397 081.471/2126/2243－2244

隸經文四卷 （清）江藩撰 清咸豐四年(1854)南海伍氏刻粵雅堂叢書本 二冊

210000－0741－0000398 081.471/2126/2278－2281

兩漢博聞十二卷 （宋）楊侃撰 清咸豐十年(1860)南海伍氏刻粵雅堂叢書本 一冊

210000－0741－0000399 081.471/2126/2173－2

兩京新記一卷 （唐）韋述撰 清咸豐三年(1853)南海伍氏刻粵雅堂叢書本 一冊

210000－0741－0000400 081.471/2126/2152－1

林屋唱酬錄一卷 （清）馬曰琯等輯 清道光三十年(1850)南海伍氏刻粵雅堂叢書本 一冊

210000－0741－0000401 081.471/2126/2186－2193

樓山堂集二十七卷 （明）吳應箕撰 清咸豐三年(1853)南海伍氏刻粵雅堂叢書本 八冊

210000－0741－0000402 081.471/2126/2212

菉竹堂碑目六卷 （明）葉盛撰 清咸豐四年(1854)南海伍氏刻粵雅堂叢書本 一冊

210000－0741－0000403 081.471/2126/2211－2212

菉竹堂書目六卷 （明）葉盛撰 清咸豐四年(1854)南海伍氏刻粵雅堂叢書本 一冊

210000－0741－0000404 081.471/2126/2059－1

潞水客談一卷附錄一卷 （明）徐貞明撰 清

咸豐元年(1851)南海伍氏刻粵雅堂叢書本 一冊

210000－0741－0000405 081.471/2126/2254－2255

呂衡州文集十卷考證一卷 （唐）呂溫撰 清咸豐四年(1854)南海伍氏刻粵雅堂叢書本 二冊

210000－0741－0000406 081.471/2126/2257－2258

羅鄂州小集六卷遺文一卷 （宋）羅願撰 清咸豐三年(1853)南海伍氏刻粵雅堂叢書本 二冊

210000－0741－0000407 081.471/2126/2344

梅邊吹笛譜二卷補錄一卷 （清）凌廷堪撰 清光緒元年(1875)南海伍氏刻粵雅堂叢書本 一冊

210000－0741－0000408 081.471/2126/2278－1

孟子音義二卷 （宋）孫奭撰 清咸豐十年(1860)南海伍氏刻粵雅堂叢書本 與210000－0741－0000398、0000495 合冊

210000－0741－0000409 081.471/2126/2205－1

米海岳年譜一卷 （清）翁方綱撰 清咸豐五年(1855)南海伍氏刻粵雅堂叢書本 一冊

210000－0741－0000410 081.471/2126/2039－2040

南部新書十卷 （宋）錢易撰 清道光三十年(1850)南海伍氏刻粵雅堂叢書本 二冊

210000－0741－0000411 081.471/2126/2266－2274

南雷集二十四卷 （清）黃宗羲撰 清咸豐三年(1853)南海伍氏刻粵雅堂叢書本 九冊

210000－0741－0000412 081.471/2126/2155－2157

南齋集六卷南齋詞二卷 （清）馬曰璐撰 清咸豐元年(1851)南海伍氏刻粵雅堂叢書本 三冊

210000－0741－0000413 081.471/2126/2265－2

倪文正公年譜四卷　（清）倪會鼎撰　清咸豐四年(1854)南海伍氏刻粤雅堂叢書本　一冊

210000－0741－0000414　081.471/2126/2314

乾道臨安志十五卷　（宋）周淙撰　清光緒元年(1875)南海伍氏刻粤雅堂叢書本　一冊
存三卷(一至三)

210000－0741－0000415　081.471/2126/2337－2338

黔書四卷　（清）田雯撰　清光緒元年(1875)南海伍氏刻粤雅堂叢書本　二冊

210000－0741－0000416　081.471/2126/2128－2130

秋笳集八卷附錄一卷　（清）吳兆騫撰　清咸豐二年(1852)南海伍氏刻粤雅堂叢書本　三冊

210000－0741－0000417　081.471/2126/2265－1

秋園雜佩一卷　（清）陳貞慧撰　清咸豐四年(1854)南海伍氏刻粤雅堂叢書本　一冊

210000－0741－0000418　081.471/2126/2311－2313

求表捷術九卷　（清）戴煦撰　清同治二年(1863)南海伍氏刻粤雅堂叢書本　三冊

210000－0741－0000419　081.471/2126/2230

羣經音辨七卷　（宋）賈昌朝撰　清咸豐四年(1854)南海伍氏刻粤雅堂叢書本　一冊

210000－0741－0000420　081.471/2126/2296

羣英書義二卷　（明）張泰撰　（明）劉建文編選　清道光至光緒南海伍氏刻粤雅堂叢書本　一冊

210000－0741－0000421　081.471/2126/2126

日湖漁唱一卷補遺一卷續補遺一卷　（宋）陳允平撰　清咸豐元年(1851)南海伍氏刻粤雅堂叢書本　一冊

210000－0741－0000422　081.471/2126/2332－2333

三國志補注六卷　（清）杭世駿撰　清光緒元年(1875)南海伍氏刻粤雅堂叢書本　一冊

210000－0741－0000423　081.471/2126/2127

瑟譜六卷　（元）熊朋來撰　清咸豐二年(1852)南海伍氏刻粤雅堂叢書本　一冊

210000－0741－0000424　081.471/2126/2153－2154

沙河逸老小稿六卷嶰谷詞一卷　（清）馬曰琯等撰　清咸豐元年(1851)南海伍氏刻粤雅堂叢書本　二冊

210000－0741－0000425　081.471/2126/2083－2084

聲類四卷　（清）錢大昕撰　清道光二十九年(1849)南海伍氏刻粤雅堂叢書本　二冊

210000－0741－0000426　081.471/2126/2213－2214

勝飲編十八卷　（清）郎廷極撰　清咸豐三年(1853)南海伍氏刻粤雅堂叢書本　一冊

210000－0741－0000427　081.471/2126/2158－2163

詩書古訓六卷　（清）阮元撰　清咸豐五年(1855)南海伍氏刻粤雅堂叢書本　六冊

210000－0741－0000428　081.471/2126/2164－2168

十三經音略十三卷附錄一卷　（清）周春撰　清咸豐四年(1854)南海伍氏刻粤雅堂叢書本　五冊

210000－0741－0000429　081.471/2126/2218－2219

石渠隨筆八卷　（清）阮元撰　清咸豐四年(1854)南海伍氏刻粤雅堂叢書本　二冊

210000－0741－0000430　081.471/2126/2105－2107

石洲詩話八卷　（清）翁方綱撰　清咸豐元年(1851)南海伍氏刻粤雅堂叢書本　三冊

210000－0741－0000431　081.471/2126/2151

石柱記箋釋五卷　（清）鄭元慶撰　清道光三十年(1850)南海伍氏刻粤雅堂叢書本　一冊

210000－0741－0000432　081.471/2126/

2064－2066

叔苴子内篇六卷外篇二卷 （明）莊元臣撰
清咸豐二年(1852)南海伍氏刻粤雅堂叢書本
二冊

210000－0741－0000433　081.471/2126/2295

書義主意六卷 （元）王充耘撰　清咸豐十一
年(1861)南海伍氏刻粤雅堂叢書本　一冊

210000－0741－0000434　081.471/2126/2150

述古堂藏書目四卷宋板書目一卷 （清）錢曾
撰　清道光三十年(1850)南海伍氏刻粤雅堂
叢書本　一冊

210000－0741－0000435　081.471/2126/
2334－2336

述學六卷 （清）汪中撰　清光緒元年(1875)
南海伍氏刻粤雅堂叢書本　三冊

210000－0741－0000436　081.471/2126/
2122－2125

雙溪集十五卷遺言一卷 （宋）蘇籀撰　清咸
豐元年(1851)南海伍氏刻粤雅堂叢書本
四冊

210000－0741－0000437　081.471/2126/
2169－2171

說文聲系十四卷 （清）姚文田撰　清咸豐五
年(1855)南海伍氏刻粤雅堂叢書本　三冊

210000－0741－0000438　081.471/2126/2081

四聲切韻表一卷凡例一卷 （清）江永撰　清
咸豐二年(1852)南海伍氏刻粤雅堂叢書本
一冊

210000－0741－0000439　081.471/2126/2078

四書逸箋六卷 （清）程大中撰　清道光三十
年(1850)南海伍氏刻粤雅堂叢書本　一冊

210000－0741－0000440　081.471/2126/2215－2

嵩洛訪碑日記一卷 （清）黃易撰　清咸豐四
年(1854)南海伍氏刻粤雅堂叢書本　一冊

210000－0741－0000441　081.471/2126/
2183－2184

宋季三朝政要五卷附錄一卷 （宋）□□撰

清咸豐三年(1853)南海伍氏刻粤雅堂叢書本
一冊

210000－0741－0000442　081.471/2126/2085

宋遼金元四史朔閏考二卷 （清）錢大昕撰
（清）錢侗增補　清咸豐二年(1852)南海伍氏
刻粤雅堂叢書本　一冊

210000－0741－0000443　081.471/2126/－
1/945－957

粤雅堂叢書一百八十四種 （清）伍崇曜輯
清道光三十年至光緒元年(1850－1875)南海
伍氏刻本　十三冊　存六種三十一卷(朱子
年譜四卷考異四卷附錄朱子論學切要語二
卷、韓柳年譜八卷、元遺山年譜三卷附錄一
卷、閻潛邱先生年譜四卷、秋園雜佩一卷、倪
文正公年譜四卷)

210000－0741－0000444　081.471/2126/
2216－2217

蘇米齋蘭亭考八卷 （清）翁方綱撰　清咸豐
三年(1853)南海伍氏刻粤雅堂叢書本　一冊

210000－0741－0000445　081.471/2126/
2103－2104

蘇詩補注八卷志道集一卷 （清）翁方綱撰
清咸豐元年(1851)南海伍氏刻粤雅堂叢書本
二冊

210000－0741－0000446　081.471/2126/
2227－2228

孫氏周易集解十卷 （清）孫星衍撰　清咸豐
五年(1855)南海伍氏刻粤雅堂叢書本　二冊

210000－0741－0000447　081.471/2126/2176

太上感應篇注二卷 （清）惠棟撰　清咸豐五
年(1855)南海伍氏刻粤雅堂叢書本　一冊

210000－0741－0000448　081.471/2126/2063

唐史論斷三卷 （宋）孫甫撰　清咸豐元年
(1851)南海伍氏刻粤雅堂叢書本　一冊

210000－0741－0000449　081.471/2126/
2059－2060

陶庵夢憶八卷 （清）張岱撰　清咸豐二年
(1852)南海伍氏刻粤雅堂叢書本　一冊

210000 - 0741 - 0000450　081.471/2126/2061 - 2

天香閣集一卷　（清）李介撰　清咸豐二年（1852）南海伍氏刻粵雅堂叢書本　一冊

210000 - 0741 - 0000451　081.471/2126/2061 - 1

天香閣隨筆二卷　（清）李介撰　清咸豐二年（1852）南海伍氏刻粵雅堂叢書本　一冊

210000 - 0741 - 0000452　081.471/2126/2216

通志堂經解目錄一卷　（清）翁方綱撰　清咸豐三年（1853）南海伍氏刻粵雅堂叢書本　一冊

210000 - 0741 - 0000453　081.471/2126/2173 - 1

文館詞林一千卷　（唐）許敬宗等輯　清咸豐三年（1853）南海伍氏刻粵雅堂叢書本　一冊　存四卷（六百六十二、六百六十四、六百六十八、六百九十五）

210000 - 0741 - 0000454　081.471/2126/2091 - 2096

文史通義八卷　（清）章學誠撰　清咸豐元年（1851）南海伍氏刻粵雅堂叢書本　六冊

210000 - 0741 - 0000455　081.471/2126/2067 - 2073

五代詩話十卷　（清）王士禎　（清）鄭方坤刪補　清咸豐元年（1851）南海伍氏刻粵雅堂叢書本　七冊

210000 - 0741 - 0000456　081.471/2126/2256

西崑酬唱集二卷　（宋）楊億輯　清咸豐四年（1854）南海伍氏刻粵雅堂叢書本　一冊

210000 - 0741 - 0000457　081.471/2126/2066

西洋朝貢典錄三卷　（明）黃省曾撰　清道光三十年（1850）南海伍氏刻粵雅堂叢書本　一冊

210000 - 0741 - 0000458　081.471/2126/2052

咸淳遺事二卷　（宋）□□撰　清道光三十年（1850）南海伍氏刻粵雅堂叢書本　一冊

210000 - 0741 - 0000459　081.471/2126/2231 - 1

相臺書塾刊正九經三傳沿革例一卷　（元）岳珂撰　清咸豐四年（1854）南海伍氏刻粵雅堂

叢書本　一冊

210000 - 0741 - 0000460　081.471/2126/2182 - 2

襄陽守城錄一卷　（宋）趙萬年撰　清咸豐四年（1854）南海伍氏刻粵雅堂叢書本　一冊

210000 - 0741 - 0000461　081.471/2126/2101 - 2102

小石帆亭五言詩續鈔八卷首一卷　（清）翁方綱輯　清道光三十年（1850）南海伍氏刻粵雅堂叢書本　二冊

210000 - 0741 - 0000462　081.471/2126/2288 - 2289

孝肅包公奏議十卷　（宋）包拯撰　清同治元年（1862）南海伍氏刻粵雅堂叢書本　二冊

210000 - 0741 - 0000463　081.471/2126/2097

校讎通義三卷　（清）章學誠撰　清道光三十年至光緒元年（1850 - 1875）南海伍氏刻粵雅堂叢書本　一冊

210000 - 0741 - 0000464　081.471/2126/2174

新譯大方廣佛華嚴經音義四卷　（唐）釋慧苑撰　清咸豐四年（1854）南海伍氏刻粵雅堂叢書本　一冊

210000 - 0741 - 0000465　081.471/2126/2113 - 2

敘古千文一卷　（宋）胡寅撰　（宋）黃灝注　清道光三十年（1850）南海伍氏刻粵雅堂叢書本　一冊

210000 - 0741 - 0000466　081.471/2126/2082

緒言三卷　（清）戴震撰　清道光三十年（1850）南海伍氏刻粵雅堂叢書本　一冊

210000 - 0741 - 0000467　081.471/2126/2339 - 2340

續黔書八卷　（清）張澍撰　清光緒元年（1875）南海伍氏刻粵雅堂叢書本　二冊

210000 - 0741 - 0000468　081.471/2126/2290 - 2292

續世說十二卷　（宋）孔平仲撰　清咸豐十年（1860）南海伍氏刻粵雅堂叢書本　三冊

210000 - 0741 - 0000469　081.471/2126/

2302 - 2303

續談助五卷　(宋)晁載之撰　清同治十三年(1874)南海伍氏刻粵雅堂叢書本　二冊

210000 - 0741 - 0000470　081.471/2126/2341 - 2343

煙霞萬古樓文集六卷詩選二卷詩錄一卷(清)王曇撰　清光緒元年(1875)南海伍氏刻粵雅堂叢書本　三冊

210000 -0741 -0000471　081.471/2126/2264

揅經室詩錄五卷　(清)阮元撰　清咸豐五年(1855)南海伍氏刻粵雅堂叢書本　一冊

210000 - 0741 - 0000472　081.471/2126/2251 -2252

閻潛邱先生[若璩]年譜四卷　(清)張穆撰　清咸豐三年(1853)南海伍氏刻粵雅堂叢書本　二冊

210000 - 0741 - 0000473　081.471/2126/2131 -2133

燕樂考原六卷　(清)凌廷堪撰　清咸豐元年(1851)南海伍氏刻粵雅堂叢書本　三冊

210000 - 0741 - 0000474　081.471/2126/2262 -2263

陽春白雪八卷外集一卷　(宋)趙聞禮輯　清咸豐三年(1853)南海伍氏刻粵雅堂叢書本　二冊

210000 -0741 -0000475　081.471/2126/2203

疑年錄四卷　(清)錢大昕撰　清咸豐四年(1854)南海伍氏刻粵雅堂叢書本　一冊

210000 - 0741 - 0000476　081.471/2126/2286 -2287

儀禮管見三卷附錄一卷　(清)褚寅亮撰　清咸豐十一年(1861)南海伍氏刻粵雅堂叢書本　二冊

210000 -0741 -0000477　081.471/2126/2242

儀禮石經校勘記四卷　(清)阮元撰　清咸豐四年(1854)南海伍氏刻粵雅堂叢書本　一冊

210000 - 0741 - 0000478　081.471/2126/

2074 - 2077

易圖明辨十卷　(清)胡渭撰　清咸豐二年(1852)南海伍氏刻粵雅堂叢書本　四冊

210000 - 0741 - 0000479　081.471/2126/2304 - 2305

益齋亂藁十卷拾遺一卷集誌一卷　(朝鮮)李齊賢撰　清同治元年(1862)南海伍氏刻粵雅堂叢書本　二冊

210000 -0741 -0000480　081.471/2126/2121

飲水集一卷詞集一卷　(清)性德撰　清咸豐元年(1851)南海伍氏刻粵雅堂叢書本　一冊

210000 -0741 -0000481　081.471/2126/2317

輿地碑記目四卷　(宋)王象之撰　清光緒元年(1875)南海伍氏刻粵雅堂叢書本　一冊

210000 -0741 -0000482　081.471/2126/2109

玉山草堂續集六卷　(清)錢林撰　清道光二十九年(1849)南海伍氏刻粵雅堂叢書本　一冊

210000 - 0741 - 0000483　081.471/2126/2057 -2058,2422

玉笥集十卷　(元)張憲撰　清咸豐元年(1851)南海伍氏刻粵雅堂叢書本　三冊

210000 - 0741 - 0000484　081.471/2126/2329 - 2331

馭交記十二卷　(明)張鏡心撰　清光緒元年(1875)南海伍氏刻粵雅堂叢書本　三冊

210000 -0741 -0000485　081.471/2126/2205 -2

元遺山先生年譜三卷墓圖記略一卷　(清)翁方綱撰　清咸豐五年(1855)南海伍氏刻粵雅堂叢書本　一冊

210000 -0741 -0000486　081.471/2126/2054

月泉吟社一卷　(宋)吳渭輯　清咸豐元年(1851)南海伍氏刻粵雅堂叢書本　一冊

210000 -0741 -0000487　081.471/2126/2055

昭忠錄一卷　(宋)□□撰　清道光三十年(1850)南海伍氏刻粵雅堂叢書本　一冊

210000 -0741 -0000488　081.471/2126/2172

鄭志三卷附錄一卷 （漢）鄭玄撰 （三國魏）鄭小同編 （清）錢東垣 （清）錢繹按 清咸豐三年（1853）南海伍氏刻粵雅堂叢書本 一冊

210000－0741－0000489 081.471/2126/2043
志雅堂雜鈔二卷 （宋）周密撰 清道光三十年（1850）南海伍氏刻粵雅堂叢書本 一冊

210000－0741－0000490 081.471/2126/2044
中吳紀聞六卷 （宋）龔明之撰 清道光三十年（1850）南海伍氏刻粵雅堂叢書本 二冊

210000－0741－0000491 081.471/2126/2182－1
中興御侮錄二卷 （宋）□□撰 清咸豐四年（1854）南海伍氏刻粵雅堂叢書本 一冊

210000－0741－0000492 081.471/2126/2220－2223
周官新義十六卷考工記解二卷 （宋）王安石撰 清咸豐三年（1853）南海伍氏刻粵雅堂叢書本 四冊

210000－0741－0000493 081.471/2126/2194－2200
朱子年譜四卷考異四卷要語二卷 （清）王懋竑纂 清咸豐三年（1853）南海伍氏刻粵雅堂叢書本 七冊

210000－0741－0000494 081.471/2126/2117－2118
字觸六卷 （清）周亮工撰 清咸豐元年（1851）南海伍氏刻粵雅堂叢書本 二冊

210000－0741－0000495 081.471/2126/2278－2
孝經今文音義一卷 （唐）陸德明撰 清咸豐十年（1860）南海伍氏刻粵雅堂叢書本 與210000－0741－0000398、0000408 合冊

210000－0741－0000496 081.471/2126/2301
西陲要略四卷 （清）祁韻士撰 清咸豐元年（1851）南海伍氏刻粵雅堂叢書本 一冊

210000－0741－0000497 081.471/2126/2306－2307
靜齋至正直記四卷 （元）孔齊撰 清同治元

年（1862）南海伍氏刻粵雅堂叢書本 二冊

210000－0741－0000498 081.471/2126/2332
西域釋地一卷 （清）祁韻士撰 清同治元年（1862）南海伍氏刻粵雅堂叢書本 一冊

210000－0741－0000499 081.471/2126/2345－1
帝範二卷 （唐）太宗李世民撰 （唐）□□注 清咸豐六年（1856）南海伍氏刻粵雅堂叢書本 一冊

210000－0741－0000500 081.471/2126/2345－2
臣軌二卷 （唐）武則天撰 （唐）□□注 清咸豐六年（1856）南海伍氏刻粵雅堂叢書本 與210000－0741－0000499 合冊

210000－0741－0000501 081.471/2126/2346－2360
羣書治要五十卷 （唐）魏徵等輯 清咸豐七年（1857）南海伍氏刻粵雅堂叢書本 十五冊

210000－0741－0000502 081.471/2126/2361
四聲等子一卷 （□）□□撰 清咸豐十一年（1861）南海伍氏刻粵雅堂叢書本 一冊

210000－0741－0000503 081.471/2126/2362－2366
周易新講義十卷 （宋）龔原撰 清咸豐十一年（1861）南海伍氏刻粵雅堂叢書本 五冊

210000－0741－0000504 081.471/2126/2367－2369
泰軒易傳六卷 （宋）李中正撰 清同治元年（1862）南海伍氏刻粵雅堂叢書本 三冊

210000－0741－0000505 081.471/2126/2370－2373
崔舍人玉堂類藁二十卷西垣類稿二卷附錄一卷 （宋）崔敦詩撰 清同治元年（1862）南海伍氏刻粵雅堂叢書本 四冊

210000－0741－0000506 081.471/2126/2374－2376
唐才子傳十卷 （元）辛文房撰 清同治元年（1862）南海伍氏刻粵雅堂叢書本 三冊

210000 – 0741 – 0000507　　081. 471/2126/
2377 – 2381

樂經律呂通解五卷　（清）汪烜撰　清同治元年(1862)南海伍氏刻粤雅堂叢書本　五冊

210000 – 0741 – 0000508　　081. 471/2126/
2382 – 2386

六書轉注錄十卷　（清）洪亮吉撰　清咸豐七年(1857)南海伍氏刻粤雅堂叢書本　五冊

210000 –0741 –0000509　081.471/2126/2387

延令宋板書目(季滄葦書目)一卷　（清）季振宜撰　清光緒元年(1875)南海伍氏刻粤雅堂叢書本　一冊

210000 – 0741 – 0000510　　081. 471/2126/
2388 – 2393

墨緣彙觀錄四卷　（清）松泉居士錄　清光緒元年(1875)南海伍氏刻粤雅堂叢書本　六冊

210000 – 0741 – 0000511　　081. 471/2126/
2394 – 2395

兒易内儀以六卷　（明）倪元璐撰　清光緒十一年(1885)南海伍氏刻粤雅堂叢書本　二冊

210000 – 0741 – 0000512　　081. 471/2126/
2396 – 2405

蜀中名勝記三十卷　（明）曹學佺撰　清光緒元年(1875)南海伍氏刻粤雅堂叢書本　十冊

210000 –0741 –0000513　081.471/2126/2406

補宋書刑法志一卷補食貨志一卷　（清）郝懿行撰　清光緒元年(1875)南海伍氏刻粤雅堂叢書本　一冊

210000 –0741 –0000514　081.471/2126/2407

晉宋書故一卷　（清）郝懿行撰　清光緒元年(1875)南海伍氏刻粤雅堂叢書本　一冊

210000 – 0741 – 0000515　　081. 471/2126/
2408 – 2416

姑溪居士文集五十卷後集二十卷　（宋）李之儀撰　清光緒元年(1875)南海伍氏刻粤雅堂叢書本　九冊

210000 – 0741 – 0000516　　081. 471/2126/
2417 – 2419

授堂文鈔八卷　（清）武億撰　清光緒元年(1875)南海伍氏刻粤雅堂叢書本　三冊

210000 – 0741 – 0000517　　081. 471/2126/
2420 – 2421

南北朝文鈔二卷　（清）彭兆蓀輯　清光緒元年(1875)南海伍氏刻粤雅堂叢書本　二冊

210000 –0741 –0000518　081.471/2126/2318

紹興題名錄一卷　（□）□□撰　清光緒元年(1875)南海伍氏刻粤雅堂叢書本　一冊

210000 –0741 –0000519　081.471/2126/2319

寶祐登科錄一卷　（□）□□撰　清光緒元年(1875)南海伍氏刻粤雅堂叢書本　一冊

210000 – 0741 – 0000520　081.471/2126/2320

河朔訪古記三卷　（元）納新撰　清光緒元年(1875)南海伍氏刻粤雅堂叢書本　一冊

210000 – 0741 – 0000521　081.471/2126/2321

長物志十二卷　（明）文震亨撰　清同治十三年(1874)南海伍氏刻粤雅堂叢書本　一冊

210000 – 0741 – 0000522　081.471/2126/2321

墨志一卷　（明）麻三衡撰　清同治十三年(1874)南海伍氏刻粤雅堂叢書本　與210000 –0741 –0000521 合冊

210000 –0741 –0000523　081.471/2126/2322 – 1

唐昭陵石蹟考畧五卷　（清）林侗撰　清同治十三年(1874)南海伍氏刻粤雅堂叢書本　一冊

210000 –0741 –0000524　081.471/2126/2322 – 2

瘞鶴銘考一卷　（清）汪士鋐撰　清同治十三年(1874)南海伍氏刻粤雅堂叢書本　與210000 –0741 –0000523 合冊

210000 –0741 –0000525　081.471/2126/2323

小山畫譜二卷　（清）鄒一桂撰　清光緒元年(1875)南海伍氏刻粤雅堂叢書本　一冊

210000 –0741 –0000526　081.471/2126/2324

雲中紀程二卷　（清）高懋功撰　清同治元年(1862)南海伍氏刻粤雅堂叢書本　一冊

210000－0741－0000527　081.471/2126/2325

太清神鑒六卷　（五代）王朴撰　清同治十三年（1874）南海伍氏刻粵雅堂叢書本　一冊

210000－0741－0000528　081.471/2126/2204

續疑年錄四卷　（清）吳修撰　清道光三十年至光緒元年（1850－1875）南海伍氏刻本　一冊

210000－0741－0000529　081.471/2509/596－597

拜經樓藏書題跋記五卷附錄一卷　（清）吳壽暘纂　清光緒三十年（1904）孫谿朱氏槐廬刻校經山房叢書本　二冊

210000－0741－0000530　081.471/2509/574

傳經表一卷通經表一卷　（清）畢沅撰　清光緒三十年（1904）孫谿朱氏槐廬家塾刻校經山房叢書本　一冊

210000－0741－0000531　081.471/2509/576

春秋夏正二卷　（清）胡天游撰　清光緒三十年（1904）孫谿朱氏槐廬家塾刻校經山房叢書本　一冊

210000－0741－0000532　081.471/2509/582－1

弟子職集解一卷　（清）莊述祖撰　清光緒三十年（1904）孫谿朱氏槐廬家塾刻校經山房叢書本　一冊

210000－0741－0000533　081.471/2509/602

溉亭述古錄二卷　（清）錢塘撰　清光緒三十年（1904）孫谿朱氏槐廬刻校經山房叢書本　一冊

210000－0741－0000534　081.471/2509/575

古易音訓二卷　（宋）呂祖謙撰　（清）宋咸熙輯　清光緒三十年（1904）孫谿朱氏槐廬家塾刻校經山房叢書本　一冊

210000－0741－0000535　081.471/2509/579

漢書西域傳補注二卷　（清）徐松撰　清光緒三十年（1904）孫谿朱氏槐廬家塾刻校經山房叢書本　一冊

210000－0741－0000536　081.471/2509/603

後甲集二卷　（清）章大來撰　清光緒三十年（1904）孫谿朱氏槐廬刻校經山房叢書本　一冊

210000－0741－0000537　081.471/2509/577－578

家語疏證六卷　（清）孫志祖撰　清光緒三十年（1904）孫谿朱氏槐廬家塾刻校經山房叢書本　二冊

210000－0741－0000538　081.471/2509/601－2

金石例補二卷　（清）郭麐撰　清光緒三十年（1904）孫谿朱氏槐廬刻校經山房叢書本　一冊

210000－0741－0000539　081.471/2509/580

晉書地理志新補正五卷　（清）畢沅撰　清光緒三十年（1904）孫谿朱氏槐廬家塾刻校經山房叢書本　一冊

210000－0741－0000540　081.471/2509/594－595

經籍跋文一卷對策六卷　（清）陳鱣撰　清光緒三十年（1904）孫谿朱氏槐廬家塾刻本　一冊

210000－0741－0000541　081.471/2509/598

廉石居藏書記二卷　（清）孫星衍撰　清光緒三十年（1904）孫谿朱氏槐廬刻校經山房叢書本　二冊

210000－0741－0000542　081.471/2509/582－2

呂子校補二卷　（清）梁玉繩撰　清光緒三十年（1904）孫谿朱氏槐廬家塾刻校經山房叢書本　一冊

210000－0741－0000543　081.471/2509/590

癖談六卷　（清）蔡雲撰　清光緒三十年（1904）孫谿朱氏槐廬家塾刻校經山房叢書本　一冊

210000－0741－0000544　081.471/2509/599－600

平津館鑒藏記書籍三卷補遺一卷續編一卷　（清）孫星衍撰　清光緒三十年（1904）孫谿朱氏槐廬刻校經山房叢書本　一冊　存三卷（三、補遺一卷、續編一卷）

210000－0741－0000545　081.471/2509/592－593

曝書雜記三卷　（清）錢泰吉撰　清光緒三十年（1904）孫谿朱氏槐廬家塾刻校經山房叢書本　二冊

210000－0741－0000546　081.471/2509/581

乾道臨安志三卷　（宋）周淙撰　清光緒三十年（1904）孫谿朱氏槐廬家塾刻校經山房叢書本　一冊

210000－0741－0000547　081.471/2509/587－589

銅熨斗齋隨筆八卷　（清）沈濤撰　清光緒三十年（1904）孫谿朱氏槐廬家塾刻校經山房叢書本　二冊

210000－0741－0000548　081.471/2509/604－605

晚學集八卷　（清）桂馥撰　清光緒三十年（1904）朱氏槐廬刻校經山房叢書本　二冊

210000－0741－0000549　081.471/2509/583－584

疑年表一卷太歲超辰表三卷　（清）汪曰楨撰　清光緒三十年（1904）孫谿朱氏槐廬家塾刻校經山房叢書本　一冊

210000－0741－0000550　081.471/2509/601－3

元魏熒陽鄭文公摩崖碑跋一卷　（清）諸可寶撰　清光緒三十年（1904）孫谿朱氏槐廬刻本　一冊

210000－0741－0000551　081.471/2509/591

知聖道齋讀書跋二卷　（清）彭元瑞撰　清光緒三十年（1904）孫谿朱氏槐廬家塾刻本　一冊

210000－0741－0000552　081.471/2509/601－1

誌銘廣例二卷　（清）梁玉繩撰　清光緒三十年（1904）孫谿朱氏槐廬刻校經山房叢書本　一冊

210000－0741－0000553　081.471/2509/586－587

鍾山札記四卷龍城札記三卷　（清）盧文弨撰　清光緒三十年（1904）孫谿朱氏槐廬家塾刻校經山房叢書本　二冊

210000－0741－0000554　081.471/2509/585

竹汀先生日記鈔三卷　（清）何元錫編次　清

光緒三十年（1904）孫谿朱氏槐廬家塾刻校經山房叢書本　一冊

210000－0741－0000555　081.471/2538/56－61

金石錄三十卷　（宋）趙明誠撰　清光緒三十一年（1905）仁和朱氏刻結一廬朱氏賸餘叢書本　六冊

210000－0741－0000556　081.471/2538/68－73

劉賓客文集三十卷外集十卷　（唐）劉禹錫撰　清光緒三十一年（1905）仁和朱氏刻結一廬朱氏賸餘叢書本　六冊

210000－0741－0000557　081.471/2538/74－75

司空表聖文集十卷　（唐）司空圖撰　清光緒三十一年（1905）仁和朱氏刻結一廬朱氏賸餘叢書本　二冊

210000－0741－0000558　081.471/2538/62－67

張說之文集二十五卷補遺五卷　（唐）張說撰　清光緒三十一年（1905）仁和朱氏刻結一廬朱氏賸餘叢書本　六冊

210000－0741－0000559　081.471/2741/52－83

藕香零拾三十九種　繆荃孫輯　清光緒二十一年至宣統二年（1895－1910）北京江陰繆氏刻本　三十二冊

210000－0741－0000560　081.471/2741/793－824

藕香零拾三十九種　繆荃孫輯　清光緒二十一年至宣統二年（1895－1910）北京江陰繆氏刻本　三十二冊

210000－0741－0000561　081.471/2816

酈齋叢書二十一種　徐乃昌輯　清光緒二十六年（1900）南陵徐氏刻本　八冊

210000　－0741　－0000562　081.471/2816/49987－50002

積學齋叢書二十種　徐乃昌輯　清光緒十九年（1893）南陵徐氏重印本　十六冊

210000－0741－0000563　081.471/2816/72－89

積學齋叢書二十種　徐乃昌輯　清光緒十九年（1893）南陵徐氏重印本　十六冊

210000　－0741　－0000564　081.471/2844/

1529 - 1530

楚騷綺語六卷　（明）張之象輯　（明）淩迪知訂　清光緒六年（1880）八杉齋刻融經館叢書本　二冊

210000 - 0741 - 0000565　081.471/2844/1553

顧曲錄四卷　（清）謝嘉玉撰　清光緒七年（1881）八杉齋校刊刻融經館叢書本　一冊

210000 - 0741 - 0000566　081.471/2844/1543

漢書蒙拾三卷　（清）杭世駿撰　清光緒七年（1881）八杉齋刻融經館叢書本　一冊

210000 - 0741 - 0000567　081.471/2844/1549 - 1552

螺江日記八卷續編四卷　（清）張文虎撰　清光緒八年（1882）八杉齋刻融經館叢書本　四冊

210000 - 0741 - 0000568　081.471/2844/1522 - 1523

釋名疏證八卷補遺一卷　（漢）劉熙撰　（清）畢沅疏證　清光緒十一年（1885）融經館刻融經館叢書本　二冊

210000 - 0741 - 0000569　081.471/2844/1531 - 1532

太史華句八卷　（明）淩迪知輯　清光緒十三年（1887）八杉齋校刊刻融經館叢書本　二冊

210000 - 0741 - 0000570　081.471/2844/1544 - 1548

唐詩金粉十卷　（清）沈炳震輯　清光緒七年（1881）八杉齋刻融經館叢書本　五冊

210000 - 0741 - 0000571　081.471/2844/1535 - 1542

文選錦字二十一卷　（明）淩迪知輯　清光緒十一年（1885）融經館刻融經館叢書本　八冊

210000 - 0741 - 0000572　081.471/2844/1533 - 1534

左國腴詞八卷　（明）淩迪知輯　清光緒十三年（1887）八杉齋校刊刻融經館叢書本　二冊

210000 - 0741 - 0000573　081.471/2844/

1524 - 1528

兩漢雋言十六卷　（宋）林鉞輯　（明）淩迪知校　清光緒六年（1880）八杉齋刻融經館叢書本　五冊

210000 - 0741 - 0000574　081.471/2849

觀自得齋叢書二十九種　（清）徐士愷輯　清光緒二十年（1894）上海校經山房刻本　二十四冊

210000 - 0741 - 0000575　081.471/2849/19 - 42

觀自得齋叢書二十九種　（清）徐士愷輯　清光緒二十年（1894）上海校經山房刻本　二十四冊

210000 - 0741 - 0000576　081.471/2849/608 - 631

觀自得齋叢書二十九種　（清）徐士愷輯　清光緒二十年（1894）上海校經山房刻本　二十四冊

210000 - 0741 - 0000577　081.471/3108/34 - 39

振綺堂叢書初集十種　（清）汪康年輯　清宣統二年至三年（1910 - 1911）泉塘汪氏鉛印本　六冊

210000 - 0741 - 0000578　081.471/3108/8067 - 8072

振綺堂叢書初集十種　（清）汪康年輯　清宣統二年至三年（1910 - 1911）泉塘汪氏鉛印本　六冊

210000 - 0741 - 0000579　081.471/3108/1049 - 1056

振綺堂叢書二集十二種　（清）汪康年輯　清光緒二十年（1894）刻本　八冊

210000 - 0741 - 0000580　081.471/3128

翠琅玕館叢書四集　（清）馮兆年輯　清光緒羊城馮氏刻本　三十二冊

210000 - 0741 - 0000581　081.471/3136

小石山房叢書四十種　（清）顧湘輯　清同治十三年（1874）虞山顧氏刻本　二十冊

210000 - 0741 - 0000582　081.471/3141

靈鶼閣叢書五十六種　（清）江標輯　清光緒

二十三年(1897)江氏湖南使院刻本　二十冊

存四十五種六十九卷(韓詩遺說二卷訂僞一卷、尚書大傳補注七卷、校訂皇象本急就章一卷、說文解字索引一卷補例一卷、漢事會最人物志三卷、菉友肊說一卷、安邱王菉友先生教童子法一卷、洨民遺文一卷、欽定四庫全書總目提要四部類敘一卷、周書倉先生集先正讀書決一卷、朔方備乘札記一卷、使德日記一卷、德國議院章程一卷、英軺私記一卷、新嘉坡風土記一卷、中西度量權衡表一卷、光論一卷、人參政一卷、積累齋藏器目一卷、平安館藏目一卷、清儀閣藏器目一卷、懷米山房藏器目一卷、兩罍軒藏器目一卷、木庵藏器目一卷、梅花草盦藏器目一卷、簠齋藏器目一卷、窓齋藏器目一卷、天壤閣雜記一卷、董華亭書畫錄一卷、畫友詩一卷、士禮居藏書題跋記續錄一卷、江寧金石待訪目二卷、山左南北朝石刻存目一卷、漢鼓吹鐃歌十八曲集解一卷、碧城僊館詩鈔八卷、聽園西疆雜述詩四卷、瓊州雜事詩一卷、匪石山人詩一卷、衍波詞一卷、文史通義補編一卷、和林金石錄一卷詩一卷、前塵夢影錄二卷、西遊錄注一卷、澳大利亞洲新志一卷、張憶娘簪華圖卷題詠一卷)

210000－0741－0000583　081.471/3164

荔牆叢刻十四種　(清)汪曰楨輯　清光緒五年(1879)烏程汪氏刻本　十六冊

210000－0741－0000584　081.471/3234

功順堂叢書十八種　(清)潘祖蔭輯　清光緒吳縣潘氏刻本　二十四冊

210000－0741－0000585　081.471/3234/129－160

滂喜齋叢書五十種　(清)潘祖蔭輯　清同治、光緒間北京吳縣潘氏八喜齋刻本　三十二冊

210000－0741－0000586　081.471/3234/526－561

滂喜齋叢書五十種　(清)潘祖蔭輯　清同治、光緒間北京吳縣潘氏八喜齋刻本　三十六冊

210000－0741－0000587　081.471/3436

晨風閣叢書二十二種四十七卷　沈宗畸輯　清宣統元年(1909)番禺沈氏刻本　十六冊

210000－0741－0000588　081.471/4058/65－70

木犀軒叢書二十七種　(清)李盛鐸輯　清光緒德化李氏木犀軒刻本　六冊　存四種(說文聲類上下篇、舊學蓄疑、金星橋先生心得要旨、詩攷異字箋餘)

210000－0741－0000589　081.471/4058/11－58

木犀軒叢書二十七種　(清)李盛鐸輯　清光緒德化李氏木犀軒刻本　四十八冊

210000－0741－0000590　081.471/4064

集虛草堂叢書甲集九種　李國松輯　清光緒三十二年(1906)合肥李氏刻本　二十四冊

210000－0741－0000591　081.471/4241

咫進齋叢書三集三十種　(清)姚覲元輯　清光緒九年(1883)歸安姚氏刻本　二十四冊

210000－0741－0000592　081.471/4403

曼陀羅華閣叢書十六種　(清)杜文瀾輯　清咸豐、同治間秀水杜氏刻本　二十二冊　存五種一百十四卷(古謠諺一百卷、夢窗甲稿一卷乙稿一卷丙稿一卷丁稿一卷補遺一卷續補遺一卷、草窗詞二卷補二卷、采香詞二卷、詞律校勘記二卷)

210000－0741－0000593　081.471/4416

嘯園叢書五十六種　(清)葛元煦輯　清光緒九年(1883)上海仁和葛氏刻本　三十六冊

210000－0741－0000594　081.471/4429

雙楳景閣叢書九種　葉德輝輯　清光緒、宣統間長沙葉氏鉛印本　四冊

210000－0741－0000595　081.471/4429/69－76

麗廔叢書九種　葉德輝輯　清光緒三十二年(1906)長沙葉氏刻本　八冊

210000－0741－0000596　081.471/4429/90－97

麗廔叢書九種　葉德輝輯　清光緒三十二年(1906)長沙葉氏刻本　八冊

210000－0741－0000597　081.471/4430

長恩書室叢書十九種　(清)莊肇麟輯　清咸豐四年(1854)新昌莊氏過客軒刻本　十冊

210000－0741－0000598　081.471/4474

鐵華館叢書六種　（清）蔣鳳藻輯　清光緒長洲蔣氏影刻本　十冊

210000－0741－0000599　081.471/4474/60－69

鐵華館叢書六種　（清）蔣鳳藻輯　清光緒長洲蔣氏影刻本　六冊

210000－0741－0000600　081.471/6040

潘刻五種　（清）恩壽輯　清光緒二十九年（1903）北京翰文齋刻本　六冊

210000－0741－0000601　081.471/7241

聚學軒叢書五集　（清）劉世珩輯　清光緒十九年至二十八年（1893－1902）南京貴池劉氏刻本　一百冊

210000－0741－0000602　081.471/7433

十萬卷樓叢書五十種　（清）陸心源輯　清光緒五年至十八年（1879－1892）歸安陸氏刻本　九十二冊

210000－0741－0000603　081.471/7519

塵海妙品十四卷　（清）陳琰輯　清宣統三年（1911）上海六藝書局石印本　四冊

210000－0741－0000604　081.48/5457

二程全書七種　（宋）程頤　（宋）程顥撰　清同治五年（1866）河南嵩邑兩程故里影堂刻本　十冊

210000－0741－0000605　081.49/1134/62－73

張氏叢書三十六種　（清）張澍輯　清道光元年（1821）武威張氏二酉堂刻本　十二冊

210000－0741－0000606　081.49/1134/68－79

張氏叢書三十六種　（清）張澍輯　清道光元年（1821）武威張氏二酉堂刻本　十二冊

210000－0741－0000607　081.49/4434

十種古逸書　（清）茆泮林輯　清道光二十二年（1842）梅瑞軒刻本　六冊

210000－0741－0000608　081.49/7164

玉函山房輯佚書五百九十四種　（清）馬國翰輯　清光緒九年（1883）長沙嫏嬛館刻本　一百二十冊

210000－0741－0000609　081.52/1031

畿輔叢書一百二十八種　（清）王灝輯　清光緒五年至十八年(1879－1892)定州王氏謙德堂刻本　四百三十五冊

210000－0741－0000610　081.543/3049

台州叢書九種　（清）宋世犖輯　清嘉慶、道光間臨海宋氏刻本　二十冊　存七種七十九卷（文則二卷、滇攷二卷、石屏詩集十卷、廣志繹五卷、赤城志四十卷、見聞隨筆二卷、赤城集十八卷）

210000－0741－0000611　081.545/3665

浦城遺書十四種　（清）祝昌泰輯　清嘉慶十七年（1812）浦城祝氏留香室刻本　七冊　存六種四十二卷（何博士論十九卷、楊仲宏集八卷、春渚紀聞十卷、西崑酬唱集二卷、真山民集一卷、謝參軍詩鈔二卷）

210000－0741－0000612　081.552/4995

湖北叢書二十九種　（清）趙尚輔輯　清光緒十七年（1891）三餘草堂刻本　一百冊

210000－0741－0000613　081.555/2114

嶺南遺書五十九種　（清）伍元薇輯　清道光至同治南海伍氏刻本　八十冊

210000－0741－0000614　081.59/1013

富陽夏氏叢刻八種　（清）夏震武輯　清光緒刻本　三冊　存六種七卷（悔言附記一卷、痦言質疑一卷、衰說考誤一卷、讀禮私記一卷、詩序辨一卷、庭聞憶略二卷附竹坡先生遺文一卷）

210000－0741－0000615　081.59/1058/284－339

項城袁氏家集七種　丁振鐸輯　清宣統三年（1911）清芬閣鉛印本　五十六冊

210000－0741－0000616　081.59/1058/3053－3108

項城袁氏家集七種　丁振鐸輯　清宣統三年（1911）清芬閣鉛印本　五十六冊

210000－0741－0000617　081.59/1058/840－894,910

項城袁氏家集七種　丁振鐸輯　清宣統三年

(1911)清芬閣鉛印本　五十六冊

210000－0741－0000618　081.59/2661/58－73

二程全書(河南程氏全書)七種六十六卷
(宋)程顥撰　(宋)朱熹輯　清同治十年
(1871)金陵六安求我齋刻本　十六冊

210000－0741－0000619　081.59/2661/69－84

河南二程全書七種六十六卷　(宋)程顥撰
(宋)朱熹輯　清光緒三十四年(1908)澹雅局
刻本　十六冊

210000－0741－0000620　081.59/6002

如皋冒氏叢書二十六種　(清)冒廣生輯　清
末如皋冒氏刻本　二十冊　存二十四種七十
五卷(香儷園偶存一卷、寒碧孤吟一卷、集美
人名詩一卷、泛雪小草一卷、蘭言一卷、芥茶
彙鈔一卷、宣爐歌註一卷、影梅庵憶語一卷附
二卷、樸巢詩選一卷文選四卷、巢民詩集六卷
文集七卷、如皋冒氏詩略十四卷詞略一卷、冒
巢氏先生年譜一卷、外家紀聞一卷、鑄錯軒詩
草一卷、枕煙亭詩輯一卷、婦人集一卷、婦人
集補一卷、葚原詩説四卷、前後元夕謙集詩二
卷、枕干錄一卷附一卷、小三吾亭文甲集一卷
詩四卷詞二卷附一卷、冠柳詞一卷、水繪庵二
子詩一卷、五周先生集六種八卷)

210000－0741－0000621　081.59/7543

三山陳氏家刻左海全集二十種　(清)陳壽祺
輯　清嘉慶至同治三山陳氏刻本　九十二冊

210000－0741－0000622　081.6/2042/325－424

**西河合集(毛西河先生全集)一百十七種四百
九十三卷**　(清)毛奇齡撰　清乾隆十年
(1745)蕭山書留草堂刻本　一百冊

210000－0741－0000623　081.65/1143/44－49

張子全書十五卷　(宋)張載撰　清光緒二十
三年(1897)朱衡刻本　六冊

210000－0741－0000624　081.65/1143/35－40

張子全書十五卷　(宋)張載撰　清光緒二十
三年(1897)朱衡刻本　六冊

210000－0741－0000625　081.65/4442

石林遺書十三種　(宋)葉夢得撰　清宣統三

年(1911)長沙葉德輝觀古堂刻本　十六冊

210000－0741－0000626　081.65/7707

周子全書九卷首二卷末一卷　(宋)周敦頤撰
清道光二十七年(1847)新化鄭氏濂溪精舍
刻本　六冊

210000－0741－0000627　081.65/7734

**廬陵周益國文忠公集十三種二百卷首一卷附
錄五卷**　(宋)周必大撰　清咸豐元年(1851)
瀛塘別墅歐陽棨刻本　四十冊

210000－0741－0000628　081.653/1047/79－97

元遺山先生全集四十卷廣元遺山年譜二卷
(金)元好問撰　清光緒七年(1881)沂州讀書
山房刻本(廣元遺山年譜配民國八年鉛印本)
十九冊

210000－0741－0000629　081.653/1047/27－42

元遺山先生全集四十卷　(金)元好問撰　清
光緒七年(1881)沂州讀書山房刻本　十六冊

210000－0741－0000630　081.66/1032/595－618

王文成公全書三十八卷　(明)王守仁撰　清
光緒刻本　二十四冊

210000－0741－0000631　081.66/1032/51－62

陽明先生集要十五卷年譜一卷　(明)王守仁
撰　(明)施邦曜輯　清光緒三十二年(1906)
江南製造局鉛印本　十二冊

210000－0741－0000632　081.66/3135

顧端文公遺書十三種年譜一卷　(明)顧憲成
撰　清光緒三年(1877)涇里宗祠刻本　十
八冊

210000－0741－0000633　081.66/5502

曹月川先生遺書十種　(明)曹端撰　清咸豐
十一年(1861)河南澠池周尚冕刻本　十一冊

210000－0741－0000634　081.66/6045

呂子遺書(呂新吾全集)□□種　(明)呂坤撰
清同治、光緒間刻本　二十四冊　存七種
三十二卷(去偽齋集十卷、呻吟語六卷、實政
錄七卷、小兒語一卷女小兒語一卷續小兒語
三卷演小兒語一卷、好人歌一卷、宗約歌一

卷、閨戒一卷）

210000－0741－0000635　081.67/0030
柏堂遺書十種　（清）方宗誠撰　清光緒元年
至十二年（1875－1886）桐城方氏志學堂刻本
五十冊

210000－0741－0000636　081.67/0054
方植之全集十五種　（清）方東樹撰　清光緒
十五年至二十年（1889－1894）刻本　三十
二冊

210000－0741－0000637　081.67/0070/5－9
文史通義八卷校讎通義三卷　（清）章學誠撰
清道光十二年至十三年（1832－1833）章華
紱刻本　五冊

210000－0741－0000638　081.67/0163
澹靜齋全集七種二十四卷　（清）龔景瀚撰
清道光六年（1826）恩錫堂刻本　三冊　存三
種六卷（澹靜齋說課一卷圖一卷、離騷箋二
卷、邠風說二卷）

210000－0741－0000639　081.67/0400
春草堂叢書十四種三十六卷　（清）謝堃撰
清道光二十五年（1845）曲阜奎文齋刻本　二
十四冊

210000－0741－0000640　081.67/0700/06－25
靈芬館集□□種　（清）郭麐撰　清嘉慶十二
年（1807）刻本　二十冊　存四種二十四卷
（靈芬館詩初集四卷二集十卷三集四卷、蘅夢
詞二卷、浮眉樓詞二卷、靈芬館雜著二卷）

210000－0741－0000641　081.67/1032
雷刻四種　（清）雷浚撰　清光緒十年（1884）
吳縣雷氏刻本　六冊

210000－0741－0000642　081.67/1036/06－25
春融堂集六十八卷雜記八種年譜二卷　（清）
王昶撰　清光緒十八年（1892）刻本　二十冊

210000－0741－0000643　081.67/1036/68－83
春融堂集六十八卷雜記八種年譜二卷　（清）
王昶撰　清嘉慶十二年（1807）刻光緒十八年
（1892）補刻本　十六冊　存六十八卷（春融

堂集六十八卷）

210000－0741－0000644　081.67/1043
王漁洋遺書三十八種　（清）王士禛撰　清康
熙刻本　九十二冊　存二十九種二百十二卷
（漁洋山人詩集二十二卷、漁洋山人詩續集十
六卷、蠶尾集十卷、蠶尾續集三卷、蠶尾後集
二卷、南海集二卷、雍益集一卷、漁洋山人文
略十四卷、漁洋山人精華錄十卷、蜀道驛程集
二卷、皇華紀聞三卷、東來志一卷、北歸志一
卷、廣州游艇覽小志一卷、池北偶談二十六
卷、國朝謚法攷一卷、秦蜀驛程後紀二卷、隴
蜀餘聞一卷、長白山錄一卷、長白山錄補遺一
卷、居易錄三十四卷、浯溪攷二卷、載書圖詩
一卷、香祖筆記十二卷、分甘餘話四卷、唐賢
三昧集二卷、十種唐詩選十卷、蕭亭詩選六
卷、攷功集選四卷、抱山集選一卷、蘇門集選
一卷、迪功集選一卷、華泉先生集選四卷、唐
人萬首絕句選七卷、曆仕錄一卷、清寤齋心賞
編一卷、剪桐載筆一卷）

210000－0741－0000645　081.67/1053/460－559
船山遺書六十六種　（清）王夫之撰　清同治
四年（1865）南京湘鄉曾氏金陵節署刻本　一
百冊

210000－0741－0000646　081.67/1053/3214－
3227
船山遺書五種二十卷　（清）王夫之譔　清同
治四年（1865）南京湘鄉曾氏金陵節署刻本
十四冊

210000－0741－0000647　081.67/1060/249－272
頤志齋叢書二十一種　（清）丁晏撰　清同治
元年（1862）山陽丁氏六藝堂刻本　二十冊

210000－0741－0000648　081.67/1060/886－905
頤志齋叢書二十一種　（清）丁晏撰　清同治
元年（1862）山陽丁氏六藝堂刻本　二十四冊

210000－0741－0000649　081.67/1102
覆瓿集十三種　（清）張文虎撰　清同治十三
年至光緒十九年（1874－1893）金陵冶城賓館
刻本　十二冊

210000－0741－0000650　081.67/1114

宛鄰書屋叢書十種　（清）張琦輯　清道光二十二年（1842）陽湖張氏宛鄰書屋刻本　九冊

210000－0741－0000651　081.67/1161

寒松閣集五種二十卷　（清）張鳴珂撰　清光緒十九年（1893）嘉興張氏刻本　四冊　存四種十四卷（寒松閣詩一至四、寒松閣詞四卷、寒松閣駢體文一卷續一卷、說文佚字攷四卷）

210000－0741－0000652　081.67/1173

楊園先生全集五十四卷年譜一卷　（清）張履祥撰　（清）姚璉原輯　（清）萬斛泉編　清同治十年（1871）江蘇書局刻本　十六冊

210000－0741－0000653　081.67/1188

噉蔗全集三種　（清）張羲年撰　清光緒十九年（1893）上海著易堂鉛印本　六冊

210000－0741－0000654　081.67/1204

顨軒孔氏所著書七種　（清）孔廣森撰　清嘉慶二十二年（1817）曲阜孔氏儀鄭堂刻本　二十冊　存六種五十七卷（春秋公羊經傳通義十一卷敍一卷、大戴禮記補注十三卷序錄一卷、詩聲類十二卷聲類分例一卷、禮學卮言六卷、經學卮言六卷、少廣正負術內篇三卷外篇三卷）

210000－0741－0000655　081.67/1243

夏峯先生集十二種　（清）孫奇逢撰　清道光至光緒遞刻本　六十四冊　存四種八十六卷（夏峰先生集十四卷補遺二卷、孫徵君日譜錄存三十六卷、理學宗傳二十六卷、中州人物考八卷）

210000－0741－0000656　081.67/1320

授堂遺書八種　（清）武億撰　清道光二十三年（1843）偃師武耒刻本　八冊

210000－0741－0000657　081.67/2042/06－20

西河合集一百十七種四百九十三卷　（清）毛奇齡撰　清乾隆刻本　十九冊　存二十二種七十八卷（毛翰林文集十二種五十四卷、毛翰林詩集十種二十四卷）

210000－0741－0000658　081.67/2042/24－27

西河合集一百十七種四百九十三卷　（清）毛奇齡撰　清刻本　四冊　存四種二十卷（聖諭樂本解說二卷、竟山樂錄八卷、皇言定聲錄八卷、李氏學樂錄二卷）

210000－0741－0000659　081.67/2048

喬勤恪公全集四種　（清）喬松年輯　（清）喬廷樾彙訂　清光緒三年（1877）強恕堂刻本　十二冊　存二種二十二卷（緯攟十四卷、蘿摩亭札記八卷）

210000－0741－0000660　081.67/2143

悔餘菴集二十一卷　（清）何栻撰　清同治四年（1865）鳩江戎幄刻本　十冊

210000－0741－0000661　081.67/2143/08－17

悔餘菴集二十一卷　（清）何栻撰　清同治四年（1865）鳩江戎幄刻本　十二冊

210000－0741－0000662　081.67/2233

崔東壁遺書不分卷　（清）崔述撰　清道光四年（1824）東陽陳氏遺經樓刻本　十七冊

210000－0741－0000663　081.67/2244

燕禧堂五種　（清）任大椿撰　清乾隆任大椿刻本　七冊　存三種十一卷（字林考逸八卷、列子釋文二卷、列子釋文考異一卷）

210000－0741－0000664　081.67/2531

空山堂全集八種　（清）牛運震撰　清嘉慶滋陽牛氏空山堂刻本　十一冊　存二種二十卷（詩志八卷、空山堂文集十二卷）

210000－0741－0000665　081.67/2540

春雨樓叢書六種　（清）朱士端撰　清同治元年至四年（1862－1865）寶應朱氏刻本　六冊

210000－0741－0000666　081.67/2546

多識錄四卷　（清）練恕撰　清道光十八年（1838）連平練氏上海刻本　四冊

210000－0741－0000667　081.67/2623

香蘇山館全集十六種　（清）吳嵩梁撰　清道光二十三年（1843）石溪舫吳氏刻本　十四冊

210000－0741－0000668　081.67/2714

讀易樓合刻十一種　（清）倪元坦撰　清嘉

慶、道光間刻本　八冊　存五種二十卷(儒門語要六卷、老子參註四卷、二曲集錄要四卷、奮香草存三卷、志樂輯略三卷)

210000－0741－0000669　081.67/2736

鄒叔子遺書七種三十二卷　(清)鄒漢勛撰
鄒君墓田記一卷　(清)左宗棠撰　**行述一卷**　(清)鄒代鈞撰　清光緒八年(1882)新化鄒代鈞刻本　十四冊

210000－0741－0000670　081.67/2744

紀慎齋先生全集二十一種　(清)紀大奎撰　清嘉慶十三年至咸豐二年(1808－1852)刻本　四十八冊

210000－0741－0000671　081.67/2747

安吳四種　(清)包世臣撰　清光緒十四年(1888)湖北包誠刻本　十六冊

210000－0741－0000672　081.67/2838

敦民齋遺書九種十七卷　(清)徐潤第撰　清道光二十八年(1848)福建五臺徐繼畬刻本　四冊　存十四卷(一至十四)

210000－0741－0000673　081.67/2840/11

敝帚齋主人年譜一卷補一卷　(清)徐鼒編　清光緒三年(1877)刻敝帚齋遺書本　一冊

210000－0741－0000674　081.67/2840/63－66

讀書雜釋十四卷　(清)徐鼒撰　清咸豐十一年(1861)福寧郡徐氏刻本　四冊

210000－0741－0000675　081.67/2840/67－70

未灰齋文外集一卷　(清)徐鼒撰　清咸豐十一年(1861)福寧郡徐氏刻本　一冊

210000－0741－0000676　081.67/2840/51－62

小腆紀年二十卷　(清)徐鼒撰　清咸豐十一年(1861)福寧郡徐氏刻本　十二冊

210000－0741－0000677　081.67/2844

徐氏褱著四種　(清)徐大椿撰　清光緒二十二年(1896)珍藝書局鉛印本　一冊

210000－0741－0000678　081.67/2864

煙嶼樓全集五種七十卷　(清)徐時棟撰　清同治、光緒間刻本　十三冊　存四種六十四卷(煙嶼樓詩集十八卷、遊杭合集一卷、山中學詩記五卷、煙嶼樓文集四十卷)

210000－0741－0000679　081.67/3131

振綺堂遺書七種　(清)汪遠孫撰　清道光錢塘王氏振綺堂刻本　八冊　存五種三十七卷(三君注輯四卷、國語發正二十一卷、考異四卷、漢書地理志校本二卷、玉台畫史五卷別錄一卷)

210000－0741－0000680　081.67/3137

古愚老人消夏錄十七種　(清)汪汲撰　清乾隆、嘉慶間古愚山房刻本　八冊　存八種十八卷(詞名集解六卷續編二卷、南北詞名宮調彙錄二卷附九宮大成分配十二月令宮調總論一卷、琴曲萃覽一卷、樂府標源二卷、樂府遺聲一卷、院本名目一卷、劇本待考一卷、宋樂類編一卷)

210000－0741－0000681　081.67/3144

校邠廬逸箋四卷　(清)馮桂芬撰　清光緒十一年(1885)上海點石齋石印本　一冊

210000－0741－0000682　081.67/3149

武陵山人遺書十種續刊二種　(清)顧觀光撰　清光緒九年(1883)獨山莫祥芝刻本　八冊

210000－0741－0000683　081.67/3191/318－333

亭林先生遺書彙輯二十六種年譜神道表不分卷　(清)顧炎武撰　清光緒十四年(1888)上海掃葉山房刻本　十六冊

210000－0741－0000684　081.67/3191/337－400

亭林先生遺書彙輯二十六種年譜神道表不分卷　(清)顧炎武撰　清光緒十四年(1888)上海校經山房刻本　二十四冊

210000－0741－0000685　081.67/3191/426－441

亭林先生遺書十種　(清)顧炎武撰　清光緒十一年(1885)上海掃葉山房刻本　十六冊

210000－0741－0000686　081.67/3191/57－76

顧亭林先生遺書十種　(清)顧炎武撰　清蓬瀛閣刻本　二十冊

210000－0741－0000687　081.67/3191/822－844

亭林先生遺書彙輯二十六種年譜神道表不分卷　（清）顧炎武撰　清光緒十四年（1888）上海掃葉山房刻本　二十四冊

210000－0741－0000688　081.67/3193

龍莊遺書四種　（清）汪輝祖撰　清光緒十二年（1886）山東書局刻本　五冊　存三種九卷（學治臆說二卷續說一卷說贅一卷、佐治藥言一卷續一卷、病榻夢痕錄二卷錄餘一卷）

210000－0741－0000689　081.67/3281

香禪精舍集二十九卷　（清）潘鍾瑞撰　清光緒長洲潘氏香禪精舍刻本　十四冊

210000－0741－0000690　081.67/3308

二思堂叢書六種　（清）梁章鉅撰　清光緒元年（1875）浙江書局刻本　十六冊

210000－0741－0000691　081.67/3312

清白士集六種　（清）梁玉繩撰　清嘉慶八年（1803）刻本　十八冊

210000－0741－0000692　081.67/3404

授經堂重刊遺集二十五種　（清）洪亮吉撰　清光緒十五年（1889）湖北官書局刻本　八十四冊

210000－0741－0000693　081.67/4034

談瀛錄六卷　（清）袁祖志撰　清光緒十年（1884）上海同文書局石印本　四冊

210000－0741－0000694　081.67/4039

左文襄公全集十一種首一卷　（清）左宗棠撰　清光緒刻本　七十九冊　存二種六十六卷（左文襄公奏稿六十四卷、左文襄公謝摺二卷）

210000－0741－0000695　081.67/4039/697－773

左文襄公奏稿六十四卷　（清）左宗棠撰　清光緒十六年（1890）刻本　七十七冊

210000－0741－0000696　081.67/4039/74－75

左文襄公謝摺二卷　（清）左宗棠撰　清光緒刻本　二冊

210000－0741－0000697　081.67/4048

隨園三十種　（清）袁枚撰　清乾隆、嘉慶間

刻本　六十四冊

210000－0741－0000698　081.67/4061

李二曲先生全集四種　（清）李顒撰　清光緒三年（1877）石泉信述堂彭家麟刻本　十六冊

210000－0741－0000699　081.67/4081

師伏堂叢書十八種　（清）皮錫瑞撰　清光緒十九年至三十四年（1893－1908）善化皮氏師伏堂刻本　四十冊

210000－0741－0000700　081.67/4094

榕村全書四十四種　（清）李光地撰　清道光九年（1829）李維迪刻本　一百六十冊

210000－0741－0000701　081.67/4299

中復堂全集十三種九十八卷　（清）姚瑩撰　清同治六年（1867）姚濬昌安福縣署刻本　十六冊　存七種五十一卷（東溟文集六卷、東溟外集四卷、東溟文後集十四卷、東溟文外集二卷、東溟奏稿四卷、東槎紀略五卷、康輶紀行十六卷）

210000－0741－0000702　081.67/4327

西堂全集十七種附一種　（清）尤侗撰　清末坊刻本　十六冊

210000－0741－0000703　081.67/4421

鹿洲全集八種　（清）藍鼎元撰　（清）曠敏本評　清雍正十年（1732）閑存堂刻本　十四冊　存四種二十七卷（鹿洲初集二十卷、脩史試筆二卷、棉陽學準三至五卷、鹿洲公案二卷）

210000－0741－0000704　081.67/4427

儆季襍著五種　（清）黃以周撰　清光緒二十年（1894）江蘇南菁講舍刻本　十二冊

210000－0741－0000705　081.67/4432

記過齋藏書六種　（清）蘇源生撰　清咸豐至光緒鄢陵蘇氏刻本　十九冊

210000－0741－0000706　081.67/4435

庸盦全集十種　（清）薛福成撰　清光緒十三年至二十四年（1887－1898）無錫薛氏刻本　四十四冊

210000－0741－0000707　081.67/4444

影山草堂六種　（清）莫友芝撰　清咸豐二年至光緒元年（1852－1875）獨山莫祥芝刻本六冊

210000－0741－0000708　081.67/4453

竹柏山房十五種　（清）林春溥撰　清嘉慶至咸豐林氏家刻本　四十冊

210000－0741－0000709　081.67/4453/185－234

竹柏山房十五種　（清）林春溥撰　清嘉慶至咸豐林氏家刻本　四十冊

210000－0741－0000710　081.67/4626/78－87

楊氏全書三十七卷　（清）楊名時撰　清宣統元年（1909）南菁高等學堂刻本　十冊

210000－0741－0000711　081.67/4626/798－807

楊氏全書三十七卷　（清）楊名時撰　清宣統元年（1909）南菁高等學堂刻本　十冊

210000－0741－0000712　081.67/4742/23－76

郝氏遺書三十三種　（清）郝懿行撰　清光緒八年（1882）東路廳署刻本　五十四冊　存十八種一百六十九卷（易說十二卷便錄一卷、書說二卷、汲冢周書輯要一卷逸書一卷、禮記箋四十九卷、春秋比二卷、春秋說略十二卷、爾雅郭註義疏十九卷圖讚一卷訂譌一卷敍錄一卷、竹書紀年校正十四卷通考一卷、寶訓八卷、蜂語小記一卷、燕子春秋一卷、記海錯一卷、詩說二卷、詩經拾遺一卷、詩問七卷、列女傳補註八卷敍錄一卷校正一卷、列仙傳校正本二卷讚一卷）

210000－0741－0000713　081.67/4742/6358－6362

郝氏遺書三十三種　（清）郝懿行撰　清光緒五年（1879）東路廳署刻本　五冊　存三種十卷（寶訓八卷、蜂衙小記一卷、記海錯一卷）

210000－0741－0000714　081.67/4917

甌北全集七種　（清）趙翼撰　清光緒三年（1877）滇南唐氏刻本　六十四冊

210000－0741－0000715　081.67/5351

通雅齋叢稿八種八卷　（清）成本璞撰　清宣統元年（1909）武林刻本　六冊

觀象廬叢書十九種　（明）呂調陽撰　清光緒十四年（1888）葉長高刻本　五十五冊　缺四種九卷（論孟疑義一卷、弧角拾遺一卷、下學菴句股六術一卷、商周彝器釋銘六卷）

210000－0741－0000717　081.67/6034

羅忠節公遺集（羅山遺集）八種十八卷　（清）羅澤南撰　清咸豐、同治間長沙刻本　八冊　缺四卷（羅忠節公遺集一至二、讀孟子劄記一至二）

210000－0741－0000718　081.67/7272

劉武慎公遺書二十五卷　（清）劉長祐撰　清光緒二十六年（1900）劉氏鉛印本　二十八冊

210000－0741－0000719　081.67/7442/711－738

陸桴亭先生遺書二十二種　（清）陸世儀撰　清宣統三年（1911）京師唐受祺刻本　二十八冊

210000－0741－0000720　081.67/7442/715－734

陸桴亭先生遺書二十二種　（清）陸世儀撰　清光緒二十六年（1900）京師唐受祺刻本　二十冊

210000－0741－0000721　081.67/7535/31、23

東塾遺書四種　（清）陳澧撰　清光緒廣雅書局刻本　二冊

210000－0741－0000722　081.67/7535/69－77

番禺陳氏東塾叢書四種　（清）陳澧撰　清光緒八年（1882）廣州求是書局刻本　九冊

210000－0741－0000723　081.67/8023

曾惠敏公遺集四種　（清）曾紀澤撰　清光緒十九年（1893）江南製造總局刻本　八冊

210000－0741－0000724　081.67/8043/217－316

春在堂全書三十四種　（清）俞樾撰　清末刻本　一百冊　存三十八種四百二十八卷（羣經平議三十五卷、諸子平議三十五卷、第一樓叢書三十卷、曲園雜纂五十卷、俞樓雜纂五十卷、賓萌集六卷外集四卷、春在堂雜文二卷續編五卷三編四卷四編八卷、春在堂詩編二十卷、春在堂詞錄三卷、春在堂隨筆十卷、春在堂尺牘六卷、楹聯錄存五卷、四書文一卷、右台仙館筆記十六卷、茶香室叢鈔二十三卷、茶香室續鈔二十五卷、茶香室三鈔二十九卷、茶香室經說十六卷、經課續編八卷、九九銷夏錄十四卷、金剛般若波羅密經注二卷、太上感應篇續義二卷、游藝錄六卷、小蓬萊謠一卷、袖中書二卷、東瀛詩記二卷、東海投桃集一卷、慧福樓幸草一卷、曲園自述詩一卷、曲園墨戲一卷、瓊英小錄一卷、春在堂全書錄要一卷、春在堂全書校勘記一卷、新定牙牌數一卷）

210000 - 0741 - 0000725　081.67/8043/51 - 57

第一樓叢書九種　（清）俞樾撰　清同治十年（1871）刻本　七冊

210000 - 0741 - 0000726　081.67/8043/58 - 65

第一樓叢書九種　（清）俞樾撰　清同治十年（1871）刻春在堂叢書本　八冊

210000 - 0741 - 0000727　081.67/8043/604 - 763

春在堂全書三十四種　（清）俞樾撰　清光緒二十五年（1899）刻本　一百六十冊

210000 - 0741 - 0000728　081.67/8043/7917 - 8040

春在堂全書二十六種　（清）俞樾撰　清同治十年（1871）刻本　一百二十四冊

210000 - 0741 - 0000729　081.67/8064

曾文正公全集一百五十六卷　（清）曾國藩撰　清光緒三年（1877）傳忠書局刻本　一百二十冊

210000 - 0741 - 0000730　081.67/8346/4143 - 4210

嘉定錢氏潛研堂全書二十一種　（清）錢大昕撰　清光緒十年（1884）長沙龍氏家塾刻本　六十八冊

210000 - 0741 - 0000731　081.67/8346/9147 - 9218

嘉定錢氏潛研堂全書二十一種　（清）錢大昕撰　清光緒十年（1884）長沙龍氏家塾刻本　七十二冊

210000 - 0741 - 0000732　081.67/8718

鄭子尹遺書五種　（清）鄭珍撰　清同治五年（1866）成山唐氏刻本　十冊

210000 - 0741 - 0000733　081.67/8799/76 - 79

板橋集五種　（清）鄭燮撰　清末菌園書屋刻本　四冊　存四種六卷（詩鈔三卷、詞鈔一卷、題畫一卷、家書一卷）

210000 - 0741 - 0000734　081.67/8799/78 - 81

板橋集五種　（清）鄭燮撰　清末清暉書局刻本　四冊　存四種六卷（詩鈔三卷、詞鈔一卷、題畫一卷、家書一卷）

210000 - 0741 - 0000735　081.68/2816

隨盦所著書　徐乃昌撰　清光緒十八年至三十年（1892 - 1904）南陵徐氏積學齋刻本　二冊

210000 - 0741 - 0000736　081.68/3677

蕙風叢書七種　況周頤撰　清光緒刻本　六冊　存三種十八卷（阮盦筆記五卷、萬邑西南山石刻記二卷、薇省詞鈔十卷附錄一卷）

210000 - 0741 - 0000737　081.68/4443/464 - 476

樊山集二十四卷續集二十八卷二家詠古詩一卷試帖二卷詞鈔五卷　樊增祥撰　清光緒十九年至二十八年（1893 - 1902）渭南縣署西安臬署刻本　十三冊　存五十八卷（一至二十二、續集二十八、古詩一卷、試帖二卷、詞鈔五卷）

210000 - 0741 - 0000738　081.68/4443/258 - 267

樊山集二十四卷續集二十八卷　樊增祥撰　清光緒十九年至二十八年（1893 - 1902）渭南縣署西安臬署刻本　十冊　存四十卷（樊山集二十四卷、續集一至十六）

210000 - 0741 - 0000739　081.9/0031

日知薈說四卷　（清）高宗弘曆撰　清乾隆元年（1736）北京武英殿刻本　四冊

210000 - 0741 - 0000740　081.9/0042

孔子改制考二十一卷　康有為撰　清光緒二十四年（1898）上海大同譯書局刻本　十冊

210000 - 0741 - 0000741　081.9/1000

困學紀聞二十卷　（元）王應麟撰　清乾隆三年(1738)馬氏韞書樓刻本　八冊

210000－0741－0000742　081.9/1000/76－87

困學紀聞注二十卷　（元）王應麟撰　（清）翁元圻輯注　清道光五年(1825)刻本　十二冊

210000－0741－0000743　081.9/1033

學古堂日記四十五種　（清）雷浚　（清）汪之昌選　（清）吳履剛　（清）顧光昌編次　清光緒十六年至二十二年(1890－1896)蘇州學古堂刻本　二十七冊

210000－0741－0000744　081.9/1081

讀書雜志八十二卷餘編二卷　（清）王念孫撰　清同治九年(1870)金陵書局刻本　二十四冊

210000－0741－0000745　081.9/1126

史微四卷　張采田撰　清宣統三年(1911)木活字本　二冊

210000－0741－0000746　081.9/1126/48－49

史微四卷　張采田撰　清宣統三年(1911)木活字本　二冊

210000－0741－0000747　081.9/1133/61－62

勸學篇二卷　（清）張之洞撰　（清）盧弼校字　（清）孟晉祺覆校　清光緒二十四年(1898)慎始基齋刻本　二冊

210000－0741－0000748　081.9/1133/807

勸學篇二卷　（清）張之洞撰　清光緒二十四年(1898)皖敬敷書院刻本　一冊

210000－0741－0000749　081.9/1133/89

勸學篇二卷　（清）張之洞撰　清光緒二十四年(1898)四川王之春刻朱印本　一冊

210000－0741－0000750　081.9/1160/33－36

白虎通疏證十二卷　（清）陳立疏證　（清）楊鐸校　清光緒元年(1875)揚州淮南書局刻本　四冊

210000－0741－0000751　081.9/1160/22－25

白虎通疏證十二卷　（清）陳立疏證　（清）楊鐸校　清光緒元年(1875)揚州淮南書局刻本

四冊

210000－0741－0000752　081.9/1160/84－87

白虎通疏證十二卷　（清）陳立疏證　（清）楊鐸校　清光緒元年(1875)揚州淮南書局刻本　四冊

210000－0741－0000753　081.9/1200

札迻十二卷　（清）孫詒讓撰　清光緒二十年(1894)瑞安孫氏刻本　四冊

210000－0741－0000754　081.9/1200/297－300

札迻十二卷　（清）孫詒讓撰　清光緒二十年(1894)瑞安孫氏刻本　四冊

210000－0741－0000755　081.9/1243

讀書脞錄七卷　（清）孫志祖撰　清嘉慶四年(1799)刻本　四冊

210000－0741－0000756　081.9/1243/45－48

讀書脞錄七卷　（清）孫志祖撰　清嘉慶四年(1799)刻本　四冊

210000－0741－0000757　081.9/2191

義門讀書記五十八卷　（清）何焯撰　清乾隆三十四年(1769)刻本　十冊

210000－0741－0000758　081.9/2229

省軒考古類編十二卷　（清）柴紹炳纂　（清）姚培謙評　清雍正四年(1726)澹成堂刻本　六冊

210000－0741－0000759　081.9/2628

羣書治要五十卷　（唐）魏徵等撰　清乾隆五十二年至宣統三年(1787－1911)蘇州來青閣刻本　二十五冊　存四十八卷(一至三、五至十九、二十一至五十)

210000－0741－0000760　081.9/2840

讀書雜釋十四卷　（清）徐鼐撰　清咸豐十一年(1861)福寧郡齋刻本　四冊

210000－0741－0000761　081.9/3044

天祿識餘二卷　（清）高士奇輯　清康熙二十九年(1690)刻本　四冊

210000－0741－0000762　081.9/3191/146－161

日知錄集釋三十二卷刊誤二卷續刊誤二卷

（清）顧炎武撰　（清）黃汝成集釋　清同治十
一年(1872)湖北崇文書局刻本　十六冊

210000－0741－0000763　081.9/3191/162－173
日知錄集釋三十二卷刊誤二卷續刊誤二卷
（清）顧炎武撰　（清）黃汝成集釋　清同治八
年(1869)廣州述古堂刻本　十二冊

210000－0741－0000764　081.9/3191/162－173
日知錄集釋三十二卷刊誤二卷續刊誤二卷
（清）顧炎武撰　（清）黃汝成集釋　清同治八
年(1869)刻本　十六冊

210000－0741－0000765　081.9/3191/24－39
日知錄集釋三十二卷刊誤二卷續刊誤二卷
（清）顧炎武撰　（清）黃汝成集釋　清同治、
光緒間書坊刻本　十六冊

210000－0741－0000766　081.9/3191/302－317
日知錄集釋三十二卷刊誤二卷續刊誤二卷
（清）顧炎武撰　（清）黃汝成集釋　清同治、
光緒間書坊刻本　十六冊

210000－0741－0000767　081.9/3191/32－47
日知錄三十二卷　（清）顧炎武撰　清同治八
年(1869)江蘇吳江潘氏遂初堂刻本　十六冊

210000－0741－0000768　081.9/3191/48－63
日知錄集釋三十二卷刊誤二卷續刊誤二卷
（清）顧炎武撰　（清）黃汝成集釋　清同治、
光緒間書坊刻本　十六冊

210000－0741－0000769　081.9/3191/49－56
日知錄集釋三十二卷刊誤二卷續刊誤二卷
（清）顧炎武撰　（清）黃汝成集釋　清同治八
年(1869)廣州述古堂刻本　十六冊

210000－0741－0000770　081.9/3191/64－79
日知錄集釋三十二卷刊誤二卷續刊誤二卷
（清）顧炎武撰　（清）黃汝成集釋　清同治十
一年(1872)湖北崇文書局刻本　十六冊

210000－0741－0000771　081.9/3191/74－89
日知錄集釋三十二卷刊誤二卷續刊誤二卷
（清）顧炎武撰　（清）黃汝成集釋　清同治十
一年(1872)湖北崇文書局刻本　十六冊

210000－0741－0000772　081.9/3191/90－99
日知錄集釋三十二卷刊誤二卷續刊誤二卷
（清）顧炎武撰　（清）黃汝成集釋　清同治十
一年(1872)湖北崇文書局刻本　十冊

210000－0741－0000773　081.9/3479
讀書叢錄二十四卷　（清）洪頤煊撰　清道光
二年(1822)廣東富文齋刻本　六冊

210000－0741－0000774　081.9/3677
浮邱子十二卷　（清）湯鵬撰　清宣統二年
(1910)上海掃葉山房石印本　六冊

210000－0741－0000775　081.9/4048
隨園隨筆二十八卷　（清）袁枚撰　清嘉慶十
三年(1808)南京小倉山房刻本　六冊

210000－0741－0000776　081.9/4082
來瞿唐先生日錄十三卷　（明）來知德撰　清
道光十一年(1831)刻本　十四冊

210000－0741－0000777　081.9/4288
援鶉堂筆記五十卷　（清）姚範撰　清道光十
五年(1835)姚瑩刻本　十冊

210000－0741－0000778　081.9/4288/22－33
援鶉堂筆記五十卷　（清）姚範撰　清道光十
五年(1835)姚瑩刻本　十二冊

210000－0741－0000779　081.9/4288/35－50
援鶉堂筆記五十卷　（清）姚範撰　清道光十
五年(1835)姚瑩刻本　十六冊

210000－0741－0000780　081.9/4288/86－95
援鶉堂筆記五十卷　（清）姚範撰　清道光十
五年(1835)姚瑩刻本　十冊

210000－0741－0000781　081.9/4428
札樸十卷　（清）桂馥撰　清嘉慶十八年
(1813)會稽徐氏刻本　五冊

210000－0741－0000782　081.9/4694/3083－3106
升菴外集一百卷　（明）楊慎撰　（明）焦竑編
　（明）顧起元校　清道光二十四年(1844)桂
湖文昌宮刻本　二十四冊

210000－0741－0000783　081.9/4694/45－84
升菴雜著四十四種　（明）楊慎撰　清道光刻

本 四十册

210000－0741－0000784 081.9/6604
指測瑣言五卷團防芻議一卷 （清）瞿方梅撰
清光緒二十四年（1898）長沙刻本 一册

210000－0741－0000785 081.9/7500
句溪雜著六卷 （清）陳立撰 清光緒十四年
（1888）廣州廣雅書局刻本 二册

210000－0741－0000786 081.9/7535/61－64
東塾讀書記二十五卷 （清）陳澧撰 清光緒
二十七年（1901）邵州勸學書舍刻本 四册
存十五卷（一至十二、十五至十六、二十一）

210000－0741－0000787 081.9/7535/33－37
東塾讀書記二十五卷 （清）陳澧撰 清光緒
二十四年（1898）紉蘭書館刻本 五册 存十
五卷（一至十二、十五至十六、二十一）

210000－0741－0000788 081.9/7777
鴻苞節錄十卷 （明）屠隆撰 （清）屠繼烈編
清咸豐七年（1857）章邱縣署刻本 十册

210000－0741－0000789 081.9/8019
癸巳類稿十五卷 （清）俞正燮撰 清道光十
三年（1833）北京求日益齋刻本 八册

210000－0741－0000790 081.9/8019/198－205
癸巳類稿十五卷 （清）俞正燮撰 清道光十
三年（1833）北京求日益齋刻本 八册

210000－0741－0000791 081.9/8019/25－32
癸巳類稿十五卷 （清）俞正燮撰 清道光十
三年（1833）北京求日益齋刻本 八册

210000－0741－0000792 081.9/8019/47－52
癸巳存稿十五卷 （清）俞正燮撰 清光緒十
年（1884）刻本 六册

210000－0741－0000793 081.9/8019/65－70
癸巳存稿十五卷 （清）俞正燮撰 清光緒十
年（1884）刻本 六册

210000－0741－0000794 081.9/8346/03－06
十駕齋養新錄二十卷餘錄三卷 （清）錢大昕
撰 清嘉慶十六年（1811）錢師康刻本 四册

210000－0741－0000795 081.9/8346/13－20
十駕齋養新錄二十卷餘錄三卷錢辛楣先生年
譜二卷 （清）錢大昕撰 清光緒二年（1876）
浙江書局刻本 八册

210000－0741－0000796 081.9/8346/55－62
十駕齋養新錄二十卷餘錄三卷錢辛楣先生年
譜二卷 （清）錢大昕撰 清光緒二年（1876）
浙江書局刻本 八册

210000－0741－0000797 081.9/8346/69－76
十駕齋養新錄二十卷餘錄三卷錢辛楣先生年
譜二卷 （清）錢大昕撰 清光緒二年（1876）
浙江書局刻本 八册

210000－0741－0000798 081.9/8346/77－79，
81－85
十駕齋養新錄二十卷餘錄三卷 （清）錢大
昕撰 清嘉慶十六年（1811）錢師康刻本 八册

210000－0741－0000799 081.9/8346/824－831
十駕齋養新錄二十卷餘錄三卷錢辛楣先生年
譜二卷 （清）錢大昕撰 清光緒二年（1876）
浙江書局刻本 八册

210000－0741－0000800 081.9/8346/863－868
十駕齋養新錄二十卷餘錄三卷 （清）錢大
昕撰 清嘉慶十六年（1811）錢師康刻本 六册

210000－0741－0000801 081.9/8346/86－93
十駕齋養新錄二十卷餘錄三卷錢辛楣先生年
譜二卷 （清）錢大昕撰 清光緒二年（1876）
浙江書局刻本 八册

210000－0741－0000802 081.9/8346/894－902
十駕齋養新錄二十卷餘錄三卷 （清）錢大昕
撰 清嘉慶十六年（1811）錢師康刻本 八册

210000－0741－0000803 081.9/8346/907－912
十駕齋養新錄二十卷餘錄三卷 （清）錢大昕
撰 清嘉慶十一年（1806）錢東塾刻本 六册

210000－0741－0000804 081.9/8346/940－947
十駕齋養新錄二十卷餘錄三卷 （清）錢大昕
撰 清嘉慶十六年（1811）錢師康刻本 八册

210000－0741－0000805 090/1084

冊府元龜一千卷　（宋）王欽若等編　（明）文翔鳳訂正　（明）黃國琦校釋　明崇禎十五年（1642）五繡堂刻本　二百四十冊

210000－0741－0000806　090/1133/21－22
漢上易傳十一卷　（宋）朱震集傳　清康熙十五年（1676）通志堂刻本　二冊

210000－0741－0000807　090/1133/19－20
紫巖居士易傳十卷　（宋）張浚撰　清康熙十五年（1676）通志堂刻本　與210000－0741－0000806合冊

210000－0741－0000808　090/1184
皋鶴堂批評第一奇書金瓶梅一百回　（清）張竹坡評點　清康熙三十四年（1695）木活字本　二十四冊

210000－0741－0000809　090/2337
御選唐宋文醇五十八卷　（清）高宗弘曆選定　清乾隆三年（1738）北京武英殿刻本　二十冊

210000－0741－0000810　090/2540
周會魁校正四書大全十八卷　（明）周士顯校正　明永樂十三年（1415）刻本　二十四冊

210000－0741－0000811　090/2653
大佛頂如來密因修證了義諸菩薩萬行首楞嚴經貫珠集十卷　（明）釋戒潤述　明崇禎十七年（1644）刻本　十冊

210000－0741－0000812　090/4030
後漢紀三十卷　（晉）袁宏撰　清康熙三十五年（1696）樂三堂刻本　五冊

210000－0741－0000813　090/4498
前漢紀三十卷　（漢）荀悅撰　清康熙三十五年（1696）樂三堂刻本　五冊

210000－0741－0000814　090/4917
陔餘叢考四十三卷　（清）趙翼撰　清乾隆五十五年（1790）刻本　十二冊

210000－0741－0000815　090/6044
春秋或問二十卷　（宋）呂大圭述　清康熙通志堂刻本　四冊

210000－0741－0000816　120.8/7537
諸子品節五十卷　（明）陳深輯　明萬曆十九年至四十八年（1591－1620）刻本　三十二冊

210000－0741－0000817　120.8/7537/18－43
諸子品節五十卷　（明）陳深輯　明萬曆十九年至四十八年（1591－1620）刻本　二十六冊

210000－0741－0000818　121.14/1223
周易兼義九卷　（唐）孔穎達正義　明崇禎海虞毛晉汲古閣刻本　一冊　存二卷（三至四）

210000－0741－0000819　121.14/4023/83－88
李氏易傳十七卷鄭氏周易一卷易釋文一卷　（唐）李鼎祚集解　清乾隆二十一年（1756）盧氏雅雨堂刻本　六冊

210000－0741－0000820　121.14/4023/58－63
周易集解十七卷陸氏周易述一卷　（唐）李鼎祚撰　（明）姚士粦撰　（清）孫堂增補　清末刻本　六冊

210000－0741－0000821　121.15/2540
周易四卷　（宋）朱熹本義　清同治十三年（1874）湖南書局刻本　二冊

210000－0741－0000822　121.15/2540/31－32
周易本義四卷　（宋）朱熹撰　清刻本　二冊

210000－0741－0000823　121.15/2540/59－60
周易本義四卷　（宋）朱熹撰　清刻本　二冊

210000－0741－0000824　121.15/2671/261－263
覆元至正本易程傳六卷繫辭精義二卷　（宋）程頤傳　清光緒遵義黎氏刻本　三冊

210000－0741－0000825　121.15/2671/664－671
周易傳義音訓八卷首一卷末一卷　（宋）程頤傳　（宋）朱熹本義　（宋）呂祖謙音訓　清光緒十五年（1889）南京江南書局刻本　八冊

210000－0741－0000826　121.15/2671/264－266
覆元至正本易程傳六卷繫辭精義二卷　（宋）程頤傳　清光緒十年（1884）獨山莫祥芝刻本　三冊

210000－0741－0000827　121.152/0225
周易集傳八卷　（元）龍仁夫撰　（清）尹繼美

録　清同治七年（1868）山東鼎吉堂刻本
二冊

210000 - 0741 - 0000828　121.16/4082/15 - 20
新刻來瞿唐先生易註（易經來註圖解）十六卷
（明）來知德撰　清咸豐、同治間四川朝爽
堂刻本　六冊

210000 - 0741 - 0000829　121.16/4082/295 - 314
來瞿唐先生易註（重刻易經來註）十六卷
（明）來知德撰　清嘉慶十四年（1809）四川宁
遠堂刻本　二十冊

210000 - 0741 - 0000830　121.16/4082/48 - 57
新刻來瞿唐先生易註十六卷　（明）來知德撰
清同治十年（1871）長沙刻本　十冊

210000 - 0741 - 0000831　121.16/4082/546 - 555
新刻來瞿唐先生易註十六卷　（明）來知德撰
清同治十年（1871）長沙刻本　十冊

210000 - 0741 - 0000832　121.17/2022
**易通釋（皇清經解焦孝廉易通釋）二十卷易圖
略八卷**　（清）焦循撰　清咸豐十年（1860）廣
東學海堂刻本　六冊

210000 - 0741 - 0000833　121.17/2553
周易傳義合訂圖義三卷　（清）朱軾校輯　清
光緒二十三年（1897）刻本　一冊

210000 - 0741 - 0000834　121.17/4012
易經大全會解（易經體註會解合条）四卷
（清）來爾繩纂　清道光二十六年（1846）金閶
綠蔭堂刻本　四冊

210000 - 0741 - 0000835　121.17/4027
易經體註大全合条（芸生堂易經體註）　（清）
李兆賢撰　清末致和堂刻本　四冊

210000 - 0741 - 0000836　121.17/4044
周易傳註七卷　（清）李塨撰　清道光二十三
年（1843）博陵養正堂刻本　四冊

210000 - 0741 - 0000837　121.17/4462
易經備旨圖攷大全四卷　（清）黃國鼎　（清）
梁惠疇撰　清乾隆五十五年（1790）金陵文會
堂刻本　一冊

210000 - 0741 - 0000838　121.17/4767/812 - 817
周易函書別集十六卷　（清）胡煦撰　清乾隆
胡氏葆璞堂刻本　六冊

210000 - 0741 - 0000839　121.17/4767/802 - 811
周易函書約存十五卷首三卷　（清）胡煦述
清乾隆葆璞堂刻本　十冊

210000 - 0741 - 0000840　121.17/4767/18 - 27
周易函書約註十八卷　（清）胡煦纂　清乾隆
葆璞堂刻本　十冊

210000 - 0741 - 0000841　121.17/7110
皇清經解一千四百卷首一卷續刻八卷　（清）
阮元輯　清道光九年（1829）廣東學海堂石印
本　七冊　存二十九卷（三百三十至三百五
十八）

210000 - 0741 - 0000842　121.27/2233
周易洗心十卷　（清）任啟運撰　清乾隆四十
七年（1782）刻本　六冊

210000 - 0741 - 0000843　121.27/4094/66 - 77
御纂周易折中二十二卷首一卷　（清）李光地
撰　清光緒四年（1878）廣州翰墨園刻本　十
二冊

210000 - 0741 - 0000844　121.27/4094/85 - 90
御纂周易折中二十二卷首一卷　（清）李光地
撰　清康熙五十四年（1715）北京內廷刻本
十冊

210000 - 0741 - 0000845　121.27/4215
周易姚氏學十六卷首一卷　（清）姚配中撰
清光緒三年（1877）湖北崇文書局刻本　六冊

210000 - 0741 - 0000846　121.28/0047
周易人事疏證正編八卷　（清）章世臣輯　清
宣統二年（1910）北京同文書館鉛印本　八冊

210000 - 0741 - 0000847　121.37/3481
論餘適濟編不分卷　（清）沈善登撰　清光緒
二十八年（1902）桐鄉豫恕堂刻本　一冊

210000 - 0741 - 0000848　121.37/4042
湘薌漫錄五卷　（清）查彬撰　清道光十九年
（1839）有懷堂刻本　五冊

210000－0741－0000849　121.57/4400

周易象義二十卷首一卷 （清）杜文亮撰　清乾隆五十三年(1788)刻本　四冊

210000－0741－0000850　121.67/4438

象數論六卷 （清）黃宗羲撰　清光緒刻本　二冊

210000－0741－0000851　121/1017/33

周易九卷略例一卷 （三國魏）王弼註　（明）金蟠訂　明崇禎十三年(1640)葛氏永懷堂刻本　一冊　存六卷(四至九)

210000－0741－0000852　121/1017/77－79

周易十卷 （三國魏）王弼註　清乾隆四十八年(1783)武英殿刻本　三冊

210000－0741－0000853　121/1223/39－45

周易兼義九卷 （三國魏）王弼註　（唐）孔穎達正義　明萬曆十四年(1586)北京國子監刻本　七冊

210000－0741－0000854　121/1223/46

易釋文一卷 （唐）陸德明撰　明萬曆十四年(1586)北京國子監刻本　與210000－0741－0000853、0000855合冊

210000－0741－0000855　121/1223/46－1

周易略例一卷 （三國魏）王弼撰　明萬曆十四年(1586)北京國子監刻本　與210000－0741－0000853、0000854合冊

210000－0741－0000856　121/2540/19－20

周易四卷 （宋）朱熹本義　清光緒十七年(1891)上海掃葉山房刻本　二冊

210000－0741－0000857　121/2540/51－52

周易四卷 （宋）朱熹本義　清光緒五年(1879)紫文閣重刻本　二冊

210000－0741－0000858　121/2540/53－54

監本易經四卷 （宋）朱熹本義　清光緒十二年(1886)金陵奎壁齋刻本　二冊

210000－0741－0000859　121/2540/55－56

周易（易經）四卷筮儀卦歌圖說新增圖說不分卷 （宋）朱熹本義　清光緒十二年(1886)湖北官書處刻本　二冊

210000－0741－0000860　121/2540/66－67

周易本義十二卷 （宋）朱熹本義　清康熙陸有明刻本　二冊

210000－0741－0000861　121/2540/67－70

周易（易經）四卷本義卦歌圖說新增圖說不分卷 （宋）朱熹本義　清光緒十二年(1886)湖北同德堂刻本　四冊

210000－0741－0000862　121/2540/71－74

周易（監本易經）四卷 （宋）朱熹本義　清光緒十一年(1885)金陵奎壁齋刻本　四冊

210000－0741－0000863　121/2540/98－99

周易四卷 （宋）朱熹本義　清光緒十七年(1891)掃葉山房刻本　二冊

210000－0741－0000864　121/3432

易憲四卷易憲卦歌易憲圖說一卷 （明）沈泓疏　清乾隆八年至九年(1743－1744)刻本　二冊

210000－0741－0000865　121/4094

御纂周易折中二十二卷首一卷 （清）李光地纂　清康熙五十四年(1715)京師武英殿刻本　十八冊

210000－0741－0000866　121/4688

楊氏易傳二十卷 （宋）楊簡撰　明萬曆二十三年(1595)劉日昇陳道亨刻本　八冊

210000－0741－0000867　121/4736

易圖明辨十卷 （清）胡渭輯著　清咸豐二年(1852)南海伍氏刻本　八冊

210000－0741－0000868　121/5640

太玄經十卷 （漢）揚雄撰　（晉）范望注　明嘉靖萬玉堂刻本　八冊

210000－0741－0000869　122.03/2342

四書人物類典串珠四十卷 （清）臧志仁輯　清同治十二年(1873)曉星里刻本　十二冊

210000－0741－0000870　122.04/2553

駁呂留良四書講義八卷 （清）朱軾（清）吳襄撰　清雍正九年(1731)內府刻本　一冊

存一卷（大学一卷）

210000－0741－0000871　122.04/4346
駁毛西河四書改錯二十一卷　（清）戴大昌撰
清道光十八年（1838）刻本　四冊

210000－0741－0000872　122.08/3177
四書古註十一種羣義彙解不分卷　（三國魏）
何晏等集解　清光緒二十一年（1895）上海煥
文書局石印本　二十冊

210000－0741－0000873　122.089/4414
四書釋地補一卷續補一卷又續補一卷三續補
一卷　（清）閻若璩撰　（清）樊廷枚校補　清
嘉慶二十一年（1816）刻本　三冊

210000－0741－0000874　122.1/1050
孔氏家語十卷　（三國魏）王肅注　清康熙常
熟毛氏汲古閣刻本　二冊

210000－0741－0000875　122.1/4324
大戴禮記十三卷　（漢）戴德撰　（北周）盧辯
注　清乾隆二十一年（1756）德州雅雨堂刻本
二冊

210000－0741－0000876　122.11/1031/09－19
論語經正錄二十卷王用誥年譜一卷　（清）王
肇晉撰　（清）王用誥述　清光緒二十年
（1894）刻本　十一冊

210000－0741－0000877　122.11/1031/66－76
論語經正錄二十卷王用誥年譜一卷　（清）王
肇晉撰　（清）王用誥述　清光緒二十年
（1894）刻本　十一冊

210000－0741－0000878　122.11/1458
論語欄外書二卷　（日本）佐藤坦撰　清咸豐
七年（1857）抄本　二冊

210000－0741－0000879　122.11/2160/61－70
論語集解義疏十卷　（三國魏）何晏集解
（南朝梁）皇侃義疏　清乾隆五十三年（1788）
新安鮑氏知不足齋刻本　十冊

210000－0741－0000880　122.11/2160/41
論語註疏解經十卷札記一卷　（三國魏）何晏
集解　（宋）邢昺疏　清光緒三十年（1904）貴

池劉氏玉海堂刻本　一冊

210000－0741－0000881　122.11/3130
鄉黨圖攷十卷　（清）江永撰　清咸豐十一年
（1861）青雲樓刻本　六冊

210000－0741－0000882　122.11/4307
戴氏註論語二十卷　（清）戴望注　清同治十
年（1871）刻本　二冊

210000－0741－0000883　122.11/7234/74－79
論語正義二十四卷　（清）劉寶楠撰　（清）劉
恭冕述　清同治五年（1866）代州馮志沂署刻
本　六冊

210000－0741－0000884　122.11/7234/50－57
論語正義二十四卷　（清）劉寶楠撰　清同治
五年（1866）刻本　六冊

210000－0741－0000885　122.11/7250/12－15
增訂二論詳解四卷　（清）劉忠輯　（清）劉懋
（清）劉鐸校勘　清光緒南京李光明莊狀元
閣爵記刻本　四冊

210000－0741－0000886　122.11/7250/16－19
增訂二論詳解四卷　（清）劉忠輯　（清）劉懋
（清）刘鐸校勘　清光緒南京李光明莊狀元
閣爵記刻本　四冊

210000－0741－0000887　122.11/7532
論語官話解十卷　（清）陳沁泉撰　清光緒三
十二年（1906）海城官書局石印本　五冊

210000－0741－0000888　122.123/1050/395－398
孔氏家語十卷　（三國魏）王肅注　清光緒六
年（1880）上海埽葉山房刻本　四冊

210000－0741－0000889　122.123/1050/695－698
孔子家語十卷　（三國魏）王肅注　清光緒南
京李光明莊狀元閣刻本　四冊

210000－0741－0000890　122.125/4451
孔子集語二卷　（宋）薛據纂　清光緒元年
（1875）湖北崇文書局刻本　一冊

210000－0741－0000891　122.127/1262/03－07
孔子集語十七卷　（清）孫星衍撰　清嘉慶二
十年（1815）金陵冶城山館刻本　五冊

210000－0741－0000892　122.127/1262/44－47

孔子集語十七卷　（清）孫星衍撰　清光緒三年(1877)浙江書局刻本　四冊

210000－0741－0000893　122.127/7727

聖蹟圖不分卷　（清）□□繪　清末刻本　一冊

210000－0741－0000894　122.226/1037

中庸衍義十七卷　（明）夏良勝撰　清同治十年(1871)曾國藩刻本　十二冊

210000－0741－0000895　122.237/1033/35－36

曾子家語六卷　（清）王定安輯　（清）曾國荃審訂　清光緒十六年(1890)金陵王定安刻本　二冊

210000－0741－0000896　122.237/1033/44－45

曾子家語六卷　（清）王定安輯　（清）曾國荃審訂　清光緒十六年(1890)金陵王定安刻本　二冊

210000－0741－0000897　122.237/7110

曾子註釋四卷　（清）阮元註釋　清嘉慶三年(1798)浙江阮氏塈經室刻本　一冊

210000－0741－0000898　122.3/4437/31－32

孟子二卷　（宋）蘇洵批點　明萬曆四十五年(1617)閔齊伋刻朱墨藍三色套印本　二冊

210000－0741－0000899　122.35/4437/48－51

增補蘇批孟子(校補蘇氏硃批孟子)二卷年譜一卷　（宋）蘇洵批點　（清）趙大浣增補　清同治四年(1865)廣州貫經樓刻本　四冊

210000－0741－0000900　122.35/4437/33－34

增補蘇批孟子二卷孟子年譜全帙一卷　（宋）蘇洵撰　（清）趙大浣增補　清同治十二年(1873)敦仁堂刻本　二冊

210000－0741－0000901　122.35/4437/06－17

載詠樓重鐫硃批孟子(蘇老泉批評孟子真本)二卷　（宋）蘇洵批評　（清）沈李龍較閱　清嘉慶元年(1796)刻本　二冊

210000－0741－0000902　122.35/4437/46－47

載詠樓重鐫硃批孟子(蘇老泉批評孟子真本)

二卷　（宋）蘇洵批評　（清）沈李龍較閱　清嘉慶元年(1796)刻本　二冊

210000－0741－0000903　122.37/2022

孟子正義三十卷　（清）焦循撰集　清嘉慶二十四年至宣統三年(1819－1911)半九書塾刻本　十冊

210000－0741－0000904　122.37/2022/16－25

孟子正義三十卷　（清）焦循撰集　清道光江都縣翁氏刻本　十冊

210000－0741－0000905　122.37/2022/54－63

孟子正義三十卷　（清）焦循撰集　清道光江都縣翁氏刻本　十冊

210000－0741－0000906　122.37/3149

標孟(新安汪謙子先生批點孟子)七卷　（清）汪有光評　（清）汪有聲校　（清）汪能承編　清康熙二十五年(1686)新安汪能承刻本　四冊

210000－0741－0000907　122.4/4436

荀子二十卷　（戰國）荀況撰　（明）吳勉學校　明萬曆刻本　四冊

210000－0741－0000908　122.42/4620/65－70

荀子二十卷　（戰國）荀況撰　（唐）楊倞注　清光緒十八年(1892)遵義黎氏影印本　六冊

210000－0741－0000909　122.42/4620/83－86

荀子二十卷校勘補遺一卷　（戰國）荀況撰　（唐）楊倞注　清光緒二年(1876)浙江書局刻本　四冊

210000－0741－0000910　122.47/1020/16－21

荀子二十卷　（戰國）荀況撰　（唐）楊倞注　王先謙集解　清光緒十七年(1891)長沙王氏刻本　六冊

210000－0741－0000911　122.47/1020/24－29

荀子二十卷　（戰國）荀況撰　（唐）楊倞注　王先謙集解　清光緒十七年(1891)長沙王氏刻本　六冊

210000－0741－0000912　122.47/1020/48－53

荀子二十卷　（戰國）荀況撰　（唐）楊倞注

王先謙集解　清光緒十七年（1891）長沙王氏刻本　六冊

210000－0741－0000913　122.47/4742

荀子補注二卷　（清）郝懿行撰　清同治刻本　一冊

210000－0741－0000914　122.5/2233

禮記十卷　（宋）朱熹章句　（清）任啟運註　清乾隆三十八年（1773）耿毓孝刻本　十二冊

210000－0741－0000915　122.5/7534

禮記集說三十卷　（元）陳澔撰　明陳允升刻本　十冊

210000－0741－0000916　122.53/4324/297－300

大戴禮記補註十三卷敍錄一卷　（漢）戴德撰　（清）孔廣森補註　清同治十三年（1874）淮南書局刻本　四冊

210000－0741－0000917　122.53/4324/07－10

大戴禮記解詁十三卷敍錄一卷　（漢）戴德撰　（清）王聘珍解詁　清光緒十三年（1887）廣雅書局刻本　四冊

210000－0741－0000918　122.53/4324/88－93

禮記節本十卷　（漢）汪基撰　（清）戴德刪節　清宣統元年（1909）上海會文學社石印本　六冊

210000－0741－0000919　122.53/8700/24－31

禮記二十卷　（漢）鄭玄注　清同治九年（1870）湖北崇文書局刻本　八冊

210000－0741－0000920　122.53/8700/193－202

禮記二十卷考證不分卷　（漢）鄭玄注　（唐）陸德明音義　清同治、光緒間刻本　十冊

210000－0741－0000921　122.53/8700/71－80

禮記二十卷考證不分卷　（漢）鄭玄注　（唐）陸德明音義　清同治三年（1864）刻本　十冊

210000－0741－0000922　122.55/0442

檀弓一卷　（宋）謝枋得批點　明萬曆四十四年（1616）吳興閔齊伋刻朱墨印本　一冊

210000－0741－0000923　122.552/7535/10－19

禮記十卷　（元）陳澔撰　清同治、光緒間刻本　十冊

210000－0741－0000924　122.552/7535/13－22

禮記十卷　（元）陳澔撰　清同治十年（1871）刻本　十冊

210000－0741－0000925　122.552/7535/203－212

禮記陳氏集說十卷　（元）陳澔撰　清光緒十九年（1893）江南書局刻本　十冊

210000－0741－0000926　122.552/7535/22－31

奎壁禮記十卷　（元）陳澔撰　清南京奎壁齋刻本　十冊

210000－0741－0000927　122.552/7535/23－32

禮記十卷　（元）陳澔撰　清同治五年（1866）南京金陵書局刻本　十冊

210000－0741－0000928　122.552/7535/32－41

禮記（禮記集說）十卷　（元）陳澔撰　清末南京李光明狀元閣刻本　十冊

210000－0741－0000929　122.552/7535/41－50

禮記集說十卷　（元）陳澔撰　清乾隆怡僖親王弘曉刻本　十冊

210000－0741－0000930　122.552/7535/43－52

宏道堂禮記體註全本十卷　（元）陳澔撰　清刻本　十冊

210000－0741－0000931　122.552/7535/53－62

禮記十卷　（元）陳澔撰　清同治十三年（1874）湖南書局刻本　十冊

210000－0741－0000932　122.552/7535/5999－6008

禮記十卷　（元）陳澔撰　清同治十三年（1874）江西書局刻本　十冊

210000－0741－0000933　122.552/7535/61－70

禮記十卷　（元）陳澔撰　清同治五年（1866）南京金陵書局刻本　十冊

210000－0741－0000934　122.57/0724/493－502

禮記質疑四十九卷　（清）郭嵩燾撰　清光緒十六年（1890）思賢講舍刻本　十冊

210000－0741－0000935　122.57/0724/61－70

禮記質疑四十九卷　（清）郭嵩燾撰　清光緒

十六年(1890)思賢講舍刻本　十冊

210000－0741－0000936　122.57/6053

讀禮說三卷　（清）呂揚祖撰　清乾隆五年
(1740)望栢堂呂公濯刻本　九冊

210000－0741－0000937　122.9/2564

五倫書六十二卷　（明）宣宗朱瞻基撰　明正
統十二年(1447)北京内府刻本　三十冊

210000－0741－0000938　122.9/4640

新纂門目五臣音註揚子法言十卷　（唐）柳宗
元註　（宋）司馬光重添註　明嘉靖十二年
(1533)顧春世德堂刻本　四冊

210000－0741－0000939　122.9/7535

漢儒通義七卷　（清）陳澧撰集　清咸豐八年
(1858)番禺陳氏刻本　二冊

210000－0741－0000940　122.93/1003/50－51

新書十卷　（漢）賈誼撰　（明）錢震瀧閱　明
萬曆二十年(1592)刻本　二冊　存十卷(一
至九、十(一至九葉))

210000－0741－0000941　122.93/1003/97－98

新書十卷　（漢）賈誼撰　（清）汪繼培箋注
清光緒元年(1875)湖江書局刻本　二冊

210000－0741－0000942　122.93/1088

潛夫論十卷　（漢）王符撰　（清）汪繼培箋
清光緒十七年(1891)思賢講舍刻本　四冊

210000－0741－0000943　122.93/1088/46－49

潛夫論十卷　（漢）王符撰　清光緒十七年
(1891)思賢講舍刻本　四冊

210000－0741－0000944　122.93/5640/87－88

新纂門目五臣註揚子法言十卷　（漢）楊雄撰
（晉）李軌　（唐）柳宗元註　清刻本　二冊

210000－0741－0000945　122.93/5640/59

揚子法言十三卷音義一卷　（漢）楊雄撰
（晉）李軌　（唐）柳宗元註　清光緒二年
(1876)刻本　一冊

210000－0741－0000946　122.93/5640/60－61

揚子法言十三卷音義一卷　（漢）楊雄撰
（晉）李軌　（唐）柳宗元註　清同治十一年

(1872)刻本　二冊

210000－0741－0000947　122.93/5640/20－23

揚子法言十卷　（漢）楊雄撰　（晉）李軌註
明嘉靖十二年(1533)世德堂刻本　四冊

210000－0741－0000948　122.93/7227

說苑二十卷　（漢）劉向撰　清嘉慶十三年
(1808)松園刻本　六冊

210000－0741－0000949　122.94/1037/80－81

文中子中說十卷　（隋）王通撰　（宋）阮逸註
清光緒二年(1876)浙江書館刻本　二冊

210000－0741－0000950　122.94/1037/03

文中子中說十卷　（隋）王通撰　（宋）阮逸註
清光緒二年(1876)湖江書局刻本　一冊

210000－0741－0000951　122.96/4438/02－17

明儒學案六十二卷師說一卷　（清）黃宗羲輯
撰　（清）賈潤糸閱　清康熙三十二年(1693)
故城縣賈樸紫筠齋刻本　十六冊

210000－0741－0000952　122.96/4438/41－56

明儒學案六十二卷師說一卷　（清）黃宗羲輯
撰　（清）賈潤糸閱　清雍正十三年(1735)賈
念祖刻本　十六冊

210000－0741－0000953　122.96/6082

困知記二卷續記二卷三續一卷四續一卷續補
一卷附錄一卷　（明）羅欽順撰　清嘉慶七年
(1802)刻本　四冊

210000－0741－0000954　122.98/3703

湯子遺書十卷附錄一卷　（清）湯斌著選　清
康熙四十二年(1703)王廷燦刻本　十冊

210000－0741－0000955　122/1025

四書朱子本義匯糸四十三卷首四卷　（清）王
步青輯　（清）王士鼇編　清乾隆十年至嘉慶
二十五年(1745－1820)刻本　四十二冊

210000－0741－0000956　122/1043/81

青箱餘論一卷逸事一卷　（清）王世博撰　清
光緒二十三年(1897)廬州王氏木活字本
一冊

210000－0741－0000957　122/1043

周易論語同異辨二卷　（清）王世溥輯　清光緒二十三年（1897）廬州王氏木活字本　與210000-0741-0000956合冊

210000-0741-0000958　122/1044

思辨錄十四卷　（清）賈聲槐撰　清道光七年（1827）刻本　六冊

210000-0741-0000959　122/2540/33-38

御製繙譯四書不分卷　（宋）朱熹註　清光緒十四年（1888）京都聚珍堂刻本　六冊

210000-0741-0000960　122/2540/698-703

四書集註十九卷　（宋）朱熹撰　清宣統元年（1909）上海掃葉山房石印本　六冊

210000-0741-0000961　122/2540/76-81

新刻批點四書讀本十九卷　（宋）朱熹章句集註　清道光七年（1827）廣州維經堂刻朱墨印本　六冊

210000-0741-0000962　122/2540/31-40

四書集註十九卷　（宋）朱熹撰　清乾隆武英殿刻本　十冊

210000-0741-0000963　122/2543

駁呂留良四書講義八卷　（清）朱軾　（清）吳襄撰　清雍正九年（1731）刻本　一冊　存一卷（大學一卷）

210000-0741-0000964　122/4464/79-82

禮經會元四卷　（宋）葉時撰　清道光至同治刻通志堂經解本　四冊

210000-0741-0000965　122/4464/86-89

宋葉文康公禮經會元四卷　（宋）葉時撰　（清）陸隴其點定　清乾隆寶翰樓刻本　四冊

210000-0741-0000966　122/4688

先聖大訓六卷　（宋）楊簡輯並註　（明）鄭光弼　（明）俞汝楫訂　明萬曆四十三年（1615）浙江張翼軫等刻本　十二冊

210000-0741-0000967　122/4700

性理大全書七十卷　（明）胡廣　（明）楊榮纂修　明北京內府刻本　三十冊

210000-0741-0000968　122/7534

禮記十卷　（元）陳澔集說　清乾隆天德堂刻本　十冊

210000-0741-0000969　122-1/1025/701-732

四書朱子本義匯參四十三卷首四卷　（清）王步青輯　清光緒五年（1879）上海江左書林刻本　三十二冊

210000-0741-0000970　122-1/1025/127-158

四書朱子本義匯參四十三卷首四卷　（清）王步青輯　清末刻本　三十二冊

210000-0741-0000971　122-1/1744

新訂四書補註備旨十卷　（明）鄧林撰　（清）祁文友重校　（清）杜定基增訂　清光緒九年（1883）上海埽葉山房刻本　八冊

210000-0741-0000972　122-1/3128

四書題鏡三十六卷　（清）汪鯉翔纂述　清光緒十年（1884）上海同文書局石印本　四冊

210000-0741-0000973　122-1/8028

銅板四書體註合講不分卷　（清）翁復編次　（清）詹文煥參定　清光緒八年（1882）上海江左書林刻本　六冊

210000-0741-0000974　122-1/8038

四書味根錄三十七卷　（清）金澂撰　清末刻本　十六冊

210000-0741-0000975　123.1/1017/82

老子道德經二卷音義一卷校勘記一卷　（晉）王弼注　（唐）陸德明音義　清光緒元年（1875）浙江圖書館刻本　一冊

210000-0741-0000976　123.1/1017/85-86

老子道德經二卷音義一卷校勘記一卷　（晉）王弼注　（唐）陸德明音義　清同治、光緒間武英殿聚珍版刻本　二冊

210000-0741-0000977　123.1/1017

傅子一卷　（晉）傅玄撰　清乾隆三十九年（1774）武英殿聚珍版木活字本　一冊

210000-0741-0000978　123.1/1017/900

老子道德經二卷　（晉）王弼注　清乾隆四十年（1775）武英殿聚珍版木活字本　與210000

－0741－0000977　合冊

210000－0741－0000979　123.1/2004/23－26
老子翼八卷首一卷　（明）焦竑輯　清光緒二十三年(1897)金陵刻經處刻本　四冊

210000－0741－0000980　123.1/2004/62－65
老子翼八卷首一卷　（明）焦竑輯　清光緒二十三年(1897)金陵刻經處刻本　四冊

210000－0741－0000981　123.1/2004/74－77
老子翼八卷首一卷　（明）焦竑輯　清光緒二十三年(1897)金陵刻經處刻本　四冊

210000－0741－0000982　123.1/2004/76－79
老子翼八卷首一卷　（明）焦竑輯　清光緒二十三年(1897)金陵刻經處刻本　四冊

210000－0741－0000983　123.1/2435/38－39
老子道德經解二卷首一卷太上清靜經一卷觀老莊影響論一卷　（明）釋德清著　清光緒十二年(1886)南京金陵刻經處刻本　二冊

210000－0741－0000984　123.1/2435/70－71
老子道德經解二卷首一卷太上清靜經一卷觀老莊影響論一卷　（明）釋德清著　清光緒十二年(1886)南京金陵刻經處刻本　二冊

210000－0741－0000985　123.1/2631
老子本義二卷　（清）魏源撰　清光緒二十八年(1902)避舍蓋公堂刻本　二冊

210000－0741－0000986　123.1/4217
老子章義二卷　（清）姚鼐撰　清同治九年(1870)桐城吳氏刻本　一冊

210000－0741－0000987　123.1/4443
老子鬳齋口義二卷　（宋）林希逸撰　明嘉靖四年(1525)刻本　二冊

210000－0741－0000988　123.1/4444
老子集解二卷考異一卷　（明）薛蕙撰　清光緒二十二年(1896)長沙刻本　一冊

210000－0741－0000989　123.1/6022
老子解二卷　（清）易佩紳撰　清光緒十七年(1891)刻本　一冊

210000－0741－0000990　123.3/1223
沖虛至德真經八卷　（戰國）列禦寇撰　（戰國）張湛注　明嘉靖顧春世德堂刻本　三冊

210000－0741－0000991　123.3/1227/17－20
沖虛至德真經八卷　（戰國）列禦寇撰　（戰國）張湛注　明嘉靖十二年(1533)顧春世德堂刻本　四冊

210000－0741－0000992　123.3/1227/21－24
沖虛至德真經八卷　（戰國）列禦寇撰　（戰國）張湛注　清乾隆十六年(1751)顧春世德堂刻本　四冊

210000－0741－0000993　123.3/2121/18－21
列子(列子盧重元注)八卷　（唐）盧重元注　清嘉慶九年(1804)江都秦氏石研齋刻本　四冊

210000－0741－0000994　123.3/2121/33－34
列子(列子盧重元注)八卷　（唐）盧重元注　清嘉慶九年(1804)江都秦氏石研齋刻本　二冊

210000－0741－0000995　123.4/0704/16－19
莊子集釋十卷　（清）郭慶藩集釋　清光緒二十年(1894)湘陰思賢講舍刻本　八冊

210000－0741－0000996　123.4/0704/33－40
莊子集釋十卷　（清）郭慶藩集釋　清光緒二十年(1894)湘陰思賢講舍刻本　八冊

210000－0741－0000997　123.4/0704/41－48
莊子集釋十卷　（清）郭慶藩集釋　清光緒二十年(1894)湘陰思賢講舍刻本　八冊

210000－0741－0000998　123.4/0704/49－56
莊子集釋十卷　（清）郭慶藩集釋　清光緒二十年(1894)湘陰思賢講舍刻本　八冊

210000－0741－0000999　123.4/0704/57－84
莊子集釋十卷　（清）郭慶藩集釋　清光緒二十年(1894)湘陰思賢講舍刻本　八冊

210000－0741－0001000　123.4/0727/49
南華經十六卷　（戰國）莊周撰　（晉）郭象註　（明）王鳳洲評釋　明刻朱墨黛三色印本

一冊

210000 - 0741 - 0001001　123.4/0727/65 - 68

莊子十卷　（戰國）莊周撰　（晉）郭象註
（唐）陸德明音義　清光緒二年(1876)浙江書
局刻本　四冊

210000 - 0741 - 0001002　123.4/0727/73 - 80

莊子南華真經（莊子郭注）十卷　（戰國）莊周
撰　（晉）郭象註　（唐）陸德明音義　清光緒
十一年(1885)善化傳忠書局刻本　八冊

210000 - 0741 - 0001003　123.4/0727/81 - 90

莊子南華真經（莊子郭注）十卷　（戰國）莊周
撰　（晉）郭象註　（唐）陸德明音義　清光緒
十一年(1885)善化傳忠書局刻本　十冊

210000 - 0741 - 0001004　123.4/0727/91 - 95

莊子評註（南華真經）十卷　（戰國）莊周撰
（晉）郭象註　（唐）陸德明音義　清嘉慶九年
(1804)寶慶經綸堂刻本　五冊

210000 - 0741 - 0001005　123.4/1020/00 - 03

莊子集解八卷　王先謙輯　清宣統元年
(1909)湘陰思賢書局刻本　四冊

210000 - 0741 - 0001006　123.4/1020/04 - 07

莊子集解八卷　王先謙輯　清宣統元年
(1909)湘陰思賢書局刻本　四冊

210000 - 0741 - 0001007　123.4/1020/08 - 11

莊子集解八卷　王先謙輯　清宣統元年
(1909)湘陰思賢書局刻本　四冊

210000 - 0741 - 0001008　123.4/1020/12 - 15

莊子集解八卷　王先謙輯　清宣統元年
(1909)湘陰思賢書局刻本　四冊

210000 - 0741 - 0001009　123.4/1020/71 - 74

莊子集解八卷　王先謙輯　清宣統元年
(1909)湘陰思賢書局刻本　四冊

210000 - 0741 - 0001010　123.4/1020/96 - 98

莊子集解八卷　王先謙輯　清宣統元年
(1909)湘陰思賢書局刻本　三冊

210000 - 0741 - 0001011　123.4/1020/199 - 601

莊子集解八卷　王先謙輯　清宣統元年

（1909）湘陰思賢書局刻本　三冊

210000 - 0741 - 0001012　123.4/1053

莊子解三十三卷莊子通一卷　（清）王夫之撰
清同治四年(1865)湘鄉曾氏刻本　五冊

210000 - 0741 - 0001013　123.4/2435/22 - 23

莊子內篇註四卷　（明）釋德清註　清光緒十
四年(1888)金陵刻經處刻本　二冊

210000 - 0741 - 0001014　123.4/2435/24 - 25

莊子內篇註四卷　（明）釋德清註　清光緒十
四年(1888)金陵刻經處刻本　二冊

210000 - 0741 - 0001015　123.4/2435/26 - 27

莊子內篇註四卷　（明）釋德清註　清光緒十
四年(1888)金陵刻經處刻本　二冊

210000 - 0741 - 0001016　123.4/3048

南華經解三十三卷　（清）宣穎撰　（清）王暉
吉較　清康熙六十年(1721)經國堂刻本
六冊

210000 - 0741 - 0001017　123.4/4440

莊子司馬彪注一卷　（晉）司馬彪撰　清光緒
甘泉黃澧刻本　二冊

210000 - 0741 - 0001018　123.4/4477

莊子南華真經四卷音義四卷　（戰國）莊周撰
明萬曆南京閔齊伋刻朱墨印本　八冊

210000 - 0741 - 0001019　123.4/4477/28 - 29

莊子南華真經三卷莊子闕誤一卷　（戰國）莊
周撰　（明）楊慎闕誤　清光緒元年(1875)湖
北崇文書局刻本　二冊

210000 - 0741 - 0001020　123.4/4477/30 - 31

莊子南華真經三卷莊子闕誤一卷　（戰國）莊
周撰　（明）楊慎闕誤　清光緒元年(1875)湖
北崇文書局刻本　二冊

210000 - 0741 - 0001021　123.4/7444

莊子雪三卷　（清）陸樹芝輯註　清嘉慶四年
(1799)文選樓刻本　六冊

210000 - 0741 - 0001022　123.4/7546/45 - 48

南華真經正義三篇識餘三種　（清）陳壽昌輯
清光緒十九年(1893)怡顏齋刻本　四冊

210000－0741－0001023　123.4/9537

南華發覆(莊子南華經解)八卷　(明)釋性通注　清文秀堂刻本　六冊

210000－0741－0001024　123.4/9574

南華發覆八卷　(明)釋性通注　(明)方應祥校　清乾隆十四年(1749)懷德堂刻本　六冊

210000－0741－0001025　123.7/4434/60－63

抱朴子八卷　(晉)葛洪撰　明萬曆栢筠堂刻本　四冊

210000－0741－0001026　123.7/4434/19－26

抱朴子內篇二十卷外篇八卷　(晉)葛洪撰　清光緒十五年(1889)上海校經山房刻本　四冊

210000－0741－0001027　123.7/4434/35－42

抱朴子內篇二十卷外篇八卷　(晉)葛洪撰　清光緒十五年(1889)上海校經山房刻本　八冊

210000－0741－0001028　123.7/4434/042－045

抱朴子內外篇八卷　(晉)葛洪撰　清光緒元年(1875)湖北崇文書局刻本　四冊

210000－0741－0001029　123.9/7426

鶡冠子三卷　(宋)陸佃解　清刻本　一冊

210000－0741－0001030　123/4010/81

老子道德真經二卷　(春秋)李耳撰　明萬曆四十四年至崇禎十七年(1616－1644)浙江閔齊伋刻朱墨印本　一冊

210000－0741－0001031　123/4010/84

莊子南華真經四卷　(戰國)莊周撰　明萬曆四十四年至崇禎十七年(1616－1644)閔齊伋刻朱墨印本　二冊

210000－0741－0001032　123/4010/82－83

列子冲虛真經八卷　(戰國)列禦寇撰　明萬曆四十四年至崇禎十七年(1616－1644)閔齊伋刻朱墨印本　一冊

210000－0741－0001033　123/4010/89－90

列子冲虛真經八卷　(戰國)列禦寇撰　明萬曆四十四年至崇禎十七年(1616－1644)浙江

閔齊伋刻朱墨印本　二冊

210000－0741－0001034　123/4010/91－94

莊子南華真經四卷　(戰國)莊周撰　明萬曆四十四年至崇禎十七年(1616－1644)閔齊伋刻朱墨印本　四冊

210000－0741－0001035　124.1/1044

墨子斠注補正二卷　(清)王樹枏補正　清光緒十三年(1887)文莫室刻本　二冊

210000－0741－0001036　124.1/1150/14

墨子經說解二卷　(戰國)墨翟撰　(清)張惠言述　清宣統元年(1909)上海國學保存會石印本　一冊

210000－0741－0001037　124.1/1150/33

墨子經說解二卷　(戰國)墨翟撰　(清)張惠言述　清宣統元年(1909)上海國學保存會石印本　一冊

210000－0741－0001038　124.1/1200/098－105

墨子閒詁十五卷附錄一卷後語二卷　(清)孫詒讓撰　清宣統二年(1910)瑞安孫氏石印本　八冊

210000－0741－0001039　124.1/1200/131－138

墨子閒詁十五卷附錄一卷後語二卷　(清)孫詒讓撰　清宣統二年(1910)瑞安孫氏石印本　八冊

210000－0741－0001040　124.1/1200/139－146

墨子閒詁十五卷附錄一卷後語二卷　(清)孫詒讓撰　清宣統二年(1910)瑞安孫氏石印本　八冊

210000－0741－0001041　124.1/1200/15－22

墨子閒詁十五卷附錄一卷後語二卷　(清)孫詒讓撰　清宣統二年(1910)瑞安孫氏石印本　八冊

210000－0741－0001042　124.1/1200/23－30

墨子閒詁十五卷附錄一卷後語二卷　(清)孫詒讓撰　清宣統二年(1910)瑞安孫氏石印本　八冊

210000－0741－0001043　124.1/1200/477－484

墨子閒詁十五卷附錄一卷後語二卷 （清）孫
詒讓撰 清宣統二年（1910）瑞安孫氏石印本
八冊

210000－0741－0001044 124.1/1200/634－641
墨子閒詁十五卷附錄一卷後語二卷 （清）孫
詒讓撰 清宣統二年（1910）瑞安孫氏石印本
八冊

210000－0741－0001045 124.1/1200/642－649
墨子閒詁十五卷附錄一卷後語二卷 （清）孫
詒讓撰 清宣統二年（1910）瑞安孫氏石印本
八冊

210000－0741－0001046 124.1/1200/650－657
墨子閒詁十五卷附錄一卷後語二卷 （清）孫
詒讓撰 清宣統二年（1910）瑞安孫氏石印本
八冊

210000－0741－0001047 124.1/1200/658－665
墨子閒詁十五卷附錄一卷後語二卷 （清）孫
詒讓纂 清光緒二十一年（1895）瑞安孫氏石
印本 八冊

210000－0741－0001048 124.1/1200/658－665
墨子閒詁十五卷附錄一卷後語二卷 （清）孫
詒讓撰 清宣統二年（1910）瑞安孫氏石印本
八冊

210000－0741－0001049 124.1/1200/674－681
墨子閒詁十五卷附錄一卷後語二卷 （清）孫
詒讓撰 清宣統二年（1910）瑞安孫氏石印本
八冊

210000－0741－0001050 124.1/1200/677－683
墨子閒詁十五卷附錄一卷後語二卷 （清）孫
詒讓撰 清宣統二年（1910）瑞安孫氏石印本
七冊

210000－0741－0001051 124.1/1200/82－89
墨子閒詁十五卷附錄一卷後語二卷 （清）孫
詒讓撰 清宣統二年（1910）瑞安孫氏石印本
八冊

210000－0741－0001052 124.1/1200/90－97
墨子閒詁十五卷附錄一卷後語二卷 （清）孫

詒讓撰 清宣統二年（1910）瑞安孫氏石印本
八冊

210000－0741－0001053 124.1/6031
墨子十五卷目錄一卷附篇目考 （清）畢沅校
註 清光緒二年（1876）浙江書局刻本 四冊

210000－0741－0001054 124.1/6031/952－953
墨子十五卷目錄一卷篇目考一卷 （清）畢沅
校註 清乾隆四十九年（1784）靈岩山館刻本
二冊

210000－0741－0001055 124.1/6031/01－04
墨子十五卷目錄一卷篇目考一卷 （清）畢沅
校註 清光緒二年（1876）浙江書局刻本
四冊

210000－0741－0001056 124.1/6031/05－08
墨子十五卷目錄一卷篇目考一卷 （清）畢沅
校註 清光緒二年（1876）浙江書局刻本
四冊

210000－0741－0001057 124.1/6031/08－13
墨子十五卷目錄一卷篇目考一卷 （清）畢沅
校註 清光緒二年（1876）浙江書局刻本
四冊

210000－0741－0001058 124.1/6031/12－13
墨子十五卷目錄一卷篇目考一卷 （清）畢沅
校註 清光緒二年（1876）浙江書局刻本
二冊

210000－0741－0001059 124.1/6031/50－53
墨子十五卷墨子目一卷篇目考一卷 （清）畢
沅校注 清乾隆四十八年（1783）靈巖山館刻
本 四冊

210000－0741－0001060 124.1/6031/699－700
墨子十五卷目錄一卷篇目考一卷 （清）畢沅
校註 清乾隆四十九年（1784）靈岩山館刻本
二冊

210000－0741－0001061 124.1/6031/96－98
墨子十五卷目錄一卷篇目考一卷 （清）畢沅
校註 清乾隆四十九年（1784）靈岩山館刻本
三冊

210000－0741－0001062　125.3/1750/76－77

尸子二卷尸子存疑一卷　（周）尸子撰　（清）汪繼培輯　清嘉慶十七年（1812）蕭山陳氏湖海樓刻本　二册

210000－0741－0001063　125.3/1750/78

尹文子一卷　（周）尹文撰　（清）汪繼培輯　清嘉慶十七年（1812）蕭山陳氏湖海樓刻本　一册

210000－0741－0001064　126.2/4429

鶡子二卷郭氏玄中記一卷　葉德輝輯　清光緒十九年（1893）長沙葉氏觀古堂刻本　一册

210000－0741－0001065　126.3/1000/74－85

論衡三十卷　（漢）王充撰　清光緒三年（1877）盧秉鈞刻本　十二册

210000－0741－0001066　126.3/1000/897－902

論衡三十卷　（漢）王充撰　明天啟、崇禎間錢震瀧刻本　六册　存十五卷（一至十五）

210000－0741－0001067　126.3/7230/29－34

淮南子二十一卷　（漢）劉安撰　（漢）高誘注　清光緒二年（1876）浙江書局刻本　六册

210000－0741－0001068　126.3/7230/174－178

淮南子箋釋二十一卷　（漢）劉安撰　（漢）高誘注　（清）莊逵吉校釋　清嘉慶九年（1804）寶慶經綸堂刻本　五册

210000－0741－0001069　126.32/1000/56－63

論衡三十卷　（漢）王充撰　（明）劉光斗評　明天啟六年（1626）錢塘閣光表刻本　八册

210000－0741－0001070　126.32/1000/64－73

論衡三十卷　（漢）王充撰　清乾隆刻本　十册

210000－0741－0001071　126.51/1046

學林十卷　（宋）王觀國撰　清嘉慶十四年（1809）蕭山陳氏湖海樓刻本　五册

210000－0741－0001072　126/3111

尸子二卷附尸子存疑一卷　（周）尸子撰　（清）汪繼培輯　清光緒三年（1877）浙江書局刻本　一册

210000－0741－0001073　126/4430

天祿閣外史八卷　（漢）黃憲撰　（宋）韓泊贊　明嘉靖二年（1523）刻本　四册

210000－0741－0001074　126/5640

太玄集注三卷　（漢）揚雄撰　清道光十一年（1831）鸑溪岷陽孫氏刻本　三册

210000－0741－0001075　126/6014/235－244

呂氏春秋二十六卷　（戰國）呂不韋撰　（漢）高誘訓解　明嘉靖七年（1528）刻本　二十册

210000－0741－0001076　126/6014/159－164

呂氏春秋二十六卷附攷一卷　（戰國）呂不韋撰　（漢）高誘訓解　（清）畢沅輯校　清乾隆五十四年（1789）靈巖山館刻本　六册

210000－0741－0001077　126/6014/835－840

呂氏春秋二十六卷附攷一卷　（戰國）呂不韋撰　（漢）高誘注　清光緒元年（1875）浙江書局刻本　六册

210000－0741－0001078　127.1/7707/80－82

張子全書十五卷　（宋）張載撰　（宋）朱熹註釋　（明）徐必達校正　明萬曆三十四年（1606）徐必達刻本　三册

210000－0741－0001079　127.1/7707/83

周子全書七卷　（宋）周敦頤撰　（宋）朱熹註釋　（明）徐必達校正　明萬曆三十四年（1606）徐必達刻本　一册

210000－0741－0001080　127.11/1700

邵子全書三十二卷附錄一卷　（宋）邵雍撰　（明）徐必達校正　明萬曆三十四年（1606）徐必達刻本　十六册

210000－0741－0001081　127.11/7530

北溪字義二卷嚴陵講義一卷　（宋）陳淳撰　（清）朱錫穀重校　清咸豐六年（1856）刻本　一册

210000－0741－0001082　127.12/2540/06－09

朱子原訂近思錄十四卷考訂朱子世家一卷校勘記一卷　（宋）朱熹輯　（清）江永集註　清同治七年（1868）崇文書局刻本　四册

210000 – 0741 – 0001083　127.12/2540/18 – 21

近思錄十四卷　（宋）朱熹輯　（清）陳沆補註
清刻本　四冊

210000 – 0741 – 0001084　127.12/2540/29 – 31

近思錄集註十四卷考訂朱子世家一卷校勘記
一卷　（宋）朱熹輯　（清）江永集註　清同治
八年(1869)江蘇書局刻本　三冊

210000 – 0741 – 0001085　127.12/2540/40 – 41

延平李先生師弟子答問二卷　（宋）朱熹編
清光緒五年(1879)福建延平府署刻本　二冊

210000 – 0741 – 0001086　127.12/2540/42 – 43

延平四先生年譜不分卷　（清）毛念恃編　清
光緒五年（1879）福建延平府署刻本　與
210000 – 0741 – 0001085 合冊

210000 – 0741 – 0001087　127.12/2540/568 – 575

五子近思錄發明十四卷　（宋）朱熹撰　（清）
施璜注　清光緒十四年(1888)新繁沈氏刻本
八冊

210000 – 0741 – 0001088　127.12/2540/592 – 596

朱子原訂近思錄十四卷考訂朱子世家一卷
（宋）朱熹輯　（清）江永集註　清光緒十四年
(1888)廣州廣雅書局刻本　五冊

210000 – 0741 – 0001089　127.12/2540/693 – 696

五子近思錄十四卷　（宋）朱熹撰　（清）汪佑
訂補　清康熙刻本　四冊

210000 – 0741 – 0001090　127.12/2540/88 – 91

近思錄集註十四卷考訂朱子世家一卷校勘記
一卷　（宋）朱熹輯　（清）江永集註　清光緒
十一年(1885)江西書局刻本　四冊

210000 – 0741 – 0001091　127.12/4410/151 – 174

慈溪黃氏日鈔分類古今紀要一百十二卷
（宋）黃震編撰　（清）張壽榮校　清木活字印
本　二十四冊　存四十六卷(一至三十一、九
十八至一百十二)

210000 – 0741 – 0001092　127.12/4410/840 – 857

慈溪黃氏日鈔分類九十七卷　（宋）黃震編撰
（清）張壽榮校　清耕餘樓刻本　十八冊

210000 – 0741 – 0001093　127.12/7202/466 – 495

朱子語類一百四十卷　（宋）朱熹撰　（宋）黎
靖德編　清刻本　三十冊

210000 – 0741 – 0001094　127.12/7202/319 – 366

朱子語類一百四十卷　（宋）朱熹撰　（宋）黎
靖德編　清同治十一年(1872)刻本　四十
八冊

210000 – 0741 – 0001095　127.12/7202/148 – 150

朱子語類輯略八卷　（宋）朱熹撰　（清）張伯
行編　清同治五年(1866)福州正誼書院刻本
三冊

210000 – 0741 – 0001096　127.308/4454

性理三解八卷　（明）韓邦奇撰　清乾隆十八
年(1753)刻本　四冊

210000 – 0741 – 0001097　128.1/0011

潛書二卷　（清）唐甄撰　（清）王聞遠編　清
光緒九年(1883)中江李氏刻本　四冊

210000 – 0741 – 0001098　128.1/0054

漢學商兌三卷　（清）方東樹撰　清光緒十年
(1884)六安求我齋刻本　四冊

210000 – 0741 – 0001099　128.1/0054/44 – 47

漢學商兌三卷　（清）方東樹撰注　清光緒二
十六年(1900)浙江書局刻本　四冊

210000 – 0741 – 0001100　128.1/0054/59 – 62

漢學商兌三卷　（清）方東樹撰注　清光緒二
十六年(1900)浙江書局刻本　四冊

210000 – 0741 – 0001101　128.1/1004

內訟齋隨錄四卷　（清）石廣均輯　清道光二
十六年(1846)刻本　二冊

210000 – 0741 – 0001102　128.1/1019

復齋錄六卷　（清）王建常撰　清光緒元年
(1875)述荊堂刻本　二冊

210000 – 0741 – 0001103　128.1/1726

雲山讀書記　（清）鄧繹撰　清光緒十四年
(1888)刻本　二冊

210000 – 0741 – 0001104　128.1/3227

養一齋劄記九卷　（清）潘德輿撰　清同治十

一年（1872）刻本　三冊

210000－0741－0001105　128.1/4049

御纂性理精義十二卷　（清）李光地撰　清康熙五十六年（1717）內府刻本　五冊

210000－0741－0001106　128.1/4307/15－18

顏氏學記十卷　（清）戴望撰　清同治十年（1871）刻本　四冊

210000－0741－0001107　128.1/4307/27－30

顏氏學記十卷　（清）戴望撰　清同治十年（1871）刻本　四冊

210000－0741－0001108　128.1/4477

翼教叢編六卷　（清）蘇輿編　清光緒二十四年（1898）刻本　三冊

210000－0741－0001109　128.108/7530/58－65

四種遺規十二卷　（清）陳弘謀輯　清道光二十九年（1849）大梁書院刻本　八冊

210000－0741－0001110　128.108/7530/60－67

五種遺規摘鈔十二卷　（清）陳弘謀編　清同治七年（1868）湖北崇文書局刻本　八冊

210000－0741－0001111　180.11/3178

內則衍義十六卷　（清）世祖福臨撰　清順治十三年（1656）刻本　八冊

210000－0741－0001112　180.11/4074

御注孝經一卷　（唐）玄宗李隆基注　清光緒九年（1883）日本東京使署遵義黎氏刻本　一冊

210000－0741－0001113　180.11/5511

孝經學七卷　（清）曹元弼撰　清光緒三十四年（1908）江蘇存古學堂木活字印本　一冊

210000－0741－0001114　183.3/3318

聖諭像解二十卷　（清）梁延年輯　清康熙二十年（1681）寶善堂刻本　十冊

210000－0741－0001115　188.1/2044

古今廉鑑八卷　（明）喬懋敬撰　明萬曆九年（1581）兩淮都轉運鹽使司刻本　四冊

210000－0741－0001116　188.1/6045

呻吟語六卷　（明）呂坤撰　明萬曆二十一年（1593）刻本　六冊

210000－0741－0001117　188.4/0135

顏氏家訓七卷首一卷補校註一卷　（北齊）顏之推撰　（清）趙曦明注　（清）盧文弨補注　清成都薛崇禮堂刻本　四冊

210000－0741－0001118　188.4/1144

篤素堂文集四卷　（清）張英撰　清光緒六年（1880）龐山刻本　一冊

210000－0741－0001119　188.4/1208

家訓一卷　（清）天然主人撰　清嘉慶五年（1800）刻本　一冊

210000－0741－0001120　188.4/3193

雙節堂庸訓六卷　（清）汪輝祖撰　清光緒十二年（1886）山東書局刻本　一冊

210000－0741－0001121　199.1/1700

皇極經世六十卷外編二卷　（宋）邵雍撰　（清）俞長贊鑒定　清咸豐元年（1851）洛陽安樂窩刻本　十二冊

210000－0741－0001122　199.2/1247/22－27

古微書三十六卷　（明）孫穀編　清嘉慶二十一年（1816）對山問月樓刻本　六冊

210000－0741－0001123　199.2/1247/53－56

古微書三十六卷　（明）孫穀編　清嘉慶二十一年（1816）對山問月樓刻本　四冊

210000－0741－0001124　199.2/1247/89－90

古微書三十六卷　（明）孫穀編　清嘉慶二十一年（1816）對山問月樓刻本　二冊

210000－0741－0001125　199.2/7543

洪範五行傳三卷　（清）陳壽祺輯　清刻本　二冊

210000－0741－0001126　199.4/5003

河洛理數七卷　（宋）陳摶撰　（宋）邵雍述　（明）史應選重訂　清光緒刻本　八冊

210000－0741－0001127　199.9/1150

青囊天玉通義五卷　（清）張惠言輯　（清）王秉恩校　清王秉恩抄本　一冊

210000－0741－0001128　202/7203

儒釋道平心論(三教平心論)二卷　(清)劉謐撰　清同治二年(1863)磚橋法藏寺經房刻本　一冊

210000－0741－0001129　223/1010

列代僊史八卷　(清)王建章輯　清刻本　六冊

210000－0741－0001130　223/1146

神仙列傳八卷　(清)張鶴撰　清光緒八年(1882)上海刻本　八冊

210000－0741－0001131　223/3406

繪像列仙傳四卷　(明)洪應明撰　清光緒十三年(1887)上海掃葉山房石印本　四冊

210000－0741－0001132　223/4434

敕封天后志二卷　(清)林清標纂　清光緒三十二年(1906)淮安林祖彭石印本　二冊

210000－0741－0001133　223/7727/43－50

繪圖歷代神仙傳二十四卷　(□)□□撰　清宣統元年(1909)上海掃葉山房石印本　八冊

210000－0741－0001134　223/7727/54－61

繪圖歷代神仙傳二十四卷　(□)□□撰　清宣統元年(1909)上海掃葉山房石印本　八冊

210000－0741－0001135　234.12/8646

楞伽阿跋多羅寶經義疏四卷玄義一卷　(明)釋智旭疏　清宣統元年(1909)常州天甯寺刻本　五冊

210000－0741－0001136　240.3/3844

法苑珠林一百卷　(唐)釋道世撰　清宣統二年(1910)常州天寧寺刻本　三十冊

210000－0741－0001137　240.4/2834

弘明集十四卷　(南朝梁)釋僧祐撰　清光緒二十二年(1896)南京金陵刻經處刻本　四冊

210000－0741－0001138　240.4/3449

續原教論二卷　(明)沈士榮撰　清光緒元年(1875)南京金陵刻經處刻本　一冊

210000－0741－0001139　240.8/8646

選佛譜六卷　(明)釋智旭撰　清光緒十七年

(1891)南京金陵刻經處刻本　二冊

210000－0741－0001140　241/4608

佛教初學課本不分卷　(清)楊文會撰　清光緒三十二年(1906)南京金陵刻經處刻本　一冊

210000－0741－0001141　242.1/3017

釋迦如來應化事跡(釋迦如來密行化蹟全譜)一卷　(清)永珊輯　清光緒二十三年(1897)揚州藏經院石印本　四冊

210000－0741－0001142　242.2/4273

淨土聖賢錄九卷續編四卷　(清)彭際清撰　清刻本　六冊

210000－0741－0001143　243.03/1046

大明三藏法數五十卷　(明)釋一如等集注　明萬曆二十二年(1594)武林經山興聖萬壽禪寺刻本　十冊

210000－0741－0001144　243.03/1458

五大部直音三卷　(□)□□撰　清同治十二年(1873)杭州慧空經房刻本　二冊

210000－0741－0001145　243.1/4062

維摩詰所說經註四卷　(後秦)釋鳩摩羅什譯　清末刻本　一冊

210000－0741－0001146　243.11/2744

大方廣佛華嚴經入不思議解脫境界普賢行願品一卷　(唐)釋般若譯　清末刻本　一冊

210000－0741－0001147　243.11/3444

梵網經菩薩戒本疏十卷　(唐)釋法藏撰　清光緒二十五年(1899)南京金陵刻經處刻本　二冊

210000－0741－0001148　243.11/4062

莊嚴菩提心經一卷　(後秦)釋鳩摩羅什譯　清末南京刻經處刻本　一冊

210000－0741－0001149　243.11/4702

十住經六卷　(後秦)釋鳩摩羅什　(後秦)釋佛陀耶舍譯　清宣統元年(1909)江寧王本龍刻本　二冊

210000－0741－0001150　243.12/1067

佛說阿彌陀經義疏三卷 　（宋）釋元照疏　清
光緒二十四年（1898）南京金陵刻經處刻本
一冊

210000－0741－0001151　243.12/1444

佛說造像量度經一卷經解一卷續補一卷
（清）釋工布查布譯述　清同治十三年（1874）
南京金陵刻經處刻本　一冊

210000－0741－0001152　243.12/2522

大方廣圓覺修多羅了義經二卷 　（唐）釋佛陀
多羅譯　清同治八年（1869）金陵刻經處刻本
一冊

210000－0741－0001153　243.12/2528

金剛三昧經二卷 　（北涼）□□譯　清同治十
二年（1873）金陵刻經處刻本　一冊

210000－0741－0001154　243.12/2744

大乘本生心地觀經八卷 　（唐）釋般若譯　清
末刻本　二冊

210000－0741－0001155　243.12/2767

大方等如來藏經九種 　（晉）釋佛陀跋陀羅譯
清光緒二十二年（1896）南京金陵刻經處刻
本　一冊

210000－0741－0001156　243.12/3082

佛說大方等大集菩薩念佛三昧經十卷 　（隋）
釋達摩笈多譯　清宣統三年（1911）常州天寧
寺刻經處刻本　二冊

210000－0741－0001157　243.12/3304

佛說觀彌勒菩薩上生兜率陀天經不分卷
（南朝宋）釋沮渠京聲譯　清光緒三年（1877）
南京金陵刻經處刻本　一冊

210000－0741－0001158　243.12/3444

入楞伽心玄義一卷 　（唐）釋法藏撰　清光緒
十八年（1892）南京金陵刻經處刻本　一冊

210000－0741－0001159　243.12/3477

佛說大乘無量壽莊嚴經一卷 　（宋）釋法賢譯
清光緒十年（1884）南京金陵刻經處刻本
一冊

210000－0741－0001160　243.12/4040

般舟三昧經三卷音釋一卷 　（漢）釋支婁迦讖
譯　清宣統元年至三年（1909－1911）常州天
甯寺揚州張肇昌刻本　一冊

210000－0741－0001161　243.12/4044

勝鬘經寶窟十五卷 　（唐）釋吉藏撰　清光緒
二十六年（1900）南京金陵刻經處刻本　四冊

210000－0741－0001162　243.12/4077

維摩詰所說經折衷疏六卷 　（明）釋大賢述
清末南京金陵刻經處刻本　三冊

210000－0741－0001163　243.12/5534

佛說無量壽經義疏六卷 　（三國魏）釋康僧鎧
輯　（隋）釋慧遠疏　清光緒二十年（1894）南
京金陵刻經處刻本　二冊

210000－0741－0001164　243.12/6032

佛說轉女身經一卷 　（南朝宋）釋曇摩蜜多譯
文殊師利問菩提經一卷 　（後秦）釋鳩摩羅
什譯　伽耶山頂經一卷 　（北魏）釋菩提留支
譯　象頭精舍經一卷 　（隋）釋毘尼多流支譯
大乘伽耶山頂經一卷 　（北魏）釋菩提流支
譯　決定總持經一卷 　（晉）釋竺法護譯　謗
佛經一卷 　（北魏）釋菩提留支譯　清光緒十
五年（1889）江北刻經處刻本　一冊

210000－0741－0001165　243.12/8038

佛說觀無量壽佛經疏四卷 　（唐）釋善導集記
清光緒二十年（1894）南京金陵刻經處刻本
一冊

210000－0741－0001166　243.12/8077

佛說仁王護國般若波羅密經疏神寶記四卷
（宋）釋善月述　清光緒十四年（1888）江北刻
經處刻本　一冊

210000－0741－0001167　243.12/8621

維摩經玄疏六卷 　（隋）釋智顗撰　清末刻本
二冊

210000－0741－0001168　243.12/8772

修西定課一卷 　（清）鄭學川等集　清光緒二
十四年（1898）南京金陵刻經處刻本　一冊

210000－0741－0001169　243.13/0073

解深密經五卷　（唐）釋玄奘譯　清同治十年（1871）金陵刻經處刻本　一冊

210000－0741－0001170　243.13/4313

楞伽阿跋多羅寶經四卷音釋一卷　（南朝宋）釋求那跋陀羅譯　清同治九年（1870）金陵刻經處刻本　二冊

210000－0741－0001171　243.15/0804

佛頂放無垢光明入普門觀察一切如來心陀羅尼經二卷　（宋）釋施護譯　清末毘陵刻經處刻本　一冊

210000－0741－0001172　243.15/1030/20

讀誦佛母大孔雀明王經前啓請法三卷　（唐）釋不空譯　清光緒十四年（1888）常熟刻經處刻本　一冊

210000－0741－0001173　243.15/1030/63

仁王護國般若波羅密多經二卷　（唐）釋不空譯　清同治九年（1870）南京金陵刻經處刻本　一冊

210000－0741－0001174　243.15/2430

千手千眼觀世音菩薩廣大圓滿無礙大悲心陀羅尼經（觀世音菩薩大悲陀羅尼經咒）一卷　（唐）釋伽梵達摩譯　清宣統三年（1911）北京文成堂書鋪刻本　一冊

210000－0741－0001175　243.15/2435

大佛頂如來密因修證了義諸菩薩萬行首楞嚴經通議十一卷通議提綱一卷略科懸鏡一卷　（明）釋德清述　清光緒二十年（1894）南京金陵刻經處刻本　六冊

210000－0741－0001176　243.15/2530

大佛頂如來密因修證了義諸菩薩萬行首楞嚴經十卷　（唐）釋般剌密帝譯　清咸豐十一年（1861）杭州昭慶寺慧空經房刻本　三冊

210000－0741－0001177　243.15/2592

大佛頂如來密因修證了義諸菩薩萬行首楞嚴經（佛頂首楞嚴經圓通疏）十卷　（明）釋傅燈疏　清光緒三年（1877）杭州慧空經房刻本　十冊

210000－0741－0001178　243.15/3716

楞嚴經指掌疏十卷　（清）釋通理述　清光緒二十七年（1901）維揚藏經院刻本　十二冊

210000－0741－0001179　243.15/4060

大佛頂如來密因修證了義諸菩薩萬行首楞嚴經纂注十卷　（明）釋真界注　清光緒三十四年（1908）南京金陵刻經處刻本　五冊

210000－0741－0001180　243.15/5337

大佛頂如來密因修證了義諸菩薩萬行首楞嚴經貫珠集十卷　（明）釋戒潤述　清順治二年（1645）常州天寧寺刻本　五冊

210000－0741－0001181　243.15/8072

大佛頂如來密因修證了義諸菩薩萬行首楞嚴經（楞嚴經宗通）十卷　（唐）釋般剌密諦譯　（明）曾鳳儀宗通　清道光十年（1830）浙江太白山天童寺刻本　十冊

210000－0741－0001182　243.15/8646

大佛頂如來密因修證了義諸菩薩萬行首楞嚴經文句十卷大佛頂首楞嚴經議二卷　（唐）釋般剌密諦譯經　（明）釋智旭文句　（明）釋道昉參定　清同治十三年（1874）南京金陵刻經處刻本　十冊

210000－0741－0001183　243.16/0024

般若波羅蜜多心經一卷　（唐）釋玄奘譯　清光緒元年（1875）江北刻經處刻本　一冊

210000－0741－0001184　243.16/4040

道行般若波羅蜜經十卷音釋一卷　（漢）釋支婁迦讖譯　清光緒十三年（1887）錢塘釋道霖刻本　二冊

210000－0741－0001185　243.16/4062

金剛般若波羅蜜經一卷孚佑帝君說講金剛經一卷　（後秦）釋鳩摩羅什譯　清光緒三十年（1904）瀋陽福陵厚刻本　二冊

210000－0741－0001186　243.16/4702

大智度論一百卷　（後秦）釋鳩摩羅什譯　清光緒九年（1883）姑蘇刻經處刻本　二十五冊

210000－0741－0001187　243.16/6073

摩訶般若波羅蜜鈔經五卷 （前秦）釋曇摩蜱
譯 （前秦）釋竺佛念譯 清刻本 一冊

210000－0741－0001188 243.16/8033

放光般若波羅密經三十卷音釋一卷 （前秦）
釋無羅叉 （前秦）釋竺叔蘭譯 清光緒十年
至十二年（1884－1886）如皋刻經處刻本
六冊

210000－0741－0001189 243.16/8072

金剛般若波羅蜜經宗通九卷 （後秦）釋鳩摩
羅什譯 （明）曾鳳儀宗通 清光緒十一年
（1885）南京金陵刻經處刻本 二冊

210000－0741－0001190 243.16/8621

金剛般若經疏一卷般若心經靖邁疏不分卷
（隋）釋智顗撰 清光緒三十三年（1907）南京
金陵刻經處刻本 一冊

210000－0741－0001191 243.16/8626

佛說金剛般若波羅蜜經略疏二卷般若心經靖
邁疏不分卷 （唐）釋智儼疏 清光緒二十六
年（1900）南京金陵刻經處刻本 一冊

210000－0741－0001192 243.16/8810

光讚般若波羅蜜經五卷 （西晉）釋竺法護譯
清光緒十二年（1886）錢塘沙門道林咸達刻
本 二冊

210000－0741－0001193 243.17/2258－2

法華龍女成佛權實義一卷 （宋）釋源清述
清光緒二十三年（1897）金陵刻經處刻本
一冊

210000－0741－0001194 243.17/2258－1

法華經安樂行義一卷 （南朝陳）釋嶽思說
清光緒三年（1877）江北刻經處刻本 與
210000－0741－0001193 合冊

210000－0741－0001195 243.17/3135

法華龍女成佛權實義一卷 （宋）釋源清述
清光緒二十三年（1897）南京金陵刻經處刻本
一冊

210000－0741－0001196 243.17/7646

論法華二卷 （清）釋咫觀老人口說 清光緒

三年（1877）江北刻經處刻本 一冊

210000－0741－0001197 243.17/7716

妙法蓮華經妙音菩薩品紹繼拾遺一卷貫通論
一卷 （明）釋興理註 明崇禎十一年（1638）
北京刻本 一冊

210000－0741－0001198 243.17/8810－1

佛說胞胎經一卷音釋一卷 （晉）釋竺法護譯
清光緒六年（1880）常熟刻經處劉叔涵刻
一冊

210000－0741－0001199 243.17/8810－2

佛說法鏡經二卷音釋一卷 （五代）釋嚴佛調
譯 清光緒六年（1880）常熟刻經處劉叔涵刻
本 與210000－0741－0001198 合冊

210000－0741－0001200 243.18/2522

佛說長阿含經二十二卷 （後秦）釋佛陀耶舍
（後秦）釋竺佛念譯 清光緒十三年（1887）
姑蘇刻經處刻本 六冊

210000－0741－0001201 243.18/3404

分別經一卷 （晉）釋竺法護譯 清同治十三
年（1874）常州天甯寺刻本 一冊

210000－0741－0001202 243.18/3410/32

佛說苾芻五法經一卷 （宋）釋法天譯 清末
毗陵刻經處刻本 一冊

210000－0741－0001203 243.18/3410/33

佛說苾芻五法經一卷 （宋）釋法天譯 清末
毗陵刻經處刻本 一冊

210000－0741－0001204 243.18/4313

雜阿含經五十卷音釋一卷 （南朝宋）釋求那
跋陀羅譯 清光緒十年至十四年（1884－
1888）常熟刻經處刻本 十二冊

210000－0741－0001205 243.18/8078－2

治禪病秘要經二卷 （北涼）沮渠京聲譯 清
光緒二十三年（1897）南京金陵刻經處刻本
一冊

210000－0741－0001206 243.18/8078－4

寶授菩薩菩提行經一卷 （宋）釋法賢譯 清
光緒二十三年（1897）南京金陵刻經處刻本

與 210000 – 0741 – 0001205、0001207、0001208
合冊

210000 – 0741 – 0001207　243.18/8078 – 1
佛説一切如來金剛壽命陀羅尼經一卷　（唐）
釋金剛智　（唐）釋智藏譯　清光緒二十三年
（1897）南京金陵刻經處刻本　　與 210000 –
0741 – 0001205、0001206、0001208 合冊

210000 – 0741 – 0001208　243.18/8078 – 3
佛説救拔焰口惡鬼陀羅尼經一卷　（唐）釋不
空譯　清光緒二十三年（1897）南京金陵刻經
處刻本　　與 210000 – 0741 – 0001205、0001206、
0001207 合冊

210000 – 0741 – 0001209　243.19/1700
佛説四十二章經註一卷　　（明）釋古靈了童補
註　清光緒十六年（1890）南京金陵刻經處刻
本　　一冊

210000 – 0741 – 0001210　243.19/6080
**大般涅槃經四十卷音釋不分卷大般涅槃經後
分卷二卷**　（北涼）釋曇無讖譯　清同治十三
年（1874）杭州西湖昭慶寺慧空經房刻本
十冊

210000 – 0741 – 0001211　243.21/0017
毗尼珍敬錄二卷　　（明）釋廣承輯　（明）釋智
旭補　清光緒二年（1876）揚州維揚藏經禪院
刻本　　二冊

210000 – 0741 – 0001212　243.3/0024/61 – 66
阿毗達磨俱舍論三十卷　　（唐）釋玄奘譯　清
宣統三年（1911）常州天寧寺刻經處刻本
六冊

210000 – 0741 – 0001213　243.3/0024/75 – 80
阿毗達磨俱舍論三十卷　　（唐）釋玄奘譯　清
宣統三年（1911）常州天寧寺刻經處刻本
六冊

210000 – 0741 – 0001214　243.3/1104
護法論一卷音釋一卷　　（宋）張商英述　清光
緒二年（1876）常熟刻經處刻本　　一冊

210000 – 0741 – 0001215　243.3/2434

大乘起信論疏筆削記會閲十卷　　（清）釋續法
會編　（清）子璿記　清光緒十五年（1889）刻
本　　十冊

210000 – 0741 – 0001216　243.3/2435
大乘起信論直解二卷　　（明）釋德清撰　清光
緒十六年（1890）南京金陵刻經處刻本　　一冊

210000 – 0741 – 0001217　243.3/3044
唯識二十論一卷　　（唐）釋窺基撰　清宣統二
年（1910）江西刻經處刻本　　二冊

210000 – 0741 – 0001218　243.3/3444/03
大乘法界無差別論疏二卷　　（唐）釋法藏撰
清光緒二十一年（1895）南京金陵刻經處刻本
一冊

210000 – 0741 – 0001219　243.3/3444/86
十二門論宗致義記二卷　　（唐）釋法藏述　清
光緒二十一年（1895）南京金陵刻經處刻本
一冊

210000 – 0741 – 0001220　243.3/4060
大乘起信論纂註二卷　　（南朝梁）釋真諦譯
（明）釋真界纂註　清光緒十一年（1885）南京
金陵刻經處刻本　　一冊

210000 – 0741 – 0001221　243.3/8648
大乘起信論裂網疏六卷　　（明）釋智旭述　清
末南京金陵書局刻本　　一冊

210000 – 0741 – 0001222　243.31/4273
無量壽經起信論三卷　　（清）彭際清撰　清同
治十一年（1872）如皐刻經處刻本　　一冊

210000 – 0741 – 0001223　243.31/6022
無量壽經優婆提舍願生偈註二卷　　（北魏）釋
菩提畱支譯　略論安樂淨土義一卷　（北魏）
釋曇鸞撰　讚阿彌陀佛偈一卷　（北魏）釋曇
鸞撰　清光緒十九年（1893）南京金陵刻經處
刻本　　一冊

210000 – 0741 – 0001224　243.31/8646
**金剛般若波羅密經破空論一卷觀心釋一卷般
若波羅蜜多心經釋要一卷**　（後秦）釋鳩摩羅
什譯　（明）釋智旭造論　清同治十年（1871）

如皋刻經處刻本　一冊

210000－0741－0001225　243.34/3044/341－360

成唯識論述記六十卷　（唐）釋窺基撰　清光
緒二十七年(1901)南京金陵刻經處刻本　二
十冊

210000－0741－0001226　243.34/3044/947－963

成唯識論述記六十卷　（唐）釋窺基撰　清光
緒二十七年(1901)南京金陵刻經處刻本　二
十冊

210000－0741－0001227　244.13/2435

肇論略注六卷　（後秦）釋僧肇作　（明）釋德
清述　清光緒十四年(1888)南京金陵刻經處
刻本　二冊

210000－0741－0001228　244.13/4044

三論玄義二卷　（隋）釋吉藏撰　清光緒二十
五年(1899)南京金陵刻經處刻本　一冊

210000－0741－0001229　244.14/0073

相宗八要直解八種　（唐）釋玄奘譯　（明）釋
智旭述解　清刻本　一冊　存四種（因明入
正理論直解、大乘百法明門論直解、唯識三十
論直解、觀所緣緣論直解）

210000－0741－0001230　244.2/3010－1

佛祖心燈一卷　（清）釋守一編　清光緒十六
年(1890)南京金陵刻經處刻本　一冊

210000－0741－0001231　244.2/3010－2

宗教律諸家演派一卷剌麻溯源一卷　（清）釋
守一編　清光緒十六年(1890)南京金陵刻經
處刻本　與210000－0741－0001230合冊

210000－0741－0001232　244.2/3423/41－60

摩訶止觀輔行傳弘決(摩訶止觀輔行)四十卷
（唐）釋湛然撰　清末許靈虛刻本　二十冊

210000－0741－0001233　244.2/3423/42

始終心要一卷六妙法門一卷　（唐）釋湛然述
清光緒十八年(1892)南京金陵刻經處刻本
一冊

210000－0741－0001234　244.2/8646

教觀綱宗一卷　（明）釋智旭撰　清末刻本

一冊

210000－0741－0001235　244.3/4273

一乘決疑論一卷　（清）彭際清述　清同治八
年(1869)如皋刻經處刻本　一冊

210000－0741－0001236　244.4/3830

道宣律師感通錄一卷　（唐）釋道宣撰　清光
緒十五年(1889)江北刻經處刻本　一冊

210000－0741－0001237　244.5/3530

[瑜伽施食儀軌儀註儀觀三種]　（明）釋袾宏
重訂　清杭州慧空經房刻本　三冊

210000－0741－0001238　244.6/3530

禪關策進二卷　（明）釋袾宏輯　清光緒二十
四年(1898)南京金陵刻經處刻本　一冊

210000－0741－0001239　244.6/5310

博山和尚參禪警語一卷附錄一卷　（明）釋元
來說　（明）釋成正集　清光緒三十四年
(1908)金山江天寺刻本　一冊

210000－0741－0001240　244.6/5361

禪門鍛練說一卷　（清）釋戒顯撰　清同治十
一年(1872)如皋刻經處刻本　一冊

210000－0741－0001241　244.6/5534

智證傳一卷　（宋）釋惠洪撰　（宋）釋覺慈編
清光緒二年(1876)南京金陵刻經處刻本
一冊

210000－0741－0001242　244.6/5538

頓悟入道要門論二卷　（唐）釋慧海撰　清宣
統二年(1910)常州天甯寺刻經處刻本　一冊

210000－0741－0001243　244.6/8030

天目中峯和尚信心銘闢義解三卷　（元）釋慈
寂解　清同治十二年(1873)如皋刻經處刻本
一冊

210000－0741－0001244　244.7/1062

龍舒淨土文十卷　（宋）王日休撰　清光緒九
年(1883)南京金陵刻經處刻本　一冊

210000－0741－0001245　244.7/1120

徑中徑又徑四卷　（清）張師誠輯　清光緒二
十九年(1903)揚州藏經院刻本　二冊

210000－0741－0001246　244.7/2841

徑中徑又徑徵義三卷　（清）張師誠輯　（清）
徐槐廷徵義　清光緒二十五年（1899）海鹽張
常惺刻本　一冊

210000－0741－0001247　244.7/3424

法化老和尚貪瞋癡註一卷　（清）釋法化撰
清同治九年（1870）杭州慧空經房刻本　一冊

210000－0741－0001248　244.7/3530

雲棲法彙三十二種　（明）釋袾宏撰　清光緒
二十五年（1899）南京金陵刻經處刻本　三十
四冊

210000－0741－0001249　244.7/4646

淨土傳燈二卷　題如如子集註　清光緒二十
三年（1897）延古齋刻本　十冊

210000－0741－0001250　244.7/5364

靈峰澫益大師選定淨土十要十卷　（明）釋智
旭解　（明）釋成時評點　清光緒二十年
（1894）揚州藏經院刻本　四冊

210000－0741－0001251　244.7/8211－1

闢邪集二種附束四種　（明）鍾始聲著　（明）
程智用評　清刻本　一冊

210000－0741－0001252　244.7/8211－2

見聞錄一卷　（明）釋智旭隨筆　清刻本　與
210000－0741－0001251 合刊

210000－0741－0001253　244.7/9177

淨業知津一卷　（清）釋悟開撰　清同治十三
年（1874）南京金陵刻經處刻本　一冊

210000－0741－0001254　245/1051

龐居士語錄三卷　（唐）龐蘊撰　（唐）于頔編
清咸豐元年（1851）蘇州錢氏刻本　一冊

210000－0741－0001255　245/2771

元高峰大師語錄一卷　（元）參學門人編　清
光緒十五年（1889）南京金陵刻經處刻本
一冊

210000－0741－0001256　245/4044

佛果擊節錄二卷　（宋）釋明覺禪師輯　（宋）
釋圜悟禪師擊節　清光緒二十九年（1903）揚

州藏經院刻本　一冊

210000－0741－0001257　245/5364

靈峰藕益大師宗論十卷　（明）釋智旭撰
（清）釋成時編　清光緒元年（1875）江北刻經
處刻本（卷六抄配）　十冊

210000－0741－0001258　245/6044

月心笑嚴寶祖南北兩集　（明）釋曇芝編集
清光緒十二年（1886）杭州慧空經房刻本
二冊

210000－0741－0001259　245/8030

天目中峰和尚廣錄三十卷　（元）釋明本撰
（元）釋慈寂輯　清光緒七年（1881）姑蘇刻經
處刻本　六冊

210000－0741－0001260　246.42/5567

圓津禪院小志六卷　（清）慧照撰　清光緒二
十二年（1896）蘇州刻本　二冊

210000－0741－0001261　246.42/6777

鶴林寺志一卷　（明）釋明賢詮次　清宣統元
年（1909）福登刻本　一冊

210000－0741－0001262　246.42/7224

忍草菴志四卷校勘記不分卷　（清）劉繼增撰
清光緒十七年（1891）錫山尤氏遂初堂木活
字印本　一冊

210000－0741－0001263　246.43/6590

天童寺志十卷　（清）釋嘯堂輯　清刻本
四冊

210000－0741－0001264　246.43/7738

敕建淨慈寺志二十八卷首二卷末一卷　（清）
釋際祥纂輯　清光緒十四年（1888）杭州嘉惠
堂丁氏刻本　十二冊

210000－0741－0001265　247/3583

禪門日誦不分卷　（清）釋清鎔撰　清光緒二
十六年（1900）常州天寧寺刻本　一冊

210000－0741－0001266　248.2/1022

續指月錄二十卷尊宿集一卷　（清）聶先編集
清光緒十二年（1886）南京金陵刻經處刻本
六冊

210000－0741－0001267　248.2/2213

唐大薦福寺故寺主翻經大德法藏和尚傳一卷
　（唐）崔致遠撰　清光緒二十三年(1897)南
京金陵刻經處刻本　一冊

210000－0741－0001268　248.2/2434/98－1

賢首五教儀開蒙一卷　（清）證詢較　清光緒
二年(1876)長沙刻經處刻本　一冊

210000－0741－0001269　248.2/2434/98－2

法界宗五祖畧記一卷　（清）釋續法輯　清光
緒二十二年(1896)南京金陵刻經處刻本　與
210000－0741－0001268 合冊

210000－0741－0001270　248.2/4222/09－12

居士傳五十六卷　（清）彭紹升編撰　清刻本
　四冊

210000－0741－0001271　248.2/4222/15

善女人傳二卷　（清）彭紹昇編撰　清同治十
一年(1872)常熟刻經處刻本　一冊

210000－0741－0001272　248.2/6632

水月齋指月錄三十二卷　（明）瞿汝稷集　清
同治十一年(1872)杭州慧空經房刻本　九冊
　存二十八卷(一至十三、十八至三十二)

210000－0741－0001273　253/4063/75－78

[道經七種]　（清）李明徹輯　清純陽觀白雲
山房刻本　四冊

210000－0741－0001274　253/4063/79－82

[道經七種]　（清）李明徹輯　清純陽觀白雲
山房刻本　四冊

210000－0741－0001275　253/4771

唱道真言五卷　（清）鶴臞子撰　清咸豐八年
(1858)盛京千山東極宮刻本　二冊

210000－0741－0001276　253/6022

道德經釋義二卷　（唐）純陽真人註　清康熙
六十一年(1722)溫正和刻本　二冊

210000－0741－0001277　253/7562

文始真經言外旨三卷道德會元二卷　（宋）陳
顯微撰注　**道德會元二卷**　（元）李道純撰
清光緒十三年(1887)千山南泉庵刻本　五冊

210000－0741－0001278　255/6022

壽山堂易說不分卷　（唐）呂嵒撰　清嘉慶二
年(1797)靜意齋刻本　六冊

210000－0741－0001279　255/7727

關帝寶訓像註四卷　（清）□□撰　清道光二
十七年(1847)刻本　二冊

210000－0741－0001280　256.43/1050

廣福廟志一卷　（清）唐垣九撰　清光緒三年
(1877)錢塘丁氏嘉惠堂刻本　一冊

210000－0741－0001281　256.43/1080

城北天后宮志一卷　（清）丁午撰　清光緒七
年(1881)錢塘丁氏嘉惠堂刻本　一冊

210000－0741－0001282　256.52/4023/70－73

忠武祠墓志七卷首一卷末一卷　（清）李復心
輯　清道光四年(1824)刻本　四冊

210000－0741－0001283　256.52/4023/27－30

忠武祠墓志七卷首一卷末一卷　（清）李復心
輯　清同治十年(1871)增補莫增奎沔署刻本
　四冊

210000－0741－0001284　261/7286

天方性理五卷首一卷　（清）劉智撰　清同治
五年(1866)刻本　六冊

210000－0741－0001285　271/2423

四史聖經譯註二卷　（法國）德雅譯　清光緒
十八年(1892)香港納匝肋靜院刻本　二冊
存二種(瑪竇谷聖史、若望聖史)

210000－0741－0001286　275/6021

崇修引二十二卷　（西班牙）羅特理撰　（清）
蕭若瑟譯　清光緒二十八年(1902)河間府勝
世堂鉛印本　二冊　存二卷(祈禱篇一卷、克
己篇一卷)

210000－0741－0001287　283/1144

西藏宗教源流考一卷　張其勤編　清宣統二
年(1910)官印刷局鉛印本　一冊

210000－0741－0001288　319.61/1458

保嬰合璧不分卷　（□）□□撰　清同治七年
(1868)刻本　一冊

210000 – 0741 – 0001289　320.13/6628/81 – 88

原富八卷　（英國）斯蜜亞丹撰　嚴復譯　清光緒二十八年（1902）南洋公學譯書院鉛印本　八冊

210000 – 0741 – 0001290　320.13/6628/91 – 98

原富八卷　（英國）斯蜜亞丹撰　嚴復譯　清光緒二十八年（1902）南洋公學譯書院鉛印本　八冊

210000 – 0741 – 0001291　320.14/4130/28 – 29

鹽鐵論二卷　（漢）桓寬撰　清光緒元年（1875）湖北崇文書局刻本　二冊

210000 – 0741 – 0001292　320.14/4130/799 – 800

鹽鐵論十卷　（漢）桓寬撰　清光緒十七年（1891）思賢講舍刻本　二冊

210000 – 0741 – 0001293　320.14/4130/3119 – 3120

鹽鐵論十卷附校勘小識一卷　（漢）桓寬撰　清光緒十七年（1891）思賢講舍刻本　二冊

210000 – 0741 – 0001294　320.91/1160

漢書食貨志一卷阿彌陀經疏一卷　（漢）班固撰　（唐）顏師古注　清光緒十年（1884）日本東京使署遵義黎氏影印本　一冊　存一卷（漢書食貨志一卷）

210000 – 0741 – 0001295　324.01/8397

財政四綱四卷　（清）錢恂撰　清光緒二十七年（1901）石印本　四冊

210000 – 0741 – 0001296　324.011/3002

經世財政學六卷　宋育仁撰　清光緒三十一年（1905）上海同文書社鉛印本　二冊

210000 – 0741 – 0001297　324.217/4431

東三省吉林全省出入款項目月報冊不分卷　吉林清理財政局編　清宣統元年（1909）手稿本　一冊

210000 – 0741 – 0001298　324.711/5010

奉天賦役全書四卷　奉天府編　清乾隆刻本　四冊

210000 – 0741 – 0001299　325.57/2643

權衡度量實驗攷一卷　（清）吳大澂撰　清光緒二十年（1894）長沙節署刻本　二冊

210000 – 0741 – 0001300　325.95/1100

光緒朝海關大宗進出口貨價表附說不分卷　張庸輯　清宣統三年（1911）江蘇南通翰墨林書局鉛印本　一冊

210000 – 0741 – 0001301　325.991/4480

中國商務志不分卷　（日本）織田一撰　（清）蔣篯方譯　清光緒二十八年（1902）上海廣益書局鉛印本　一冊

210000 – 0741 – 0001302　326.1/7221

礦政輯畧十二卷首一卷　（清）劉嶽雲輯　清光緒二十九年（1903）教育世界社石印本　八冊

210000 – 0741 – 0001303　327.45/2142

東三省移民開墾意見書不分卷　熊希齡撰　清宣統三年（1911）鉛印本　一冊

210000 – 0741 – 0001304　327.47/2761/61 – 66

欽定康濟錄四卷　（清）倪國璉撰　清乾隆五十八年（1793）山東濟陽縣刻本　六冊

210000 – 0741 – 0001305　327.47/2761/31 – 34

欽定康濟錄四卷　（清）倪國璉撰　清同治八年（1869）湖北崇文書局刻本　四冊

210000 – 0741 – 0001306　327.47/4662

籌濟編三十二卷首一卷　（清）楊景仁撰　清光緒五年（1879）河南藩庫刻本　八冊

210000 – 0741 – 0001307　327.47/4693

嘉定縣倉案彙編七卷末一卷　（清）楊恒福編　清光緒十六年（1890）嘉定縣義倉刻本　四冊

210000 – 0741 – 0001308　328.521.43/2028

兩浙鹽法續纂備考二卷首一卷　（清）楊昌濬等纂　清同治十三年（1874）浙江刻本　十二冊

210000 – 0741 – 0001309　328.521.43/3140/099 – 122

欽定重修兩浙鹽法志三十卷詔旨二卷纂修職

名不分卷 （清）延豐等纂修 清同治十三年（1874）刻本 二十四冊

210000－0741－0001310 328.521.43/3140/186－209

欽定重修兩浙鹽法志三十卷首二卷 （清）延豐等纂修 清同治十三年（1874）刻本 二十四冊

210000－0741－0001311 328.521.43/4440

續纂兩浙鹽法備考八卷 （清）世傑修 清光緒二十五年（1899）浙江刻本 八冊

210000－0741－0001312 328.54/4406

治梟善後芻議二篇 （清）蕭文昭撰 清光緒三十四年（1908）杭州文彙書局石印本 一冊

210000－0741－0001313 329.537/4497

江北運程四十卷首一卷 （清）董恂輯 （清）趙熙和校 清同治六年（1867）北京龍文齋刻本 四十一冊

210000－0741－0001314 330.141/0045

商君書五卷 （戰國）商鞅著 （清）嚴萬里校 清光緒二年（1876）浙江書局刻本 一冊

210000－0741－0001315 330.141/3002

管子二十四卷 （春秋）管仲撰 （唐）房玄齡注 明萬曆十年（1582）趙用賢刻本 六冊

210000－0741－0001316 330.141/4411/66－73

韓非子二十卷 （戰國）韓非撰 明萬曆十年（1582）趙用賢刻本 八冊

210000－0741－0001317 330.141/4411/09－14

韓非子集解二十卷 （清）王先慎集解 清光緒二十二年（1896）湖南長沙王氏刻本 六冊

210000－0741－0001318 330.141/4411/33－38

韓非子集解二十卷 （清）王先慎集解 清光緒二十二年（1896）湖南長沙王氏刻本 六冊

210000－0741－0001319 330.141/4411/89－94

韓非子集解二十卷 （清）王先慎集解 清光緒二十二年（1896）湖南長沙王氏刻本 六冊

210000－0741－0001320 330.141/8825

管子二十四卷 （春秋）管仲撰 （唐）房玄齡注 清光緒二年（1876）浙江書局刻本 六冊

210000－0741－0001321 330.141/8825/07－10

管子校正二十四卷 （清）戴望撰 清同治十一年（1872）刻本 四冊

210000－0741－0001322 330.141/8825/64

管子二十四卷 （春秋）管仲撰 清光緒二十九年（1903）上海鴻寶書局石印本 一冊

210000－0741－0001323 330.2/4732/61－64

藝學通纂十六卷 （清）胡兆鸞等輯 清光緒二十七年（1901）上海書局石印本 四冊

210000－0741－0001324 330.2/4732/65－68

政學通纂二十卷 （清）胡兆鸞輯 清光緒二十七年（1901）上海書局石印本 四冊

210000－0741－0001325 330.42/1071

昭代名人論策讀本十三卷 （清）王長輯 清光緒二十八年（1902）古吳袁氏傳經塾石印本 十冊

210000－0741－0001326 330.42/1122

三蘇策論十二卷 （宋）蘇洵等撰 （清）張紹齡輯 清宣統三年（1911）詠記書莊石印本 六冊

210000－0741－0001327 330.42/1202/65－76

普天忠憤全集十四卷 （清）孔廣德輯 清光緒二十一年（1895）石印本 十二冊

210000－0741－0001328 330.42/1202/70－81

普天忠憤全集十四卷 （清）孔廣德輯 清光緒二十一年（1895）石印本 十二冊

210000－0741－0001329 330.42/1227

畚塘芻論三卷 （清）孫鼎臣撰 清光緒二十七年（1901）雲間麗澤學會石印本 二冊

210000－0741－0001330 330.42/2138

中國宜改革新政論議一卷 （清）何啟 （清）胡翼南撰 清光緒二十一年（1895）香港文裕堂鉛印本 一冊

210000－0741－0001331 330.42/2308

四書五經義策論正續合編不分卷 （清）崇實社主人輯 清光緒二十八年（1902）上海崇實

學社石印本　十二冊

210000－0741－0001332　330.42/2424/02－49
皇朝經世文編一百二十卷姓名總目二卷
（清）賀長齡編　清道光七年（1827）刻本　四十八冊

210000－0741－0001333　330.42/2424/18－77
皇朝經世文編一百二十卷姓名總目二卷
（清）賀長齡編　清光緒十二年（1886）思補樓石印本　六十冊

210000－0741－0001334　330.42/2424/44－67
皇朝經世文編一百二十卷姓名總目二卷
（清）賀長齡編　清末上海江左書林鉛印本二十四冊

210000－0741－0001335　330.42/2424/769－828
皇朝經世文編一百二十卷姓名總目二卷
（清）賀長齡編　清光緒十二年（1886）思補樓石印本　六十冊

210000－0741－0001336　330.42/2424－2/20－43
皇朝經世文續編一百二十卷　（清）葛士濬編　清光緒二十七年（1901）上海久敬齋鉛印本二十四冊

210000－0741－0001337　330.42/2424－3/25－04
皇朝經世文續編一百二十卷姓名總目三卷
（清）葛士濬輯　清光緒二十三年（1897）思補樓鉛印本　八十冊

210000－0741－0001338　330.42/2424－3/54－85
皇朝經世文續編一百二十卷姓名總目三卷
（清）葛士濬輯　清光緒十四年（1888）上海圖書集成局鉛印本　三十二冊

210000－0741－0001339　330.42/2424－3/561－640
皇朝經世文續編一百二十卷姓名總目三卷
（清）葛士濬輯　清光緒二十三年（1897）思補樓鉛印本　八十冊

210000－0741－0001340　330.42/2424－4/626－641
皇朝經世文三編八十卷　（清）陳忠倚編　清

光緒二十七年（1901）上海書局石印本　十六冊

210000－0741－0001341　330.42/2424－4/849－856
皇朝經世文三編八十卷　（清）陳忠倚編　清光緒二十七年（1901）上海書局石印本　八冊

210000－0741－0001342　330.42/2424－5/505－556
皇朝經世文統編一百七卷　（清）邵之棠編清光緒二十七年（1901）上海寶善齋石印本五十二冊

210000－0741－0001343　330.42/2424－6/562－601
皇朝經世文統編一百二十卷　（清）□□編清光緒二十七年（1901）上海慎記石印本　四十冊

210000－0741－0001344　330.42/2424－7/546－561
皇朝經世文新編三十二卷　（清）麥仲華編清光緒二十八年（1902）上海古香閣石印本十六冊

210000－0741－0001345　330.42/2424－7/829－848
皇朝經世文新編二十一卷實同三十二卷
（清）麥仲華編　清光緒二十七年（1901）上海日新社石印本　二十冊

210000－0741－0001346　330.42/2424－8/538－545
皇朝新政文編二十六卷　（清）闕鑄編　清光緒二十八年（1902）上海中西譯書會石印本八冊

210000－0741－0001347　330.42/2424－9/948－987
皇朝蓄艾文編八十卷　（清）于寶軒輯　清光緒二十九年（1903）上海官書局鉛印本　四十冊

210000－0741－0001348　330.42/2825
秦漢書疏十八卷　（明）徐紳輯　明隆慶六年

(1572)刻本　十冊

210000－0741－0001349　330.42/3144/10－11

校邠廬抗議二卷　（清）馮桂芬撰　清光緒十年(1884)豫章鉛印本　二冊

210000－0741－0001350　330.42/3144/13－14

校邠廬抗議二卷　（清）馮桂芬撰　清光緒二十四年(1898)京都官書局石印本　二冊

210000－0741－0001351　330.42/3144/38－39

校邠廬抗議二卷　（清）馮桂芬撰　清光緒二十四年(1898)上海書局鉛印本　二冊

210000－0741－0001352　330.42/3144/77－78

校邠廬抗議二卷　（清）馮桂芬撰　清末刻本　二冊

210000－0741－0001353　330.42/3144/90－91

校邠廬抗議二卷　（清）馮桂芬撰　清光緒二十四年(1898)上海書局鉛印本　二冊

210000－0741－0001354　330.42/3610

湯氏危言四卷　（清）湯震撰　清光緒十六年(1890)鉛印本　二冊

210000－0741－0001355　330.42/4430

歷代名臣奏議三百五十卷　（明）黃淮等輯（清）張溥刪正　明崇禎八年(1635)刻本　八十冊

210000－0741－0001356　330.42/4438

明夷待訪錄一卷　（清）黃宗羲撰　（清）黃承乙校　清光緒二十八年(1902)正文齋刻本　一冊

210000－0741－0001357　330.42/4462

實政錄節鈔十卷　（清）林則徐輯　清道光十七年(1837)建寧夏氏投筆齋刻本　六冊

210000－0741－0001358　330.42/5423

四書義經正篇二卷　掃葉山房輯　清光緒二十七年(1901)上海掃葉山房石印本　四冊

210000－0741－0001359　330.42/5600

普通新學準繩初編(小試新學準繩初編)四卷　求是齋主人編　清宣統元年(1909)江左書林刻本　四冊

210000－0741－0001360　330.42/6045/29－32

實政錄七卷　（明）呂坤撰　清同治七年(1868)湖北崇文書局刻本　四冊

210000－0741－0001361　330.42/6045/72－81

新吾呂先生實政錄七卷　（明）呂坤撰　清嘉慶二年(1797)寧陵呂譽安刻本　十冊

210000－0741－0001362　330.42/7497/39－51

切問齋文鈔三十卷首一卷　（清）陸燿輯　清光緒刻本　十二冊

210000－0741－0001363　330.42/7497/51－62

切問齋文鈔三十卷　（清）陸燿輯　清同治八年(1869)金陵錢氏刻本　十二冊

210000－0741－0001364　330.42/7593

庸書內篇二卷外篇二卷　（清）陳熾撰　清光緒二十四年(1898)慎記書莊刻本　八冊

210000－0741－0001365　330.42/7722/27－34

兩漢策要十二卷　（宋）陶叔獻輯　（清）張朝樂較閱　清光緒十三年(1887)上海同文書局石印本　八冊　存十一卷(一至二、四至十二)

210000－0741－0001366　330.42/7722/72－79

兩漢策要十二卷　（宋）陶叔獻輯　（清）張朝樂較閱　清光緒十三年(1887)上海同文書局石印本　八冊　存十一卷(一至二、四至十二)

210000－0741－0001367　330.42/8040

新政應試必讀六種　（清）顧厚焜鑒定　（清）金燾輯　清光緒二十八年(1902)上海石印本　十二冊

210000－0741－0001368　330.42/8740/48－51

盛世危言十四卷　（清）鄭觀應撰　清光緒二十四年(1898)上海撰易堂石印本　四冊

210000－0741－0001369　330.42/8740/50－54

盛世危言五卷　（清）鄭觀應撰　清光緒二十二年(1896)上海書局石印本　五冊

210000－0741－0001370　330.42/8740/55－59

盛世危言續編三卷外編二卷　（清）鄭觀應撰

清光緒二十一年（1895）上海賜書堂石印本
五冊

210000－0741－0001371　330.42/8740/659－664
盛世危言六卷　（清）鄭觀應撰　清光緒二十二年（1896）上海書局石印本　六冊

210000－0741－0001372　330.42/8740/74－78
盛世危言五卷　（清）鄭觀應撰　清光緒十九年（1893）廣東鄭氏鉛印本　五冊

210000－0741－0001373　330.42/8740/84－88
盛世危言五卷　（清）鄭觀應撰　清光緒二十二年（1896）上海書局鉛印本　五冊

210000－0741－0001374　330.42/8740/89－96
盛世危言十四卷　（清）鄭觀應撰　清光緒二十一年（1895）鉛印本　八冊

210000－0741－0001375　330.42/8740/964－971
盛世危言續編三卷外編二卷新政論議二卷
（清）鄭觀應撰　清光緒二十一年（1895）上海賜書堂石印本　八冊

210000－0741－0001376　337.09/1146
十九世紀外交史十七章　（日本）平田久撰
（清）張相譯　清光緒二十八年（1902）浙江杭州史學齋刻本　四冊

210000－0741－0001377　337.1/1331/19－84
光緒丙午年交涉要覽三卷　北洋洋務局編
清光緒三十四年（1908）北洋洋務局鉛印本
六冊

210000－0741－0001378　337.1/1331/355－400
約章成案彙覽甲篇十卷乙篇四十二卷　北洋
洋務局編　清光緒三十一年（1905）上海點石齋石印本　四十六冊

210000－0741－0001379　337.1/1331/74－78
光緒丁未年交涉要覽五卷　北洋洋務局編
清宣統二年（1910）北洋洋務局鉛印本　五冊

210000－0741－0001380　337.1/2033
各國通商條約不分卷　（清）浙江通商洋務總
局編　清光緒十三年（1887）浙江官書局刻本
二十五冊

210000－0741－0001381　337.1/2126/94
五次問答節略不分卷　總理各國事務衙門編
清末石印本　一冊

210000－0741－0001382　337.1/2126/95
與伊藤陸奧往來照會不分卷　總理各國事務
衙門編　清末石印本　一冊

210000－0741－0001383　337.1/2628
庚子交涉隅錄不分卷　（清）程德全撰　（清）
李遜編　清宣統二年（1910）鉛印本　一冊

210000－0741－0001384　337.1/4435
籌洋芻議一卷　（清）薛福成撰　清光緒二十一年（1895）鉛印本　一冊

210000－0741－0001385　337.1/7416
各國立約始末記三十卷首二卷　（清）陸元鼎
輯　清光緒三十二年（1906）上海商務印書館
鉛印本　二十二冊

210000－0741－0001386　337.1/7471
新纂約章大全七十三卷　（清）陸鳳石編　清
宣統元年（1909）上海崇義堂石印本　四十八冊

210000－0741－0001387　337.1/7727/61－76
通商各國條約不分卷　（清）總理各國事務衙
門編　清光緒鉛印本　十六冊

210000－0741－0001388　337.1/7727/67－78
通商條約章程成案彙編三十卷　（清）李鴻章
輯　清光緒十二年（1886）鐵成廣百宋齋鉛印
本　十二冊

210000－0741－0001389　337.109/5008
五千年中外交涉史九十七卷　（清）屯廬主人
輯　清光緒二十九年（1903）上海蟄英書局鉛
印本　二十冊

210000－0741－0001390　337.11/0044
調查錄第四次報告書錄呈不分卷　唐士杰輯
清光緒三十四年（1908）稿本　一冊

210000－0741－0001391　337.11/8724
交涉要覽類編四卷　（清）陳鈺校　（清）鄭貞
來譯　清光緒二十八年（1902）湖北洋務譯書

局鉛印本 四冊

210000－0741－0001392 337.19/1035
中外通商始末記二十卷 （清）彭玉麟定
（清）王之春編 清光緒二十一年（1895）寶善
書局石印本 六冊

210000－0741－0001393 337.19/2357
中俄中法交涉一卷 上海書局編 清光緒二
十一年（1895）上海書局石印本 一冊

210000－0741－0001394 337.3/8712
清俄關係二卷 （日本）綠岡隱士編 （清）鈕
瑗譯 清光緒二十九年（1903）上海順成書局
石印本 二冊

210000－0741－0001395 337.91/2103
[朝鮮國外交檔]不分卷 （清）統理交涉通商
事務衙門輯 清光緒九年（1883）抄本 一冊

210000－0741－0001396 338/3002/10－15
泰西各國采風記五卷時務論一卷 宋育仁撰
清光緒二十一年（1895）上海書局石印本
四冊

210000－0741－0001397 338/3002/32－35
泰西各國采風記五卷時務論一卷 宋育仁撰
清光緒二十一年（1895）袖海山房石印本
四冊

210000－0741－0001398 338/3002/68－71
泰西各國采風記五卷時務論一卷 宋育仁撰
清光緒二十一年（1895）刻本 四冊

210000－0741－0001399 341.494/9927
唐折衝府考四卷續增一卷 （清）勞經原撰
（清）勞格校補 清光緒二十六年（1900）南陵
徐氏刻本 三冊

210000－0741－0001400 341.497/8072
皇朝兵制考略六卷 （清）翁同爵撰 清光緒
元年（1875）武昌節署刻本 一冊

210000－0741－0001401 344.17/6700/09－48
欽定中樞政考綠營四十卷 （清）明亮等纂
清道光五年（1825）刻本 四十冊

210000－0741－0001402 344.17/6700/874－

904，682
欽定中樞政考八旗三十二卷 （清）明亮等纂
清道光五年（1825）刻本 三十六冊

210000－0741－0001403 344.17/6715/28－35
欽定中樞政考八旗十五卷 （清）鄂爾泰纂
清乾隆刻本 八冊

210000－0741－0001404 344.17/6715/36－45
欽定中樞政考綠營十六卷 （清）鄂爾泰纂
清乾隆刻本 十冊

210000－0741－0001405 344.17/7128/05－08
欽定中樞政考續纂四卷 （清）長齡等纂 清
道光十二年（1832）刻本 四冊

210000－0741－0001406 344.27/7128/20－23
欽定兵部續纂處分則例四卷 （清）長齡等纂
清道光九年（1829）刻本 四冊

210000－0741－0001407 345.5/1066
槍礮操瀾圖說二卷 （清）丁日昌纂 清同治
十年（1871）石印本 四冊

210000－0741－0001408 345.91/1146
杭州八旗駐防營志略二十五卷 （清）張大昌
輯 清光緒十九年（1893）浙江書局刻本
十冊

210000－0741－0001409 345.91/4741
讀史兵略四十六卷 （清）胡林翼纂 清咸豐
十一年（1861）武昌節署刻本 十六冊

210000－0741－0001410 345.91/6036
荊州駐防八旗志十六卷首一卷 （清）恩澤等
編 清光緒五年（1879）荊州軍署刻本 十冊

210000－0741－0001411 349.1/7747
兵垣四編四卷附編二卷 （明）閔聲編 明天
啓元年（1621）刻朱墨印本 四冊

210000－0741－0001412 349.12/4012/10－15
孫子十家註十三卷敘錄一卷遺說一卷 （宋）
吉天保輯 （清）孫星衍等校 清光緒三年
（1877）杭州浙江書局刻本 六冊

210000－0741－0001413 349.12/4012/363－366
孫子十家註十三卷敘錄一卷遺說一卷 （宋）

吉天保輯　（清）孫星衍等校　清光緒三年（1877）杭州浙江書局刻本　六冊

210000－0741－0001414　349.12/4012/70－75

孫子十家註十三卷敘錄一卷遺說一卷　（宋）吉天保輯　（清）孫星衍等校　清光緒十年（1884）皖城楊霖萱刻本　六冊

210000－0741－0001415　349.12/4012/75－80

孫子十家註十三卷敘錄一卷遺說一卷　（宋）吉天保輯　（清）孫星衍等校　清咸豐五年（1855）淡香齋刻本　六冊

210000－0741－0001416　349.2/1064

登壇必究四十卷　（明）王鳴鶴輯　（明）袁世忠校正　明萬曆二十七年（1599）刻本　四十冊

210000－0741－0001417　349.208/5329

戚大將軍練兵紀效合刻三十四卷　（明）戚繼光撰　清光緒元年（1875）京都寶林堂刻本　十二冊

210000－0741－0001418　349.26/1046

登壇必究四十卷　（明）王鳴鶴輯　明刻本　四十冊

210000－0741－0001419　349.27/4034

洴澼百金方十四卷　（清）惠麓酒民編次　清道光二十年（1840）陳氏刻本　五冊

210000－0741－0001420　350.57/3434

邸鈔全錄不分卷　字林滬報館編　清光緒十七年（1891）上海字林滬報館鉛印本　一冊

210000－0741－0001421　351.2/4432

欽定執中成憲八卷　（清）世宗胤禛編　清乾隆元年（1736）北京武英殿刻本　四冊

210000－0741－0001422　351.21/0818/097－103

宦海指南五種　（清）許乃普輯　清咸豐九年（1859）錢塘許氏刻本　七冊

210000－0741－0001423　351.21/0818/67－71

宦海指南五種　（清）許乃普輯　清咸豐九年（1859）錢塘許氏刻本　五冊

210000－0741－0001424　351.21/1117

入幕須知五種　（清）張廷驤輯　清光緒十年（1884）北京榮錄堂刻本　五冊

210000－0741－0001425　351.21/2845

牧令書二十三卷保甲書四卷　（清）徐棟輯　清道光二十八年（1848）興國李氏刻本　二十冊

210000－0741－0001426　351.21/4337

學仕錄十六卷　（清）戴肇辰輯　清同治六年（1867）廉州官廨刻本　八冊

210000－0741－0001427　351.21/4427

臣鑒錄二十卷　（清）蔣伊撰　清刻本　二十冊

210000－0741－0001428　351.21/7520

學仕遺規四卷補四卷　（清）陳弘謀輯　（清）陳鍾珂等編校　清光緒十八年（1892）桂垣書局刻本　八冊

210000－0741－0001429　351.219.52/7727

元典章六十卷　（元）□□撰　清光緒三十四年（1908）沈家本刻本　二十四冊

210000－0741－0001430　351.219.7/2277/069－228

欽定大清會典事例一千二百二十卷首一卷　（清）崑岡等纂　清宣統元年（1909）上海商務印書館石印本　一百六十冊

210000－0741－0001431　351.219.7/2277/208－367

欽定大清會典一百卷　（清）崑岡等纂　清光緒三十四年（1908）上海商務印書館石印本　一百六十冊

210000－0741－0001432　351.219.7/2277－2/95－98

大清會典四卷　（清）仁宗顒琰續修　清同治十一年（1872）湖北崇文書局刻本　四冊

210000－0741－0001433　351.219/0714

考工記二卷　（明）郭正域批點　明萬曆四十四年（1616）閔齊伋刻朱墨印本　一冊

210000－0741－0001434　351.219/1200

周禮政要二卷　（清）孫詒讓撰　清光緒二十八年（1902）瑞安普通學堂石印本　二冊

210000－0741－0001435　351.219/2887/80－81

周官故書攷二卷論語魯讀考一卷　（清）徐養原撰　清光緒刻本　二冊

210000－0741－0001436　351.219/2887/82－83

周官故書攷二卷論語魯讀考一卷　（清）徐養原撰　清光緒刻本　二冊

210000－0741－0001437　351.219/4327

兩浙宦游記略九卷　（清）戴槃撰　清同治七年（1868）刻本　四冊

210000－0741－0001438　351.219/7110

考工記車制圖解二卷　（清）阮元撰　清乾隆五十三年（1788）七錄書館刻本　二冊

210000－0741－0001439　351.219/7521

考工記辨證三卷補疏一卷　（清）陳衍撰　清末陳氏石遺室刻本　一冊

210000－0741－0001440　351.219/8700/00－02

周禮六卷　（漢）鄭玄注　（唐）陸德明音義　清末石印本　三冊

210000－0741－0001441　351.219/8700/18－23

周禮十二卷　（漢）鄭玄注　（唐）陸德明音義　清光緒十二年（1886）湖北官書處刻本　六冊

210000－0741－0001442　351.219/8700/20－25

周禮六卷　（漢）鄭玄注　（唐）陸德明音義　清嘉慶十一年（1806）順德張青刻本　六冊

210000－0741－0001443　351.219/8700/24－29

周禮十二卷　（漢）鄭玄注　（唐）陸德明音義　清光緒十二年（1886）湖北官書處刻本　六冊

210000－0741－0001444　351.219/8700/56－67

周禮正義八十六卷　（漢）鄭玄注　（清）孫詒讓正義　清光緒三十一年（1905）瑞安孫氏鉛印本　十二冊

210000－0741－0001445　351.219/8700/80－91

周禮正義八十六卷　（漢）鄭玄注　（清）孫詒讓正義　清光緒三十一年（1905）瑞安孫氏鉛印本　十二冊

210000－0741－0001446　351.2191/2767

歷代職官表七十二卷　（清）紀昀等纂　清光緒二十二年（1896）廣雅書局刻本　二十二冊

210000－0741－0001447　351.2191/4457

歷代職官表六卷　（清）黃本驥輯　清光緒二十四年（1898）柏經正堂刻本　二冊

210000－0741－0001448　351.2191/7781

六典通考二百卷　（清）閻鎮珩撰　清光緒二十九年（1903）北嶽山房刻本　一百冊

210000－0741－0001449　351.2197/3057

皇朝詞林典故六十四卷　（清）朱珪等修　（清）陳希曾等纂　清光緒十三年（1887）翰林院刻本　三十四冊

210000－0741－0001450　351.31/1042

八旗奉直官豫同鄉錄不分卷　王夢熊編　清宣統元年（1909）石印本　二冊

210000－0741－0001451　351.31/1458/39－44

爵秩全覽不分卷　（清）□□編　清光緒三十一年（1905）刻本　六冊

210000－0741－0001452　351.31/1458/64

戊寅鄉試題名錄不分卷　（清）□□編　清刻本　一冊

210000－0741－0001453　351.31/1458/89

[清末職官名錄]不分卷　（□）□□撰　清末抄本　一冊

210000－0741－0001454　351.31/3772

河南府洛陽縣各官年歲履歷清冊不分卷　洛陽縣衙編選　清光緒二十四年（1898）河南洛陽抄本　一冊

210000－0741－0001455　351.31/5540/25

國朝春曹題名不分卷　（清）費蔭章輯　清咸豐八年（1858）刻本　一冊

210000－0741－0001456　351.31/5540/90－91

國朝春曹題名不分卷國朝春曹題名漢冊不分卷　（清）費蔭章　（清）劉毓楠輯　清咸豐八

年(1858)刻本　二冊

210000－0741－0001457　351.5/0131/44－53

重校臨文便覽十種　（清）龍光甸　（清）龍啟瑞輯　清同治、光緒間北京琉璃廠書坊石印本　十冊

210000－0741－0001458　351.5/0131/67

翰林要訣不分卷　（清）龍光甸　（清）龍啟瑞輯　清光緒五年(1879)北京酉山堂書坊石印本　一冊

210000－0741－0001459　351.5/0131/70－72

重校臨文便覽三種　（清）龍光甸　（清）龍啟瑞輯　清光緒十六年(1890)北京琉璃廠書坊石印本　三冊

210000－0741－0001460　351.5/0131/76－79

增訂臨文便覽□□種　（清）龍光甸　（清）龍啟瑞輯　清光緒二年(1876)怡雲仙館刻本四冊　存一種(字學舉隅)

210000－0741－0001461　351.817/1092

聖諭廣訓不分卷　（清）聖祖玄燁撰　（清）世宗胤禛廣訓　（清）夏炘譯　清同治九年(1870)刻本　四冊

210000－0741－0001462　351.817/2332/33－67

雍正上諭不分卷　（清）世宗胤禛撰　清刻本三十五冊

210000－0741－0001463　351.817/2332/639－750

硃批諭旨不分卷　（清）世宗胤禛撰　清刻朱墨印本　一百十二冊

210000－0741－0001464　351.817/2332/766－825

硃批諭旨不分卷　（清）世宗胤禛撰　清光緒十三年(1887)上海點石齋石印本　六十冊

210000－0741－0001465　351.817/3056

十朝聖訓九百二十二卷　（清）□□輯　清光緒鉛印本　二百八十六冊

210000－0741－0001466　351.817/4022

綸音恭錄不分卷　圭峯藏　清末抄本　一冊

210000－0741－0001467　351.817/4332

諭摺彙存不分卷　（清）德宗載湉撰　清光緒木活字印本　八十八冊

210000－0741－0001468　351.817/4429

覺迷要錄四卷　葉德輝編　清光緒三十一年(1905)長沙葉氏刻本　一冊　存二卷(一至二)

210000－0741－0001469　351.824/7444/05－12

唐陸宣公翰苑集二十四卷　（唐）陸贄撰（清）張佩芳注　清光緒平潭李氏師竹堂刻本八冊

210000－0741－0001470　351.824/7444/19－20

唐陸宣公文集四卷首一卷　（唐）陸贄撰　清同治五年(1866)福州正誼書局刻本　二冊

210000－0741－0001471　351.824/7444/66－71

陸宣公翰苑集二十二卷　（唐）陸贄撰　（清）謝希遷重校　清咸豐十一年(1861)謝氏刻本六冊

210000－0741－0001472　351.824/7444/77－86

唐陸宣公集二十二卷增輯二卷　（唐）陸贄撰（清）耆英重訂　清道光二十七年(1847)刻本　十冊

210000－0741－0001473　351.8251/2757

孝肅奏議十卷　（宋）包拯撰　（宋）張田編清同治二年(1863)李瀚章省心閣刻本　四冊

210000－0741－0001474　351.8251/4027

宋李忠定奏議六十九卷首一卷年譜一卷（宋）李剛撰　清光緒二十九年(1903)湖南愛日堂刻本　十冊

210000－0741－0001475　351.826/1008

少保于公奏議十卷　（明）于謙撰　清光緒錢塘丁氏刻本　八冊

210000－0741－0001476　351.826/2126

盧忠肅公集十二卷首一卷　（清）盧象昇撰**雙印記明大司馬盧公年譜一卷**　（清）盧安節編　清光緒元年(1875)施惠刻本　十二冊

210000－0741－0001477　351.827.08/8447

新刻奏對合編二種 （清）饒士騰編 清光緒
九年(1883)京都饒士騰刻本 二冊

210000－0741－0001478 351.827/0128

龔端毅公奏疏八卷附一卷澝川政譜二卷
（清）龔鼎孳撰 清光緒九年(1883)龔彥緒聽
彝書屋刻本 五冊

210000－0741－0001479 351.827/0724

郭侍郎奏疏十二卷 （清）郭嵩燾撰 清光緒
十八年(1892)刻本 十二冊

210000－0741－0001480 351.827/1133

南皮張宮保政書十二卷 （清）張之洞撰
（清）仰止盧輯 清光緒二十七年(1901)上海
圖書集成印書局鉛印本 六冊

210000－0741－0001481 351.827/1194

入告編三卷遺編一卷 （清）張惟赤撰 清順
治刻康熙續刻本 四冊

210000－0741－0001482 351.827/2266

枲實子存藁一卷 （清）崔國因撰 清末鉛印
本 一冊

210000－0741－0001483 351.827/2357

變法奏議叢鈔十三種 （□）□□撰 清光緒
二十七年(1901)上海書局石印本 四冊

210000－0741－0001484 351.827/3443

沈文肅公政書七卷首一卷 （清）沈葆楨撰
清光緒七年(1881)精一閣鉛印本 七冊

210000－0741－0001485 351.827/3443/33－44

沈文肅公政書七卷首一卷 （清）沈葆楨撰
清光緒六年(1880)吳門節署刻本 十二冊

210000－0741－0001486 351.827/3443/76－87

沈文肅公政書七卷首一卷 （清）沈葆楨撰
清光緒六年(1880)吳門節署刻本 十二冊

210000－0741－0001487 351.827/4030

李肅毅伯奏議二十卷 （清）李鴻章撰 （清）
吳汝綸編 清光緒二十五年(1899)上海鴻文
書局石印本 二十冊

210000－0741－0001488 351.827/4030/495－
594

李文忠公全集一百六十五卷 （清）李鴻章撰
清光緒三十四年(1908)金陵刻本 一百冊

210000－0741－0001489 351.827/4039/392－
411

左文襄公奏疏初編三十八卷續編七十六卷三
編六卷 （清）左宗棠撰 清光緒十六年
(1890)上海圖書集成局鉛印本 二十冊

210000－0741－0001490 351.827/4039/27－46

左文襄公奏疏初編三十八卷續編七十六卷三
編六卷 （清）左宗棠撰 清光緒十六年
(1890)上海圖書集成局鉛印本 二十冊

210000－0741－0001491 351.827/4210

彭剛直公奏稿八卷 （清）彭玉麟撰 （清）俞
樾輯 清光緒十七年(1891)鉛印本 四冊

210000－0741－0001492 351.827/4210/41－48

彭剛直公奏稿八卷 （清）彭玉麟撰 （清）俞
樾輯 清光緒十七年(1891)吳下刻本 六冊

210000－0741－0001493 351.827/4210/636－
641

彭剛直公奏稿八卷 （清）彭玉麟撰 （清）俞
樾輯 清光緒十七年(1891)吳下刻本 六冊

210000－0741－0001494 351.827/4472/11－26

林文忠公政書三十七卷 （清）林則徐撰 清
光緒三山林氏刻本 十二冊

210000－0741－0001495 351.827/4472/42－53

林文忠公政書三十七卷 （清）林則徐撰 清
光緒三山林氏刻本 十六冊

210000－0741－0001496 351.827/4741/50－65

胡文忠公遺集八十六卷 （清）胡林翼撰 清
同治六年(1867)鄭敦謹曾國荃刻本 三十
二冊

210000－0741－0001497 351.827/4741/69－76

胡文忠公遺集八十六卷 （清）胡林翼撰 清
同治六年(1867)鄭敦謹曾國荃刻本 三十
二冊

210000－0741－0001498 351.827/4944

南汝光道任內稟稿不分卷 （清）趙書昇撰

清末抄本　一册

210000－0741－0001499　351.827/7241
江楚會奏變法摺三卷　（清）劉坤一　（清）張之洞撰　清光緒二十七年（1901）鉛印本三册

210000－0741－0001500　351.827/7241/43
江楚會奏變法摺三卷　（清）劉坤一　（清）張之洞撰　清光緒二十七年（1901）兩湖書院刻本　一册

210000－0741－0001501　351.827/7241/46
江楚會奏變法摺三卷　（清）劉坤一　（清）張之洞撰　清光緒二十七年（1901）兩湖書院刻本　一册

210000－0741－0001502　351.827/7512
同治中興京外奏議八卷　（清）陳弢輯　清光緒元年（1875）篋劍囊琴之室刻本　一册　存一卷（四）

210000－0741－0001503　351.827/7720
駱文忠公奏議十六卷奏稿十一卷附錄一卷　（清）駱秉章撰　清同治十年（1871）駱氏家刻本　二十四册

210000－0741－0001504　351.83/1050
于清端公政書八卷首一卷外集一卷　（清）于成龍撰　（清）蔡方炳輯　清康熙四十六年（1707）于準刻本　二十册

210000－0741－0001505　351.83/1133
署理兩江總督部堂湖廣總督部堂稿一卷密扎一摺　（清）張之洞撰　清光緒二十一年（1895）稿本　一册

210000－0741－0001506　351.83/2538
東三省蒙務公牘彙編五卷　（清）朱啓鈐輯　清宣統元年（1909）鉛印本　二册

210000－0741－0001507　351.83/3474
公言集三卷　沈同芳撰　清光緒三十四年（1908）中國圖書公司鉛印本　一册

210000－0741－0001508　351.83/4030/22－33
李文忠公朋僚函稿二十四卷　（清）李鴻章撰

（清）吳汝綸編　清光緒二十八年（1902）保定蓮池書社鉛印本　十二册

210000－0741－0001509　351.83/4030/59－70
李文忠公朋僚函稿二十四卷　（清）李鴻章撰　（清）吳汝綸編　清光緒二十八年（1902）保定蓮池書社鉛印本　十二册

210000－0741－0001510　351.83/4435
出使公牘十卷　（清）薛福成撰　清光緒二十四年（1898）傳經樓刻本　八册

210000－0741－0001511　351.83/4478
北洋公牘類纂二十五卷　（清）甘厚慈輯　清光緒三十三年（1907）北平益森印刷有限公司鉛印本　二十册

210000－0741－0001512　351.83/4478－1
北洋公牘類纂續編二十四卷　（清）甘厚慈輯　清宣統二年（1910）北洋官報館印刷局代絳雪齋書局鉛印本　二十册

210000－0741－0001513　351.83/7530
培遠堂偶存稿四十八卷　（清）陳弘謀撰　清光緒二十二年（1896）鄂藩署鉛印本　二十四册

210000－0741－0001514　351.83/7727
治浙成規八卷　（□）□□輯　清道光十七年（1837）刻本　八册

210000－0741－0001515　351.86/8437
烏拉協署正紅旗行文稿不分卷　舒勒通阿等撰　清光緒三十四年至宣統元年（1908－1909）稿本　二册

210000－0741－0001516　351.88/4424
貢舉考畧五卷　（清）黃崇蘭輯　（清）趙學曾續　清道光十九年（1839）青雲齋刻本　四册

210000－0741－0001517　352.11/2271/08－13
盛京典制備考八卷　（清）崇厚輯　清光緒二十五年（1899）盛京太和坊刻本　六册

210000－0741－0001518　352.11/2271/99－04
盛京典制備考八卷　（清）崇厚輯　清光緒二十五年（1899）盛京太和坊刻本　六册

210000－0741－0001519　360.219/1050

大清律例四十七卷 （清）徐本等總裁 （清）唐紹祖等纂修　清乾隆三十三年(1768)江寧府學衙門刻本　十六冊

210000－0741－0001520　360.2197/0125

大清宣統新法令不分卷 商務印書館編輯所編　清宣統元年(1909)上海商務印書館鉛印本　五冊

210000－0741－0001521　360.2197/2221

欽定戶部則例一百卷 （清）倭仁纂修　清同治四年(1865)刻本　二十冊

210000－0741－0001522　360.2197/3057

欽定重修六部處分則例五十二卷 （清）沈賢書 （清）孫爾準校勘　清光緒十五年(1889)三善堂刻本　二十四冊

210000－0741－0001523　360.2197/5235

欽定回疆則例八卷 （清）托津等纂修　清光緒三十四年(1908)鉛印本　三冊

210000－0741－0001524　362.21/2604

祥刑要覽四卷 （明）吳訥撰 （明）陳察附錄　清道光十五年(1835)粵東撫署刻本　二冊

210000－0741－0001525　362.21/3435

大清現行刑律案語不分卷 沈家本等纂　清宣統元年(1909)北京法律館鉛印本　二十冊

210000－0741－0001526　362.21/3603

刑案匯覽六十卷首一卷末一卷拾遺備攷一卷續增刑案匯覽十六卷新增刑案匯覽十六卷 （清）祝慶祺編次 （清）潘文舫 （清）徐諫荃輯　清光緒十二年(1886)圖書集成局鉛印本　四十冊

210000－0741－0001527　362.21/6700

欽定五軍道里表十八卷 （清）明亮等修 （清）常泰等纂　清嘉慶十四年(1809)官刻本　十九冊

210000－0741－0001528　362.21/7727

說帖輯要全類不分卷 （清）□□輯　清末刻本　三十二冊

210000－0741－0001529　367.88/7140

補註洗冤錄集證六卷 （宋）宋慈撰 （清）王又槐增輯 （清）李觀瀾補輯 （清）阮其新補註 （清）張錫蕃重訂　清光緒八年(1882)京都文寶堂刻本　六冊

210000－0741－0001530　368.3/1244

星軺指掌三卷續編一卷 （比利時）馬爾頓撰 （清）聯芳 （清）慶常譯　清光緒二年(1876)刻本　四冊

210000－0741－0001531　369.2/1033

五代會要三十卷 （宋）王溥撰　清抄本六冊

210000－0741－0001532　369.2/4428

律例便覽八卷諸圖一卷處分則例圖要六卷 （清）蔡嵩年 （清）蔡逢年撰　清咸豐九年(1859)刻本　四冊

210000－0741－0001533　369.231/2810/01－10

西漢會要七十卷 （宋）徐天麟撰　清光緒十年(1884)江蘇書局刻本　十冊

210000－0741－0001534　369.232/2810/11－18

東漢會要四十卷 （宋）徐天麟撰　清光緒十年(1884)江蘇書局刻本　八冊

210000－0741－0001535　369.233/4660

三國會要二十二卷首一卷 （清）楊晨撰　清光緒二十六年(1900)江蘇書局刻本　六冊

210000－0741－0001536　369.24/7181

故唐律疏議三十卷 （唐）長孫無忌等撰 **律音義一卷** （宋）孫奭等撰 **洗冤集錄五卷**（宋）宋慈編　清光緒十七年(1891)刻本八冊

210000－0741－0001537　369.241/1033/11－34

唐會要一百卷 （宋）王溥撰　清光緒十年(1884)江蘇書局刻本　二十四冊

210000－0741－0001538　369.241/1033/25－48

唐會要一百卷 （宋）王溥撰　清光緒十年(1884)江蘇書局刻本　二十四冊

210000－0741－0001539　369.242/1033/50－57

五代會要十四卷 （宋）王溥撰 清抄本
八冊

210000－0741－0001540　369.242/1033/19－24

五代會要三十卷 （宋）王溥撰 清光緒十二
年(1886)江蘇書局刻本 六冊

210000－0741－0001541　369.26/0104

明會要八十卷 （清）龍文彬纂 清光緒廣雅
書局刻本 二十冊

210000－0741－0001542　369.29/3425

中國歷代法制史不分卷 （日本）淺井虎夫撰
（清）邵修文等譯 清光緒三十二年(1906)
山西晉新書社鉛印本 四冊

210000－0741－0001543　370.8/6051/68－75

教育叢書初集 羅振玉編 清光緒二十七年
(1901)教育世界出版所刻本 八冊

210000－0741－0001544　370.8/6051/94－47

教育叢書五集 羅振玉編 清光緒二十七年
至三十一年(1901－1905)教育世界出版所刻
本 五十四冊

210000－0741－0001545　371.11/7707

學部官報不分卷 學部編 清宣統三年
(1911)學部圖書館鉛印本 一冊

210000－0741－0001546　371.211/1133/147－
151

欽定學堂章程(奏定學堂章程)二十種 （清）
張之洞等撰 清光緒三十二年(1906)上海時
中書局鉛印本 五冊

210000－0741－0001547　371.211/1133/27－31

奏定學堂章程不分卷 （清）張之洞等撰 清
光緒二十九年(1903)學部學校司排印局鉛印
本 五冊

210000－0741－0001548　371.211/1133/347－
351

奏定學堂章程不分卷 （清）張之洞等撰 清
光緒二十九年(1903)湖北學務處刻本 五冊

210000－0741－0001549　371.52/1132

京師大學堂規則一卷 張冶秋撰 清光緒二

十八年（1902）上海中外日報附張鉛印本
一冊

210000－0741－0001550　371.542/0011

東林書院志二十二卷 （清）高廷珍等輯 清
光緒七年(1881)趙棨刻本 八冊

210000－0741－0001551　371.553/7710

長沙縣學宮志八卷首一卷 （清）周玉麒撰
清同治十年(1871)奎文閣刻本 八冊

210000－0741－0001552　371/0014/28－51

欽定學政全書八十六卷 （清）童璠等撰 清
刻本 二十四冊

210000－0741－0001553　371/0014/43－62

欽定學政全書八十六卷 （清）童璠等撰 清
刻本 二十冊

210000－0741－0001554　371/0014/785－802

欽定學政全書八十六卷 （清）童璠等撰 清
刻本 二十四冊

210000－0741－0001555　372.7/3037

澄衷蒙學堂字課圖說四卷檢字一卷類字一卷
（清）劉樹屏撰 清光緒三十一年(1905)澄
衷蒙學堂石印本 八冊

210000－0741－0001556　372.708/1458

便蒙叢書初集十九種 （□）□□撰 清光緒
二十七年(1901)刻本 二冊 存十種十卷
(識字貫通法一卷、文話便讀一卷、緩讀四書
五經說一卷、課程表一卷、教育一得一卷、續
教育一得一卷、授學程度說一卷、訓蒙臆說一
卷、論教育諸理一卷、論體罰一卷)

210000－0741－0001557　372.708/2843/56－58

徐氏三種 （清）徐士業校 清同治六年
(1867)三益堂刻本 三冊

210000－0741－0001558　372.708/2843/89－90

三字經訓詁(增三字經訓詁)三卷 （清）徐士
業增補 （清）王伯厚原纂 （清）王晉升訓詁
清光緒六年(1880)蘇州掃葉山房刻本
二冊

210000－0741－0001559　372.752/8717

六藝綱目二卷六藝發原一卷字原一卷 （元）
舒天民撰 （元）舒恭注 清道光二十八年
(1848)東武劉喜海嘉蔭簃刻本 二冊

210000－0741－0001560 372.76/4434/39－42
龍文鞭影初集四卷 （明）蕭良有撰 清同治
十年(1871)鐵筆齋刻本 四冊

210000－0741－0001561 372.76/4434/69－70
龍文鞭影初集四卷 （明）蕭良有撰 清光緒
二十六年(1900)經元書局刻本 二冊

210000－0741－0001562 372.77/1458/27
繪圖普通應時雜字不分卷 （□）□□撰 清
末石印本 一冊

210000－0741－0001563 372.77/1458/99
繪圖女四字經不分卷 （□）□□撰 清末石
印本 一冊

210000－0741－0001564 372.77/2662
重訂才子雜字不分卷 （明）吳國倫輯 清末
上海鑄記書局石印本 一冊

210000－0741－0001565 372.77/3214
養蒙針度五卷 （清）潘子聲輯 清光緒元年
(1875)濼本堂刻本 五冊

210000－0741－0001566 372.77/7444
啓蒙問答一卷 （清）陸基撰 清光緒二十六
年(1900)陳氏三百堂刻本 一冊

210000－0741－0001567 372.77/8065/84
繪圖便用雜字不分卷 錦章圖書局印 清末
上海錦章圖書局石印本 一冊

210000－0741－0001568 372.77/8065/85
繪圖便用雜字不分卷 錦章圖書局印 清末
上海錦章圖書局石印本 一冊

210000－0741－0001569 372.78/8603
五千字文圖註(新增小學啓蒙)不分卷 智新
書局校輯 清末上海智新書局刻本 一冊

210000－0741－0001570 372/2540/155－158
小學集註六卷 （宋）朱熹輯 （明）陳選注
清光緒三十二年(1906)鴻寶齋石印本 四冊

210000－0741－0001571 372/2540/758
小學六卷 （宋）朱熹輯 清同治十一年至十
三年(1872－1874)祁世長刻本 一冊

210000－0741－0001572 372/2540/82、90
小學纂註六卷 （宋）朱熹輯 清光緒十二年
(1886)上洋埽葉山房刻本 二冊

210000－0741－0001573 374.5/0247
京師大學堂心理學講義不分卷 京師大學堂
編 清末京師大學堂鉛印本 五冊

210000－0741－0001574 374.5/3308
[浙江高等學堂講義]四種外國史講義不分卷
浙江高等學堂編 清光緒三十一年至三十
二年(1905－1906)浙江高等學堂石印本
七冊

210000－0741－0001575 378.6/7514
猛回頭不分卷 （清）陳天華撰 清宣統三年
(1911)湖南演說科鉛印本 一冊

210000－0741－0001576 379.11/1320
經讀攷異八卷句讀敍述二卷四書攷異一卷
（清）武億編 清末蘇州文學山房木活字印本
四冊

210000－0741－0001577 379.11/2603
程氏家塾讀書分年日程三卷綱領一卷 （元）
程端禮撰 清同治七年(1868)湖北崇文書局
刻本 二冊

210000－0741－0001578 380.2/2226
全地五大洲女俗通攷二十一卷首一卷 （美
國）林樂知輯譯 （清）任保羅譯述 清光緒
二十九年(1903)上海廣學會鉛印本 二十
一冊

210000－0741－0001579 381.3/2847
讀禮通考一百二十卷 （清）徐乾學撰 清光
緒二十四年(1898)新化三昧堂刻本 四十冊

210000－0741－0001580 381/1112
儀禮鄭註句讀十七卷監本正誤一卷唐石經正
誤一卷 （清）張爾岐撰 清乾隆八年(1743)
高氏刻本 六冊

210000－0741－0001581　381/1160/14－15

白虎通四卷校勘補遺一卷考一卷闕文一卷
（漢）班固撰　（清）盧文弨校並校勘補遺　清
乾隆四十九年（1784）抱經堂刻本　二冊

210000－0741－0001582　381/1160/42－43

白虎通四卷校勘補遺一卷考一卷闕文一卷
（漢）班固撰　（清）盧文弨校並校勘補遺　清
乾隆四十九年（1784）抱經堂刻本　二冊

210000－0741－0001583　381/2136

禮記集說一百六十卷　（宋）衛湜撰　清康熙
十六年（1677）通志堂刻本　四十冊

210000－0741－0001584　381/2540

朱子家禮八卷首一卷　（宋）朱熹撰　（明）宋
纁輯　（明）呂維祺撰　清康熙刻本　五冊

210000－0741－0001585　381/2540/03

朱子家禮五卷　（宋）朱熹撰　（清）郭嵩燾校
訂　清光緒十七年（1891）思賢講舍刻本
一冊

210000－0741－0001586　381/2540/12－17

文公家禮十卷首一卷　（宋）朱熹撰　（明）楊
慎輯　清末振賢堂刻本　六冊

210000－0741－0001587　381/2540/49－56

朱子家禮十卷首一卷　（宋）朱熹撰　（明）丘
濬輯　清嘉慶六年（1801）寶寧堂刻本　八冊

210000－0741－0001588　381/2699

吾學錄初編二十四卷　（清）吳榮光撰　清同
治九年（1870）江蘇書局刻本　六冊

210000－0741－0001589　381/2847

讀禮通考一百二十卷　（清）徐乾學撰　清康
熙二十九年至三十五年（1690－1696）崑山徐
氏刻本　六十四冊

210000－0741－0001590　381/5046/20－99

五禮通攷二百六十二卷首四卷　（清）秦蕙田
撰　清光緒六年（1880）江蘇書局刻本　八
十冊

210000－0741－0001591　381/5046/273－392

五禮通攷二百六十二卷首四卷　（清）秦蕙田

輯　清光緒二十二年（1896）新化三味堂刻本
一百二十冊

210000－0741－0001592　381/5828

儀禮（儀禮集說）十七卷　　（元）敖繼公集說
清康熙十六年（1677）通志堂刻本　二十四冊

210000－0741－0001593　381/6045

四禮翼（呂叔簡先生四禮翼）不分卷　（明）呂
坤撰　清同治二年（1863）品蓮書屋刻本
一冊

210000－0741－0001594　381/6060

文公家禮時宜彙編二卷首二卷　（清）羅昕望
輯　清末三誏堂刻本　四冊

210000－0741－0001595　381/7800/07－12

儀禮章句十七卷　（清）吳廷華章句　清乾隆
二十二年（1757）東壁書莊刻本　六冊

210000－0741－0001596　381/7800/200－201

儀禮十七卷校錄一卷續校錄一卷　（漢）鄭玄
注　（清）黃丕烈校　清嘉慶二十二年（1817）
吳門黃氏讀未見書齋刻本　二冊

210000－0741－0001597　381/7800/37－52

儀禮正義四十卷　（漢）鄭玄注　（清）胡培翬
正義　清同治七年（1868）蘇州湯晉苑局刻本
十六冊

210000－0741－0001598　382/1028

新定三禮冕服圖二十卷　　（宋）聶崇義集注
清康熙十五年（1676）鍾謙鈞刻本　二冊

210000－0741－0001599　383.7/5655

萬壽盛典初集四卷　（清）趙弘燦編　清光緒
五年（1879）上海點石齋石印本　四冊

210000－0741－0001600　384/1223

喪服表一卷殤服表一卷　（清）孔繼汾輯
（清）胡鳳丹校勘　清光緒元年（1875）退補齋
刻本　一冊

210000－0741－0001601　384/7287

大清通禮品官士庶人喪禮傳二卷　（清）劉人
熙撰　清光緒十一年（1885）刻本　二冊

210000－0741－0001602　386/1284

幸魯盛典四十卷　（清）孔毓圻總裁　（清）金居敬等纂修　清康熙五十年(1711)刻本　十二冊

210000－0741－0001603　389.42/4430

越諺三卷賸語二卷　（清）范寅輯　清光緒八年(1882)谷應山房刻本　三冊

210000－0741－0001604　390.9/0446

[光緒三十三年]世界統計年鑑不分卷　（日本）伊東佑毅撰　（清）謝蔭昌譯　清宣統元年(1909)奉天學務公所印刷所鉛印本　一冊

210000－0741－0001605　390.9/8764

列國歲計政要十二卷首一卷　（英國）麥丁富得力撰　（民國）林樂知譯　（清）鄭昌棪編　清光緒元年(1875)刻本　六冊

210000－0741－0001606　407.079/8764

格致啓蒙四卷　（英國）羅斯古等纂　（清）鄭昌棪譯　清光緒初年江南機器製造總局刻本　四冊

210000－0741－0001607　408/1133/160－223

富強齋叢書十三類　（清）富強齋主人輯　清光緒二十五年(1899)石印本　六十四冊

210000－0741－0001608　408/1133/28－91

富強齋叢書十三類　（清）富強齋主人輯　清光緒二十五年(1899)石印本　六十四冊

210000－0741－0001609　408/3423

[江南製造局翻譯各種西書]□□種□□卷　江南製造局編譯館翻譯　清光緒九年(1883)上海益智書會刻本　十九冊　存六種五十二卷(天文圖說四卷、營壘圖說一卷、水師操練十八卷首一卷末一卷、列國歲計政要十二卷、化學分原八卷、化學鑑原補編六卷末一卷)

210000－0741－0001610　410.11/0053

數度衍二十三卷首二卷　（清）方中通撰　清光緒四年(1878)桐城方傳理刻本　八冊

210000－0741－0001611　410.11/1015/2996－3027

白芙堂算學叢書二十二種附一種八十八卷　（清）丁取忠輯　清同治十三年(1874)長沙古荷花池精舍刻本　三十二冊

210000－0741－0001612　410.11/1015/690－721

白芙堂算學叢書二十二種附一種八十八卷　（清）丁取忠輯　清同治十三年(1874)長沙古荷花池精舍刻本　三十二冊

210000－0741－0001613　410.11/4697/68

詳解九章算法纂類一卷札記一卷　（宋）楊輝撰　（清）宗景昌札記　清道光二十二年(1842)郁氏宜稼堂刻本　一冊

210000－0741－0001614　410.11/4806/11－16

梅氏叢書輯要六十二卷　（清）梅文鼎撰　（清）梅瑴成較輯　清光緒石印本　六冊

210000－0741－0001615　410.11/4806/611－630

梅氏叢書輯要六十二卷　（清）梅文鼎撰　（清）梅瑴成較輯　清光緒二年(1876)梅纘高刻本　二十冊

210000－0741－0001616　410.11/4806/78－83

梅氏叢書輯要六十二卷　（清）梅文鼎撰　（清）梅瑴成較輯　清光緒石印本　六冊

210000－0741－0001617　410.11/4918

數學理九卷末一卷　（英國）棣麼甘撰　（英國）傅蘭雅口譯　（清）趙元益筆述　清光緒江南製造總局刻本　四冊

210000－0741－0001618　410.11/6041

中西算學匯通四卷　（清）羅士琳撰　清光緒二十二年(1896)三魚書屋石印本　四冊

210000－0741－0001619　410.8/1124

翠薇山房數學十五種　（清）張作楠　（清）江臨泰撰　清光緒五年(1879)息園刻本　二十四冊

210000－0741－0001620　410.8/7523

重校中西算學大成一百卷　（清）陳維祺等編　清光緒二十七年(1901)古香閣石印本　二十冊

210000－0741－0001621　430.79/2813

化學分原八卷　（英國）蒲陸山撰　（英國）傅蘭雅口譯　（清）徐建寅筆述　清光緒九年

（1883）上海益智書會刻本　二册

210000－0741－0001622　440/5040/30－37

月令粹編二十四卷圖說一卷　（清）秦嘉謨撰
清嘉慶十七年（1812）琳琅仙館刻本　八册

210000－0741－0001623　440/5040/31－58

月令粹編二十四卷圖說一卷　（清）秦嘉謨撰
清嘉慶十七年（1812）琳琅仙館刻本　八册

210000－0741－0001624　440/5040/55－62

月令粹編二十四卷圖說一卷　（清）秦嘉謨撰
清光緒九年（1883）江西聚文書坊木活字印
本　八册

210000－0741－0001625　440/5040/8095－8100

月令粹編二十四卷圖說一卷　（清）秦嘉謨撰
清末聚奎書屋刻本　六册　存二十一卷
（一至二十一）

210000－0741－0001626　440/5311

尚書釋天六卷　（清）盛百二撰　清乾隆十八
年（1753）刻本　四册

210000－0741－0001627　443.4/1458

天文圖二幅　（□）□□撰　清末刻本　二幅

210000－0741－0001628　443.4/4062

圜天圖說三卷圜天圖說續編二卷　（清）李明
徹撰　清嘉慶二十四年至道光元年（1819－
1821）松梅軒刻本　五册

210000－0741－0001629　443.4/4416

天文圖說四卷圖不分卷　（英國）清柯雅各撰
（美國）摩嘉立　（清）薛承恩譯　清光緒九
年（1883）益智書會刻本　一册

210000－0741－0001630　447/4497

測地志要四卷　（清）黃炳垕著　清同治六年
（1867）餘姚黃氏留書種閣刻本　一册

210000－0741－0001631　448.11/4600

御製麻象考成上編十六卷下編十卷後編十卷
（清）楊文言撰　清光緒二十四年（1898）杭
州德記書莊富强齋石印本　二十八册

210000－0741－0001632　453.8/2135

天元玉曆祥異賦不分卷　（明）仁宗朱高熾撰

明抄本　十册

210000－0741－0001633　453.8/8000

大明天元玉曆祥異圖說七卷　（明）余文龍撰
明萬曆刻本　四册

210000－0741－0001634　463.4/6628/56

天演論二卷　（英國）赫胥黎撰　嚴復譯　清
光緒二十四年（1898）石印本　一册

210000－0741－0001635　463.4/6628/72

天演論節本二卷　（英國）赫胥黎撰　嚴復譯
清光緒二十四年（1898）鉛印本　一册

210000－0741－0001636　480/1021

二如亭群芳譜二十九卷首一卷　（明）王象晉
纂輯　明末刻本　二十八册

210000－0741－0001637　510.1/4123

全體闡微六卷　（美國）柯為良口譯　（清）林
鼎文編譯　清光緒六年（1880）福州聖教醫舘
鉛印本　六册

210000－0741－0001638　519.01/1032/67－76

補註黃帝内經素問二十四卷靈樞經十二卷
（唐）王冰注　（宋）林億等校正　（宋）孫兆
改誤　清光緒三年（1877）杭州浙江書局刻本
十册

210000－0741－0001639　519.01/1032/06－11

補註黃帝内經素問二十四卷靈樞經十二卷
（唐）王冰注　（宋）林億等校正　（宋）孫兆
改誤　清光緒二十二年（1896）圖書集成局鉛
印本　六册

210000－0741－0001640　519.01/2626

黃帝内經素問二十四卷靈樞經十二卷　（明）
吳崑註　（明）江子振參閱　清宏道堂刻本
六册

210000－0741－0001641　519.1/4670

弄丸心法八卷　（清）楊鳳庭撰　（清）張福堂
等校　清宣統三年（1911）成都牟新順齋刻本
八册

210000－0741－0001642　519.82/4623

鍼灸大成十卷　（明）楊繼洲撰　（清）李月桂

重訂　清康熙十九年（1680）李月桂刻本
十冊

210000－0741－0001643　523.2/2347
礦務五種　（英國）傅蘭雅口譯　清光緒二十
三年（1897）上海宜今室石印本　四冊

210000－0741－0001644　527.12/1071
湖北安襄隄道水利集案二卷　（清）王槩編
清乾隆十一年（1746）刻本　二冊

210000－0741－0001645　527.12/2504
山東河務行政沿習利弊報告不分卷　山東調
查局編　清宣統二年（1910）山東調查局石印
本　一冊

210000－0741－0001646　527.12/3286
畿輔水利四案一卷補一卷附錄一卷　（清）潘
錫恩編　清道光刻本　六冊

210000－0741－0001647　528.4/1024
海道圖說十五卷長江圖說一卷　（清）王德均
譯　（英國）金約翰輯　清光緒刻本　十六冊

210000－0741－0001648　530.2/1064
齊民要術十卷　（北魏）賈思勰撰　清光緒二
十二年（1896）桐廬袁氏中江榷署刻本　四冊

210000－0741－0001649　530.8/2893/305－310
農政全書六十卷　（明）徐光啟纂輯　清道光
二十三年（1843）滬上曙海樓刻本　二十四冊

210000－0741－0001650　530.8/2893/505－510
農政全書六十卷　（明）徐光啟纂輯　清道光
二十三年（1843）滬上曙海樓刻本　二十四冊

210000－0741－0001651　531.1/1031
農書二十二卷　（元）王禎撰　清刻本　二冊

210000－0741－0001652　531.1/7727
重訂增補陶朱公致富全書四卷　（清）石嚴逸
叟增定　清道光二十年（1840）綠野草堂刻本
二冊

210000－0741－0001653　531.9/3057/31－54
欽定授時通考七十八卷　（清）鄂爾泰等撰
清同治江西書局刻本　二十四冊

210000－0741－0001654　531.9/3057/52－75
欽定授時通考七十八卷　（清）鄂爾泰等撰
清同治江西書局刻本　二十四冊

210000－0741－0001655　533.35/5100
棉業圖說八卷　（清）農工商部編　清宣統三
年（1911）農工商部印刷科鉛印本　二冊

210000－0741－0001656　536.2/2140/17－24
蠶桑萃編十五卷首一卷　（清）衛傑編　清光
緒二十六年（1900）浙江書局刻本　八冊

210000－0741－0001657　536.2/2140/43－50
蠶桑萃編十五卷首一卷　（清）衛傑編　清光
緒二十五年（1899）刻本　八冊

210000－0741－0001658　583/4481
傳音快字一卷　（清）蔡錫勇撰　清光緒二十
二年（1896）武昌石印本　一冊

210000－0741－0001659　596/4048
隨園食單一卷　（清）袁枚撰　清刻本　二冊

210000－0741－0001660　608/1088
王氏說文三種補正一卷　（清）王筠撰　清同
治四年（1865）刻本　二十四冊

210000－0741－0001661　608/1142/12－19
澤存堂五種　（清）張士俊輯　清光緒十四年
（1888）上海蜚英館石印本　八冊

210000－0741－0001662　608/1142/68－75
澤存堂五種　（清）張士俊輯　清光緒十四年
（1888）上海蜚英館石印本　八冊

210000－0741－0001663　608/1198/65－88
許學叢書三集　張炳翔輯　清光緒十二年
（1886）長洲張氏儀鄭廬刻本　二十四冊

210000－0741－0001664　608/1198/76－99
許學叢書三集　張炳翔輯　清光緒十二年
（1886）長洲張氏儀鄭廬刻本　二十四冊

210000－0741－0001665　608/2244/08－11
小學鉤沈十九卷　（清）任大椿輯　（清）王念
孫校　清光緒十年（1884）龍氏刻本　四冊

210000－0741－0001666　608/2244/83－86

小學鉤沈十九卷　（清）任大椿輯　（清）王念孫校　清嘉慶二十二年（1817）山陽汪廷珍刻本　四冊

210000－0741－0001667　608/3191

顧氏音學五書　（清）顧炎武撰　清光緒十六年（1890）思賢講舍刻本　十一冊　存四種三十五卷（詩本音十卷、易音三卷、唐韻正二十卷、古音表二卷）

210000－0741－0001668　608/3191/52－63

音學五書　（清）顧炎武撰　清光緒十一年（1885）四明觀稼樓刻本　十二冊

210000－0741－0001669　608/4030

小學類編七種三十六卷　（清）李祖望輯　清咸豐二年（1852）江都李氏半畝園刻本　八冊

210000－0741－0001670　608/4241/25－54

［姚氏叢刻］三種　（清）姚覲元輯　清光緒二年（1876）川東官舍刻本　三十冊

210000－0741－0001671　608/4241/72－85，03－07

［姚氏叢刻］三種　（清）姚覲元輯　清光緒二年（1876）川東官舍刻本　十九冊　存二種六十卷（集韻十卷、類篇四十五卷附釋文互註禮部韻略五卷）

210000－0741－0001672　608/4444/08－13

苗氏說文四種　（清）苗夔撰　清咸豐元年（1851）祁氏漢磚亭刻本　六冊

210000－0741－0001673　608/4444/37－40

苗氏說文四種　（清）苗夔撰　清咸豐元年（1851）祁氏漢磚亭刻本　四冊

210000－0741－0001674　608/4444/70－75

苗氏說文四種　（清）苗夔撰　清咸豐元年（1851）祁氏漢磚亭刻本　六冊

210000－0741－0001675　608/4444/90－93

苗氏說文四種　（清）苗夔撰　清咸豐元年（1851）祁氏漢磚亭刻本　四冊

210000－0741－0001676　608/8497

文字存真不分卷　（清）饒炯撰　清光緒三十

年（1904）達古軒刻本　四冊

210000－0741－0001677　621.2/0131

古韻通說二十卷　（清）龍啟瑞撰　清光緒九年（1883）四川尊經書局刻本　二冊

210000－0741－0001678　621.2/2347

古音類表九卷　（清）傅壽彤撰　清光緒二年（1876）大梁臬署刻本　四冊

210000－0741－0001679　621.2/4206

古音諧八卷首一卷　（清）姚文田撰　清道光二十五年（1845）蘇州振新書社刻本　六冊

210000－0741－0001680　621.2/4627/47－50

經書字音辨要九卷　（清）楊名颺編輯　（清）崇綸刻　清道光二十七年（1847）長白崇綸令德堂刻本　四冊

210000－0741－0001681　621.2/4627/62－63

經書字音辨要九卷　（清）楊名颺編輯　（清）崇綸刻　清道光二十七年（1847）長白崇綸令德堂刻本　二冊

210000－0741－0001682　621.2/4694

古音略例四種　（明）楊慎撰　（清）李調元校定　清嘉慶十四年（1809）李鼎元刻本　一冊

210000－0741－0001683　621.2/7588/18－20

毛詩古音攷四卷讀詩拙言一卷　（明）陳第撰　（明）焦竑訂正　（清）徐時作重訂　清乾隆徐時作刻本　三冊　存四卷（毛詩古音攷二至四、讀詩拙言一卷）

210000－0741－0001684　621.2/7588/66－69

毛詩古音攷四卷讀詩拙言一卷　（明）陳第撰　（明）焦竑訂正　清同治二年（1863）長沙余氏明辨齋刻本　四冊

210000－0741－0001685　621.3/2632

韻切指歸（切韻指歸）二卷　（清）吳遐齡輯　清道光七年（1827）集古堂刻本　四冊

210000－0741－0001686　621.3/2643

宋吳才老韻補五卷　（宋）吳棫撰　顧亭林韻補正一卷　（清）顧炎武撰　清光緒九年（1883）邵武徐氏刻本　六冊

210000－0741－0001687　621.3/2738

重斠唐韻考五卷　（清）紀容舒撰　（清）錢熙祚原斠　（清）王灝重斠　清光緒六年（1880）定州王氏括齋刻本　二冊

210000－0741－0001688　621.3/3130

四聲切韻表一卷　（清）江永撰　清光緒二年（1876）李明墀漢皋椎署刻本　一冊

210000－0741－0001689　621.3/4741

古今中外音韻通例十一卷　（清）胡垣撰　清光緒十四年（1888）刻本　四冊

210000－0741－0001690　621.3/7548

大宋重修廣韻五卷　（宋）陳彭年撰　清張氏澤存堂刻本　四冊

210000－0741－0001691　621.4/0822

韻雅（施吏部韻雅）五卷　（清）施何牧撰　清雍正刻本　一冊　存一卷（一）

210000－0741－0001692　621.4/2150/554－563

古今韻會舉要三十卷　（元）熊忠舉要　清光緒九年（1883）淮南書局刻本　十冊

210000－0741－0001693　621.4/2150/851－860

古今韻會舉要三十卷　（元）熊忠舉要　清光緒九年（1883）淮南書局刻本　十冊

210000－0741－0001694　621.4/2207

洪武正韻十六卷　（明）樂韶鳳等撰　明嘉靖四十年（1561）劉以節刻本　五冊

210000－0741－0001695　621.4/4031

李氏音鑒六卷首一卷　（清）李汝珍撰　清同治七年（1868）木樨山房刻本　四冊

210000－0741－0001696　621.4/4031/22－25

李氏音鑒六卷首一卷　（清）李汝珍撰　清光緒十四年（1888）木樨山房刻本　四冊

210000－0741－0001697　621.4/4031/64－67

李氏音鑒六卷首一卷　（清）李汝珍撰　清光緒十四年（1888）掃葉山房刻本　四冊

210000－0741－0001698　621.4/4094/02－06

音韻闡微十八卷　（清）李光地等撰　清光緒七年（1881）淮南書局刻本　五冊

210000－0741－0001699　621.4/4094/04－09

音韻闡微十八卷　（清）李光地等撰　清光緒七年（1881）淮南書局刻本　六冊

210000－0741－0001700　621.4/4094/63－68

音韻闡微十八卷　（清）李光地等撰　清光緒七年（1881）淮南書局刻本　六冊

210000－0741－0001701　621.4/4206

四聲易知錄四卷　（清）姚文田撰　清嘉慶十七年（1812）刻本　四冊

210000－0741－0001702　621.4/4477/43－46

新纂五方元音全書二卷　（清）樊騰鳳撰　（清）年希堯增補　清道光二十年（1840）德義堂刻本　四冊

210000－0741－0001703　621.4/4477/39－42

增補五方元音四卷　（清）樊騰鳳撰　（清）年希堯增補　清光緒九年（1883）掃葉山房刻本　四冊

210000－0741－0001704　621.6/7532/66－67

音韻辨岐六卷首一卷　（清）陳祖綿撰　清道光、咸豐間令德堂刻本　二冊

210000－0741－0001705　621.6/7532/68－69

音韻辨岐六卷首一卷　（清）陳祖綿撰　清道光、咸豐間令德堂刻本　二冊

210000－0741－0001706　621/1774

古今韻略五卷　（清）邵長蘅纂　（清）宋至校　清康熙三十五年（1696）宋犖刻本　五冊

210000－0741－0001707　621/1774/18－22

古今韻略五卷　（清）邵長蘅纂　（清）宋至校　清康熙三十五年（1696）宋犖刻本　五冊

210000－0741－0001708　621/3191

音學五書三十八卷答李子德書一卷　（清）顧炎武纂　清康熙六年（1667）山陽張弨符山堂刻本　十二冊

210000－0741－0001709　621/7865

新增說文韻府羣玉二十卷　（元）陰時夫輯　（元）陰中夫編註　（清）王元貞校正　清乾隆刻本　十二冊

210000－0741－0001710　622.21/0894/18－32

說文解字(說文真本)十五卷　（漢）許慎撰
（宋）徐鉉補註　清刻本　十五冊

210000－0741－0001711　622.21/0894/76－80

說文解字十五卷　（漢）許慎撰　（宋）徐鉉補
註　清初毛氏汲古閣刻本　五冊　存十二卷
（一至七、十一至十五）

210000－0741－0001712　622.21/1024

說文段注訂補十四卷　（清）王紹蘭撰　（清）
胡燏棻編　清光緒十四年（1888）蕭山胡燏棻
刻本　八冊

210000－0741－0001713　622.21/1088/78－81

說文繫傳校錄三十卷　（清）王筠撰　清咸豐
七年（1857）王彥侗刻本　四冊

210000－0741－0001714　622.21/1088/41－56

說文句讀三十卷　（清）王筠撰　清光緒八年
（1882）四川尊經書局刻本　十六冊

210000－0741－0001715　622.21/1088/15－24

說文釋例二十卷補正不分卷　（清）王筠撰
清同治四年（1865）刻本　十冊

210000－0741－0001716　622.21/1088/98－07

說文釋例二十卷補正不分卷　（清）王筠撰
清同治四年（1865）刻本　十冊

210000－0741－0001717　622.21/2881/71－78

**說文繫傳四十卷校勘記三卷說文解字韻譜三
卷**　（五代）徐鍇繫傳　清道光十九年（1839）
壽陽祁寯藻刻本　八冊

210000－0741－0001718　622.21/2881/05－12

說文解字徐氏繫傳四十卷校勘記三卷　（五
代）徐鍇繫傳　清光緒二年（1876）平江吳氏
刻本　八冊

210000－0741－0001719　622.21/4031

說文辨字正俗八卷　（清）李富孫撰　清嘉慶
二十三年（1818）嘉興李氏校經廎刻本　二冊

210000－0741－0001720　622.21/4428/02－49

說文解字義證五十卷　（清）桂馥義證　清咸
豐二年（1852）連筠簃刻本　四十八冊

210000－0741－0001721　622.21/4428/04－51

說文解字義證五十卷　（清）桂馥義證　清同
治九年（1870）湖北崇文書局刻本　四十八冊

210000－0741－0001722　622.21/4428/64－95

說文解字義證五十卷　（清）桂馥義證　清同
治九年（1870）湖北崇文書局刻本　三十二冊

210000－0741－0001723　622.21/4722

說文管見三卷　（清）胡秉虔撰　清光緒七年
（1881）上海望益山房書局刻本　一冊

210000－0741－0001724　622.21/6614

說文校議十五卷　（清）姚文田　（清）嚴可均
撰　清同治十三年（1874）歸安姚氏刻本
四冊

210000－0741－0001725　622.21/7714

說文解字十五卷六書音均表五卷說文訂一卷
（漢）許慎撰　（清）段玉裁注　部目分韻一
卷　（清）陳煥撰　清宣統三年（1911）刻本
十八冊

210000－0741－0001726　622.21/7714/18－35

**說文解字注十五卷六書音均表五卷汲古閣說
文訂一卷**　（漢）許慎撰　（清）段玉裁注　部
目分韻一卷　（清）陳煥撰　清光緒元年
（1875）湖北崇文書局刻本　十八冊

210000－0741－0001727　622.21/7714/26－41

**說文解字注十五卷六書音均表五卷部目分韻
一卷**　（漢）許慎撰　（清）段玉裁注　清同治
六年（1867）蘇州保息局刻本　十六冊

210000－0741－0001728　622.21/7714/64－87

**說文解字注十五卷六書音均表五卷部目分韻
一卷**　（漢）許慎撰　（清）段玉裁注　清光緒
三年（1877）成都尊經書院刻本　二十四冊

210000－0741－0001729　622.21/7714/32－49

**說文解字注十五卷六書音均表五卷部目分韻
一卷**　（漢）許慎撰　（清）段玉裁注　清同治
六年（1867）蘇州保息局補刻本　十八冊

210000－0741－0001730　622.21/7714/89－04

說文解字注十五卷六書音均表五卷部目分韻

一卷　（漢）許慎撰　（清）段玉裁注　清同治
六年（1867）蘇州保息局刻本　十六冊

210000－0741－0001731　622.21/8341/02－07
說文解字斠詮十四卷　（清）錢坫撰　清刻本
　六冊

210000－0741－0001732　622.21/8341/80－85
說文解字斠詮十四卷　（清）錢坫撰　清光緒
九年（1883）淮南書局刻本　六冊

210000－0741－0001733　622.21/8341/79－85
說文解字斠詮十四卷　（清）錢坫撰　清嘉慶
十二年（1807）吉鑠石齋刻本　七冊

210000－0741－0001734　622.21/8341/21－26
說文解字斠詮十四卷　（清）錢坫撰　清光緒
九年（1883）淮南書局刻本　六冊

210000－0741－0001735　622.21/8718
說文逸字二卷　（清）鄭珍撰　**附錄一卷**
（清）鄭知同撰　清咸豐八年（1858）望山堂精
刻本　四冊

210000－0741－0001736　622.21/8741
段氏說文注訂八卷　（清）鈕樹玉撰　清同治
十三年（1874）湖北崇文書局刻本　二冊

210000－0741－0001737　622.21/8741/49－62
說文解字校錄十五卷　（漢）許慎撰　（清）鈕
樹玉校錄　清光緒十一年（1885）江蘇書局刻
本　十四冊

210000－0741－0001738　622.21/8741/62－63
說文新附考六卷續一卷　（清）鈕樹玉撰　清
同治十三年（1874）湖北崇文書局刻本　二冊

210000－0741－0001739　622.21/8741/66－79
說文解字校錄十五卷　（漢）許慎撰　（清）鈕
樹玉校錄　清光緒十一年（1885）江蘇書局刻
本　十四冊

210000－0741－0001740　622.21/8741/67－68
說文新附考六卷續一卷　（清）鈕樹玉撰　清
同治十三年（1874）湖北崇文書局刻本　二冊

210000－0741－0001741　622.211/1088
文字蒙求四卷　（清）王筠撰　清道光二十六
年（1846）刻本　一冊

210000－0741－0001742　622.211/1140
**復古編二卷附錄一卷曾樂軒稿一卷安陸集一
卷**　（宋）張有撰　清嘉慶七年（1802）刻本
三冊

210000－0741－0001743　622.211/3630
六書管見二十卷　（清）況祥麟撰　清光緒二
年（1876）登善堂刻本　十六冊

210000－0741－0001744　622.211/4295/62－66
文字蒙求廣義四卷　（清）蒯光典撰　清光緒
二十七年（1901）江楚書局刻本　五冊

210000－0741－0001745　622.211/4295/66－70
文字蒙求廣義四卷　（清）蒯光典撰　清光緒
二十七年（1901）江楚書局刻本　五冊

210000－0741－0001746　622.211/4622
六書原始十五卷　（清）賀松齡輯　清同治三
年（1864）劍州刻本　八冊

210000－0741－0001747　622.22/1122
說文審音十六卷　（清）張行孚撰　清光緒二
十四年（1898）芳郭里通隱堂桐廬袁昶刻本
四冊　存十二卷（一至七、九、十二、十四至十
六）

210000－0741－0001748　622.22/2574/02－09
說文通訓定聲十八卷附三卷　（清）朱駿聲撰
　清光緒十三年（1887）上海積山書局石印本
　八冊

210000－0741－0001749　622.22/2574/09－32
**說文通訓定聲十八卷分部檢韻一卷說雅一卷
古今韻準一卷**　（清）朱駿聲撰　清同治九年
（1870）臨嘯閣刻本　二十四冊

210000－0741－0001750　622.22/2574/61－86
**說文通訓定聲十八卷分部檢韻一卷說雅一卷
古今韻準一卷**　（清）朱駿聲撰　清同治九年
（1870）臨嘯閣刻本　二十六冊

210000－0741－0001751　622.22/2574/83－90
說文通訓定聲十八卷附三卷　（清）朱駿聲撰
　清光緒十三年（1887）上海積山書局石印本

八册

210000－0741－0001752　622.22/4206

說文聲系十四卷　（清）姚文田撰　清嘉慶九
年(1804)粵東督學使署刻本　二册

210000－0741－0001753　622.22/4444

說文聲訂二十八卷　（清）苗夔撰　清道光二
十一年(1841)漢磚亭刻本　四册

210000－0741－0001754　622.22/6614

說文聲類二卷　（清）嚴可均撰　清同治歸安
吳氏二百蘭亭齋刻本　二册

210000－0741－0001755　622.3/1005

古文四聲韻（集古文韻）五卷　（宋）夏竦撰
清乾隆四十四年(1779)汪啓淑刻本　五册

210000－0741－0001756　622.4/1200

名原二卷　（清）孫詒讓撰　清光緒刻本
一册

210000－0741－0001757　622.4/2344

六書分類十二卷首一卷　（清）傅世垚撰　清
嘉慶元年(1796)傅應奎聽松閣刻本　十册

210000－0741－0001758　622.4/4012

刻詳校篇海（刻詳校篇海全書）五卷　（明）李
登校輯　明萬曆三十六年(1608)刻本　二
十册

210000－0741－0001759　622.4/4021

六書系韻二十四卷　（清）李貞編　清光緒十
六年(1890)刻本　二十四册

210000－0741－0001760　622.4/4211

十三經集字摹本不分卷　（清）彭玉雯撰
（清）萬青選校正　（清）梁紹鴻書字　清道光
二十九年(1849)江右彭氏刻本　八册

210000－0741－0001761　622.4/6047

六種俗字犀鐙不分卷　（清）羅志開輯注　清
乾隆二十四年(1759)希信堂刻本　六册

210000－0741－0001762　622.4/7702/23－30

六書通十卷　（清）閔齊伋輯　（清）畢弘述篆
訂　清刻本　八册

210000－0741－0001763　622.4/7702/61－66

六書通十卷　（清）閔齊伋輯　（清）畢弘述篆
訂　清光緒四年(1878)繡谷三餘堂刻本
六册

210000－0741－0001764　622.51/6051/24

殷商貞卜文字考一卷　羅振玉撰　清宣統二
年(1910)玉簡齋石印本　一册

210000－0741－0001765　622.51/6051/97

殷商貞卜文字考一卷　羅振玉撰　清宣統二
年(1910)玉簡齋石印本　一册

210000－0741－0001766　622.52/0467

選集漢印分韻二卷續集二卷　（清）謝景卿輯
清嘉慶二年至八年(1797－1803)漱藝堂刻
本　四册

210000－0741－0001767　622.52/1200/11－12

古籀拾遺三卷宋政和禮器文字攷不分卷
（清）孫詒讓撰　清光緒十七年(1891)精刻本
二册

210000－0741－0001768　622.52/1200/22－23

古籀餘論三卷　（清）孫詒讓撰　清光緒二十
九年(1903)孫氏刻本　二册

210000－0741－0001769　622.52/1200/83－84

古籀餘論三卷　（清）孫詒讓撰　清光緒二十
九年(1903)孫氏刻本　二册

210000－0741－0001770　622.52/3441

石鼓文定本不分卷　（清）沈梧撰　清光緒十
六年(1890)古華山館刻本　四册

210000－0741－0001771　622.6/0131

字學舉隅不分卷　（清）龍啟瑞撰　清道光二
十六年(1846)石印本　一册

210000－0741－0001772　622.6/0754

汗簡七卷　（宋）郭忠恕撰　清光緒十一年
(1885)朱氏刻本　二册

210000－0741－0001773　622.6/0754/38－43

汗簡箋正八卷　（宋）郭忠恕撰　（清）鄭珍箋
正　清光緒十五年(1889)廣州廣雅書局刻本
六册

210000 –0741 –0001774　622.6/0754/75 –82

汗簡箋正八卷　（宋）郭忠恕撰　（清）鄭珍箋
正　清光緒十五年（1889）廣州廣雅書局刻本
八冊

210000 –0741 –0001775　622.6/1079/67

形聲類篇五卷　（清）丁履恒撰　清光緒十五
年（1889）陽湖楊氏刻本　一冊

210000 –0741 –0001776　622.6/1079/76

形聲類篇五卷　（清）丁履恒撰　清光緒十五
年（1889）陽湖楊氏刻本　一冊

210000 –0741 –0001777　622.6/2643/45 –46

說文古籀補十四卷附錄一卷　（清）吳大澂撰
清光緒二十四年（1898）刻本　二冊

210000 –0741 –0001778　622.6/2643/71 –72

說文古籀補十四卷附錄一卷　（清）吳大澂撰
清光緒二十四年（1898）刻本　二冊

210000 –0741 –0001779　622.6/2643/85 –86

說文古籀補十四卷附錄一卷　（清）吳大澂撰
清光緒二十四年（1898）刻本　二冊

210000 –0741 –0001780　622.6/3102/36 –37

鐘鼎字源五卷　（清）汪立名撰　清康熙五十
五年（1716）一隅草堂刻本　二冊

210000 –0741 –0001781　622.6/3102/71 –73

鐘鼎字源五卷　（清）汪立名撰　清光緒二年
（1876）秦氏麟慶堂刻本　三冊

210000 –0741 –0001782　622.6/4046

訂正習用譌字二卷　（清）南士明撰　清咸豐
三年（1853）忠厚堂石印本　二冊

210000 –0741 –0001783　622.6/4426

釋書名一卷　（清）莊綬甲撰　清光緒十五年
（1889）刻本　一冊

210000 –0741 –0001784　622.6/4428

繆篆分韻五卷補五卷　（清）桂馥撰　清光緒
歸安姚覲元咫進齋刻本　二冊

210000 –0741 –0001785　622.6/4433

說文古籀疏證六卷原目一卷　（清）莊述祖撰
清光緒二十年（1894）天津明文堂刻本

四冊

210000 –0741 –0001786　622.6/6059

字辨證篆十七卷　（清）易本烺撰　清同治九
年（1870）京山易氏刻本　六冊

210000 –0741 –0001787　622.7/7426

新刊埤雅二十卷　（宋）陸佃撰　明刻本
六冊

210000 –0741 –0001788　622.71/0712/57

爾雅音圖三卷　（晉）郭璞注　（清）姚之麟摹
繪　清嘉慶六年（1801）曾氏藝學軒刻本
一冊

210000 –0741 –0001789　622.71/0712/60 –62

爾雅音圖三卷　（晉）郭璞注　（清）姚之麟摹
繪　清光緒三年（1877）宋珙重印本　三冊

210000 –0741 –0001790　622.71/0712/64 –68

爾雅注疏十一卷校勘記十一卷爾雅議二卷
（晉）郭璞注　（宋）邢昺疏　（清）阮元校
（唐）陸德明音義　清同治十年（1871）湖南尊
經閣刻本　五冊

210000 –0741 –0001791　622.71/0712/84 –87

爾雅音圖三卷　（晉）郭璞注　（清）姚之麟摹
繪　清光緒三年（1877）宋珙重印本　四冊

210000 –0741 –0001792　622.71/1044

爾雅郭注佚存補訂二十卷　王樹柟撰　清光
緒十八年（1892）資陽刻本　五冊

210000 –0741 –0001793　622.71/4443

爾雅古注斠三卷蘭如詩鈔一卷　（清）葉蕙心
撰　清光緒二年（1876）李氏半畝園刻本
二冊

210000 –0741 –0001794　622.71/4742/19 –26

爾雅義疏二十卷　（清）郝懿行撰　清光緒十
三年（1887）湖北官書局刻本　八冊

210000 –0741 –0001795　622.71/4742/22 –28

爾雅義疏十九卷　（清）郝懿行撰　（清）陳奐
校　清道光三十年（1850）陸氏木犀香館刻本
七冊

210000 –0741 –0001796　622.71/4742/37 –44

爾雅郭注義疏二十卷　（清）郝懿行撰　清同治四年(1865)山東沐上郝氏刻本　八冊

210000－0741－0001797　622.71/4742/40－45

爾雅義疏十九卷　（清）郝懿行撰　（清）陳奐校　清咸豐十年(1860)學海堂刻本　六冊

210000－0741－0001798　622.71/4742/99－06

爾雅義疏二十卷　（清）郝懿行撰　清光緒十三年(1887)湖北官書局刻本　八冊

210000－0741－0001799　622.71/6071

爾雅翼三十二卷　（宋）羅願撰　（元）洪焱祖釋　清嘉慶十一年(1806)張氏曠照閣刻本　五冊

210000－0741－0001800　622.71/6614

爾雅圖讚一卷　（晉）郭璞撰　（清）嚴可均輯　清光緒二十一年(1895)長沙葉氏郎園刻本　一冊

210000－0741－0001801　622.71/7426

爾雅釋文三卷　（唐）陸德明撰　清刻本　一冊

210000－0741－0001802　622.72/1081/72－77

廣雅疏證十卷　（清）王念孫撰　（清）王引之述　清嘉慶元年(1796)王氏刻本　六冊

210000－0741－0001803　622.72/1081/779－786

廣雅疏證十卷博雅音十卷　（清）王念孫撰（清）王引之述　清光緒五年(1879)淮南書局刻本　八冊

210000－0741－0001804　622.72/1081/79－84

廣雅疏證十卷　（清）王念孫撰　（清）王引之述　清嘉慶元年(1796)王氏刻本　六冊

210000－0741－0001805　622.72/1081/07－14

廣雅疏證十卷　（清）王念孫撰　（清）王引之述　清光緒五年(1879)淮南書局刻本　八冊

210000－0741－0001806　622.72/1081/978－985

廣雅疏證十卷博雅音十卷　（清）王念孫撰（清）王引之述　清光緒五年(1879)淮南書局刻本　八冊

210000－0741－0001807　622.73/1069

拾雅二十卷　（清）夏味堂撰　（清）夏紀堂注　清道光二年(1822)高郵夏氏遂園刻本　十冊

210000－0741－0001808　622.73/2504

駢雅訓纂十六卷序目一卷補遺一卷　（明）朱謀㙔撰　（清）魏茂林訓纂　清光緒七年(1881)成都淪雅齋刻本　八冊

210000－0741－0001809　622.73/4442

小爾雅疏證五卷　（清）葛其仁撰　清道光二十年(1840)刻本　二冊

210000－0741－0001810　622.73/4711

小爾雅義證十三卷　（清）胡承珙撰　（清）劉世珩校刊　清光緒貴池劉氏刻本　六冊

210000－0741－0001811　622.8/0044

問奇典註四卷　（清）唐英增釋　（清）張晒校字　清道光、咸豐間抄本　四冊

210000－0741－0001812　622.8/0124

匡謬正俗八卷急就篇一卷　（唐）顏師古撰　清同治十二年(1873)粵東書局刻本　一冊

210000－0741－0001813　622.8/1013

經傳釋詞十卷　（清）王引之撰　清道光二十七年(1847)錢熙祚刻本　二冊

210000－0741－0001814　622.8/2643

字說一卷　（清）吳大澂撰　清光緒十九年(1893)思賢講舍刻本　一冊

210000－0741－0001815　622.8/3734

祁大夫字說一卷　（清）祁寯藻編　清道光二十七年(1847)饅飢亭刻本　一冊

210000－0741－0001816　622.8/4746

增訂金壺字攷一卷古體假借字一卷　（清）郝花田撰　清光緒十一年(1885)石印本　一冊

210000－0741－0001817　622.8/7110/75－22

經籍纂詁一百六卷首一卷　（清）阮元撰　清嘉慶十七年(1812)阮氏小琅嬛仙館刻本　四十八冊

210000－0741－0001818　622.8/7110/41－50

經籍纂詁一百六卷　（清）阮元撰　清光緒九

年(1883)上海點石齋石印本　十冊

210000－0741－0001819　622/0894

說文解字十五卷　（漢）許慎撰　（宋）徐鉉補註　清初毛氏汲古閣刻本　十四冊

210000－0741－0001820　622/1713/45－52

爾雅正義二十卷　（清）邵晉涵撰集　清乾隆五十三年(1788)金陵文炳齋劉德文刻本　八冊

210000－0741－0001821　622/1713/70－77

爾雅正義二十卷　（清）邵晉涵撰集　清乾隆五十三年(1788)金陵文炳齋劉德文刻本　八冊

210000－0741－0001822　622/1779

類篇十五卷　（宋）司馬光等纂　清康熙四十五年(1706)棟亭刻本　十四冊

210000－0741－0001823　622/3102

鐘鼎字源五卷　（清）汪立名撰　清康熙五十五年(1716)一隅草堂刻本　三冊

210000－0741－0001824　622/3147

隸辨八卷　（清）顧藹吉撰集　清乾隆八年(1743)黃晟刻本　八冊

210000－0741－0001825　622/4310

經考五卷　（清）戴震撰　清末南陵徐氏刻本　二冊

210000－0741－0001826　622/4360

篆書正四卷　（清）戴明説纂　（清）劉夢參定　清順治十四年(1657)胡正言刻本　八冊

210000－0741－0001827　622/7277/75－77

釋名疏證八卷釋名補遺一卷續釋名一卷　（漢）劉熙撰　（清）畢沅疏證　清乾隆五十四年(1789)畢沅靈巖山館刻本　三冊

210000－0741－0001828　622/7277/78－80

釋名疏證八卷釋名補遺一卷續釋名一卷　（漢）劉熙撰　（清）畢沅疏證　清乾隆五十五年(1790)經訓堂刻本　與210000－0741－0001827合冊

210000－0741－0001829　622/7426

經典釋文三十卷　（唐）陸德明撰　清康熙通志堂刻本　六冊

210000－0741－0001830　622/7702

六書通十卷　（清）閔齊伋撰　（清）畢弘述篆訂　清康熙五十九年(1720)畢弘述刻本　六冊

210000－0741－0001831　622/8740

爾雅註三卷　（宋）鄭樵撰　清康熙四十年(1701)刻本　三冊

210000－0741－0001832　623/1115

康熙字典十二集　（清）張玉書總閲　（清）凌紹雯纂修　清康熙五十五年(1716)北京內府刻本　四十冊

210000－0741－0001833　623/1115/15－20

字典攷證十二卷　（清）張玉書等纂　（清）王引之攷證　清光緒二年(1876)湖北崇文書局刻本　六冊

210000－0741－0001834　623/1115/33－38

字典攷證十二卷　（清）張玉書等纂　（清）王引之攷證　清光緒二年(1876)湖北崇文書局刻本　六冊

210000－0741－0001835　623/1115/53－54

康熙字典十二集補遺備攷不分卷　（清）張玉書等纂　清光緒十一年(1885)上海點石齋石印本　二冊

210000－0741－0001836　623/4803

字彙十四卷　（明）梅膺祚撰　清乾隆四十年(1775)關西書林簡庵氏刻本　十四冊

210000－0741－0001837　623/4803/033－045

字彙十四卷　（明）梅膺祚撰　清同治七年(1868)文正堂刻本　十三冊

210000－0741－0001838　623/4803/340－353

字彙十四卷　（明）梅膺祚音釋　清大文堂書坊刻本　十四冊

210000－0741－0001839　624.08/4207

詩詞韻輯三種　（清）姚詩雅輯　清同治四年(1865)滑臺官舍刻本　二冊

210000 - 0741 - 0001840　624/0037/40 - 45

韻詁五卷補遺五卷　（清）方濬頤輯　清光緒
五年（1879）淮南書局刻本　六冊

210000 - 0741 - 0001841　624/0037/74 - 80

韻詁五卷補遺五卷　（清）方濬頤輯　清光緒
五年（1879）淮南書局刻本　七冊

210000 - 0741 - 0001842　624/2042

康熙甲子史館新刊古今通韻二十卷　（清）毛
奇齡撰　清康熙二十四年（1685）刻本　六冊

210000 - 0741 - 0001843　624/2129

柴氏古韻通八卷正音切韻復古編一卷　（清）
柴紹炳撰　清乾隆刻本　八冊

210000 - 0741 - 0001844　624/2250

古今韻會舉要三十卷　（元）熊忠舉要　明刻
本　三十二冊

210000 - 0741 - 0001845　624/2643

韻切指歸二卷　（清）吳遐齡纂輯　清康熙四
十九年（1710）吳之玠刻本　六冊

210000 - 0741 - 0001846　624/7204

詩韻含英十八卷　（清）劉文蔚輯　清末經文
堂坊刻本　二冊

210000 - 0741 - 0001847　624/7734

佩文詩韻釋要五卷　（清）周兆基輯　清光緒
十八年（1892）桂垣書局刻本　二冊

210000 - 0741 - 0001848　624/8067/06 - 10

詩韻合璧五卷　（清）余照輯　清同治十二年
（1873）京都文成堂銅版印本　五冊

210000 - 0741 - 0001849　624/8067/37 - 41

詩韻合璧五卷　（清）余照輯　清光緒十三年
（1887）廣百宋齋鉛印本　五冊

210000 - 0741 - 0001850　624/8067/500 - 503

詩韻集成十卷　（清）余照輯　清光緒五年
（1879）掃葉山房銅版印本　四冊

210000 - 0741 - 0001851　624/8067/61 - 65

詩韻合璧五卷　（清）余照輯　清光緒十三年
（1887）廣百宋齋鉛印本　五冊

210000 - 0741 - 0001852　624/8067/79 - 82

詩韻集成十卷　（清）余照輯　清光緒二十四
年（1898）燕臺文勝堂刻本　四冊

210000 - 0741 - 0001853　626/1192

續方言新校補二卷　（清）張慎儀校補　（清）
杭世駿原撰　清光緒三十一年（1905）成都張
氏刻本　一冊

210000 - 0741 - 0001854　626/5640/07 - 10

**輶軒使者絕代語釋別國方言箋疏十三卷校勘
記一卷**　（漢）揚雄撰　（晉）郭璞注　（清）
錢繹箋疏　（清）何翰章校勘　清光緒十七年
（1891）刻本　四冊

210000 - 0741 - 0001855　626/5640/16 - 19

方言箋疏十三卷　（漢）揚雄撰　（晉）郭璞注
（清）錢繹箋疏　清光緒十六年（1890）廣雅
書局刻本　四冊

210000 - 0741 - 0001856　626/8346

恒言錄六卷　（清）錢大昕撰　（清）阮常生
（清）張鑒補注　清刻本　二冊

210000 - 0741 - 0001857　628.18/9913

重訂合聲簡字譜不分卷　勞乃宣撰　清光緒
三十二年（1906）金陵刻本　一冊

210000 - 0741 - 0001858　629.1/1458

清文虛字鎖記不分卷　（□）□□撰　清抄本
一冊

210000 - 0741 - 0001859　629.1/2391

御製增訂清文鑑三十二卷　（清）傅恒撰　清
乾隆三十六年（1771）刻本　四十八冊

210000 - 0741 - 0001860　629.1/3077

清文補彙八卷　（清）宜興撰　清乾隆五十一
年（1786）刻本　八冊

210000 - 0741 - 0001861　629.1/3475

欽定滿漢對音字式不分卷　（清）高宗弘曆撰
清光緒十六年（1890）京都聚珍堂刻本
一冊

210000 - 0741 - 0001862　629.3/2337

欽定同文韻統六卷　（清）允祿等撰　清宣統

二年(1910)理藩部刻本　五冊

210000－0741－0001863　629.5/5009

漢回合璧不分卷　（清）史文光編　清末刻本　一冊

210000－0741－0001864　710.21/7246/47－52

文心雕龍十卷　（南朝梁）劉勰撰　（明）梅慶生音註　（明）楊升菴批點　明天啟二年(1622)梅子庚刻本　六冊

210000－0741－0001865　710.22/0022

讀書作文譜十二卷　（清）唐彪撰　清嘉慶二十四年(1819)羊城古經閣刻本　六冊

210000－0741－0001866　710.22/1248

四六叢話三十二卷選詩叢話一卷　（清）孫梅輯　清光緒七年(1881)吳門汪氏刻本　十二冊

210000－0741－0001867　710.22/3308/693－700

制義叢話二十四卷題名一卷　（清）梁章鉅撰　清咸豐九年(1859)知足知不足齋刻本　八冊

210000－0741－0001868　710.22/3308/78－85

制義叢話二十四卷題名一卷　（清）梁章鉅撰　清咸豐九年(1859)華樵雲廣州刻本　八冊

210000－0741－0001869　710.22/3308/66－73

制義叢話二十四卷題名一卷　（清）梁章鉅撰　清咸豐九年(1859)華樵雲廣州刻本　八冊

210000－0741－0001870　710.22/7246

文心雕龍十卷　（南朝梁）劉勰撰　（明）梅慶生音註　明天啟二年(1622)梅子庚刻本　六冊

210000－0741－0001871　710.22/7246/28－29

文心雕龍十卷　（南朝梁）劉勰撰　（清）黃叔琳輯注　清乾隆六年(1741)養素堂刻本　二冊

210000－0741－0001872　710.22/7246/51－52

文心雕龍十卷　（南朝梁）劉勰撰　（清）黃叔琳輯注　清乾隆六年(1741)養素堂刻本　二冊

210000－0741－0001873　710.22/7246/79－82

文心雕龍十卷　（南朝梁）劉勰撰　（清）黃叔琳輯注　清乾隆六年(1741)養素堂刻本　四冊

210000－0741－0001874　710.23/1033

聲調三譜七卷聲調續譜一卷聲調前譜一卷聲調後譜一卷談龍錄一卷　（清）王祖源輯　清光緒二十二年(1896)宏道堂刻本　二冊

210000－0741－0001875　710.23/4942/53

聲調譜三卷　（清）趙執信撰　清乾隆三年(1738)刻本　一冊

210000－0741－0001876　710.23/4942/54

談龍錄一卷　（清）趙執信撰　清乾隆三年(1738)刻本　一冊

210000－0741－0001877　710.8/1061

檀几叢書五十卷　（清）王晫輯　（清）張潮校　清康熙三十四年(1695)張氏霞舉堂刻本　五冊

210000－0741－0001878　710.8/2191/10601－10608

義門讀書記五十八卷　（清）何焯撰　清乾隆三十四年(1769)刻本　十六冊

210000－0741－0001879　710.8/2191/90－01

義門讀書記五十八卷　（清）何焯撰　清乾隆三十四年(1769)刻本　十二冊

210000－0741－0001880　711.11/0040

古文苑二十一卷　（宋）章樵註　清光緒十二年(1886)江蘇書局刻本　四冊

210000－0741－0001881　711.11/1017

淮安藝文志十卷　（清）王琛編　清同治十二年(1873)刻本　八冊

210000－0741－0001882　711.11/1094

重訂文選集評十五卷首一卷末一卷　（清）于光華編次　（清）垜峻如等校字　清乾隆五十一年(1786)金閶書業堂刻本　八冊

210000－0741－0001883　711.11/1094/40－59

古文分編集評四集二十二卷　（清）于光華輯

清務本堂刻本　二十冊

210000－0741－0001884　711.11/1117

鐫張太史評選古文正宗十四卷　（明）張鼐評選　清康熙十五年（1676）金陵孝友堂刻本　二十四冊

210000－0741－0001885　711.11/1132

當湖詩文逸二十二卷　（清）張憲和輯　清光緒刻本　八冊

210000－0741－0001886　711.11/1133/485－584

漢魏六朝百三名家集一百十八卷　（明）張溥輯　清光緒十八年（1892）善化章氏經濟堂刻本　一百冊

210000－0741－0001887　711.11/1133/684－783

漢魏六朝百三名家集一百十八卷　（明）張溥輯　清光緒十八年（1892）長沙謝氏翰墨山房刻本　一百冊

210000－0741－0001888　711.11/1133/757－856

漢魏六朝百三名家集一百十八卷　（明）張溥輯　清光緒五年（1879）彭懋謙信述堂刻本　一百冊

210000－0741－0001889　711.11/1748

海虞文徵三十卷　（清）邵松年輯　清光緒三十一年（1905）上海鴻文書局石印本　十六冊

210000－0741－0001890　711.11/2101

常郡八邑藝文志十二卷　（清）盧文弨纂定　（清）莊翊昆校補　（清）莊毓鈜重校　清光緒十六年（1890）刻本　十六冊

210000－0741－0001891　711.11/2114

粵十三家集十三種　（清）伍元薇輯　清道光二十年（1840）南海伍氏詩雪軒刻本　四十冊

210000－0741－0001892　711.11/3286

乾坤正氣集五百七十四卷首一卷　（清）潘錫恩等輯　清道光二十八年（1848）潘氏袁江節署求是齋刻本　二百冊

210000－0741－0001893　711.11/4418/20－33

古文析義合編十四卷　（清）林雲銘評註　（清）翁必遴等校　清湖南仁記書局刻本　十

四冊

210000－0741－0001894　711.11/4418/72－87

增訂古文析義合編十六卷　（清）林雲銘評註　（清）葉世宸等校　清奎壁堂刻本　十六冊

210000－0741－0001895　711.11/4420

六臣註文選六十卷　（南朝梁）蕭統撰　（唐）李善等註　明萬曆六年（1578）徐成位刻本　三十冊

210000－0741－0001896　711.11/4420/043－066

文選六十卷考異十卷　（南朝梁）蕭統輯　（唐）李善注　清嘉慶十四年（1809）胡克家刻本　二十四冊

210000－0741－0001897　711.11/4420/21－36

重訂文選集評十五卷首一卷末一卷　（清）于光華編　清同治七年（1868）刻本　十六冊

210000－0741－0001898　711.11/4420/01－06

文選六十卷　（南朝梁）蕭統輯　清刻本　六冊　存三十卷（三十一至六十）

210000－0741－0001899　711.11/4420/57－68

文選六十卷　（南朝梁）蕭統輯　（唐）李善注　清光緒元年（1875）四川尊經書院刻本　十二冊

210000－0741－0001900　711.11/4420/62－71

文選六十卷　（南朝梁）蕭統撰　（唐）李善註　清同治八年（1869）金陵書局刻本　十冊

210000－0741－0001901　711.11/4420/74－83

文選六十卷　（南朝梁）蕭統輯　（唐）李善注　清同治八年（1869）金陵書局刻本　十冊

210000－0741－0001902　711.11/4420/78－93

重訂文選集評十五卷首一卷末一卷　（清）于光華編　清同治十一年（1872）江蘇書局刻本　十六冊

210000－0741－0001903　711.11/4420/800－810

新刊文選考註後集十四卷　（南朝梁）蕭統輯　清刻本　十一冊　存十二卷（一至十二前半卷）

210000－0741－0001904　711.11/4434

東萊集註類編觀瀾文集七十卷　（宋）林之奇編　清光緒十年（1884）巴陵方氏碧琳琅館刻本　八冊　存四十卷（甲集一至十九、乙集一至二十一）

210000－0741－0001905　711.11/4694

升菴全蜀秇文志（全蜀秇文志）六十四卷（明）楊慎輯　（清）譚言藹重校　（清）張汝傑刻　（清）張汝照校　清嘉慶二十二年（1817）犍為張氏小書樓刻本　二十冊

210000－0741－0001906　711.11/4880

古文詞畧二十四卷　（清）梅曾亮編　清同治六年（1867）合肥李氏刻本　五冊

210000－0741－0001907　711.11/7248

刪補古今文致十卷　（明）劉士鏻輯　（明）王宇增刪　明天啟三年（1623）刻本　十冊

210000－0741－0001908　711.11/7275/61－74

新刻諸葛宗岳史四公文集二十八卷　（清）劉質慧重栞　清同治十二年（1873）三原劉氏述荊堂刻本　十四冊

210000－0741－0001909　711.11/7275/77－80

諸葛宗岳史四公文集二十八卷　（清）劉質慧輯　清同治十二年（1873）三原劉氏述荊堂刻本　十四冊

210000－0741－0001910　711.11/7510

御定歷代賦彙一百四十卷外集二十卷逸句二卷補遺二十二卷　（清）陳元龍編　清康熙四十五年（1706）內府刻本　八十冊

210000－0741－0001911　711.12/0060

紫陽方先生瀛奎律髓四十九卷　（宋）方回輯　（清）陳士泰甫校　清康熙四十九年（1710）陳士泰刻本　二十八冊

210000－0741－0001912　711.12/0317

御選唐宋詩醇四十七卷目錄二卷　（清）梁詩正　（清）錢陳羣等校刊　清乾隆二十五年（1760）刻本　二十冊

210000－0741－0001913　711.12/0742

樂府詩集一百卷目錄二卷　（宋）郭茂倩編次

明萬曆二十七年至崇禎十七年（1599－1644）常熟毛氏汲古閣刻本　二十冊

210000－0741－0001914　711.12/0742/27－42

樂府詩集一百卷　（宋）郭茂倩編　清同治十三年（1874）湖北崇文書局刻本　十六冊

210000－0741－0001915　711.12/1043

古詩箋三十二卷　（清）王阮亭選本　（清）聞人倓箋　清乾隆三十一年（1766）五茸城聞人倓芷蘭堂刻本　十二冊

210000－0741－0001916　711.12/1043/13－19

漁洋山人古詩選三十二卷惜抱軒今體詩鈔十八卷　（清）王士禛選　清同治五年（1866）金陵書局刻本　七冊

210000－0741－0001917　711.12/1043/59－68

漁洋山人古詩選三十二卷惜抱軒今體詩鈔十八卷　（清）王士禛選　清同治五年（1866）金陵書局刻本　十冊

210000－0741－0001918　711.12/1043/62－71

漁洋山人古詩選三十二卷　（清）王士禛選　清刻本　十冊

210000－0741－0001919　711.12/1073

八代詩選二十卷　王闓運撰　清光緒七年（1881）四川尊經書局刻本　六冊

210000－0741－0001920　711.12/1114/049－056

宛鄰書屋古詩錄十二卷　（清）張琦輯　清同治八年（1869）陽湖張氏宛鄰書屋刻本　八冊

210000－0741－0001921　711.12/1114/151－158

宛鄰書屋古詩錄十二卷　（清）張琦輯　清道光陽湖張氏宛鄰書屋刻本　八冊

210000－0741－0001922　711.12/1271/27－34

御選唐宋詩醇四十七卷　（清）高宗弘曆選定　清光緒二十一年（1895）上海鴻文書局石印本　八冊

210000－0741－0001923　711.12/1271/36－55

御選唐宋詩醇四十七卷目錄二卷　（清）高宗弘曆選定　清光緒七年（1881）浙江書局刻本　二十冊

210000－0741－0001924　711.12/1764

沅湘耆舊集二百卷前編四十卷　（清）鄧顯鶴審編　清道光二十四年（1844）新化鄧氏小九華山樓刻本　六十四冊

210000－0741－0001925　711.12/2528/13－22

金陵詩徵四十四卷　（清）朱緒曾編　清光緒十八年（1892）刻本　十冊

210000－0741－0001926　711.12/2528/82－87

續金陵詩徵六卷　（清）朱緒曾編　清光緒二十年（1894）刻本　六冊

210000－0741－0001927　711.12/2617

宋金元詩選六卷　（清）吳翌鳳錄　清乾隆五十八年（1793）刻本　四冊

210000－0741－0001928　711.12/2617/07－10

宋金元詩選六卷　（清）吳翌鳳錄　清乾隆五十八年（1793）斯雅堂刻本　四冊

210000－0741－0001929　711.12/2617/37－40

宋金元詩選六卷　（清）吳翌鳳選　清乾隆五十八年（1793）斯雅堂刻本　四冊

210000－0741－0001930　711.12/2624

宋金元詩永二十卷補遺二卷　（清）吳綺輯　清康熙十七年（1678）刻本　六冊

210000－0741－0001931　711.12/2732

黔詩紀略三十三卷　（清）黎兆勳採詩　（清）莫友芝傳証　清同治十二年（1873）金陵遵義唐氏夢研齋刻本　八冊

210000－0741－0001932　711.12/2885

本事詩十二卷　（清）徐釚輯　清乾隆二十二年（1757）刻本　六冊

210000－0741－0001933　711.12/3160

詩林韶濩二十卷　（清）顧嗣立類選　清康熙四十四年（1705）秀野草堂刻本　六冊

210000－0741－0001934　711.12/3194

梁溪詩鈔五十八卷　（清）顧光旭集　清宣統三年（1911）文苑閣木活字印本　二十四冊

210000－0741－0001935　711.12/3423/09－12

古詩源十四卷　（清）沈德潛選　清光緒十七

年（1891）湖南經濟書局刻本　四冊

210000－0741－0001936　711.12/3423/79－18

重訂五朝詩別裁集八十一卷　（清）沈德潛輯　清末小酉山房刻本　四十冊

210000－0741－0001937　711.12/3423/74－75

古詩源十四卷　（清）沈德潛選　清康熙五十八年（1719）竹嘯軒刻本　二冊

210000－0741－0001938　711.12/3423/85－88

古詩源十四卷　（清）沈德潛選　清光緒十七年（1891）湖南思賢書局刻本　四冊

210000－0741－0001939　711.12/3474

御選歷代詩餘一百二十卷　（清）沈辰垣（清）王奕清輯　清康熙四十六年（1707）北京內府刻本　六十冊

210000－0741－0001940　711.12/4037

詩家全體十卷押韻音釋便覽二卷詩家全體補二卷　（明）李之用輯　（明）李之周等校　明萬曆二十六年（1598）福建邵武府學刻本　十冊

210000－0741－0001941　711.12/4420

選詩七卷附詩人世次爵里一卷　（南朝梁）蕭統選　（明）郭正域批點　（明）凌濛初輯評　明吳興凌濛初刻朱墨印本　八冊

210000－0741－0001942　711.12/4452

徐州詩徵八卷　（清）桂中行輯　清光緒十七年（1891）刻本　四冊

210000－0741－0001943　711.12/4601

詩鏡三十六卷　（清）楊雍建評　清乾隆十年（1745）松喬堂刻本　二十四冊

210000－0741－0001944　711.12/7530/01－02

詩比興箋四卷　（清）陳沆箋　清光緒九年（1883）彭祖賢刻本　二冊

210000－0741－0001945　711.12/7530/73－74

詩比興箋四卷　（清）陳沆箋　清光緒九年（1883）彭祖賢刻本　二冊

210000－0741－0001946　711.13/0085

古文翼八卷　（清）唐德宜編　（清）瑜貢良等

校　清乾隆六年(1741)景山書屋刻本　　八冊

210000－0741－0001947　711.13/0442/12－13

疊山先生文章軌範七卷　（宋）謝枋得批點
（清）戴許光重訂　清光緒三十四年(1908)成
都志古堂刻本　　二冊

210000－0741－0001948　711.13/0442/40－41

謝疊山先生文章軌範七卷　（宋）謝枋得批點
（清）邱維屏評　清光緒八年(1882)南京青
簡齋刻本　　二冊

210000－0741－0001949　711.13/0449

古文賞音十二卷　（清）謝有煇纂　清康熙四
十六年(1707)師儉閣刻本　　六冊

210000－0741－0001950　711.13/1002

唐宋八大家公暇錄六卷　（清）王應鯨評選
清嘉慶六年(1801)文盛堂刻本　　二冊

210000－0741－0001951　711.13/1150/01－04

賦鈔六卷　（清）張惠言輯　清道光元年
(1821)合河康氏家塾刻本　　四冊

210000－0741－0001952　711.13/1150/66－69

賦鈔六卷　（清）張惠言輯　清道光元年
(1821)合河康氏家塾刻本　　四冊

210000－0741－0001953　711.13/1271

御選唐宋文醇五十八卷　（清）高宗弘曆選定
　清光緒二十一年(1895)上海鴻文書局石印
本　　八冊

210000－0741－0001954　711.13/1458

國文講義不分卷　（清）□□撰　清宣統元年
(1909)油印本　　一冊

210000－0741－0001955　711.13/2622

小窗艷紀十四卷　（明）吳從先批選　明萬曆
刻本　　一冊

210000－0741－0001956　711.13/2624

古文觀止十二卷　（清）吳乘權　（清）吳大職
編　清光緒九年(1883)上海掃葉山房刻本
六冊

210000－0741－0001957　711.13/2632

古文讀本二卷　（清）吳汝編輯　清光緒二十

九年(1903)北京華新書局鉛印本　　二冊

210000－0741－0001958　711.13/2847/16－39

古文淵鑒六十四卷　（清）聖祖玄燁選　（清）
徐乾學等編注　清康熙內府刻四色印本　　二
十四冊

210000－0741－0001959　711.13/2847/23－46

古文淵鑒六十四卷　（清）聖祖玄燁選　（清）
徐乾學等編注　清康熙內府刻本　　二十四冊

210000－0741－0001960　711.13/2847/404－435

古文淵鑒六十四卷　（清）聖祖玄燁選　（清）
徐乾學等編注　清康熙二十四年(1685)北京
內府刻五色印本　　三十二冊

210000－0741－0001961　711.13/2847/600－639

古文淵鑒六十四卷　（清）聖祖玄燁選　（清）
徐乾學等編注　清康熙二十四年(1685)內府
刻五色印本　　四十冊

210000－0741－0001962　711.13/3144

古文喈鳳新編八卷　（清）汪基輯　清學庫山
房刻本　　八冊

210000－0741－0001963　711.13/3340

古文眉詮七十九卷　（清）浦起龍論次　（清）
程鍾彙条　清乾隆九年(1744)靜寄東軒刻本
　十六冊

210000－0741－0001964　711.13/3446

古文解八卷　（清）沈椿譯　清嘉慶二十五年
(1820)四川仃雲書館刻本　　八冊

210000－0741－0001965　711.13/4022

文章正宗鈔四卷　（宋）真德秀撰　（明）胡汝
嘉節鈔　明萬曆三年(1575)刻本　　四冊

210000－0741－0001966　711.13/4060

文苑英華一千卷　（宋）李昉等輯　明萬曆六
年(1578)刻本　　二百二十四冊

210000－0741－0001967　711.13/4217

古文辭類纂七十四卷　（清）姚鼐輯　清乾隆
四十四年(1779)刻本　　十二冊

210000－0741－0001968　711.13/4217/25－36

古文辭類纂七十四卷　（清）姚鼐輯　清嘉慶

二十五年(1820)合河康氏家塾刻本　十二冊

210000－0741－0001969　711.13/4217/45－56

古文辭類纂七十四卷　(清)姚鼐輯　清嘉慶
二十五年(1820)合河康氏家塾刻本　十二冊

210000－0741－0001970　711.13/4217/47－58

古文辭類纂七十四卷　(清)姚鼐輯　清同治
八年(1869)江蘇書局刻本　十二冊

210000－0741－0001971　711.13/4217/48－59

古文辭類纂七十四卷　(清)姚鼐輯　清光緒
二十六年(1900)新化三味書室刻本　十二冊

210000－0741－0001972　711.13/4217/55－62

古文辭類纂七十五卷　(清)姚鼐輯　**續古文
辭類纂十卷**　王先謙輯　清光緒二十年
(1894)上海圖書集成印書局鉛印本　八冊

210000－0741－0001973　711.13/4217/75－90

古文辭類纂七十五卷　(清)姚鼐輯　清同治
八年(1869)刻本　十六冊

210000－0741－0001974　711.13/4217/59－67

續古文辭類纂三十四卷　王先謙輯　清光緒
十九年(1893)三味堂刻本　九冊

210000－0741－0001975　711.13/4217/04－15

續古文辭類纂二十八卷　(清)黎庶昌輯　清
光緒十六年(1890)金陵書局刻本　十二冊

210000－0741－0001976　711.13/4412

古文析義十六卷　(清)林雲銘評註　清康熙
五十五年(1716)刻本　十六冊

210000－0741－0001977　711.13/4420

選賦六卷　(南朝梁)蕭統選　(明)郭正域評
點　明凌氏鳳笙閣刻朱墨印本　六冊

210000－0741－0001978　711.13/4420/81－86

選賦六卷　(南朝梁)蕭統選　(明)郭正域評
點　明凌氏鳳笙閣刻朱墨印本　六冊

210000－0741－0001979　711.13/4438

歷朝古文選十七卷　(清)董漢策評　清康熙
二十七年(1688)蓮溪草堂刻本　八冊

210000－0741－0001980　711.13/4443

古文雅正十四卷　(清)蔡世遠編　清同治七
年(1868)湘鄉曾氏刻本　六冊

210000－0741－0001981　711.13/7120/14－15

六朝唐賦讀本不分卷　(清)馬傳庚選注　清
同治十三年(1874)北京玉燕書巢馬氏刻本
二冊

210000－0741－0001982　711.13/7120/98－99

六朝唐賦讀本不分卷　(清)馬傳庚選注　清
同治十三年(1874)北京玉燕書巢馬氏刻本
二冊

210000－0741－0001983　711.13/7522

古文品外錄十二卷釋音正譌一卷　(明)陳繼
儒選評　(明)朱蔚然參閱　明天啓五年
(1625)刻本　十二冊

210000－0741－0001984　711.13/7528/59－68

古文奇賞二十二卷　(明)陳仁錫選評　明萬
曆四十六年(1618)雲起堂刻本　十冊　存二
十卷(一至二十)

210000－0741－0001985　711.13/7528/75－94

明文奇賞四十卷　(明)陳仁錫評選　明天啓
三年(1623)刻本　二十冊

210000－0741－0001986　711.13/7528/62－81

古文奇賞二十二卷　(明)陳仁錫選評　明萬
曆四十六年至天啓三年(1618－1623)刻本
二十冊

210000－0741－0001987　711.13/8003

**書業成重訂古文釋義新編(增訂古文釋義)八
卷**　(清)余誠評註　清光緒十五年(1889)上
海掃葉山房刻本　八冊

210000－0741－0001988　711.13/8034

啓雋類函一百九卷　(明)俞安期彙編　明末
刻本　三十冊

210000－0741－0001989　711.13/8064

經史百家雜鈔二十六卷　(清)曾國藩輯
(清)李鴻章校　清光緒二年(1876)傳忠書局
鉛印本　二十五冊

210000－0741－0001990　711.14/2109/71－86

歷代詩話八十卷 （清）何文煥輯 清乾隆三十五年(1770)刻本 十六冊

210000－0741－0001991 711.14/2109/13－28

歷代詩話八十卷 （清）何文煥輯 清乾隆三十五年(1770)刻本 十六冊

210000－0741－0001992 711.14/2109/21－36

歷代詩話二十七種五十七卷考索一卷 （清）何文煥輯 清乾隆三十五年(1770)刻本 十六冊

210000－0741－0001993 711.14/7714

全浙詩話五十四卷 （清）陶元藻輯 （清）朱文藻參訂 清嘉慶元年(1796)怡雲閣刻本 二十四冊

210000－0741－0001994 711.2/4316/54－55

讀風臆評不分卷 （明）戴君恩撰 明萬曆四十八年(1620)烏程閔齊伋刻朱墨印本 二冊

210000－0741－0001995 711.2/4316/82－83

讀風臆評不分卷 （明）戴君恩撰 明萬曆四十八年(1620)烏程閔齊伋刻朱墨印本 二冊

210000－0741－0001996 711.22/0044

朱子詩義補正八卷 （清）方苞撰 （清）單作哲編次 清光緒三年(1877)南海馮氏刻本 二冊

210000－0741－0001997 711.22/0486

毛詩說二卷首一卷 （清）諸錦撰 清乾隆二十三年(1758)嘉興楊士尊刻本 二冊

210000－0741－0001998 711.22/0808

詩集傳音釋二十卷附圖一卷綱領一卷詩序辨說一卷校勘札記一卷 （宋）朱熹集傳 （元）許謙音釋 （元）羅復纂輯 清咸豐五年至七年(1855－1857)海昌蔣氏衍芬草堂刻本 六冊

210000－0741－0001999 711.22/1032

欽定詩經傳說彙纂二十卷首二卷詩序二卷 （清）王鴻緒等撰 清雍正五年(1727)內府刻本 二十四冊

210000－0741－0002000 711.22/1043

阮亭選古詩三十二卷 （清）王士禛選 清康熙刻本 十二冊

210000－0741－0002001 711.22/1044

毛詩讀三十卷 （清）王劼撰 清咸豐五年(1855)成都刻本 十冊

210000－0741－0002002 711.22/1047

唐詩鼓吹箋註十卷 （金）元好問編 （元）郝天挺註 （清）錢謙益重校 清乾隆二十七年(1762)廣東番禺縣光霽堂刻本 四冊

210000－0741－0002003 711.22/1053

詩廣傳五卷 （清）王夫之撰 清同治四年(1865)金陵湘鄉曾國荃刻本 三冊

210000－0741－0002004 711.22/1072

詩總聞二十卷 （宋）王質撰 清道光二十六年(1846)經苑刻本 六冊

210000－0741－0002005 711.22/1073

詩經補箋二十卷 王闓運纂 清光緒二十三年(1897)刻本 十冊

210000－0741－0002006 711.22/1100

古詩十九首解一卷 （清）張庚撰 清乾隆強恕齋刻本 一冊

210000－0741－0002007 711.22/1171

詩義鈔八卷 （清）張學尹撰 清同治九年(1870)師白山房刻本 四冊

210000－0741－0002008 711.22/2000/21－30

詩經集傳八卷 （宋）朱熹撰 清乾隆怡府刻本 十冊

210000－0741－0002009 711.22/2000/38－61

附釋音毛詩注疏二十卷 （漢）毛亨傳 （漢）鄭玄箋 （唐）孔穎達疏 （唐）陸德明音義 清同治十二年(1873)江西書局刻本 二十四冊

210000－0741－0002010 711.22/2000/49－52

詩經集傳八卷 （宋）朱熹撰 清道光二十六年(1846)林雲閣刻本 四冊

210000－0741－0002011 711.22/2000/53－56

詩經集傳八卷 （宋）朱熹撰 清光緒九年

（1883）福建上洋務本堂刻本 四冊

210000－0741－0002012 711.22/2000/58－61

詩經集傳八卷 （宋）朱熹撰 清同治十年（1871）上海掃葉山房刻本 四冊

210000－0741－0002013 711.22/2000/81－84

詩經集傳八卷 （宋）朱熹撰 清光緒二十一年（1895）湖北官書處刻本 四冊

210000－0741－0002014 711.22/2000/91－94

詩經集傳八卷 （宋）朱熹撰 清光緒十五年（1889）上海掃葉山房刻本 四冊

210000－0741－0002015 711.22/2000/96－99

詩集傳（奎壁詩經）八卷 （宋）朱熹撰 清光緒二十一年（1895）北京文琳堂刻本 四冊

210000－0741－0002016 711.22/2000/96－99

詩集傳（奎壁詩經）八卷 （宋）朱熹撰 清光緒十八年（1892）煙台成文信記刻本 四冊

210000－0741－0002017 711.22/2060

鄭氏詩譜攷正一卷 （清）丁晏撰 清嘉慶二十五年（1820）聊城楊以增刻本 一冊

210000－0741－0002018 711.22/2530

毛詩補禮六卷 （清）朱濂撰 清道光十九年（1839）刻本 二冊

210000－0741－0002019 711.22/2540

楚辭集注八卷 （宋）朱熹集註 清乾隆五十三年（1788）聽雨齋刻朱墨印本 六冊

210000－0741－0002020 711.22/2541

毛詩名物暑四卷 （清）朱桓撰 清嘉慶七年（1802）蔚齋刻本 四冊

210000－0741－0002021 711.22/2618/31－42

毛詩要義二十卷 （宋）魏了翁撰 清光緒八年（1882）上海刻本 十二冊

210000－0741－0002022 711.22/2618/86－93

毛詩要義二十卷 （宋）魏了翁撰 清光緒十年（1884）刻本 八冊

210000－0741－0002023 711.22/2629

毛詩音韻考四卷略言一卷 （清）程以恬撰

（清）李元春校 清道光四年（1824）崇文堂木活字本 四冊

210000－0741－0002024 711.22/2631/48－49

詩古微二卷 （清）魏源撰 清道光修吉堂刻本 二冊

210000－0741－0002025 711.22/2631/78－85

詩古微十六卷 （清）魏源撰 清光緒十三年（1887）掃葉山房刻本 八冊

210000－0741－0002026 711.22/2643

毛詩復古錄十二卷首一卷 （清）吳懋清撰 清光緒二十年（1894）廣州學使署刻本 六冊

210000－0741－0002027 711.22/2643/89－94

毛詩復古錄十二卷首一卷 （清）吳懋清撰 清光緒二十年（1894）廣州學使署刻本 六冊

210000－0741－0002028 711.22/2644

詩經申義十卷 （清）吳世模撰 清道光十五年（1835）澤古齋刻本 六冊

210000－0741－0002029 711.22/2749

毛詩禮微十卷 （清）包世榮撰 清道光七年（1827）安吳包氏小倦游閣刻本 六冊

210000－0741－0002030 711.22/2777

毛詩多識二卷 （清）多隆阿撰 （清）張玉綸撰釋 清宣統三年（1911）瀋陽作新印刷局鉛印本 二冊

210000－0741－0002031 711.22/2818

詩經廣詁三十卷 （清）徐璈撰 清道光十年（1830）刻本 十六冊

210000－0741－0002032 711.22/2860

毛詩名物圖說九卷 （清）徐鼎輯 清乾隆三十六年（1771）刻本 二冊

210000－0741－0002033 711.22/3101/30－33

毛詩異義四卷詩譜敘一卷 （清）汪龍撰 （清）鮑鳶校正 清光緒四年（1878）鮑肇元刻本 四冊

210000－0741－0002034 711.22/3101/56－59

毛詩異義四卷詩譜敘一卷 （清）汪龍撰 （清）鮑鳶校正 清光緒四年（1878）鮑肇元刻

本　四冊

210000－0741－0002035　711.22/3107

學詩詳說三十卷附學詩正詁五卷　（清）顧廣
譽撰　清光緒三年（1877）刻本　十冊

210000－0741－0002036　711.22/3123

詩經詮義十二卷首一卷末二卷　（清）汪紱撰
　清道光二十三年（1843）延川金氏世德堂刻
本　十五冊

210000－0741－0002037　711.22/3243

詩經說鈴十二卷　（清）潘克溥撰　清同治元
年（1862）書業德記刻本　六冊

210000－0741－0002038　711.22/3441

增補詩經體註衍義合參八卷　（清）潘李龍增
訂　（清）顧豹文鑒定　清青雲樓刻本　四冊

210000－0741－0002039　711.22/3448/69－80

詩經類考三十卷　（明）沈萬鈳輯　（明）陳子
龍校　明崇禎十一年（1638）湘夢齋陳增遠刻
本　十二冊

210000－0741－0002040　711.22/3448/897－908

詩經類考三十卷　（明）沈萬鈳輯　明萬曆三
十七年（1609）刻本　十二冊

210000－0741－0002041　711.22/4022

詩義旁通十二卷　（清）李允升撰　清咸豐二
年（1852）易簡堂刻本　六冊

210000－0741－0002042　711.22/4041

李迂仲黃實夫毛詩集解四十二卷　（宋）李樗
　（宋）黃櫄撰　（宋）李泳校正　（宋）呂祖
謙釋音　清康熙通志堂刻本　十二冊

210000－0741－0002043　711.22/4420

詩經嬝嬛體註大全八卷　（清）黃文煥撰
（清）范翔參訂　清咸豐六年（1856）金閶綠蔭
堂刻本　四冊

210000－0741－0002044　711.22/4434

詩瀋二十卷　（清）范家相撰　清乾隆三十九
年（1774）古趣亭刻本　四冊

210000－0741－0002045　711.22/4442

詩經精華十卷　（清）薛嘉穎撰　清咸豐元年

（1851）姑蘇會文堂刻本　六冊

210000－0741－0002046　711.22/4466/69－72

韓詩外傳十卷　（漢）韓嬰撰　清嘉慶四年
（1799）味經堂刻本　四冊

210000－0741－0002047　711.22/4466/91－92

韓詩外傳十卷　（漢）韓嬰撰　清末上海鴻章
書局石印本　二冊

210000－0741－0002048　711.22/4466/01－04

韓詩外傳十卷　（漢）韓嬰撰　（清）周廷寀校
注　拾遺一卷　（清）周宗杭撰　清光緒元年
（1875）望三益齋刻本　四冊

210000－0741－0002049　711.22/4700/896－907

詩傳大全二十卷綱領一卷圖一卷詩序辨說一
卷　（明）胡廣等輯　明刻本　十二冊

210000－0741－0002050　711.22/4700/907－916

詩傳大全二十卷首一卷　（明）胡廣等輯　清
順治十年（1653）刻本　十冊

210000－0741－0002051　711.22/4711/869－888

毛詩後箋三十卷　（清）胡承珙撰　（清）陳奐
補　清道光十七年（1837）求是堂刻本　二
十冊

210000－0741－0002052　711.22/4711/66－77

毛詩後箋三十卷　（清）胡承珙撰　（清）陳奐
補　清光緒十六年（1890）廣雅書局刻本　十
二冊

210000－0741－0002053　711.22/4748

毛詩原解三十六卷　（明）郝敬撰　清光緒十
七年（1891）三餘草堂刻本　六冊

210000－0741－0002054　711.22/5042

毛詩日箋六卷　（清）秦松齡撰　清康熙三十
九年（1700）刻本　一冊

210000－0741－0002055　711.22/5374

毛詩證讀五卷讀詩或問一卷　（清）戚學標撰
　清嘉慶十年（1805）刻本　四冊

210000－0741－0002056　711.22/6030/76－79

呂氏家塾讀詩記三十二卷　（宋）呂祖謙撰
（清）楊以增校訂　清刻本　四冊　存十一卷

（二十二至三十二）

210000－0741－0002057　711.22/6030/80－81
續呂氏家塾讀詩記三卷　（宋）戴溪撰　（清）楊以增校訂　清刻本　二冊

210000－0741－0002058　711.22/6030/1989－2000
呂氏家塾讀詩記三十二卷　（宋）呂祖謙撰（清）胡鳳丹校　清同治十二年（1873）永康退補齋刻本　十二冊

210000－0741－0002059　711.22/6037
呂氏家塾讀詩記三十二卷　（宋）呂祖謙撰　明萬曆四十一年（1613）南京陳龍光刻本　十六冊

210000－0741－0002060　711.22/6051
毛鄭詩斠議一卷　羅振玉撰　清光緒十六年（1890）羅氏鉛印本　一冊

210000－0741－0002061　711.22/6627/44－55
詩緝三十六卷　（宋）嚴粲撰　明刻本　十二冊

210000－0741－0002062　711.22/6627/893－904
詩緝三十六卷　（宋）嚴粲撰　清嘉慶十五年（1810）谿上聽彝堂刻本　十二冊

210000－0741－0002063　711.22/7240/75－78
讀詩日錄十三卷　（清）劉士毅撰　清光緒六年（1880）刻本　四冊

210000－0741－0002064　711.22/7240/17－24
宋本劉氏詩說十二卷　（宋）劉克撰　清道光八年（1828）長洲汪氏藝雲書社刻本　八冊

210000－0741－0002065　711.22/7442
毛詩草木鳥獸蟲魚疏二卷　（三國吳）陸璣撰　（清）丁晏校正　清咸豐五年（1855）刻本　二冊

210000－0741－0002066　711.22/7524/35－50
三家詩遺說攷不分卷　（清）陳喬樅撰　清光緒八年（1882）福建刻本　十六冊

210000－0741－0002067　711.22/7524/51－56
詩經四家異文攷五卷　（清）陳喬樅撰　清道光二十三年（1843）刻本　六冊

210000－0741－0002068　711.22/7524/18－19
詩誦五卷　（清）陳僅撰　清光緒十一年（1885）四明文則樓陳氏木活字本　二冊

210000－0741－0002069　711.22/7527
詩毛氏傳疏三十卷釋毛詩音四卷毛詩說一卷毛詩傳義類一卷鄭氏箋攷徵一卷　（清）陳奐撰　清光緒十年（1884）校經山房刻本　十二冊

210000－0741－0002070　711.22/7527/50－61
詩毛氏傳疏三十卷釋毛詩音四卷毛詩說一卷毛詩傳義類一卷鄭氏箋攷徵一卷　（清）陳奐撰　清道光二十七年（1847）吳門南園掃葉山莊陳氏刻本　十二冊

210000－0741－0002071　711.22/7527/96－07
詩毛氏傳疏三十卷釋毛詩音四卷毛詩說一卷毛詩傳義類一卷鄭氏箋攷徵一卷　（清）陳奐撰　清道光二十七年（1847）吳門南園掃葉山莊陳氏刻本　十二冊

210000－0741－0002072　711.22/7533
毛詩稽古編三十卷附錄一卷　（清）陳啟源撰　（清）龐佑清校　清光緒九年（1883）上海同文書局石印本　八冊

210000－0741－0002073　711.22/7533/25－34
毛詩稽古編三十卷附錄一卷　（清）陳啟源撰　（清）龐佑清校　清嘉慶十八年（1813）吳江龐佑清刻本　十冊

210000－0741－0002074　711.22/7533/70－75
毛詩稽古編三十卷附錄一卷　（清）陳啟源撰　（清）龐佑清校　清嘉慶十八年（1813）吳江龐佑清刻本　六冊

210000－0741－0002075　711.22/7540
詩傳名物集覽十二卷　（宋）陳大章撰　清康熙閩中刻本　六冊

210000－0741－0002076　711.22/7554/43－50
詩經喈鳳詳解八卷圖說一卷　（清）陳抒孝撰　（清）汪基增訂　清掃葉山房刻本　八冊

210000 –0741 –0002077　711.22/7554/19 –26

詩經啴鳳詳解八卷圖說一卷　（清）陳抒孝撰
　（清）汪基增訂　清嘉慶十六年（1811）三多
齋刻本　八冊

210000 –0741 –0002078　711.22/7772

詩本義十五卷附鄭氏詩譜一卷　（宋）歐陽修
撰　清末都門書局鉛印本　二冊

210000 –0741 –0002079　711.22/8091/35 –58

詩序廣義（讀詩補義）二十四卷　（清）姜炳璋
撰　清嘉慶二十年（1815）尊行堂刻本　二十
四冊

210000 –0741 –0002080　711.22/8091/03 –14

詩序廣義（詩序補義）二十四卷　（清）姜炳璋
撰　清嘉慶二十年（1815）尊行堂刻本　十
二冊

210000 –0741 –0002081　711.22/8333

田間詩學不分卷　（清）錢澄之撰　清同治二
年（1863）桐城斟雉堂刻本　十冊

210000 –0741 –0002082　711.22/8470

月午樓古詩十九首詳解二卷　（清）饒學斌詳
解　清光緒元年（1875）刻本　二冊

210000 –0741 –0002083　711.22/8700/01 –06

毛詩傳箋二十卷　（漢）毛亨傳　（漢）鄭玄箋
　清末江南書局刻本　六冊

210000 –0741 –0002084　711.22/8700/28 –31

毛詩故訓傳三十卷　（漢）毛亨傳　（漢）鄭玄
箋　鄭氏詩譜一卷　（漢）鄭玄撰　清光緒十
七年（1891）緯蕭草堂刻本　四冊

210000 –0741 –0002085　711.22/8700/80 –85

毛詩傳箋二十卷　（漢）毛亨傳　（漢）鄭玄箋
　詩譜一卷　（漢）鄭玄撰　音義三卷　（唐）
陸德明撰　清末江南書局刻本　六冊

210000 –0741 –0002086　711.22/8700/92 –99

毛詩故訓傳三十卷　（漢）毛亨傳　（漢）鄭玄
箋　清同治十一年（1872）刻本　八冊

210000 –0741 –0002087　711.23/1037/25

楚辭章句十七卷　（戰國）屈原撰　（漢）王逸

章句　（明）閔齊伋校　明萬曆四十六年
（1618）閔氏刻三色套印本　一冊　存五卷
（七諫一卷、哀時命一卷、九懷一卷、九歎一
卷、九思一卷）

210000 –0741 –0002088　711.23/1037/49 –52

楚辭章句十七卷　（戰國）屈原撰　（漢）王逸
章句　（宋）洪興祖補注　清同治十一年
（1872）金陵書局刻本　四冊

210000 –0741 –0002089　711.23/1037/72 –77

楚辭章句十七卷　（戰國）屈原撰　（漢）王逸
章句　清光緒九年（1883）長沙書堂山館刻本
　六冊

210000 –0741 –0002090　711.23/1053

楚辭通釋十四卷末一卷　（戰國）屈原撰
（清）王夫之通釋　清同治四年（1865）金陵書
局刻本　三冊

210000 –0741 –0002091　711.23/1104

屈子貫五卷　（清）張詩纂輯　清康熙四十七
年（1708）刻本　六冊

210000 –0741 –0002092　711.23/2527

秦漢文鈔六卷　（明）閔邁德等輯　（明）楊融
博批點　明萬曆四十八年（1620）閔氏刻朱墨
印本　八冊

210000 –0741 –0002093　711.23/2540

楚辭辯證二卷　（宋）朱熹撰　明萬曆南京刻
本　二冊

210000 –0741 –0002094　711.23/3473

漢詩說十卷總說一卷　（清）沈用濟　（清）費
錫璜述　清康熙掣鯨堂刻本　四冊

210000 –0741 –0002095　711.23/4418

楚辭燈（楚辭易讀）四卷楚懷襄二王在位事跡
考不分卷　（清）林雲銘撰　清康熙三十六年
（1697）挹奎樓刻本　二冊

210000 –0741 –0002096　711.23/7771

楚辭八卷　（清）屈復集註　（清）屈啟賢編
楚懷襄二王在位事蹟考一卷　（清）林雲銘撰
　清乾隆三年（1738）居易堂刻本　四冊

210000－0741－0002097　711.23/7771/18－23

楚辭章句十七卷　（戰國）屈原撰　（漢）王逸章句　（宋）洪興祖補注　清順治毛氏汲古閣刻本　六冊

210000－0741－0002098　711.23/7771/31－32

楚辭節註六卷　（戰國）屈原撰　（清）姚培謙節註　**楚辭叶音一卷**　（清）劉維謙撰　清乾隆六年(1741)刻本　二冊

210000－0741－0002099　711.23/7771/63－68

楚騷綺語六卷　（明）張之象輯　（明）凌迪知訂　明萬曆五年(1577)吳興凌迪知刻本　六冊

210000－0741－0002100　711.23/7771/69－72

楚辭後語八卷　（宋）朱熹輯　（明）蔣之翹校　明天啓六年(1626)刻本　四冊

210000－0741－0002101　711.23/7771/70－75

楚辭述註十卷　（明）林兆珂纂　明萬曆三十九年(1611)刻本　六冊

210000－0741－0002102　711.23/7771/73－78

楚辭疏十九卷　（戰國）屈原撰　（明）陸時雍疏　**楚辭語一卷楚辭雜論一卷屈原傳一卷**（明）陸時雍撰　明崇禎緝柳齋刻本　六冊

210000－0741－0002103　711.23/7771/75－76

楚辭六卷首一卷　（戰國）屈原撰　（清）蔣驥註　**餘論二卷說韻一卷**　（清）蔣驥撰　清雍正五年(1727)蔣驥山帶閣刻本　二冊

210000－0741－0002104　711.23/7771/85－92

離騷彙訂不分卷　（清）王邦采彙訂　清康熙六十一年(1722)林養堂刻本　八冊

210000－0741－0002105　711.3/7731

陶淵明集十卷附錄二卷　（晉）陶潛撰　清初毛氏汲古閣刻本　五冊

210000－0741－0002106　711.31/4627

建安七子集二十八卷　（明）楊德周輯　（明）陳朝輔增訂　明崇禎十一年(1638)陳朝輔刻本　十冊

210000－0741－0002107　711.31/4637

建安七子集二十八卷　（清）楊逢辰輯　清光緒十六年(1890)長沙楊氏坦園刻本　二冊

210000－0741－0002108　711.32/7277

文選詩補注八卷　（元）劉履補注　清末掃葉山房石印本　六冊

210000－0741－0002109　711.32/8064

三十家詩鈔六卷　（清）曾國藩編　（清）王定安增輯　（清）黃維申校　清同治十三年(1874)傳忠書局刻本　六冊

210000－0741－0002110　711.33/0845

六朝文潔四卷　（清）許槤評選　清光緒七年(1881)刻本　二冊

210000－0741－0002111　711.4/4041

晚唐詩鈔二十六卷　（清）查克弘　（清）凌紹乾選　清乾隆栖鳳閣刻本　十冊

210000－0741－0002112　711.41/1133

初唐四傑集　（清）項家達輯　清同治十二年(1873)鄒氏叢雅居刻本　六冊

210000－0741－0002113　711.41/2010

[唐四家集]三十卷　（明）毛晉輯　清光緒十年(1884)上海同文書局石印本　八冊

210000－0741－0002114　711.41/4280

唐文粹一百卷　（宋）姚鉉纂　**補遺二十六卷**（清）郭麐輯　清光緒九年至十一年(1883－1885)江蘇書局刻本　二十冊

210000－0741－0002115　711.41/4280/188－203

唐文粹一百卷　（宋）姚鉉纂　清光緒九年(1883)江蘇書局刻本　十六冊

210000－0741－0002116　711.41/4280/53－72

唐文粹一百卷　（宋）姚鉉纂　**補遺二十六卷**　（清）郭麐輯　清光緒十六年(1890)杭州許氏榆園刻本　二十冊

210000－0741－0002117　711.41/4280/54－69

重校正唐文粹一百卷　（宋）姚鉉纂　明嘉靖六年(1527)萬竹山房徐焴刻本　十六冊

210000－0741－0002118　711.42/0042

唐詩品彙九十卷唐詩拾遺十卷　（明）高棅輯

（明）汪宗尼校訂　明萬曆刻本　十一冊

210000 - 0741 - 0002119　711.42/1031

王荊公唐百家詩選二十卷　（宋）王安石輯
清康熙四十二年（1703）刻本　八冊

210000 - 0741 - 0002120　711.42/1042/07 - 14

古唐詩合解十二卷古詩四卷　（清）王堯衢注
　清道光二十一年（1841）蘇州桐石山房刻本
八冊

210000 - 0741 - 0002121　711.42/1042/20 - 25

古唐詩合解（狀元閣印唐詩合解）十二卷古詩
四卷　（清）王堯衢注　清末南京李光明莊狀
元閣刻本　六冊

210000 - 0741 - 0002122　711.42/1042/4997 - 5002

古唐詩合解十二卷古詩四卷　（清）王堯衢注
　清光緒十一年（1885）鎮江文成堂刻本
六冊

210000 - 0741 - 0002123　711.42/1042/61 - 68

古唐詩合解十二卷古詩四卷　（清）王堯衢注
　清光緒十一年（1885）上海掃葉山房刻本
八冊

210000 - 0741 - 0002124　711.42/1042/7999 - 8006

古唐詩合解十二卷古詩四卷　（清）王堯衢注
　清同治八年（1869）掃葉山房刻本　八冊

210000 - 0741 - 0002125　711.42/1042/91 - 96

古唐詩合解（狀元閣印唐詩合解）十二卷古詩
四卷　（清）王堯衢注　清末南京李光明莊狀
元閣刻本　六冊

210000 - 0741 - 0002126　711.42/1043/58 - 63

唐人萬首絕句選七卷　（清）王士禛選　清文
粹堂鉛印本　六冊

210000 - 0741 - 0002127　711.42/1043/42 - 44

唐賢三昧集三卷　（清）王士禛編　清康熙二
十七年（1688）刻本　三冊

210000 - 0741 - 0002128　711.42/1043/17

唐人萬首絕句選七卷　（清）王士禛選　清鉛
印本　一冊

210000 - 0741 - 0002129　711.42/1132

唐詩類苑二百卷　（明）張之象輯　清咸豐五
年（1855）刻本　四十八冊

210000 - 0741 - 0002130　711.42/1235/44 - 51

唐詩三百首註釋六卷　（清）孫洙編　（清）章
爕注　續選一卷　（清）于慶元輯　清光緒十
年（1884）湖南學庫山房刻本　八冊

210000 - 0741 - 0002131　711.42/1235/65 - 70

唐詩三百首註疏六卷　（清）孫洙編　（清）章
爕注　（清）孫孝根校　清道光十五年（1835）
麟玉山房刻本　六冊

210000 - 0741 - 0002132　711.42/1431

十種唐詩選不分卷　（清）王士禛編　清康熙
刻本　八冊

210000 - 0741 - 0002133　711.42/2544

玉臺新詠十卷　（南朝陳）徐陵輯　（清）朱存
孝輯錄　清康熙五十六年（1717）刻本　四冊

210000 - 0741 - 0002134　711.42/2652

全唐詩鈔八十卷補遺十六卷　（清）吳成儀編
　清乾隆二十四年（1759）璜川書屋刻本　三
十二冊

210000 - 0741 - 0002135　711.42/2811

御定全唐詩錄一百卷　（清）徐元正輯　清康
熙四十五年（1706）刻本　三十二冊

210000 - 0741 - 0002136　711.42/2821

御定全唐詩錄一百卷附詩人年表一卷　（清）
徐倬校　清康熙四十五年（1706）徐氏刻本
二十四冊

210000 - 0741 - 0002137　711.42/3141

唐人五十家小集五十種　（清）江標輯　清光
緒二十一年（1895）江氏靈鶼閣刻本　十六冊

210000 - 0741 - 0002138　711.42/3144

唐詩英華二十二卷　（清）顧有孝編　清刻本
　六冊

210000 - 0741 - 0002139　711.42/3160

詩林韶濩選二十卷　（清）顧嗣立輯　（清）周
煌重選　清乾隆二十九年（1764）漱潤堂刻本
四冊

210000－0741－0002140　711.42/3421

四婦人集四卷　（清）沈綺雲輯　清嘉慶十五年(1810)雲間沈氏古倪園刻本　二冊　存二卷(魚玄機詩一卷、薛濤詩一卷)

210000－0741－0002141　711.42/3423/56－59

唐詩別裁集十卷　（清）沈德潛　（清）陳培脉選　清康熙五十六年(1717)刻本　四冊

210000－0741－0002142　711.42/3423/27－38

唐詩別裁集引典備註(註解唐詩別裁集)二十卷　（清）沈德潛選　（清）俞汝昌注　清道光十八年(1838)富春堂刻本　十二冊

210000－0741－0002143　711.42/3435/15－16

唐詩諧律二卷　（清）沈寶青選　清光緒十六年(1890)溧陽沈氏石印本　二冊

210000－0741－0002144　711.42/3435/30－31

唐詩諧律二卷　（清）沈寶青選　清光緒十六年(1890)溧陽沈氏石印本　二冊

210000－0741－0002145　711.12/4420/876－883

選詩七卷附詩人世次爵里一卷　（南朝梁）蕭統選　明萬曆二十九年(1601)刻本　八冊

210000－0741－0002146　711.42/4453

杜工部集二十卷　（唐）杜甫撰　清道光十四年(1834)刻六色套印本　八冊

210000－0741－0002147　711.42/4612

唐十二家詩集　（明）楊一統校　明萬曆十二年(1584)刻本　二十冊

210000－0741－0002148　711.42/4753

唐詩近體四卷　（清）胡本淵評選　清光緒十七年(1891)南京李光明莊狀元閣刻本　二冊

210000－0741－0002149　711.42/4777

[唐四家詩集]二十卷　（清）胡鳳丹輯　清同治九年(1870)退補齋刻本　四冊　存二種六卷(孟襄陽集二卷、柳柳州集四卷)

210000－0741－0002150　711.42/5530

全唐詩九百卷目録十二卷　（清）曹寅輯　清康熙四十四年至四十六年(1705－1707)揚州詩局刻本　一百二十冊

210000－0741－0002151　711.42/5530/03－10

欽定全唐詩九百卷　（清）曹寅輯　清光緒十三年(1887)上海同文書局石印本　三十二冊

210000－0741－0002152　711.42/5530/423－542

全唐詩九百卷目録十二卷　（清）曹寅等輯　清康熙四十四年至四十六年(1705－1707)揚州詩局刻本　一百二十冊

210000－0741－0002153　711.42/5530/43－50

欽定全唐詩九百卷　（清）曹寅輯　清光緒十三年(1887)上海同文書局石印本　三十二冊

210000－0741－0002154　711.42/5530/530－649

全唐詩九百卷目録十二卷　（清）曹寅等輯　清康熙四十四年至四十六年(1705－1707)揚州詩局刻本　一百二十冊

210000－0741－0002155　711.42/5588

唐中興閒氣集二卷　（唐）高仲武選　新雕校證大字白氏諷諫一卷　（唐）白居易撰　清末費氏影宋刻本　一冊

210000－0741－0002156　711.42/7278

王孟詩評九卷　（宋）劉辰翁評　清光緒六年(1880)巴陵方氏碧琳琅館刻本　四冊

210000－0741－0002157　711.42/7568

唐八家詩鈔　（清）陳善輯　清乾隆三十四年(1769)陳氏亦園刻本　二十冊

210000－0741－0002158　711.42/7717

唐三體詩六卷　（宋）周弼選　（元）釋園至注　（清）高士奇補輯　（清）何焯評　清光緒十二年(1886)瀘州鹽局夏時刻本　二冊

210000－0741－0002159　711.42/8901

唐詩歸三十六卷　（明）鍾惺　（明）譚元春選定　明萬曆刻三色套印本　十八冊

210000－0741－0002160　711.43/4404

欽定全唐文一千卷　（清）董誥等編纂　清嘉慶十九年(1814)內府刻本　五百四冊

210000－0741－0002161　711.43/7547

唐駢體文鈔十七卷　（清）陳均輯　清光緒二十一年(1895)刻本　八冊

210000 - 0741 - 0002162　711.44/1043

五代詩話八卷　（清）王士禎輯　（清）王如金校勘　清末上海朝記書莊石印本　四冊

210000 - 0741 - 0002163　711.44/4300/94 - 97

全唐詩話八卷　（宋）尤袤輯　（清）孫濤訂　清乾隆三十九年(1774)浙江孫濤刻本　四冊

210000 - 0741 - 0002164　711.44/4300/42 - 44

全唐詩話三卷　（宋）尤袤輯　明正德二年(1507)秦昂刻本　三冊

210000 - 0741 - 0002165　711.51/0015

三宋人集三種　（清）方功惠輯　清光緒七年(1881)巴陵方氏碧琳瑯館刻本　六冊

210000 - 0741 - 0002166　711.51/4420

南宋文範七十卷外編四卷作者考二卷　（清）莊仲方輯　清光緒十四年(1888)江蘇書局刻本　十六冊

210000 - 0741 - 0002167　711.51/4423/36 - 59

宋范文正忠宣二公全集七十三卷　（宋）范仲淹　（宋）范純仁撰　清道光十年(1830)歲寒堂刻本　二十四冊

210000 - 0741 - 0002168　711.51/4423/43 - 58

宋范文正忠宣二公全集七十三卷　（宋）范仲淹　（宋）范純仁撰　清宣統二年(1910)歲寒堂刻本　十六冊

210000 - 0741 - 0002169　711.52/2635

宋詩鈔四集　（清）吳之振等輯　清康熙十年(1671)洲錢吳氏鑑古堂刻本　三十二冊

210000 - 0741 - 0002170　711.52/3160

宋詩略十八卷　（清）汪景龍　（清）姚塤輯　清乾隆三十五年(1770)竹雨山房刻本　四冊

210000 - 0741 - 0002171　711.52/7732

宋四名家詩六卷　（清）周之鱗等選　清光緒元年(1875)湘西章氏刻本　六冊

210000 - 0741 - 0002172　711.53/2661

二程文集十二卷　（清）程顥等撰　（清）張伯行輯　清同治五年(1866)福州正誼書院刻本　二冊

210000 - 0741 - 0002173　711.53/4211

宋四六選二十四卷　（清）彭元瑞選　（清）曹振鏞編　清乾隆四十一年(1776)北京曹振鏞刻本　八冊

210000 - 0741 - 0002174　711.53/4437

三蘇先生文粹七十卷　（宋）蘇洵等撰　明嘉靖五年至三十年(1526 - 1551)陸粲刻本　二十冊

210000 - 0741 - 0002175　711.53/4437/89 - 04

三蘇先生文粹七十卷　（宋）蘇洵等撰　明嘉靖五年至三十年(1526 - 1551)陸粲刻本　十六冊

210000 - 0741 - 0002176　711.53/6030

宋文鑑一百五十卷目錄三卷　（宋）呂祖謙銓次　明嘉靖八年(1529)晉藩朱知烊養德書院刻本　六十四冊

210000 - 0741 - 0002177　711.54/7734/06

二老堂詩話不分卷　（宋）周必大撰　（明）毛晉訂　明末虞山毛氏汲古閣刻本　一冊

210000 - 0741 - 0002178　711.54/7734

紫薇詩話不分卷　（宋）呂本中撰　（明）毛晉訂　明末虞山毛氏汲古閣刻本　與 210000 - 0741 - 0002177 合冊

210000 - 0741 - 0002179　711.6/2010

[元人集十種]五十四卷　（明）毛晉編　明崇禎毛氏汲古閣刻本　十六冊

210000 - 0741 - 0002180　711.601/1181

金文最六十卷　（清）張金吾輯　清光緒二十一年(1895)江蘇書局刻本　十六冊

210000 - 0741 - 0002181　711.601/4420

金文雅十六卷　（清）莊仲方輯　清光緒十七年(1891)江蘇書局刻本　四冊

210000 - 0741 - 0002182　711.61/4412/25 - 34

元文類七十卷　（元）蘇天爵編　清光緒十五年(1889)江蘇書局刻本　十冊

210000 - 0741 - 0002183　711.61/4412/86 - 95

元文類七十卷　（元）蘇天爵編　清光緒十五

年(1889)江蘇書局刻本　十冊

210000－0741－0002184　711.61/7260
中州名賢文表三十卷　（明）劉昌輯　**續中州名賢文表六十八卷**　（清）邵松年輯　清光緒三十年（1904）鴻文書局石印本　二十八冊

210000－0741－0002185　711.62/2010
元人十種詩五十六卷　（明）毛晉輯　明刻本　二十冊　存六種三十一卷（遺山詩集二十卷、薩天錫詩四卷、金臺集二卷、玉山草堂集三卷、唫嘯集一卷、翠寒集一卷）

210000－0741－0002186　711.62/3149/84－85
金詩選四卷　（清）顧奎光輯　（清）陶玉禾參評　清乾隆十六年（1751）刻本　二冊

210000－0741－0002187　711.62/3149/86－89
元詩選六卷補遺一卷　（清）顧奎光選輯　（清）陶瀚　（清）陶玉禾參評　清乾隆十六年（1751）刻本　四冊

210000－0741－0002188　711.62/3160
元詩選初集一百十四卷二集一百三卷三集一百三卷　（清）顧嗣立輯　清康熙三十三年（1694）顧氏秀野草堂刻本　三十冊

210000－0741－0002189　711.62/3160/15－84
元詩選初集一百十四卷二集一百三卷三集一百三卷　（清）顧嗣立輯　清康熙顧氏秀野草堂刻本　七十冊

210000－0741－0002190　711.62/3160－2/23－38
元詩選癸集十卷　（清）顧嗣立遺編　（清）席世臣續編　清光緒十四年（1888）席氏掃葉山房刻本　十六冊

210000－0741－0002191　711.62/3160－2/85－94
元詩選癸集十卷　（清）顧嗣立遺編　（清）席世臣續編　清光緒十四年（1888）席氏掃葉山房刻本　十冊

210000－0741－0002192　711.62/3160－2/00－15
元詩選癸集十卷　（清）顧嗣立遺編　（清）席世臣續編　清光緒十四年（1888）席氏掃葉山房刻本　十六冊

210000－0741－0002193　711.63/1133
元文類刪四卷　（明）張溥輯　明崇禎刻本　六冊

210000－0741－0002194　711.71/1137
弘正四傑詩集四種　（清）張祖同輯　清光緒二十一年（1895）長沙張氏湘雨樓刻本　十六冊

210000－0741－0002195　711.71/4477
明文在一百卷　（清）薛熙輯　清光緒十五年（1889）江蘇書局刻本　十冊

210000－0741－0002196　711.72/1058
夢草集二卷　（明）王鏊撰　明末清初刻本　一冊

210000－0741－0002197　711.72/2519
明人詩鈔正集十四卷　（清）朱琰編次　清乾隆二十五年（1760）樊桐山房刻本　四冊

210000－0741－0002198　711.72/2519/69－72
明人詩鈔正集十四卷　（清）朱琰編次　清乾隆二十五年（1760）樊桐山房刻本　四冊

210000－0741－0002199　711.72/2519/15－38
明人詩鈔正集十四卷續集十四卷　（清）朱琰編次　清乾隆二十五年（1760）樊桐山房刻本　二十四冊

210000－0741－0002200　711.72/2528/64－93
明詩綜一百卷　（清）朱彝尊錄　（清）汪森等緝評　清乾隆刻本　三十冊

210000－0741－0002201　711.72/2528/493－516
明詩綜一百卷　（清）朱彝尊錄　（清）汪森等緝評　清康熙四十四年（1705）刻本　二十四冊

210000－0741－0002202　711.72/2528/78－17
明詩綜一百卷　（清）朱彝尊錄　（清）汪森等緝評　清康熙四十四年（1705）白蓮涇刻本　四十冊

210000－0741－0002203　711.72/3102
明三十家詩選十六卷　（清）汪端輯　清道光二年（1822）自然好學齋刻本　八冊

210000－0741－0002204　711.72/3423/32－37

明詩別裁集十二卷 （清）沈德潛 （清）周準輯　清乾隆四年（1739）刻本　六冊

210000－0741－0002205　711.72/3423/88－91

明詩別裁集十二卷 （清）沈德潛 （清）周準輯　清乾隆刻本　四冊

210000－0741－0002206　711.72/4902

梁園風雅二十七卷 （明）趙彥復選　明刻本　十八冊

210000－0741－0002207　711.72/8308

列朝詩集八十一卷 （清）錢謙益輯　清宣統二年（1910）鉛印本　五十六冊

210000－0741－0002208　711.73/1090

浣竹山堂選註四六排沙集十七卷 （明）王煒選註　明崇禎元年（1628）浣竹山堂周時彥刻本　四冊

210000－0741－0002209　711.73/4477

明文在一百卷 （清）薛熙纂 （清）何焯輯　清康熙三十二年（1693）古淥水園刻本　十冊

210000－0741－0002210　711.73/9444

皇明文則二十二卷 （明）慎蒙編選　明萬曆元年（1573）刻本　三十冊

210000－0741－0002211　711.74/7560/05－42

明詩紀事一百八十七卷 （清）陳田輯　清光緒二十五年（1899）陳氏聽詩齋刻本　三十八冊

210000－0741－0002212　711.74/7560/52－89

明詩紀事一百八十七卷 （清）陳田輯　清光緒二十五年（1899）陳氏聽詩齋刻本　三十八冊

210000－0741－0002213　711.76/4407

中晚唐詩叩彈集十二卷續集三卷 （清）杜詔 （清）杜庭珠集　清康熙四十三年（1704）采山亭刻本　四冊

210000－0741－0002214　711.81/0041

述本堂詩集十八卷續集五卷 （清）方登嶧撰　清乾隆二十年（1755）桐城方氏刻本　八冊

210000－0741－0002215　711.81/0133

蜀秀集九卷 （清）譚宗浚編 （清）張選青校　清光緒五年（1879）四川成都試院刻本　八冊

210000－0741－0002216　711.81/1043

帶經堂集九十二卷 （清）王士禎撰 （清）程哲校編　清康熙四十九年（1710）七略書堂刻本　十八冊

210000－0741－0002217　711.81/2375

記聞類編十四卷　上海印書局編　清光緒三年（1877）上海印書局鉛印本　六冊

210000－0741－0002218　711.81/2637

吳氏一家稿九種 （清）吳清鵬輯　清咸豐五年（1855）錢塘吳氏刻本　八冊　存八種三十二卷（笏庵詩二十一卷、小斜川室初存詩二卷、小鄂不館初存草一卷、秋雪山房初存詩一卷、壺庵詩文四卷、訪秋書屋遺詩一卷、灌園居偶存草一卷、夢煙舫詩一卷）

210000－0741－0002219　711.81/2706

黎氏家集十二種附四種 （清）黎庶昌輯　清光緒十四年至十五年（1888－1889）日本使署刻本　十冊

210000－0741－0002220　711.81/4037

笠翁一家言全集十六卷 （清）李漁撰 （清）沈心友訂　清雍正八年（1730）芥子園刻本　十六冊

210000－0741－0002221　711.81/4047

詞科餘話七卷 （清）杭世駿輯　清乾隆道古堂刻本　四冊

210000－0741－0002222　711.81/4468

寧都三魏全集八十三卷首一卷 （清）林時益輯　清道光二十五年（1845）寧都謝庭綏綏園書塾刻本　三十二冊

210000－0741－0002223　711.81/5360

八旗文經五十六卷作者攷三卷敍錄一卷 （清）盛昱輯　清光緒二十七年（1901）武昌刻本　十二冊

210000 –0741 –0002224　711.81/7110

學海堂集初集十六卷二集二十二卷三集二十四卷四集二十八卷　（清）阮元等輯　清道光五年至光緒十二年（1825 –1886）廣東啓秀山房刻本　五十冊

210000 –0741 –0002225　711.82/0014

桐城方氏詩輯六十七卷　（清）方于穀輯　清道光元年（1821）飼經堂刻本　三十二冊

210000 –0741 –0002226　711.82/1017

江蘇詩徵一百八十三卷　（清）王豫輯　清道光元年（1821）焦山海西庵詩徵閣刻本　四十冊

210000 –0741 –0002227　711.82/1020

嶺南三大家詩選二十四卷　（清）王隼輯　清同治七年（1868）南海陳氏刻本　四冊

210000 –0741 –0002228　711.82/1036

湖海詩傳四十六卷　（清）王昶輯　清嘉慶八年（1803）三泖漁莊刻本　十二冊

210000 –0741 –0002229　711.82/1043/63 –68

感舊集十六卷　（清）王士禛選　（清）盧見曾補傳　清乾隆刻本　六冊

210000 –0741 –0002230　711.82/1043/55 –70

感舊集十六卷　（清）王士禛選　（清）盧見曾補傳　清乾隆十七年（1752）刻本　十六冊

210000 –0741 –0002231　711.82/1073

四憶堂詩集六卷遺稿一卷　（清）侯方域撰（清）賈開宗選註　清乾隆刻本　二冊

210000 –0741 –0002232　711.82/1103

羊城竹枝詞二卷　（清）張應運選輯　清光緒三年（1877）廣州吟香閣刻本　二冊

210000 –0741 –0002233　711.82/1127

花甲閒談十六卷　（清）張維屏等撰　清光緒十年（1884）上海同文書局石印本　四冊

210000 –0741 –0002234　711.82/1173/9097 –9104

加批詳註七家詩評選七卷　（清）張熙宇輯評（清）石暉甲箋注　清光緒二十年（1894）二酉山房刻本　八冊

210000 –0741 –0002235　711.82/1173/00 –03

硃批增註七家詩選七卷　（清）張熙宇輯評（清）張昶註釋　清咸豐七年（1857）刻本　四冊

210000 –0741 –0002236　711.82/1173/78 –81

硃批增註七家詩選七卷　（清）張熙宇輯評（清）張昶註釋　清末南京李光明莊狀元閣刻本　四冊

210000 –0741 –0002237　711.82/1240

道咸同光四朝詩史甲集六卷首一卷　孫雄輯　清宣統三年（1911）孫雄刻本　八冊

210000 –0741 –0002238　711.82/2168

國朝山左詩鈔六十卷　（清）盧見曾編　清乾隆二十三年（1758）盧氏雅雨堂刻本　二十冊

210000 –0741 –0002239　711.82/2664

金山姚程三先生遺集三種　（清）程國嘉輯清光緒十九年（1893）金山程氏補讀書齋彙印本　四冊

210000 –0741 –0002240　711.82/2767

學源堂庚辰集五卷附唐人試律説一卷　（清）紀昀輯　清學源堂刻本　六冊

210000 –0741 –0002241　711.82/3099

江左十五子詩選十五卷　（清）宋犖選　（清）邵長蘅訂　清康熙四十二年（1703）宋犖刻本　四冊

210000 –0741 –0002242　711.82/3423/80 –83

七子詩選十四卷　（清）沈德潛選　清乾隆十八年（1753）長洲沈氏刻本　四冊

210000 –0741 –0002243　711.82/3423/84 –85

七子詩選十四卷　（清）沈德潛選　清乾隆十八年（1753）長洲沈氏刻本　二冊

210000 –0741 –0002244　711.82/3445/18 –21

南宋雜事詩七卷　（清）沈嘉轍撰　清同治十一年（1872）淮南書局刻本　四冊

210000 –0741 –0002245　711.82/3445/54 –55

南宋雜事詩七卷　（清）沈嘉轍撰　清同治十一年（1872）淮南書局刻本　二冊

210000－0741－0002246　711.82/3445/92－95

南宋雜事詩七卷　（清）沈嘉轍撰　清同治十一年（1872）淮南書局刻本　四冊

210000－0741－0002247　711.82/6031

吳會英才集二十四卷　（清）畢沅輯　清道光刻本　八冊

210000－0741－0002248　711.82/7110/13－32

兩浙輶軒錄四十卷　（清）阮元輯　清嘉慶六年（1801）朱陳二氏合刻本　二十冊

210000－0741－0002249　711.82/7110/52－91

兩浙輶軒續錄五十四卷補遺六卷　（清）潘衍桐輯　清光緒十七年（1891）浙江書局刻本　四十冊

210000－0741－0002250　711.82/7743/40－55

國朝畿輔詩傳六十卷　（清）陶樑輯　清道光十九年（1839）紅豆樹館刻本　十六冊

210000－0741－0002251　711.82/7743/66－85

國朝畿輔詩傳六十卷　（清）陶樑輯　清道光十九年（1839）紅豆樹館刻本　二十冊

210000－0741－0002252　711.82/8024

海上繁華名妓圖不分卷　（清）□□撰　清光緒十二年（1886）刻本　一冊

210000－0741－0002253　711.82/8326

欽定熙朝雅頌集一百六卷首集二十六卷餘集二卷　（清）鐵保等輯　清嘉慶九年（1804）阮元刻本　三十二冊

210000－0741－0002254　711.82/8774

古學衍香集不分卷　（清）竹屏居士輯　清道光二十二年（1842）培杏書屋刻本　四冊

210000－0741－0002255　711.83/1036

湖海文傳七十五卷　（清）王昶輯　清道光十九年（1839）經訓堂刻本　十六冊

210000－0741－0002256　711.83/2640/47－48

八家四六文注八卷　（清）吳鼒選　（清）許貞幹注　清光緒十七年（1891）侯官許氏刻本　二冊

210000－0741－0002257　711.83/2640/61－68

八家四六文注八卷　（清）吳鼒選　（清）許貞幹注　清光緒十八年（1892）上海圖書集成印書局石印本　八冊

210000－0741－0002258　711.83/2640/71－76

後八家四六文鈔八卷　（清）張壽榮輯　清光緒七年（1881）刻本　六冊

210000－0741－0002259　711.83/2732

律賦準繩二卷首一卷　（清）繆潤紱輯　清光緒十年（1884）華翰齋刻本　二冊

210000－0741－0002260　711.83/3099/61－70

國朝三家文鈔三十二卷　（清）宋犖　（清）許汝霖輯　清康熙三十三年（1694）刻本　十冊

210000－0741－0002261　711.83/3099/77－92

國朝三家文鈔三十二卷　（清）宋犖　（清）許汝霖輯　清康熙三十三年（1694）東海許氏刻本　十六冊

210000－0741－0002262　711.83/3494

國朝文匯甲前集二十卷甲集六十卷乙集七十卷丙集三十卷丁集二十卷姓氏目錄一卷　（清）沈粹芳　（清）王寅輯　清宣統元年（1909）上海國學扶輪社石印本　一百一冊

210000－0741－0002263　711.83/4042

查氏文鈔四卷　（清）查世佑輯　清道光七年（1827）查元偁刻本　四冊

210000－0741－0002264　711.83/4245

國朝文錄八十二卷　（清）姚椿輯　清咸豐元年（1851）張祥河終南山舘刻本　二十四冊

210000－0741－0002265　711.83/4391

瑞芝山房文鈔八卷補遺一卷　（清）戴燮元輯　清光緒三年（1877）廣陵戴氏刻本　六冊

210000－0741－0002266　711.83/4432

國朝中州文徵五十四卷　（清）蘇源生輯　清道光二十五年（1845）刻本　二十八冊

210000－0741－0002267　711.83/4440

栘華館駢體文四卷　（清）董基誠撰　清光緒十四年（1888）木活字本　二冊

210000－0741－0002268　711.83/4534

課士文鈔續集一卷　甘肅官報社編　清宣統三年(1911)甘肅官報書局鉛印本　一冊

210000－0741－0002269　711.83/4621

國朝古文正的五卷附錄二卷　(清)楊彝珍輯　清光緒六年(1880)獨山莫氏鉛印本　六冊

210000－0741－0002270　711.83/4748

國朝文棟八卷　(清)胡嘉銓編　清光緒十二年(1886)刻本　二冊

210000－0741－0002271　711.91/6022/06

湘社集四卷　易順鼎　程頌萬編　清光緒十七年(1891)長沙刻本　一冊

210000－0741－0002272　711.91/6022/44－45

湘社集四卷　易順鼎　程頌萬編　清光緒十七年(1891)長沙刻本　二冊

210000－0741－0002273　711.91/7241

雙忽雷本事不分卷　(清)劉世珩輯　清宣統三年(1911)天津貴池劉氏石印本　一冊

210000－0741－0002274　712.12/2610

蓮洋集選十二卷　(清)吳雯撰　清乾隆劉組曾刻本　六冊

210000－0741－0002275　712.12/8072

咏物詩選八卷　(清)俞琰輯　清雍正二年(1724)寧儉堂刻本　四冊

210000－0741－0002276　712.2/4401

朱子詩鈔四卷　(清)杜庭珠纂　清康熙四十三年(1704)采山亭刻本　一冊

210000－0741－0002277　712.22/0033

離騷經正義一卷　(清)方望溪撰　清康熙刻本　一冊

210000－0741－0002278　712.31/0020/12－23

庚子山集十六卷　(北周)庾信撰　(清)倪璠注　清刻本　十二冊

210000－0741－0002279　712.31/0020/46－57

庚子山集十六卷　(北周)庾信撰　(清)倪璠注　清光緒十六年(1890)成都試院刻本　十二冊

210000－0741－0002280　712.31/0020/50－61

庚子山集(庾開府全集)十六卷　(北周)庾信撰　(清)倪璠注　清道光十九年(1839)同文堂刻本　十二冊

210000－0741－0002281　712.31/0020/58－63

庚子山集(庾開府全集箋注)十六卷　(北周)庾信撰　(清)倪璠注　清金閶書業堂刻本　六冊

210000－0741－0002282　712.31/0440/73－80

忠武侯諸葛孔明先生全集五種　(三國蜀)諸葛亮撰　(清)張澍輯　清同治、光緒間刻本　八冊

210000－0741－0002283　712.31/0440/14－17

諸葛忠武侯文集四卷年譜一卷附錄二卷故事五卷　(三國蜀)諸葛亮撰　(清)張澍輯　清嘉慶十七年(1812)刻本　四冊

210000－0741－0002284　712.31/2874

徐孝穆集十卷　(南朝陳)徐陵撰　(明)屠隆評　明萬曆屠隆刻本　一冊

210000－0741－0002285　712.31/3134

醴陵集十卷　(南朝梁)江淹撰　(清)江昉校刊　清乾隆二十年(1755)江昉刻本　二冊

210000－0741－0002286　712.31/4600

隋煬帝集不分卷　(隋)楊廣撰　(明)張溥閱　明崇禎張溥刻本　三冊

210000－0741－0002287　712.31/5544/79－80

曹集詮評十卷逸文一卷年譜一卷附錄一卷　(三國魏)曹植撰　(清)丁晏評　清同治十一年(1872)南京金陵書局刻本　二冊

210000－0741－0002288　712.31/5544/77－80

曹子建集十卷補遺一卷　(三國魏)曹植撰　明刻本(補遺一卷配抄本)　四冊

210000－0741－0002289　712.31/7731

陶靖節集八卷總論一卷　(晉)陶潛撰　明萬曆吳興凌蒙初刻朱墨套印本　四冊

210000－0741－0002290　712.31/7731/564－567

靖節先生集十卷首一卷末一卷　(晉)陶潛撰

（清）陶澍集註　清光緒九年(1883)江蘇書局刻本　四冊

210000－0741－0002291　712.31/7731/671－674

靖節先生集十卷首一卷末一卷　（晉）陶潛撰（清）陶澍集註　清光緒九年(1883)江蘇書局刻本　四冊

210000－0741－0002292　712.31/7731/675－678

靖節先生集十卷首一卷末一卷　（晉）陶潛撰（清）陶澍集註　清光緒九年(1883)江蘇書局刻本　四冊

210000－0741－0002293　712.31/7731/815－818

靖節先生集十卷首一卷末一卷　（晉）陶潛撰（清）陶澍集註　清光緒九年(1883)江蘇書局刻本　四冊

210000－0741－0002294　712.4/2122

古今詩話選雋二卷　（清）盧衍仁手錄　清乾隆四十五年(1780)抱青閣刻本　二冊

210000－0741－0002295　712.41/0147/85－88

顏魯公文集十五卷　（唐）顏真卿撰　**年譜一卷**　（宋）留元剛撰　清嘉慶七年(1802)曲阜顏氏家刻本　四冊

210000－0741－0002296　712.41/0147/89－92

顏魯公文集十五卷　（唐）顏真卿撰　**年譜一卷**　（宋）留元剛撰　清嘉慶七年(1802)曲阜顏氏家刻本　四冊

210000－0741－0002297　712.41/1014

李太白文集三十六卷　（唐）李白撰　（清）王琦輯註　清乾隆二十四年(1759)刻本　二十四冊

210000－0741－0002298　712.41/1014/41－56

李太白文集三十六卷　（唐）李白撰　（清）王琦輯注　清乾隆二十四年(1759)聚錦堂刻本　十六冊

210000－0741－0002299　712.41/1014/45－60

李太白文集三十六卷　（唐）李白撰　（清）王琦輯注　清乾隆二十四年(1759)聚錦堂刻本　十六冊

210000－0741－0002300　712.41/1014/689－700

李太白文集三十六卷　（唐）李白撰　（清）王琦輯注　清乾隆二十四年(1759)聚錦堂刻本　十二冊

210000－0741－0002301　712.41/1014/86－97

李太白文集(李青蓮全集輯註)三十六卷　（唐）李白撰　（清）王琦輯注　清乾隆二十四年(1759)刻本　十二冊

210000－0741－0002302　712.41/1020

王摩詰集十卷　（唐）王維纂　明刻本　二冊

210000－0741－0002303　712.41/1044

王子安集註(王勃全集箋註)二十卷首一卷末一卷　（唐）王勃撰　（清）蔣清翊註　清光緒九年至十二年(1883－1886)吳縣蔣氏雙唐碑館刻本　六冊

210000－0741－0002304　712.41/4007

玉谿生詩詳註三卷補一卷樊南文集詳註八卷詩話一卷年譜一卷　（唐）李商隱撰　（清）馮浩詳註　清同治七年(1868)上海馮寶圻刻本　八冊

210000－0741－0002305　712.41/4026/47－54

分類補註李太白詩二十五卷　（唐）李白撰（元）楊齊賢集注　（元）蕭士贇補注　（明）許自昌校　清乾隆刻本　八冊

210000－0741－0002306　712.41/4026/21－26

李翰林集三十卷　（唐）李白撰　清光緒三十二年(1906)西泠印社影印本　六冊

210000－0741－0002307　712.41/4026/32－43

李太白文集三十卷附錄六卷　（唐）李白撰（清）王琦輯注　清乾隆二十四年(1759)聚錦堂刻本　十二冊

210000－0741－0002308　712.41/4432

莆陽黃御史集二卷附錄一卷　（唐）黃滔撰清光緒十年(1884)福山王氏天壤閣刻本二冊

210000－0741－0002309　712.41/4453

讀書堂杜工部詩集註解二十卷文集註解二卷

（唐）杜甫撰　（明）張溍評註　**杜工部編年詩史譜目一卷**　清康熙三十七年（1698）讀書堂刻本　十二冊

210000－0741－0002310　712.41/4453/4083－4091

杜詩鏡銓二十卷　（唐）杜甫撰　（清）楊倫輯　清同治十一年（1872）吳棠望三益齋刻本　九冊

210000－0741－0002311　712.41/4453/11－20

杜工部集二十卷首一卷　（唐）杜甫撰　**諸家詩話一卷唱酬題詠一卷**　清同治十一年（1872）致一齋刻本　十冊

210000－0741－0002312　712.41/4453/285－296

杜詩鏡銓二十卷附文集二卷　（唐）杜甫撰（清）楊倫輯　清同治十一年（1872）吳棠望三益齋刻本　十二冊

210000－0741－0002313　712.41/4453/45－56

讀書堂杜工部詩集註解二十卷文集註解二卷（唐）杜甫撰　（清）張溍評註　**杜工部編年詩史譜目一卷**　清道光二十一年（1841）張簜刻本　十二冊

210000－0741－0002314　712.41/4453/74－81

杜工部集二十卷　（唐）杜甫撰　（清）錢謙益箋註　**年譜一卷諸家詩話一卷唱酬題詠一卷附錄一卷**　清宣統三年（1911）上海時中書局石印本　八冊

210000－0741－0002315　712.41/4453/786－791

杜詩鏡銓二十卷附文集二卷　（唐）杜甫撰（清）楊倫輯　清末上海撰易堂鉛印本　六冊

210000－0741－0002316　712.41/4453/05－16

杜詩鏡銓二十卷附文集二卷　（唐）杜甫撰（清）楊倫輯　清同治十一年（1872）吳棠望三益齋刻本　十二冊

210000－0741－0002317　712.41/4480

韓文四十卷外集十卷集傳一卷遺文一卷（唐）韓愈撰　（唐）李漢編　明嘉靖十六年（1537）遊居敬刻本　十六冊

210000－0741－0002318　712.41/6072

羅昭諫江東集五卷　（唐）羅隱撰　（明）姚士麟　（明）屠中孚校　明萬曆屠中孚刻本　四冊

210000－0741－0002319　712.41/7228

劉賓客文集三十卷補遺一卷　（唐）劉禹錫撰　清光緒五年至十三年（1879－1887）定州王氏謙德堂刻本　四冊

210000－0741－0002320　712.41/7731/13－14

駱賓王文集十卷　（唐）駱賓王撰　**考異一卷**（清）顧廣圻撰　清嘉慶二十一年（1816）石硯齋秦氏刻本　二冊

210000－0741－0002321　712.41/7731/71－72

駱丞集四卷　（唐）駱賓王撰　**辨譌考異二卷**（清）胡鳳丹撰　清同治八年（1869）永康胡氏退補齋刻本　二冊

210000－0741－0002322　712.411/1142

唐丞相曲江張先生文集二十卷　（唐）張九齡撰　明成化九年（1473）邱濬刻本　六冊

210000－0741－0002323　712.411/7424

重刊校正笠澤叢書四卷補遺一卷　（唐）陸龜蒙撰　清雍正九年（1731）刻本　四冊

210000－0741－0002324　712.42/0829

唐杜文貞公七言律詩四卷　（唐）杜甫撰（清）許巖光批釋　（清）陳醇儒箋註　清康熙六十一年（1722）刻本　四冊

210000－0741－0002325　712.42/2116

杜詩闡三十三卷　（唐）杜甫撰　（清）盧元昌述　清康熙二十一年（1682）馬均梁刻本　八冊

210000－0741－0002326　712.42/2435

杜詩詳註三十一卷首一卷諸家評論二卷（唐）杜甫撰　（清）仇兆鼇輯註　清康熙四十二年（1703）刻本　十四冊

210000－0741－0002327　712.42/2601

白蓮集十卷　（唐）釋齊己撰　明末汲古閣刻本　六冊

210000－0741－0002328　712.42/2735/11－34

杜詩詳註二十五卷首一卷年譜一卷附編二卷
（唐）杜甫撰 （清）仇兆鰲輯註 清康熙三
十二年(1693)刻本 二十四冊

210000－0741－0002329 712.42/2735/344－357
杜詩詳註三十一卷首一卷年譜一卷 （唐）杜
甫撰 （清）仇兆鰲輯註 清康熙三十二年
(1693)刻本 十四冊

210000－0741－0002330 712.42/2735/46－72
杜詩詳註二十五卷首一卷年譜一卷附編二卷
（唐）杜甫撰 （清）仇兆鰲輯註 清康熙三
十二年(1693)刻本 二十八冊

210000－0741－0002331 712.42/2735/51－78
杜詩詳註二十五卷首一卷年譜一卷附編二卷
（唐）杜甫撰 （清）仇兆鰲輯註 清康熙三
十二年(1693)刻本 二十八冊

210000－0741－0002332 712.42/3007/57－66
白香山詩長慶集二十卷後集十七卷別集一卷
補遺二卷 （唐）白居易撰 （清）汪立名編訂
清康熙刻本 十冊

210000－0741－0002333 712.42/3007/35－38
白香山詩長慶集二十卷後集十七卷別集一卷
補遺二卷年譜一卷 （唐）白居易撰 （清）汪
立名編訂 清康熙一隅草堂刻本 四冊

210000－0741－0002334 712.42/3022
御選妙覺普度和聖寒山大士詩（寒山拾得詩）
一卷 （唐）釋寒山撰 御選圓覺慈度合聖拾
得大士詩一卷 （唐）釋拾得撰 栴堂山居詩
一卷 （明）栴堂禪師益撰 清光緒十一年
(1885)金陵刻經處刻本 一冊

210000－0741－0002335 712.42/3104
李義山詩文集詳註二種十三卷 （唐）李商隱
撰 （清）馮浩編訂 （清）朱天鎬參校 清乾
隆四十五年(1780)德聚堂刻嘉慶元年(1796)
補刻本 八冊

210000－0741－0002336 712.42/3130
杜詩集說二十卷末一卷 （清）江浩然纂輯
清乾隆四十八年(1783)本立堂刻本 十二冊

210000－0741－0002337 712.42/3608/42－43
溫飛卿詩集九卷 （唐）溫庭筠撰 （明）曾益
注 清光緒八年(1882)萬軸山房刻本 二冊

210000－0741－0002338 712.42/3608/62－65
溫飛卿詩集九卷 （唐）溫庭筠撰 （明）曾益
原注 （清）顧予咸補注 （清）顧嗣立重校
清康熙三十六年(1697)秀野草堂刻本 四冊

210000－0741－0002339 712.42/3608/898－901
溫飛卿詩集九卷 （唐）溫庭筠撰 （明）曾益
原注 （清）顧予咸補注 （清）顧嗣立重校
清康熙三十六年(1697)秀野草堂刻本 四冊

210000－0741－0002340 712.42/4007/57－60
李義山詩集輯評三卷 （唐）李商隱撰 （清）
朱鶴齡箋注 （清）沈厚塽輯評 李義山詩譜
一卷諸家詩評一卷 清光緒二十四年(1898)
聶氏刻本 四冊

210000－0741－0002341 712.42/4007/94－97
李義山詩集輯評三卷 （唐）李商隱撰 （清）
朱鶴齡箋注 （清）沈厚塽輯評 清同治九年
(1870)刻三色套印本 四冊

210000－0741－0002342 712.42/4007/61－64
重訂李義山詩集箋注三卷集外詩箋注一卷
（唐）李商隱撰 （清）朱鶴齡箋注 （清）程
夢星刪補 詩話一卷年譜一卷 （清）程夢星
輯 清乾隆八年(1743)汪增寧刻本 四冊

210000－0741－0002343 712.42/4046
李長吉集四卷外集一卷 （唐）李賀撰 （明）
黃淳耀評 （清）黎簡批點 清光緒十八年
(1892)羊城葉衍蘭刻本 二冊

210000－0741－0002344 712.42/4047
才調集十卷 （五代）韋縠集 清康熙四十三
年(1704)垂雲堂刻本 六冊

210000－0741－0002345 712.42/4441
集千家註杜工部詩集二十卷文集一卷 （唐）
杜甫撰 （明）許自昌注 明刻本 八冊

210000－0741－0002346 712.42/4453/095－106
讀書堂杜工部詩文集註解二十卷 （清）張溍

評註　清康熙三十七年(1698)張榕端讀書堂刻本　十二冊

210000－0741－0002347　712.42/4453/97－06
杜詩鏡銓二十卷年譜一卷附錄一卷　（唐）杜甫撰　（清）楊倫輯　清乾隆五十七年(1792)九柏山房刻本　十冊

210000－0741－0002348　712.42/4453/07－14
杜詩提要十四卷　（唐）杜甫撰　（清）吳瞻泰評選　清乾隆山雨樓刻本　八冊

210000－0741－0002349　712.42/4453/69－78
讀杜心解六卷首二卷　（清）浦起龍講解（清）浦起麟參讀　清雍正稼石堂刻本　十冊

210000－0741－0002350　712.42/4453/33－42
讀杜心解六卷首二卷　（清）浦起龍講解　（清）浦起麟參讀　清雍正二年至三年(1724－1725)無錫浦氏寧我齋刻本　十冊

210000－0741－0002351　712.42/4453/77－82
讀杜心解六卷首二卷　（清）浦起龍講解（清）浦起麟參讀　清無錫浦氏寧我齋刻本六冊

210000－0741－0002352　712.42/4480/67－78
韓昌黎詩集編年箋注十二卷　（唐）韓愈撰（清）方世舉箋註　清宣統二年(1910)海寧陳氏石印本　十二冊

210000－0741－0002353　712.42/4480/32－37
韓昌黎詩集編年箋注十二卷　（唐）韓愈撰（清）方世舉考訂　清乾隆二十三年(1758)德州盧見曾雅雨堂刻本　六冊

210000－0741－0002354　712.42/7200
唐大歷十才子集　（唐）劉商等撰　清康熙刻本　六冊

210000－0741－0002355　712.43/1142
唐丞相曲江張文獻公集十二卷附千秋金鑑錄五卷　（唐）張九齡撰　清雍正十三年(1735)刻本　六冊

210000－0741－0002356　712.43/4007
李義山文集十卷　（唐）李商隱撰　（清）徐樹

穀箋　（清）徐炯註　清康熙四十七年(1708)徐氏花谿草堂刻本　四冊

210000－0741－0002357　712.43/4027
李文公集十八卷補遺一卷附錄一卷　（唐）李翱撰　清嘉慶刻本　六冊

210000－0741－0002358　712.43/6072
讒書五卷　（唐）羅隱撰　清嘉慶十二年(1807)海昌吳騫刻本　二冊

210000－0741－0002359　712.44/4453
杜工部草堂詩箋二十二卷　（唐）杜甫撰（宋）魯訔編　（宋）蔡夢弼會箋　**年譜二卷**（宋）趙子櫟撰　**草堂詩話二卷**　（宋）蔡夢弼集錄　清光緒二年(1876)巴陵方氏碧琳琅館刻本　五冊

210000－0741－0002360　712.44/7270
杜工部詩話不分卷　（清）劉鳳誥撰　清宣統三年(1911)上海掃葉山房石印本　一冊

210000－0741－0002361　712.51/0013/88－97
盧陵宋丞相信國公文忠烈先生全集十六卷（宋）文天祥撰　（清）文有煥　（清）文從偉編輯　清雍正三年(1725)五桂堂刻本　十冊

210000－0741－0002362　712.51/0013/81－90
盧陵宋丞相信國公文忠烈先生全集十六卷（宋）文天祥撰　（清）文有煥　（清）文從偉編輯　清道光二十三年(1843)刻本　十冊

210000－0741－0002363　712.51/1010
梅溪先生文集五十四卷　（宋）王十朋撰　明正統五年(1440)刻本　二十四冊

210000－0741－0002364　712.51/1031/79－94
王臨川全集一百卷　（宋）王安石撰　清光緒九年(1883)聽香館刻本　十六冊

210000－0741－0002365　712.51/1031/879－898
王臨川全集一百卷目錄二卷　（宋）王安石撰清光緒九年(1883)溧陽繆氏小峴山館刻本二十冊

210000－0741－0002366　712.51/1031/571－586
臨川先生文集一百卷　（宋）王安石撰　清光

緒九年(1883)聽香館刻本　十六冊

210000－0741－0002367　712.51/1031/879－894
臨川先生文集一百卷　（宋）王安石撰　清光緒九年(1883)聽香館刻本　十六冊

210000－0741－0002368　712.51/1779
司馬文正公傳家集八十卷目錄二卷　（宋）司馬光撰　（清）陳弘謀重訂　附錄一卷年譜一卷　（清）陳弘謀輯　清乾隆六年(1741)培遠堂陳氏刻本　十二冊

210000－0741－0002369　712.51/1779/522－545
司馬溫公文集八十二卷　（宋）司馬光撰　清同治九年(1870)武九疇補刻本　二十四冊

210000－0741－0002370　712.51/1779/553－568
司馬文正公傳家集八十卷目錄二卷　（宋）司馬光撰　（清）陳弘謀重訂　附錄一卷年譜一卷　（清）陳弘謀輯　清乾隆六年(1741)陳氏培遠堂刻本　十六冊

210000－0741－0002371　712.51/2540
朱子全集一百四卷　（宋）朱熹撰　清咸豐十年(1860)浙江紫霞洲祠堂刻本　四十冊

210000－0741－0002372　712.51/3036
忠簡集七卷　（宋）宗澤撰　清同治八年(1869)永康胡氏退補齋刻本　二冊

210000－0741－0002373　712.51/3432
盤洲文集八十卷首一卷末一卷校記一卷（宋）洪适撰　清光緒十年(1884)涇縣藤溪洪氏刻本　十二冊

210000－0741－0002374　712.51/4099
絜齋集二十四卷附從祀錄六卷　（宋）袁燮撰　清光緒二年(1876)四明袁氏刻本　十六冊

210000－0741－0002375　712.51/4407
宋黃文節公全集八十五卷首四卷　（宋）黃庭堅撰　伐檀集二卷　（宋）黃庶撰　清光緒二十年(1894)義甯州署黃壽英刻本　二十八冊

210000－0741－0002376　712.51/4414/80－89
安陽集五十卷　（宋）韓琦撰　忠獻韓魏王家傳十卷別錄三卷遺事一卷附錄一卷　（宋）韓

忠彥撰　清咸豐二年(1852)刻本　十冊

210000－0741－0002377　712.51/4414/15－26
韓魏公集三十八卷　（宋）韓琦撰　（明）康丕揚校　忠獻韓魏王家傳十卷別錄一卷遺事一卷　（宋）韓忠彥撰　明萬曆三十七年(1609)康丕揚刻本　十二冊

210000－0741－0002378　712.51/4423
范文正公全集三十五卷附錄六種　（宋）范仲淹撰　清康熙四十六年(1707)吳門義塾歲寒堂刻本　十六冊

210000－0741－0002379　712.51/4453
東坡集四十卷後集二十卷奏議十五卷外制集三卷內制集十卷樂語一卷應詔集十卷續集十二卷　（宋）蘇軾撰　校記二卷　繆荃孫撰　清宣統元年(1909)端方寶華盦石印本　四十八冊

210000－0741－0002380　712.51/4847/73－82
宛陵先生文集六十卷　（宋）梅堯臣撰　清宣統二年(1910)上海石印本　十冊

210000－0741－0002381　712.51/4847/38－53
宛陵先生文集六十卷拾遺一卷　（宋）梅堯臣撰　（清）梅枝鳳編　清康熙四十一年(1702)白華書屋刻本　十六冊

210000－0741－0002382　712.51/5046/20－27
淮海集十七卷後集二卷詞一卷補遺一卷文集攷證一卷　（宋）秦觀撰　（清）王敬之校訂　年譜節要一卷　（清）秦瀛編　清道光二十一年(1841)高郵王氏補刻本　八冊

210000－0741－0002383　712.51/5046/492－503
淮海集四十卷後集六卷後集長短句三卷（宋）秦觀撰　（明）徐渭評　明天啓崇禎刻本　十二冊

210000－0741－0002384　712.51/5722
鐔津文集十九卷首一卷　（宋）釋契嵩撰　清光緒二十八年(1902)揚州藏經院刻本　四冊

210000－0741－0002385　712.51/6023
西臺集二十卷　（宋）畢仲游撰　清乾隆四十

六年(1781)繆晉刻本　八冊

210000－0741－0002386　712.51/7438/085－126
陸放翁全集一百五十七卷　（宋）陸游撰　清初虞山張氏詩禮堂刻本　四十二冊

210000－0741－0002387　712.51/7438/197－244
陸放翁全集一百五十七卷　（宋）陸游撰　清初湖南楚澴李氏森寶齋刻本　四十八冊

210000－0741－0002388　712.51/7438/48
放翁逸稾二卷　（宋）陸游撰　明末毛氏汲古閣刻本　一冊

210000－0741－0002389　712.51/7443/39－46
象山先生文集三十六卷　（宋）陸九淵撰　**附錄少湖徐先生學則辯一卷陸梭山家訓一卷**　（明）徐階撰　清末江左書林石印本　八冊

210000－0741－0002390　712.51/7443/42－53
象山先生全集三十六卷　（宋）陸九淵撰　（明）張鹿野　（明）傅度山輯　明嘉靖四十年(1561)刻本　十二冊

210000－0741－0002391　712.51/7443/65－72
象山先生文集三十六卷　（宋）陸九淵撰　**少湖徐先生學則辯一卷**　（明）徐階撰　明嘉靖四十年(1561)刻本　八冊

210000－0741－0002392　712.51/7500
龍川文集三十卷首一卷附錄一卷　（宋）陳亮撰　**辨譌考異二卷**　（清）胡鳳丹撰　清同治七年(1868)永康胡氏退補齋刻本　十冊

210000－0741－0002393　712.51/7523/29－34
後山先生集二十四卷　（宋）陳師道撰　清光緒十一年(1885)番禺陶福祥愛廬刻本　六冊

210000－0741－0002394　712.51/7523/32－39
止齋先生文集五十卷附錄一卷　（宋）陳傅良撰　清光緒五年(1879)瑞安孫氏詒善祠塾刻本　八冊

210000－0741－0002395　712.51/7707
宋濂溪周元公先生集十卷周氏遺芳集五卷　（宋）周敦頤撰　（明）周沈珂重輯　明嘉靖十四年(1535)刻本　六冊

210000－0741－0002396　712.511/4022
西山先生真文忠公文集五十五卷　（宋）真德秀撰　清康熙四年(1665)刻本　十二冊

210000－0741－0002397　712.513/4072/86－05
箋釋梅亭先生四六標準四十卷　（宋）李劉撰　（明）孫雲翼箋釋　（明）唐鯉飛校　明萬曆二十五年至四十八年(1597－1620)古吳聚錦堂刻本　二十冊

210000－0741－0002398　712.513/4072/06－17
箋釋梅亭先生四六標準四十卷　（宋）李劉撰　（明）孫雲翼箋釋　（明）唐鯉飛校　明萬曆四十四年(1616)刻本　十二冊

210000－0741－0002399　712.513/4437/27－30
蘇老泉先生全集十六卷　（宋）蘇洵撰　明刻本　四冊

210000－0741－0002400　712.513/4437/80－83
蘇老泉先生全集二十卷　（宋）蘇洵撰　**附錄二卷**　（宋）沈斐輯　清康熙三十七年(1698)吳郡邵仁鴻刻本　四冊

210000－0741－0002401　712.52/0013
指南後錄三卷　（宋）文天祥撰　清光緒六年(1880)刻本　一冊

210000－0741－0002402　712.52/1700/80－85
伊川擊壤集二十卷　（宋）邵雍撰　明文靖書院刻本　六冊

210000－0741－0002403　712.52/1700/31－36
宋邵康節先生伊川擊壤集十卷　（宋）邵雍撰　（明）吳瀚摘註　（明）吳元維增註　（明）吳泰校閱　清康熙八年(1669)邵氏刻本　六冊

210000－0741－0002404　712.52/1700/70－75
宋邵康節先生伊川擊壤集十卷　（宋）邵雍撰　（明）吳瀚摘註　（明）吳元維增註　（明）吳泰校閱　清康熙八年(1669)邵氏刻本　六冊

210000－0741－0002405　712.52/1700/65－66
伊川擊壤集二十卷　（宋）邵雍撰　明文靖書

院刻本　二册

210000－0741－0002406　712.52/4407

山谷詩集注二十卷外集詩註十七卷別集詩註二卷　（宋）黃庭堅撰　清光緒二十六年(1900)湖北陶子麟刻本　二十册

210000－0741－0002407　712.52/4433/07－09

林和靖詩集四卷拾遺一卷附錄一卷　（宋）林逋撰　清同治十二年(1873)長洲朱氏刻本　二册

210000－0741－0002408　712.52/4433/11－12

林和靖先生詩集四卷附省心錄一卷　（宋）林逋撰　清康熙四十七年(1708)吳趨吳調元刻本　二册

210000－0741－0002409　712.52/4453/01－10

施註蘇詩四十二卷王註正譌一卷東坡先生年譜一卷總目二卷　（宋）蘇軾撰　（宋）施元之注　（清）顧嗣立等刪補　蘇詩續補遺二卷（清）馮景補注　清康熙三十八年(1699)商丘宋犖刻本　十册

210000－0741－0002410　712.52/4453/10－23

施註蘇詩四十二卷東坡先生年譜一卷總目二卷　（宋）蘇軾撰　（宋）施元之注　（清）顧嗣立等刪補　蘇詩續補遺二卷　（清）馮景補注　清康熙三十八年(1699)商丘宋犖刻本　十四册　存四十五卷(施註蘇詩四十二卷、年譜一卷、總目二、補遺一)

210000－0741－0002411　712.52/4453/903－918

蘇文忠詩合註五十卷首一卷　（宋）蘇軾撰（清）馮應榴輯訂　清同治九年(1870)桐鄉馮氏踵息齋刻本　十六册

210000－0741－0002412　712.52/4453－3

眉山詩案廣證六卷　（宋）蘇軾撰　（清）張鑑輯證　清光緒十年(1884)江蘇書局刻本　二册

210000－0741－0002413　712.52/4454

石湖居士詩集三十四卷　（宋）范成大撰（清）顧嗣協等重訂　清康熙二十七年(1688)蘇州顧氏依園刻本　十册

210000－0741－0002414　712.52/7244

後邨居士詩二十卷　（宋）劉克莊撰　（清）姚廷謙校訂　清康熙五十九年(1720)姚廷謙遂安堂刻本　八册

210000－0741－0002415　712.52/7438

劍南詩鈔不分卷　（宋）陸遊撰　清同治八年(1869)刻本　八册

210000－0741－0002416　712.52/8044

姜白石詩詞合集十卷　（宋）姜夔撰　清乾隆三十六年(1771)刻本　四册

210000－0741－0002417　712.52/8488

倚松老人詩集二卷　（宋）饒節撰　清宣統二年(1910)姚埭沈氏刻本　二册

210000－0741－0002418　712.53/1779

司馬溫公文集八十二卷目錄一卷　（宋）司馬光撰　清康熙四十七年(1708)刻本　十二册

210000－0741－0002419　712.53/2540

御纂朱子全書六十六卷　（清）李光地等撰清刻本　三十二册

210000－0741－0002420　712.53/4414

韓魏公集二十卷　（宋）韓琦撰　清同治五年(1866)福州正誼書院刻本　六册

210000－0741－0002421　712.53/4430/19－26

水心文集二十九卷　（宋）葉適撰　清乾隆二十年(1755)溫州府學刻本　八册

210000－0741－0002422　712.53/4430/73－80

水心文集二十九卷　（宋）葉適撰　明刻本八册

210000－0741－0002423　712.53/4430/25－28

水心先生別集十六卷　（宋）葉適撰　清同治九年(1870)瑞安孫氏刻本　四册

210000－0741－0002424　712.53/4453/15－18

岳忠武王文集(岳武穆遺文)八卷首一卷末一卷　（宋）岳飛撰　（清）黃邦寧纂修　（清）李林校閱　清乾隆刻本　四册

210000－0741－0002425　712.53/4453/73－76

岳忠武王文集八卷首一卷末一卷　（宋）岳飛

撰　（清）黃邦寧纂修　（清）李林校閱　清乾
隆三十五年（1770）刻本　四冊

210000－0741－0002426　712.53/4453/81－83
蘇長公表三卷　（宋）蘇軾撰　（明）錢檟輯
明吳興凌濛初刻朱墨套印本　三冊

210000－0741－0002427　712.53/4453/84－85
蘇長公啓二卷　（宋）蘇軾撰　（明）錢檟輯
明吳興凌濛初刻朱墨套印本　二冊

210000－0741－0002428　712.53/4646
宋廬陵誠齋楊先生錦繡策不分卷　（宋）楊萬
里撰　（清）王金增校　清雍正七年（1729）蘇
州王金增刻本　二冊

210000－0741－0002429　712.53/4664
龜山先生集三十七卷　（宋）楊時撰　（清）楊
令聞重刊　清順治八年（1651）楊令聞刻本
十冊

210000－0741－0002430　712.53/6010
羅鄂州小集六卷　（宋）羅願撰　（清）程哲輯
錄　清康熙五十二年（1713）刻本　二冊

210000－0741－0002431　712.53/7438
渭南文集五十卷　（宋）陸遊撰　明毛氏汲古
閣刻本　五冊

210000－0741－0002432　712.53/8017
南豐曾先生文粹十卷　（宋）曾鞏撰　（明）張
光啟校　明嘉靖二十八年（1549）安如石刻本
四冊

210000－0741－0002433　712.54/0821/86
許彥周詩話一卷　（宋）許顗撰　清康熙振鷺
堂刻本　一冊

210000－0741－0002434　712.54/0821/20
許彥周詩話一卷　（宋）許顗撰　**後山居士詩
話一卷**　（宋）陳師道撰　清康熙振鷺堂刻本
一冊

210000－0741－0002435　712.54/4727/509－528
漁隱叢話前集六十卷後集四十卷　（宋）胡仔
纂集　清乾隆六年（1741）耘經樓刻本　二
十冊

210000－0741－0002436　712.54/4727/74－93
漁隱叢話前集六十卷後集四十卷　（宋）胡仔
纂集　清乾隆六年（1741）耘經樓刻本　二
十冊

210000－0741－0002437　712.61/1032/638－643
**元遺山詩集箋注十四卷年譜一卷附錄一卷補
載一卷**　（金）元好問撰　（清）施國祁注　清
道光二年（1822）南潯蔣氏瑞松堂刻本　六冊

210000－0741－0002438　712.61/1032/835－842
**元遺山詩集箋注十四卷年譜一卷附錄一卷補
載一卷**　（金）元好問撰　（清）施國祁注　清
道光二年（1822）南潯蔣氏瑞松堂刻本　八冊

210000－0741－0002439　712.61/1042
弇州山人四部稿一百七十四卷附目錄十二卷
　（明）王世貞撰　明萬曆五年（1577）世經堂
刻本　四十冊

210000－0741－0002440　712.61/1047/46－65
遺山先生文集四十卷　（金）元好問撰　（元）
張德輝類次　清康熙四十六年（1707）劍光閣
刻本　二十冊

210000－0741－0002441　712.61/1047/49－64
遺山先生文集四十卷　（金）元好問撰　（元）
張德輝類次　清康熙四十六年（1707）劍光閣
刻本　十六冊

210000－0741－0002442　712.61/1244/31－34
湛然居士文集十四卷　（元）耶律楚材撰　清
光緒二十一年（1895）漸西村舍刻本　四冊

210000－0741－0002443　712.61/1244/44－47
湛然居士文集十四卷　（元）耶律楚材撰　清
光緒二十一年（1895）漸西村舍刻本　四冊

210000－0741－0002444　712.61/4146
丹邱生集五卷附錄一卷　（元）柯九思撰　繆
荃孫輯　清光緒三十四年（1908）息園刻本
一冊

210000－0741－0002445　712.61/4721/66－75
**郝文忠公陵川文集三十九卷年譜一卷附錄一
卷**　（元）郝經撰　（清）王鐕編訂　清嘉慶三

年(1798)刻本　十冊

210000－0741－0002446　712.61/4721/83－92

郝文忠公陵川文集三十九卷年譜一卷附錄一卷　（元）郝經撰　（清）王鑼編訂　清嘉慶三年(1798)刻本　十冊

210000－0741－0002447　712.61/4913

趙文敏公松雪齋全集十卷續集一卷外集一卷附行狀　（元）趙孟頫撰　（清）曹敬三校　清光緒八年(1882)洞庭楊氏刻本　六冊

210000－0741－0002448　712.62/1047

元遺山詩集八卷　（金）元好問撰　清乾隆四十三年(1778)南昌萬廷蘭刻本　二冊

210000－0741－0002449　712.62/4421

黃楊集三卷　（元）華幼武撰　清同治、光緒間木活字本　二冊

210000－0741－0002450　712.62/4445/284－291

雁門集十四卷附一卷　（元）薩都剌撰　（清）薩龍光編注　唱和錄一卷別錄一卷　（清）薩龍光輯　清嘉慶十二年(1807)廣州薩龍光刻本　八冊

210000－0741－0002451　712.62/4445/889－896

雁門集十四卷附一卷　（元）薩都剌撰　（清）薩龍光編注　唱和錄一卷別錄一卷　（清）薩龍光輯　清嘉慶十二年(1807)廣州薩龍光刻本　八冊

210000－0741－0002452　712.62/4623

鐵厓樂府註十卷咏史註八卷逸編註八卷（元)楊維楨撰　（清）樓卜瀍註　清乾隆三十九年(1774)刻本　十二冊

210000－0741－0002453　712.62/7115

霞外詩集十卷　（元）馬臻撰　明末毛氏汲古閣刻本　三冊

210000－0741－0002454　712.63/0821

許魯齋先生集六卷　（元）許衡撰　（清）張伯行輯訂　清康熙四十七年(1708)正誼堂刻本　二冊

210000－0741－0002455　712.63/7542

陳定宇先生文集十七卷　（元）陳櫟撰　清康熙三十四年(1695)刻本　六冊

210000－0741－0002456　712.71/0023

荊川文集十八卷　（明）唐順之撰　清康熙唐氏刻本　十六冊

210000－0741－0002457　712.71/0026

甫田集(文徵明甫田集)三十六卷　（明）文徵明撰　清宣統三年(1911)上海千頃堂書莊鉛印本　十二冊

210000－0741－0002458　712.71/0040

高子遺書十二卷　（明）高攀龍撰　附錄一卷　（明）陳龍正輯　年譜一卷　（明）華允誠述　清光緒二年(1876)無錫東林書院刻本　八冊

210000－0741－0002459　712.71/0041

方正學先生遜志齋集二十四卷拾補一卷（明）方孝孺撰　（明）張紹謙纂定　外記一卷年譜一卷　（明）盧演編　明崇禎十六年(1643)刻本　十冊

210000－0741－0002460　712.71/0044

陶人心語六卷附可姬小傳一卷　（清）唐英撰　清乾隆三十七年(1772)刻本　七冊

210000－0741－0002461　712.71/0107

野古集五卷　（明）龔詡撰　清道光元年(1821)貽安堂刻本　四冊

210000－0741－0002462　712.71/1034

王忠文公集二十卷　（明）王禕撰　清同治九年(1870)永康胡氏退補齋刻本　十冊

210000－0741－0002463　712.71/1042

弇州山人四部稿選十六卷目錄一卷　（明）王世貞撰　（明）沈一貫選　明萬曆五年(1577)刻本　十六冊

210000－0741－0002464　712.71/1095

遵巖先生文集四十一卷　（明）王慎中撰　明隆慶五年(1571)邵廉刻本(卷一至卷五配民國二十七年潘承弼補抄本)　十六冊　存三十六卷(六至四十一)

210000－0741－0002465　712.71/1120

方正學先生遜志齋集二十四卷　（明）方孝孺撰　（明）張紹謙纂定　（清）俞化鵬重纂　年譜一卷　（明）盧演編　清康熙刻本　十二冊

210000－0741－0002466　712.71/1171/08－17

江陵張文忠公全集四十七卷　（明）張居正撰　清末刻本　十冊

210000－0741－0002467　712.71/1171/10－25

江陵張文忠公全集四十七卷　（明）張居正撰　清咸豐、同治間江陵鄧氏刻本　十六冊

210000－0741－0002468　712.71/2111

熊襄愍公集十卷首一卷末一卷　（明）熊廷弼撰　清同治三年(1864)江夏刻本　十冊

210000－0741－0002469　712.71/2144

貽安堂稿八卷續集二卷　（明）伍袁萃撰　明萬曆三十八年(1610)刻本　十二冊

210000－0741－0002470　712.71/2564

山帶閣集三十三卷附錄一卷　（明）朱曰藩撰　清道光十五年(1835)宜祿堂刻本　四冊

210000－0741－0002471　712.71/2624

寒松堂全集十二卷　（清）魏象樞撰　清康熙四十七年(1708)刻本　十二冊

210000－0741－0002472　712.71/2643

白華前稿六十卷　（清）吳省欽撰　清乾隆四十八年(1783)武昌吳省欽刻本　十冊

210000－0741－0002473　712.71/2749/59－74

震川大全集五十六卷附錄一卷　（明）歸有光撰　清嘉慶四年(1799)玉鑰堂刻本　十六冊

210000－0741－0002474　712.71/2749/07－18

震川先生集三十卷別集十卷附錄一卷　（明）歸有光撰　清光緒元年(1875)常熟歸氏刻本　十二冊

210000－0741－0002475　712.71/2764

從野堂存稿八卷首一卷末一卷　（明）繆昌期撰　清光緒七年(1881)繆氏刻本　四冊

210000－0741－0002476　712.71/2836

青藤書屋文集（徐文長集）三十卷　（明）徐渭撰　清宣統三年(1911)石印本　八冊

210000－0741－0002477　712.71/3626

懷星堂全集（祝枝山全集）三十卷　（明）祝允明撰　清宣統二年(1910)中國書畫會鉛印本　八冊

210000－0741－0002478　712.71/3661

玉茗堂全集四十六卷　（明）湯顯祖撰　明天啟刻本　二十四冊

210000－0741－0002479　712.71/3812

海忠介公備忘錄十卷首一卷　（明）海瑞撰　清光緒三十年(1904)瓊山兩等小學刻本　十一冊

210000－0741－0002480　712.71/4033

梨雲館類定袁中郎先生全集二十四卷　（明）袁宏道撰　清同治八年(1869)刻本　十六冊

210000－0741－0002481　712.71/4040

滄溟先生集三十一卷附錄一卷　（明）李攀龍撰　明萬曆二年(1574)徐中行刻本　六冊

210000－0741－0002482　712.71/4047/65－67

空同先生集六十六卷　（明）李夢陽撰　明嘉靖吳郡曹大章補刻本　三冊　存十五卷（二十二至三十六）

210000－0741－0002483　712.71/4047/68－72

空同先生集六十六卷　（明）李夢陽撰　明萬曆三十年(1602)鄧雲霄長洲刻本　五冊　存三十卷（三十七至六十六）

210000－0741－0002484　712.71/4047/61,63－64

崆峒集二十一卷　（明）李夢陽撰　明刻本　三冊

210000－0741－0002485　712.71/4057/47－68

懷麓堂全集一百卷首一卷年譜七卷　（明）李東陽撰　清嘉慶八年(1803)隴下學易刻本　二十二冊

210000－0741－0002486　712.71/4057/591－610

懷麓堂全集一百卷首一卷年譜七卷　（明）李東陽撰　清嘉慶八年(1803)隴下學易刻本　二十冊　存一百四卷（懷麓堂全集一百卷、年

譜一至四）

210000－0741－0002487　712.71/4074

李文莊公全集十卷　（明）李騰芳撰　清光緒
二年(1876)李思溥刻本　十冊

210000－0741－0002488　712.71/4430

盧陵蕭九生先生全集二十八卷　（明）蕭近高
撰　（清）蕭開來重梓　清乾隆二十七年
(1762)蕭開來刻本　十冊

210000－0741－0002489　712.71/4439

陶菴詩集八卷補遺一卷陶菴語錄五卷　（明）
黃淳耀撰　清康熙刻本　六冊

210000－0741－0002490　712.71/4492

返生香一卷附窃聞一卷續窃聞一卷　（明）葉
小鸞撰　清光緒二十二年(1896)羊城秋夢盦
刻本　一冊

210000－0741－0002491　712.71/4625/19－20

楊忠愍公全集(增補楊椒山先生全集)四卷
（明）楊繼盛撰　清金陵鳴鳳聽松樓刻本
二冊

210000－0741－0002492　712.71/4625/82－86

楊忠愍公全集五卷首一卷末一卷附楊忠愍公
表忠記二卷　（明）楊繼盛撰　清同治十一年
(1872)湖北崇文書局刻本　五冊

210000－0741－0002493　712.71/4635

楊忠烈公文集十卷首一卷末一卷　（明）楊漣
撰　清道光十四年(1834)世美堂刻本　十
二冊

210000－0741－0002494　712.71/5013

史忠正公集四卷首一卷末一卷　（明）史可法
撰　清咸豐六年(1856)追遠堂刻本　六冊

210000－0741－0002495　712.71/6622/48－57

鈐山堂集四十卷附錄一卷　（明）嚴嵩撰　清
乾隆二十三年(1758)二酉堂刻本　十冊

210000－0741－0002496　712.71/6622/01－10

鈐山堂集四十卷　（明）嚴嵩撰　清嘉慶十一
年(1806)嚴氏刻本　十冊

210000－0741－0002497　712.71/6645

瞿忠宣公集十卷　（明）瞿式耜撰　清光緒十
三年(1887)瞿廷韶刻本　四冊

210000－0741－0002498　712.71/7237/28－47

劉子全書四十卷首一卷　（明）劉宗周撰　清
道光十五年(1835)蕭山王宗炎刻本　二十冊

210000－0741－0002499　712.71/7237/13－24

劉子全書遺編二十四卷首一卷　（明）劉宗周
撰　清光緒十八年(1892)重修本　十二冊

210000－0741－0002500　712.71/7520/33－38

白沙子全集六卷首一卷　（明）陳獻章撰
（清）顧嗣協校正　（清）何九疇重編　清康熙
四十九年(1710)理堂刻本　六冊

210000－0741－0002501　712.71/7520/48－57

白沙子全集十卷首一卷末一卷古詩教解二卷
　（明）陳獻章撰　清乾隆三十六年(1771)碧
玉樓刻本　十冊

210000－0741－0002502　712.71/7731

東越證學錄十六卷　（明）周汝登撰　明萬曆
三十三年(1605)刻本　八冊

210000－0741－0002503　712.71/7773

萬一樓集五十六卷續集六卷外集十卷　（明）
駱問禮撰　溪園詩稿九卷遺稿五卷梅花百詠
一卷　（明）駱象賢撰　清嘉慶十年(1805)木
活字本　十六冊

210000－0741－0002504　712.71/8047

金正希先生文集輯略九卷　（明）金聲撰　清
乾隆二十四年(1759)程定之刻本　八冊

210000－0741－0002505　712.72/0038

青邱高季迪先生詩集十八卷扣舷集一卷首一
卷附錄一卷鳧藻集五卷　（明）高啟撰　（清）
金壇注　清雍正六年(1728)文瑞樓刻本
十冊

210000－0741－0002506　712.72/0710

嶠雅二卷　（明）鄺露撰　清末扶南海雪堂刻
本　一冊

210000－0741－0002507　712.72/1042

弇州山人詩集五十二卷　（明）王世貞撰　清

光緒三十三年(1907)渭南嚴氏刻本　十四冊

210000－0741－0002508　712.72/1043

新安二布衣詩八卷　（清）王士禎選　（清）汪洪度等校　清康熙四十三年(1704)汪洪度刻本　四冊

210000－0741－0002509　712.72/1047

中州集十卷首一卷　（金）元好問輯　明末虞山毛氏汲古閣刻本　六冊　存三卷(六至八)

210000－0741－0002510　712.72/4027

海叟詩集五卷附錄一卷　（明）袁凱撰　（清）曹炳曾重輯　清康熙六十一年(1722)上海曹炳曾刻本　四冊

210000－0741－0002511　712.72/4423

扶輪集十四卷　（明）黃傳祖選定　明崇禎十七年(1644)刻本　十二冊

210000－0741－0002512　712.72/4623

鐵崖樂府註十卷詠史註八卷逸編註八卷　（元）楊維楨撰　（清）樓卜瀍註　清宣統二年(1910)上海掃葉山房石印本　十冊　存二十五卷(鐵崖註一至九、史註八卷、編註八卷)

210000－0741－0002513　712.73/0038

高季迪先生大全集十八卷　（明）高啟撰　清康熙許氏竹素園刻本　六冊

210000－0741－0002514　712.73/0038/20－25

高季迪先生大全集十八卷　（明）高啟撰　清康熙許氏竹素園刻本　六冊

210000－0741－0002515　712.73/1032

陽明先生集要三編年譜一卷理學集四卷經濟集七卷文章集四卷　（明）王守仁撰　（明）施四明評輯　清乾隆五十二年(1787)刻本　二十四冊

210000－0741－0002516　712.73/4444

重刻天傭子全集十卷首一卷末一卷　（明）艾南英撰　清光緒五年(1879)梯雲書屋刻本　十冊

210000－0741－0002517　712.73/6073

呂晚村先生文集八卷附錄一卷　（清）呂留良撰　清刻本　四冊

210000－0741－0002518　712.73/7244

太師誠意伯劉文成公集二十卷　（明）劉基撰　清乾隆十一年(1746)栝芝南田果育堂刻本　十冊

210000－0741－0002519　712.73/8047

金忠節公文集八卷　（明）金聲撰　清光緒十四年(1888)黟邑李氏刻本　四冊

210000－0741－0002520　712.8/7545

嶺南雜事詩鈔八卷　（清）陳坤撰　清光緒二年(1876)刻本　六冊

210000－0741－0002521　712.81/0026

陶山文錄十卷　（清）唐仲冕撰　清道光二年(1822)刻本　十二冊

210000－0741－0002522　712.81/0044

望溪先生文集十八卷集外文十卷補遺二卷年譜一卷附錄一卷　（清）方苞撰　清咸豐元年至二年(1851－1852)戴鈞蘅刻本　十六冊

210000－0741－0002523　712.81/0121

精刊定盦全集十九卷文集三卷續集四卷補編四卷拾遺一卷補一卷詩三卷詞二卷年譜一卷　（清）龔自珍撰　清宣統元年(1909)上海國學扶輪社鉛印本　二冊

210000－0741－0002524　712.81/0121/54－59

定盦文集三卷續集四卷續錄一卷詩三卷詞二卷文集補四卷　（清）龔自珍撰　清光緒二十三年(1897)廣州萬木草堂刻本　六冊

210000－0741－0002525　712.81/0121/90－95

定盦文集三卷續集四卷續錄一卷詩三卷詞二卷文集補四卷　（清）龔自珍撰　清光緒二十三年(1897)廣州萬木草堂刻本　六冊

210000－0741－0002526　712.81/0724

養知書屋文集二十八卷詩集十五卷　（清）郭嵩燾撰　清光緒十八年(1892)刻本　十六冊

210000－0741－0002527　712.81/0830

鑑止水齋集二十卷　（清）許宗彥撰　清咸豐八年(1858)刻本　六冊

210000－0741－0002528　712.81/1043/23－26

蠶尾集十卷後集二卷續集二卷　（清）王士禛撰　清宣統三年（1911）上海集成圖書公司石印本　四冊

210000－0741－0002529　712.81/1043/93－96

蠶尾集十卷後集二卷續集二卷　（清）王士禛撰　清康熙刻本　四冊　存十卷（蠶尾集十卷）

210000－0741－0002530　712.81/1122

正誼堂文集四十卷首一卷　（清）張伯行撰　清光緒二年（1876）儀封揚烈堂刻本　二十冊

210000－0741－0002531　712.81/1150

茗柯文編四編　（清）張惠言撰　清光緒七年（1881）刻本　二冊

210000－0741－0002532　712.81/1150/35－36

茗柯文編四編　（清）張惠言撰　清光緒七年（1881）刻本　二冊

210000－0741－0002533　712.81/1154

介軒文鈔八卷詩鈔十卷外集二卷末一卷（清）張振夔撰　清同治十年（1871）永嘉張氏刻本　十冊

210000－0741－0002534　712.81/1218

泜亭自刪詩一卷琴譜指法省文一卷　（清）孫廷銓撰　清康熙十七年（1678）師儉堂刻本　八冊

210000－0741－0002535　712.81/1262

芳茂山人詩錄九卷附平津館文稿二卷　（清）孫星衍撰　清光緒十一年（1885）長沙王氏刻本　四冊　存九卷（一至七、文稿二卷）

210000－0741－0002536　712.81/1273/65－78

天真閣集五十四卷外集六卷　（清）孫原湘撰　清光緒十七年（1891）刻本　十四冊

210000－0741－0002537　712.81/1273/06－21

天真閣集五十四卷外集六卷　（清）孫原湘撰　長真閣詩集七卷　（清）席佩蘭撰　清光緒十七年（1891）刻本　十六冊

210000－0741－0002538　712.81/1747

半巖廬遺集二卷　（清）邵懿辰撰　清光緒三十四年（1908）刻本　四冊

210000－0741－0002539　712.81/1751

心白日齋集六卷　（清）尹耕雲撰　清光緒十年（1884）刻本　三冊

210000－0741－0002540　712.81/1774

邵子湘全集三十卷　（清）邵長蘅撰　清康熙三十二年（1693）刻本　十二冊　存二十二卷（青門簏稾十六卷、青門旅稾六卷）

210000－0741－0002541　712.81/1774/28－35

邵子湘全集三十卷　（清）邵長蘅撰　清康熙四十四年（1705）青門草堂刻本　八冊

210000－0741－0002542　712.81/1774/77－86

邵子湘全集三十卷　（清）邵長蘅撰　清康熙四十四年（1705）青門草堂刻本　十冊

210000－0741－0002543　712.81/1774/195－204

邵子湘全集三十卷　（清）邵長蘅撰　清康熙三十八年（1699）青門草堂刻本　十冊　存十二卷（青門旅稾一至四,青門簏稿五至七、十一至十四、十六）

210000－0741－0002544　712.81/2191

義門小集一卷　（清）何焯撰　清道光十八年（1838）刻本　二冊

210000－0741－0002545　712.81/2221/28－33

倭文端公遺書八卷首二卷末一卷續刊三卷（清）倭仁撰　清光緒元年至十年（1875－1884）六安求我齋刻本　六冊

210000－0741－0002546　712.81/2221/70－77

倭文端公遺書十一卷首一卷　（清）倭仁撰　清光緒二十一年（1895）山東書局刻本　八冊

210000－0741－0002547　712.81/2588

笥河詩集二十卷　（清）朱筠撰　清嘉慶九年（1804）朱珪刻本　十一冊

210000－0741－0002548　712.81/2620

初月樓文鈔十卷詩鈔四卷　（清）吳德旋撰　清光緒十年（1884）吳氏刻本　四冊

210000－0741－0002549　712.81/2623/76－83

125

梅村家藏稿五十八卷補一卷樂府三種四卷
（清）吳偉業撰　**年譜四卷**　（清）顧師軾撰
清宣統三年（1911）武進董氏誦芬室刻本
八冊

210000－0741－0002550　712.81/2623/21－28

梅村家藏稿五十八卷補一卷樂府三種四卷
（清）吳偉業撰　**年譜四卷**　（清）顧師軾撰
清宣統三年（1911）武進董氏誦芬室刻本
八冊

210000－0741－0002551　712.81/2624/354－366

寒松堂全集十二卷附年譜一卷　（清）魏象樞
撰　清嘉慶十六年（1811）魏氏刻本　十三冊

210000－0741－0002552　712.81/2624/770－782

寒松堂全集十二卷附年譜一卷　（清）魏象樞
撰　清嘉慶十六年（1811）魏氏刻本　十三冊

210000－0741－0002553　712.81/2624/975－987

寒松堂全集十二卷附年譜一卷　（清）魏象樞
撰　清嘉慶十六年（1811）魏氏刻本　十三冊

210000－0741－0002554　712.81/2631/14－17

古微堂內集三卷外集七卷　（清）魏源撰　清
光緒四年（1878）淮南書局刻本　四冊

210000－0741－0002555　712.81/2631/169－172

古微堂內集三卷外集七卷　（清）魏源撰　清
光緒四年（1878）淮南書局刻本　四冊

210000－0741－0002556　712.81/2631/28－33

古微堂集（精刊魏默深文集）內集二卷外集八
卷　（清）魏源撰　清宣統二年（1910）上海國
學扶輪社鉛印本　六冊

210000－0741－0002557　712.81/2631/34－37

古微堂內集三卷外集七卷　（清）魏源撰　清
光緒四年（1878）淮南書局刻本　四冊

210000－0741－0002558　712.81/2631/197－202

古微堂集（精刊魏默深文集）內集二卷外集八
卷　（清）魏源撰　清宣統二年（1910）上海國
學扶輪社鉛印本　六冊

210000－0741－0002559　712.81/2632/81－92

桐城吳先生全集文集四卷詩集一卷附尺牘五

卷補遺一卷諭兒書一卷　（清）吳汝綸撰　清
光緒三十年（1904）王恩紱刻本　十二冊

210000－0741－0002560　712.81/2632/65－69

桐城吳先生全集文集四卷詩集一卷　（清）吳
汝綸撰　清光緒三十年（1904）王恩紱刻本
五冊

210000－0741－0002561　712.81/2704

壯悔堂文集十卷遺稿一卷四憶堂詩集六卷
（清）侯方域撰　（清）賈開宗等評點　清宣統
元年（1909）上海中國圖書公司鉛印本　四冊

210000－0741－0002562　712.81/2717

通甫類槀四卷續編二卷詩存四卷詩存之餘二
卷　（清）魯一同撰　清咸豐九年（1859）門人
周韶音刻本　六冊

210000－0741－0002563　712.81/2744

仲實類稿一卷詩存二卷　（清）魯蕡撰　清光
緒刻本　二冊

210000－0741－0002564　712.81/2767/74－85

紀文達公遺集三十二卷　（清）紀昀撰　（清）
紀樹馨編　清道光三十年（1850）小琅嬛山館
刻本　十二冊

210000－0741－0002565　712.81/2767/00－09,06
－13

紀文達公遺集文集十六卷詩集十六卷　（清）
紀昀撰　（清）紀樹馨編　清嘉慶十七年
（1812）紀樹馨刻本　十八冊

210000－0741－0002566　712.81/2847

憺園文集三十六卷　（清）徐乾學撰　清康熙
刻本　二十冊

210000－0741－0002567　712.81/2864

煙嶼樓文集四十卷　（清）徐時棟撰　清光緒
元年（1875）松竹居葛氏刻本　八冊

210000－0741－0002568　712.81/3013

安雅堂未刻稿八卷入蜀集二卷　（清）宋琬撰
清乾隆三十一年（1766）本衙刻本　四冊

210000－0741－0002569　712.81/3144/29－32

顯志堂集十二卷夢奈詩存一卷　（清）馮桂芬

撰　清光緒二年(1876)校邠廬刻本　四冊

210000－0741－0002570　712.81/3144/40－43

顯志堂集十二卷夢奈詩存一卷　(清)馮桂芬
撰　清光緒二年(1876)校邠廬刻本　四冊

210000－0741－0002571　712.81/3144/85－88

顯志堂集十二卷夢奈詩存一卷　(清)馮桂芬
撰　清光緒二年(1876)校邠廬刻本　四冊

210000－0741－0002572　712.81/3148

汪梅村先生文集十二卷外集一卷　(清)汪士
鐸撰　清光緒七年(1881)洪汝奎刻本　四冊

210000－0741－0002573　712.81/3153

江忠烈公遺集二卷附錄一卷首一卷　(清)江
忠源撰　清同治十二年(1873)刻本　三冊

210000－0741－0002574　712.81/3153/47－52

江忠烈公遺集四卷　(清)江忠源撰　清光緒
十二年(1886)吳縣朱氏槐廬刻本　六冊

210000－0741－0002575　712.81/3153/85－90

江忠烈公遺集四卷　(清)江忠源撰　清光緒
十二年(1886)吳縣朱氏槐廬刻本　六冊

210000－0741－0002576　712.81/3227/28－32

養一齋集二十六卷首一卷　(清)潘德輿撰
清同治八年(1869)刻本　五冊　存二十二卷
(一至十二、十七至二十六,首一卷)

210000－0741－0002577　712.81/3227/69－80

養一齋集二十五卷首一卷　(清)潘德輿撰
清道光二十九年(1849)刻本　十二冊

210000－0741－0002578　712.81/3250

遂初堂詩集十六卷文集二十卷別集四卷
(清)潘耒撰　清雍正三年(1725)刻本　二十
二冊

210000－0741－0002579　712.81/3423

沈歸愚詩文全集六十六卷　(清)沈德潛撰
清乾隆二十九年(1764)教忠堂刻本　十六冊

210000－0741－0002580　712.81/3428

補讀書齋遺稿十卷　(清)沈維鐈撰　清光緒
元年(1875)嘉興沈氏廣州家刻本　四冊

210000－0741－0002581　712.81/3863

老賓客集二卷春華山人詩錄四卷臥知齋駢體
文二卷外集一卷　(清)涂景濤撰　清宣統元
年(1909)藏山樓刻本　四冊

210000－0741－0002582　712.81/4023/32－47

穆堂初藁五十卷　(清)李紱撰　清乾隆五年
(1740)無怒軒刻本　十六冊

210000－0741－0002583　712.81/4023/48－57

穆堂別藁五十卷　(清)李紱撰　清乾隆十二
年(1747)李氏奉國堂刻本　十冊

210000－0741－0002584　712.81/4023/71－82

穆堂初藁五十卷　(清)李紱撰　清乾隆刻本
十二冊

210000－0741－0002585　712.81/4028

經遺堂全集二十六卷　(清)韋佩金撰　清道
光二十一年(1841)江都丁氏刻本　四冊

210000－0741－0002586　712.81/4035

銅鼓書堂遺藁三十二卷　(清)查禮撰　清乾
隆五十七年(1792)查淳刻本　四冊

210000－0741－0002587　712.81/4037/82－84

笠翁文集十卷　(清)李漁撰　清刻本　三冊
存三卷(一、三、五)

210000－0741－0002588　712.81/4037/83－92

笠翁一家言全集十六卷　(清)李漁撰　清末
刻本　十冊

210000－0741－0002589　712.81/4037/38－53

笠翁一家言全集十六卷　(清)李漁撰　清雍
正八年(1730)芥子園刻本　十六冊

210000－0741－0002590　712.81/4039

恪靖侯盾鼻餘瀋一卷　(清)左宗棠撰　清光
緒八年(1882)石本清刻本　一冊

210000－0741－0002591　712.81/4043

十三峯書屋全集九卷　(清)李榕撰　清光緒
十六年(1890)龍安書院刻本　八冊

210000－0741－0002592　712.81/4047/09－24

道古堂全集七十七卷　(清)杭世駿撰　清光
緒十四年(1888)汪氏振綺堂補刻本　十六冊

210000 - 0741 - 0002593   712.81/4047/57 - 72

道古堂全集七十七卷 （清）杭世駿撰　清光緒十四年(1888)汪氏振綺堂補刻本　十六冊

210000 - 0741 - 0002594   712.81/4048

隨園三十種　（清）袁枚撰　清乾隆、嘉慶間刻本　九十六冊

210000 - 0741 - 0002595   712.81/4061

二曲全集二十六卷　（清）李顒撰　清咸豐四年(1854)四川永寧刻本　四冊

210000 - 0741 - 0002596   712.81/4204

景詹闇遺文不分卷　（清）姚諶撰　清光緒歸安淩霞刻本　一冊

210000 - 0741 - 0002597   712.81/4206

邃雅堂集十卷續編一卷　（清）姚文田撰　清道光元年至八年(1821 - 1828)江陰學使署本　八冊

210000 - 0741 - 0002598   712.81/4213

松桂堂全集三十七卷賦一卷　（清）彭孫遹撰　清乾隆八年(1743)彭景曾、孫載奕刻本　六冊

210000 - 0741 - 0002599   712.81/4220

墨香閣集十三卷首一卷末一卷　（清）彭維新撰　清道光二年(1822)茶陵彭氏刻本　四冊

210000 - 0741 - 0002600   712.81/4222

二林居集二十四卷　（清）彭紹升撰　清光緒七年(1881)刻本　六冊

210000 - 0741 - 0002601   712.81/4324

南山集十四卷附補遺二卷年譜一卷　（清）戴名世撰　清光緒二十六年(1900)張仲沅木活字本　八冊

210000 - 0741 - 0002602   712.81/4327/13 - 36

西堂全集十七種附一種　（清）尤侗撰　清康熙刻本　二十四冊

210000 - 0741 - 0002603   712.81/4327/41 - 64

西堂全集十七種附一種　（清）尤侗撰　清康熙刻本　二十四冊

210000 - 0741 - 0002604   712.81/4327/901 - 920

西堂全集十七種附一種　（清）尤侗撰　清康熙二十五年(1686)刻本　二十冊

210000 - 0741 - 0002605   712.81/4408

經古簃存草四卷　（清）葉廉鍔撰　清宣統三年(1911)刻本　二冊

210000 - 0741 - 0002606   712.81/4410/03 - 07

范忠貞公集十卷　（清）范承謨撰　（清）劉可書彙編　清康熙三十九年(1700)刻本　五冊

210000 - 0741 - 0002607   712.81/4410//03 - 05

來雨軒存稿四卷　（清）莫晉撰　清道光十八年(1838)莫宅刻本　三冊

210000 - 0741 - 0002608   712.81/4446

葉忠節公遺稿十二卷　（清）葉映榴撰　（清）葉芳輯錄　清乾隆十年(1745)刻本　三冊

210000 - 0741 - 0002609   712.81/4448

忠雅堂全集四十三卷　（清）蔣士銓撰　清道光二十三年(1843)蔣知白刻本　十四冊

210000 - 0741 - 0002610   712.81/4461

鹿洲全集八種　（清）藍鼎元撰　（清）曠敏本評　清雍正十年(1732)刻本　二十冊　存四種二十九卷（鹿洲初集二十卷、鹿洲公案二卷、東征集六卷、平臺紀略一卷）

210000 - 0741 - 0002611   712.81/4484

木雞書屋文鈔三十卷　（清）黃金臺撰　清道光六年(1826)心牕樓雕蝸寄室刻本　八冊

210000 - 0741 - 0002612   712.81/4952

趙恭毅公賸稿八卷　（清）趙申喬撰　（清）趙侗敩輯　**趙裘萼公賸稿四卷**　（清）趙熊詔撰　（清）趙侗敩輯　清光緒十八年(1892)浙江書局刻本　六冊

210000 - 0741 - 0002613   712.81/4964

青草堂集十二卷二集十六卷三集十六卷補集七卷行狀一卷　（清）趙國華撰　清同治十一年至民國十二年(1872 - 1923)刻本　十六冊

210000 - 0741 - 0002614   712.81/5044

乖庵文錄二卷　（清）秦樹聲撰　清光緒三十四年(1908)石印本　一冊

210000－0741－0002615　712.81/6010/86－95

古歡堂集三十七卷　（清）田雯撰　清乾隆德州田氏古歡堂刻本　十冊

210000－0741－0002616　712.81/6010/96

長河志籍攷十卷　（清）田雯撰　清乾隆德州田氏古歡堂刻本　一冊

210000－0741－0002617　712.81/6010/00－01

蒙齋［田雯］年譜一卷　（清）田雯撰　清乾隆德州田氏古歡堂刻本　二冊

210000－0741－0002618　712.81/6010/97－98

黔書二卷　（清）田雯撰　清乾隆德州田氏古歡堂刻本　二冊

210000－0741－0002619　712.81/6010/99

有懷堂集二卷　（清）田肇麗撰　清乾隆七年（1742）田同之刻本　一冊

210000－0741－0002620　712.81/6039/56－71

綠漪草堂文集三十卷詩集二十卷別集二卷研華館詞三卷首一卷　（清）羅汝懷撰　清光緒九年（1883）湖南刻本　十六冊

210000－0741－0002621　712.81/6039/3998－4012

綠漪草堂文集三十卷詩集二十卷外集二卷首一卷　（清）羅汝懷撰　清光緒九年（1883）湖南刻本　十五冊

210000－0741－0002622　712.81/6071

芙蓉池館詩草二卷　（清）羅辰撰　清道光十一年（1831）刻本　二冊

210000－0741－0002623　712.81/6614/22－25

鐵橋漫稿八卷　（清）嚴可均撰　清光緒十一年（1885）長洲蔣氏心矩齋刻本　四冊

210000－0741－0002624　712.81/6614/41－44

鐵橋漫稿八卷　（清）嚴可均撰　清光緒十一年（1885）長洲蔣氏心矩齋刻本　四冊

210000－0741－0002625　712.81/7110

揅經室集六十二卷　（清）阮元撰　清道光二十三年（1843）儀徵阮氏文選樓刻本　十六冊

210000－0741－0002626　712.81/7110/810－833

揅經室集六十二卷　（清）阮元撰　清道光二十三年（1843）儀徵阮氏文選樓刻本　二十四冊

210000－0741－0002627　712.81/7110/28－43

揅經室集七集六十卷　（清）阮元撰　清道光三年（1823）儀徵阮氏文選樓刻本　十六冊

210000－0741－0002628　712.81/7110/333－356

揅經室集六十二卷　（清）阮元撰　清道光二十三年（1843）儀徵阮氏文選樓刻本　二十四冊

210000－0741－0002629　712.81/7110/850－871

揅經室集五十四卷　（清）阮元撰　清道光三年（1823）儀徵阮氏文選樓刻本　二十二冊

210000－0741－0002630　712.81/7212

劉狀元存稿十一卷　（清）劉子莊纂　清金閶書坊李番玉刻本　十冊

210000－0741－0002631　712.81/7233

劉禮部集十一卷　（清）劉逢祿撰　麟石文鈔一卷　（清）劉承寵撰　清光緒十八年（1892）延暉承慶堂刻本　六冊

210000－0741－0002632　712.81/7244/53－64

海峰全集十九卷　（清）劉大櫆撰　清光緒十四年（1888）桐城吳大有堂木活字本　十二冊

210000－0741－0002633　712.81/7244/18－25

海峰先生文十卷詩六卷　（清）劉大櫆撰　清同治十三年（1874）時還書屋刻本　八冊

210000－0741－0002634　712.81/7497

切問齋集十六卷　（清）陸耀撰　清嘉慶元年（1796）刻本　六冊

210000－0741－0002635　712.81/7514/47

柏堂賸稿三卷　（清）陳爾幹撰　華庭詩鈔一卷　（清）楊德榮撰　清光緒八年（1882）陽湖楊氏刻本　一冊

210000－0741－0002636　712.81/7514/389－404

午亭文編五十卷　（清）陳廷敬撰　清乾隆四十三年（1778）刻本　十六冊

210000－0741－0002637　712.81/7522

湖海樓全集五十一卷　（清）陳維崧撰　清乾隆六十年（1795）浩然堂刻本　四十冊

210000－0741－0002638　712.81/7542/02

紅豆簃琴意一卷　（清）陳克劬撰　清光緒十三年（1887）陳氏刻本　一冊

210000－0741－0002639　712.81/7542/01

萍蓬類稿四卷　（清）陳克劬撰　清光緒十九年（1893）陳氏刻本　一冊

210000－0741－0002640　712.81/7542/05－06

晴漪閣詩六卷　（清）陳克劬撰　清光緒十三年（1887）陳氏刻本　二冊

210000－0741－0002641　712.81/7542/03－04

知悔齋文二卷　（清）陳克劬撰　清光緒十九年（1893）陳氏刻本　二冊

210000－0741－0002642　712.81/7578

道榮堂詩文全集十七卷　（清）陳鵬年撰　清乾隆二十七年（1762）刻本　十四冊

210000－0741－0002643　712.81/7579

太乙舟文集八卷　（清）陳用光撰　觀象居詩鈔二卷　（清）陳蘭瑞撰　清道光二十三年（1843）孝友堂刻本　六冊

210000－0741－0002644　712.81/7734

陶文毅公全集六十四卷首一卷末一卷　（清）陶澍撰　清道光二十年（1840）淮北士民公刻本　二十四冊

210000－0741－0002645　712.81/8030/49－72

鮚埼亭集三十八卷首一卷外編五十卷經史問答十卷　（清）全祖望撰　清同治十一年（1872）姚江借樹山房刻本　二十四冊

210000－0741－0002646　712.81/8030/22－53

鮚埼亭集三十八卷首一卷外編五十卷經史問答十卷　（清）全祖望撰　清同治十一年（1872）姚江借樹山房刻本　三十二冊

210000－0741－0002647　712.81/8030/30－61

鮚埼亭集三十八卷首一卷外編五十卷經史問答十卷　（清）全祖望撰　清同治十一年（1872）姚江借樹山房刻本　三十二冊

210000－0741－0002648　712.81/8030/07－18

鮚埼亭集三十八卷首一卷經史問答十卷　（清）全祖望撰　清嘉慶九年（1804）姚江借樹山房刻本　十二冊

210000－0741－0002649　712.81/8081/26－33

金聖歎全集八卷　（清）金人瑞撰　清光緒上海錦文堂書局石印本　八冊

210000－0741－0002650　712.81/8081/79

聖嘆秘書七種　（清）金人瑞撰　清光緒三十一年（1905）證鑫社鉛印本　一冊

210000－0741－0002651　712.81/8097

賞雨茅屋詩集十八卷外集一卷　（清）曾燠撰　清嘉慶二十四年（1819）刻本　十冊

210000－0741－0002652　712.81/8308/39－78

牧齋全集一百十卷　（清）錢謙益撰　清宣統二年（1910）吳江鳳昌邃漢齋鉛印本　四十冊

210000－0741－0002653　712.81/8308/29－40

牧齋有學集五十一卷　（清）錢謙益撰　清康熙二十四年（1685）金匱山房刻本　十二冊

210000－0741－0002654　712.81/8331

存素堂全集三種二十一卷　（清）錢寶琛撰　清同治七年至光緒六年（1868－1880）刻本　八冊

210000－0741－0002655　712.81/8354

甘泉鄉人稿二十四卷　（清）錢泰吉撰　可讀書齋校書譜一卷　（清）唐兆楷編　清咸豐四年（1854）讀舊書室刻本　五冊

210000－0741－0002656　712.81/8371

香樹齋文集二十八卷文集續鈔五卷詩集十八卷詩續集三十六卷年譜三卷　（清）錢陳群撰　清光緒二十年（1894）錢氏補刻本　二十六冊

210000－0741－0002657　712.81/8712

臨野堂集二十一卷　（清）鈕琇撰　清康熙刻本　八冊

210000－0741－0002658　712.81/8718

巢經巢遺文五卷梟氏為鍾圖說一卷　（清）鄭

珍撰　清光緒二十年（1894）貴築高氏資州官署刻本　四冊

210000－0741－0002659　712.81/8799

板橋集鈔六編　（清）鄭燮撰　清乾隆八年（1743）司徒文膏刻本　五冊

210000－0741－0002660　712.81/8799/57－80

板橋集六卷　（清）鄭燮撰　清乾隆清暉書屋刻本　四冊

210000－0741－0002661　712.81/8799/62－65

板橋集六卷　（清）鄭燮撰　清乾隆清暉書屋刻本　四冊

210000－0741－0002662　712.81/9747/14－17

甌香館集十二卷補遺二卷附錄一卷　（清）惲格撰　清光緒七年（1881）刻本　四冊

210000－0741－0002663　712.81/9747/59－62

甌香館集十二卷補遺二卷附錄一卷　（清）惲格撰　清光緒七年（1881）刻本　四冊

210000－0741－0002664　712.82/0330

抱沖齋詩集三十六卷　（清）斌良撰　清光緒五年（1879）湖南通志局刻本　六冊　存十七卷（一至十七）

210000－0741－0002665　712.82/0472

亦園詩賸五卷　（清）謝學崇撰　清咸豐十年（1860）刻本　二冊

210000－0741－0002666　712.82/0724

養知書屋詩集十五卷　（清）郭嵩燾撰　清光緒十八年（1892）刻本　四冊

210000－0741－0002667　712.82/1020

虛受堂詩存十五卷　王先謙撰　清光緒二十八年（1902）平江蘇輿刻本　三冊

210000－0741－0002668　712.82/1043

雍益集一卷　（清）王士禎撰　清康熙三十六年（1697）刻本　一冊

210000－0741－0002669　712.82/1043/17－28

漁洋山人精華錄訓纂二十卷附錄一卷年譜二卷　（清）王士禎撰　（清）惠棟訓纂　清光緒十七年（1891）南皮張氏刻本　十二冊

210000－0741－0002670　712.82/1043/20－25

蠶尾集十卷後集二卷續集二卷　（清）王士禎撰　清乾隆刻本　六冊

210000－0741－0002671　712.82/1043/32－35

漁洋山人詩集二十二卷　（清）王士禎撰　清康熙八年（1669）吳郡沂詠堂刻本　四冊

210000－0741－0002672　991.97/2644

邵陽魏府君事略一卷　（清）魏耆述　清光緒刻本　一冊

210000－0741－0002673　712.82/1043/45－47

漁洋山人詩集二十二卷　（清）王士禎撰　清康熙八年（1669）吳郡沂詠堂刻本　三冊

210000－0741－0002674　712.82/1043/51－56

漁洋山人精華錄箋注十二卷年譜一卷補註一卷　（清）王士禎撰　（清）金榮箋注　（清）徐淮纂輯　清康熙鳳翩堂刻本　六冊

210000－0741－0002675　712.82/1043/57－62

漁洋山人精華錄箋注十二卷年譜一卷補註一卷　（清）王士禎撰　（清）金榮箋注　（清）徐淮纂輯　清鳳翩堂刻本　六冊

210000－0741－0002676　712.82/1043/75－80

漁洋山人詩集續集十六卷　（清）王士禎撰　清康熙八年（1669）刻本　六冊

210000－0741－0002677　712.82/1043/89－96

漁洋山人精華錄箋注十二卷年譜一卷補註一卷　（清）王士禎撰　（清）金榮箋注　（清）徐淮纂輯　清鳳翩堂刻本　八冊

210000－0741－0002678　712.82/1043/903－906

蠶尾集八卷續詩集十卷　（清）王士禎撰　清康熙刻帶經堂集本　四冊

210000－0741－0002679　712.82/1133

小重山房詩續錄十二集　（清）張祥河撰　清光緒元年（1875）華亭張氏刻本　五冊

210000－0741－0002680　712.82/1163

犟雅堂詩十卷　（清）張景祁撰　清光緒二十三年（1897）福州吳氏刻本　二冊

210000－0741－0002681　712.82/1177/75－82

船山詩草二十卷　（清）張問陶撰　清嘉慶二
十年（1815）刻本　八冊

210000－0741－0002682　712.82/1177/299－300
南坪詩鈔五卷　（清）張學舉撰　清乾隆二十
二年（1757）希賢堂刻本　二冊

210000－0741－0002683　712.82/1177/76－85
船山詩草二十卷補遺六卷　（清）張問陶撰
清同治十三年（1874）敦仁堂刻本　十冊

210000－0741－0002684　712.82/1235
來蝶軒詩不分卷　（清）延清撰　清光緒二十
五年（1899）刻本　一冊

210000－0741－0002685　712.82/1271
乾隆御製詩不分卷　（清）高宗弘曆撰　清末
抄本　一冊

210000－0741－0002686　712.82/1746
林屋詩集九卷　（清）鄧旭撰　清道光三年
（1823）鄧廷禎刻本　一冊

210000－0741－0002687　712.82/1777
歷代名媛雜詠三卷　（清）邵飄撰　清乾隆五
十七年（1792）刻本　八冊

210000－0741－0002688　712.82/2143
悔餘菴樂府四卷　（清）何杶撰　清同治四年
（1865）鳩江戎幄刻本　二冊

210000－0741－0002689　712.82/2528
曝書亭集八十卷附錄一卷　（清）朱彝尊撰
笛漁小稾十卷　（清）朱昆田撰　清康熙五十
三年（1714）刻本　十六冊

210000－0741－0002690　712.82/2540
蠹餘集二卷　（清）朱士龍撰　清刻本　二冊

210000－0741－0002691　712.82/2623/22－33
梅村詩集箋注十八卷　（清）吳偉業撰　（清）
吳翌鳳箋注　清嘉慶十九年（1814）滄浪吟榭
刻本　十二冊

210000－0741－0002692　712.82/2623/06－21
吳詩集覽二十卷談藪二卷　（清）吳偉業撰
（清）靳榮藩補注　清乾隆四十六年（1781）凌
雲亭刻本　十六冊

210000－0741－0002693　712.82/2623/87－96
香蘇山館詩鈔三十六卷　（清）吳嵩梁撰　清
木犀軒刻本　十冊

210000－0741－0002694　712.82/2646
虛白齋存薰十卷館課詩一卷館課賦一卷
（清）吳壽昌撰　清乾隆五十五年（1790）刻本
八冊

210000－0741－0002695　712.82/2671
燕蘭小譜五卷　（清）吳長元撰　海漚小譜一
卷　（清）趙執信撰　清末刻本　二冊

210000－0741－0002696　712.82/2694/03－08
九梅村詩集二十卷　（清）魏燮均撰　清光緒
元年（1875）紅杏山莊刻本　六冊

210000－0741－0002697　712.82/2694/84
十國宮詞一百首　（清）吳省蘭撰　清同治十
二年（1873）淮南書局刻本　一冊

210000－0741－0002698　712.82/2732
瀋陽百詠一卷　（清）繆潤紱纂　清光緒四年
（1878）瀋陽繆氏刻本　一冊

210000－0741－0002699　712.82/2814
花磚日影集十卷　（清）徐琪撰　清光緒三十
四年（1908）刻本　五冊

210000－0741－0002700　712.82/3110
墨壽閣詩集二卷　（清）汪承慶撰　清光緒二
十七年（1901）刻本　一冊

210000－0741－0002701　712.82/3135
求福居詩鈔一卷詩餘一卷　（清）汪清撰　清
光緒二十九年（1903）刻本　一冊

210000－0741－0002702　712.82/3187
綠梅影樓詩存二卷　（清）顧翎撰　清光緒十
四年（1888）刻本　二冊

210000－0741－0002703　712.82/3191
顧亭林先生詩箋注十七卷年譜一卷　（清）顧
炎武撰　校補一卷　（清）徐嘉注　清光緒二
十七年（1901）徐氏味靜齋刻本　六冊

210000－0741－0002704　712.82/3363
御製詩四集一百卷目錄十二卷　（清）梁國治

編　清乾隆刻本　八十冊

210000－0741－0002705　712.82/3436

龍岡山人詩鈔十八卷　（清）洪良品撰　清光
緒四年(1878)刻本　六冊

210000－0741－0002706　712.82/3734

饅飮亭集三十二卷後集十二卷　（清）祁寯藻
撰　清咸豐七年(1857)刻本　八冊

210000－0741－0002707　712.82/4001

看雲樓集二十二卷　（清）李調元撰　清乾隆
刻本　二冊

210000－0741－0002708　712.82/4023

韋盧詩內集四卷首一卷末一卷外集四卷首一
卷末一卷　（清）李秉禮撰　清光緒十三年
(1887)江陽官舍刻本　二冊

210000－0741－0002709　712.82/4088/33－34

白華絳柎閣詩集（越縵堂集）十卷　（清）李慈
銘撰　清光緒十六年(1890)刻本　二冊

210000－0741－0002710　712.82/4088/801

張家口至烏里雅蘇台竹枝詞一卷　（清）志銳
撰　清宣統二年(1910)南陵徐乃昌刻本
一冊

210000－0741－0002711　712.82/4444

璇璣碎錦二卷　（清）萬樹撰　清光緒十四年
(1888)似靜齋刻本　二冊

210000－0741－0002712　712.82/4448/3111－3116

忠雅堂詩集二十七卷詩集補遺二卷詞二卷
（清）蔣士銓撰　清乾隆二十七年(1762)蔣志
章刻本　六冊

210000－0741－0002713　712.82/4448/9111－9118

忠雅堂詩詞全集二十九卷　（清）蔣士銓撰
清敬書堂刻本　八冊

210000－0741－0002714　712.82/4448/24－27

忠雅堂文集二十四卷　（清）蔣士銓撰　清揚
州刻本　四冊

210000－0741－0002715　712.82/4448/500－507

忠雅堂詩集二十七卷詩集補遺二卷詞二卷
（清）蔣士銓撰　清道光二十三年(1843)藏園

刻本　八冊

210000－0741－0002716　712.82/4448/65－70

忠雅堂文集十二卷　（清）蔣士銓撰　清道光
二十三年(1843)蔣知白刻本　六冊

210000－0741－0002717　712.82/4461

藤香館詞刪存二卷詩刪存四卷　（清）薛時雨
撰　清光緒五年(1879)刻本　三冊　存四卷
(詞刪存二卷、詩刪存三至四)

210000－0741－0002718　712.82/4462

兩當軒集二十二卷　（清）黃景仁撰　考異二
卷附錄四卷　（清）黃志述輯　清光緒二年
(1876)家塾刻本　五冊

210000－0741－0002719　712.82/4463

古餘薌閣詩一卷　（清）慕昌湜撰　清光緒二
十九年(1903)鉛印本　一冊

210000－0741－0002720　712.82/4494

范伯子詩集十九卷　（清）范當世撰　蘊素軒
詩稿　（清）姚倚雲撰　清光緒三十四年
(1908)鉛印本　四冊

210000－0741－0002721　712.82/4625

楊忠愍公全集四卷　（明）楊繼盛撰　清康熙
三十七年(1698)刻本　二冊

210000－0741－0002722　712.82/4917/23－34

甌北集五十三卷　（清）趙翼撰　清嘉慶十七
年(1812)湛貽堂刻甌北全集本　十二冊

210000－0741－0002723　712.82/4917/394－403

甌北詩鈔不分卷　（清）趙翼撰　清乾隆五十
六年(1791)刻本　十冊

210000－0741－0002724　712.82/4917/60－63

甌北詩話十二卷　（清）趙翼撰　清嘉慶七年
(1802)刻甌北全集本　四冊

210000－0741－0002725　712.82/4917/64－73

甌北詩鈔不分卷　（清）趙翼撰　清乾隆五十
六年(1791)刻本　十冊

210000－0741－0002726　712.82/4917/68－71

樂潛堂詩二集六卷飛鴻閣琴意二卷菊潛庵賸
稿二卷　（清）趙函撰　清道光二十三年

（1843）刻本　四冊

210000－0741－0002727　712.82/4947

劍穀集一卷　（清）趙懿撰　清光緒六年（1880）刻本　一冊

210000－0741－0002728　712.82/5044/76－83

全史宮詞二十卷　（清）史夢蘭撰　清光緒十九年（1893）刻本　八冊

210000－0741－0002729　712.82/5044/05－10

全史宮詞二十卷　（清）史夢蘭撰　清咸豐八年（1858）刻本　六冊

210000－0741－0002730　712.82/7167

樊榭山房游仙三百首詩註三卷　（清）厲鶚撰　（清）蔣坦註　清道光二十八年（1848）錢塘蔣坦刻本　二冊

210000－0741－0002731　712.82/7237

出山詩草一卷　（清）劉洪闢撰　清光緒三十三年（1907）學餘軒刻本　一冊

210000－0741－0002732　712.82/7294

滄梧山館集七卷　（清）劉煒華撰　清劉廷梁抄本　七冊

210000－0741－0002733　712.82/7513

海康陳清端公詩集十卷年譜二卷　（清）陳璸撰　清道光六年（1826）丁宗洛不負齋刻本　八冊

210000－0741－0002734　712.82/7558

敦拙堂詩集十三卷　（清）陳奉茲撰　九十九峯草堂詩鈔二卷　（清）陳世慶撰　養花軒詩鈔一卷　（清）吳芸華撰　清光緒二年（1876）李明穉刻本　五冊

210000－0741－0002735　712.82/7727

雜詩（一味真排悶強裁）一卷　（清）□□撰　清嘉慶二十四年（1819）稿本　一冊

210000－0741－0002736　712.82/8027

惜陰居應酬詩集不分卷　（清）□□撰　清康熙抄本　二冊

210000－0741－0002737　712.82/8030

句餘土音三卷　（清）全祖望撰　清嘉慶十九

年（1814）刻本　三冊

210000－0741－0002738　712.82/8308

錢牧齋詩集二十卷　（清）錢謙益撰　（清）錢曾箋註　清宣統三年（1911）上海國學扶輪社石印本　四冊

210000－0741－0002739　712.82/8481

明宮雜詠二十卷　（清）饒智元撰　清光緒十九年（1893）湘淥館刻本　十二冊

210000－0741－0002740　712.83/1032

王文成公全書三十八卷　（明）王守仁撰　清康熙刻本　二十四冊

210000－0741－0002741　712.83/1032/599－622

王文成公全書三十八卷　（明）王守仁撰　清康熙刻本　二十四冊

210000－0741－0002742　712.83/1067

伊園文鈔四卷　（清）王景賢撰　清同治十三年（1874）三山王氏刻義停山館集本　二冊

210000－0741－0002743　712.83/1138/10－11

濂亭文集八卷　（清）張裕釗撰　（清）查燕緒編　清光緒八年（1882）查氏木漸齋刻本　二冊

210000－0741－0002744　712.83/1138/71－72

濂亭文集八卷　（清）張裕釗撰　（清）查燕緒編　清光緒八年（1882）查氏木漸齋刻本　二冊

210000－0741－0002745　712.83/1138/82－83

濂亭文集八卷　（清）張裕釗撰　（清）查燕緒編　清光緒八年（1882）查氏木漸齋刻本　二冊

210000－0741－0002746　712.83/1150

篆易註元室文集八卷　（清）張惠言撰　清抄本　一冊　存三卷（六至八）

210000－0741－0002747　712.83/1262

問字堂集六卷　（清）孫星衍撰　清光緒十年（1884）四明是亦軒刻本　二冊

210000－0741－0002748　712.83/2514

小萬卷齋文藁二十四卷　（清）朱珔撰　清光

緒十一年(1885)嘉樹山房刻本　十二冊

210000－0741－0002749　712.83/2704

壯悔堂文集十卷　(清)侯方域撰　(清)賈開宗　(清)徐作肅選　(清)宋犖等評點　清初刻本　四冊

210000－0741－0002750　712.83/2706/68－71

拙尊園叢稿六卷　(清)黎庶昌撰　清光緒二十一年(1895)刻本　四冊

210000－0741－0002751　712.83/2706/27－28

拙尊園叢稿六卷　(清)黎庶昌撰　清光緒十九年(1893)上海醉六堂石印本　二冊

210000－0741－0002752　712.83/2706/52－55

拙尊園叢稿六卷　(清)黎庶昌撰　清光緒二十一年(1895)金陵狀元閣刻本　四冊

210000－0741－0002753　712.83/2727

山木居士外集四卷　(清)魯仕驥撰　清乾隆四十七年(1782)魯氏刻本　四冊

210000－0741－0002754　712.83/3113

鈍翁文錄十六卷　(清)汪琬撰　清光緒十三年(1887)鋤月種梅堂木活字印本　六冊

210000－0741－0002755　712.83/3150/92－95

述學六卷　(清)汪中撰　清道光江寧劉觀宸劉仲高刻本　四冊

210000－0741－0002756　712.83/3150/02－03

述學六卷　(清)汪中撰　清同治八年(1869)揚州書局刻本　二冊

210000－0741－0002757　712.83/3150

述學六卷　(清)汪中撰　清同治八年(1869)揚州書局刻本　二冊

210000－0741－0002758　712.83/3150/39－40

述學六卷　(清)汪中撰　清同治八年(1869)揚州書局刻本　二冊

210000－0741－0002759　712.83/3863

臥知齋駢體文初槀一卷　(清)涂景濤撰　清光緒五年(1879)刻本　一冊

210000－0741－0002760　712.83/4307

謫麐堂遺集文二卷詩二卷　(清)戴望撰　清宣統三年(1911)歸安陸氏刻本　一冊　存二卷(文二卷)

210000－0741－0002761　712.83/4310/13－16

戴東原集十二卷年谱一卷　(清)戴震撰　覆校札記一卷　(清)段玉裁撰　清宣統二年(1910)成都嚴氏孝義家塾刻本　四冊

210000－0741－0002762　712.83/4310/37－42

戴東原集十二卷年谱一卷　(清)戴震撰　覆校札記一卷　(清)段玉裁撰　清宣統二年(1910)成都嚴氏孝義家塾刻本　六冊

210000－0741－0002763　712.83/4310/62－67

戴東原集十二卷年谱一卷　(清)戴震撰　覆校札記一卷　(清)段玉裁撰　清宣統二年(1910)成都嚴氏孝義家塾刻本　六冊

210000－0741－0002764　712.83/4435/21－24

庸庵文編四卷　(清)薛福成撰　清光緒十四年(1888)無錫薛氏刻庸庵全集本　四冊

210000－0741－0002765　712.83/4435/11－22

庸庵文編四卷外編四卷海外文編四卷　(清)薛福成撰　清光緒二十一年(1895)無錫薛氏刻庸庵全集本　十二冊

210000－0741－0002766　712.83/4435/54－55

庸庵海外文編四卷　(清)薛福成撰　清光緒二十二年(1896)石印庸庵全集本　二冊

210000－0741－0002767　712.83/5030

小峴山人文集六卷續集二卷補編一卷　(清)秦瀛撰　清道光三年(1823)刻本　六冊

210000－0741－0002768　712.83/7535

東塾集六卷申範一卷　(清)陳澧撰　清光緒十八年(1892)菊坡精舍刻本　三冊

210000－0741－0002769　712.83/7714

經韻樓集十二卷　(清)段玉裁撰　清道光元年(1821)七葉衍祥堂刻本　六冊

210000－0741－0002770　712.83/8002

復初齋文集三十五卷　(清)翁方綱撰　清光緒三年(1877)李以烜刻本　十冊

210000－0741－0002771　712.83/8030

全謝山文鈔十六卷　（清）全祖望撰　清宣統二年（1910）上海國學扶輪社鉛印本　八冊

210000－0741－0002772　712.83/8337

述古堂集十二卷　（清）錢兆鵬撰　清光緒七年（1881）刻本　二冊

210000－0741－0002773　712.83/8723

藏密廬文稿四卷　（清）鄭喬遷撰　清道光十四年（1834）刻本　二冊

210000－0741－0002774　712.84/1043/60－75

帶經堂詩話三十卷首一卷　（清）王士禎撰（清）張宗柟輯　清同治十二年（1873）廣州藏脩堂刻本　十六冊

210000－0741－0002775　712.84/1043/38－47

帶經堂詩話三十卷首一卷　（清）王士禎撰（清）張宗柟輯　清同治十二年（1873）廣州藏脩堂刻本　十冊

210000－0741－0002776　712.84/1191

小滄浪詩話四卷　（清）張燮承撰　清咸豐九年（1859）古汲郡賀氏刻本　二冊

210000－0741－0002777　712.84/2134

說詩樂趣二十卷　（清）伍涵芬撰　清嘉慶六年（1801）經國堂刻本　六冊

210000－0741－0002778　712.84/2627

小匏庵詩話十卷　（清）吳仰賢撰　清光緒八年（1882）刻本　三冊

210000－0741－0002779　712.84/3023

柳亭詩話三十卷　（清）宋長白撰　清光緒八年（1882）懺花盦叢書本　八冊

210000－0741－0002780　712.84/4001

雨村詩話十六卷補遺四卷　（清）李調元撰　清道光二十六年（1846）萬卷書屋刻本　十二冊

210000－0741－0002781　712.84/4032

蔗塘外集（蓮坡詩話）不分卷　（清）查為仁撰　清乾隆六年（1741）刻本　三冊

210000－0741－0002782　712.84/4037

蠹莊詩話十卷　（清）袁潔撰　清嘉慶二十年（1815）刻本　八冊

210000－0741－0002783　712.84/4047

榕城詩話三卷　（清）杭世駿撰　清乾隆元年（1736）刻本　二冊

210000－0741－0002784　712.91/1073/794－805

湘綺樓全集三十卷　王闓運撰　清宣統二年（1910）上海國學扶輪社石印本　十二冊

210000－0741－0002785　712.91/1073/38－41

湘綺樓文集八卷　王闓運撰　清光緒三十三年（1907）長沙刻本　四冊

210000－0741－0002786　712.91/2741/92－95

藝風堂文集七卷外集一卷　繆荃孫撰　清光緒二十七年（1901）刻本　四冊

210000－0741－0002787　712.91/2741/795－804

藝風堂文集七卷外集一卷續集八卷續外集一卷藏書記八卷　繆荃孫撰　清光緒二十七年至民國二年（1901－1913）刻本　十冊

210000－0741－0002788　712.92/7510

散原精舍詩二卷　陳三立撰　清宣統二年（1910）上海商務印書館鉛印本　一冊

210000－0741－0002789　712.92/7547

拱宸橋竹枝詞二卷　（清）陳栩撰　清光緒二十六年（1900）刻本　二冊

210000－0741－0002790　712.92/8013

陶廬雜憶一卷續詠一卷補詠一卷後憶一卷五憶一卷六憶一卷　（清）金武祥撰　清光緒、民國間江陰金氏刻粟香室叢書本　六冊

210000－0741－0002791　713.08/1010

西泠詞萃六種　（清）丁丙輯　清光緒十一年至十三年（1885－1887）錢塘丁氏刻本　四冊

210000－0741－0002792　713.08/1073

四印齋所刻詞二十種附一種　（清）王鵬運輯　清光緒十四年至二十五年（1888－1899）王氏家塾刻本　十六冊

210000－0741－0002793　713.08/1113

詞選七種　（清）張百禔輯　清光緒十三年

(1887)長沙刻本　四冊

210000 - 0741 - 0002794　713.08/2010/25 - 50

宋六十名家詞八十九卷　（明）毛晉輯　清光
緒十四年(1888)錢塘汪氏刻本　二十六冊

210000 - 0741 - 0002795　713.08/2010/705 - 732

宋六十名家詞八十九卷　（明）毛晉輯　清光
緒十四年(1888)錢塘汪氏刻本　二十八冊

210000 - 0741 - 0002796　713.08/3141

宋元名家詞十四種　（清）江標輯　清光緒二
十一年(1895)湖南思賢書局刻本　四冊

210000 - 0741 - 0002797　713.08/5062/56 - 67

詞學叢書六種　（清）秦恩復輯　清嘉慶十五
年至道光九年(1810 - 1829)江都秦氏享帚精
舍刻本　十二冊

210000 - 0741 - 0002798　713.08/5062/58 - 69

詞學叢書六種　（清）秦恩復輯　清嘉慶十五
年至道光九年(1810 - 1829)江都秦氏享帚精
舍刻本　十二冊

210000 - 0741 - 0002799　713.08/5062/64 - 73

詞學叢書六種　（清）秦恩復輯　清嘉慶十五
年至道光九年(1810 - 1829)江都秦氏享帚精
舍刻本　十冊

210000 - 0741 - 0002800　713.08/5343

宋七家詞選七卷　（清）戈載輯　玉田先生樂
府指迷一卷　（宋）張炎撰　清光緒十一年
(1885)金陵刻本　三冊

210000 - 0741 - 0002801　713.1/0123

篋中詞六卷　（清）譚獻輯　清光緒八年
(1882)刻本　四冊

210000 - 0741 - 0002802　713.1/0180

浙西六家詞十一卷　（清）龔翔麟輯　清康熙
玉玲瓏閣刻本　八冊

210000 - 0741 - 0002803　713.1/1022

歷朝名人詞選(清綺軒詞選)十三卷　（清）夏
秉衡輯　清宣統元年(1909)上海掃葉山房石
印本　六冊

210000 - 0741 - 0002804　713.1/1022/14 - 17

清綺軒詞選十三卷　（清）夏秉衡輯　清光緒
二十一年(1895)佟佳榮勳刻本　四冊

210000 - 0741 - 0002805　713.1/1022/20 - 23

清綺軒詞選十三卷　（清）夏秉衡輯　清光緒
二十一年(1895)佟佳榮勳刻本　四冊

210000 - 0741 - 0002806　713.1/1150

詞選二卷附錄一卷　（清）張惠言選錄　續詞
選二卷　（清）董毅選錄　清同治六年(1867)
刻本　二冊

210000 - 0741 - 0002807　713.1/2528/18 - 48

歷朝詞綜一百六卷　（清）朱彝尊等輯　清光
緒二十八年(1902)金匱浦氏刻本　三十一冊
　存一百三卷(宋詞綜四至三十八、明詞綜一
至十二、國朝詞綜一至四十八、國朝詞綜二集
一至八)

210000 - 0741 - 0002808　713.1/2528/823 - 828

詞綜三十六卷　（清）朱彝尊輯　（清）汪森增
定　清康熙十七年(1678)裘杼樓刻本　六冊

210000 - 0741 - 0002809　713.1/2528/4023 - 4030

詞綜三十六卷　（清）朱彝尊輯　（清）汪森增
定　清康熙十七年(1678)裘杼樓刻本　八冊

210000 - 0741 - 0002810　713.1/2528/63 - 86

歷朝詞綜一百六卷　（清）朱彝尊等輯　清光
緒二十八年(1902)金匱浦氏刻本　二十四冊
　存六十八卷(明詞綜一至十二、國朝詞綜一
至四十八、國朝詞綜二集一至八)

210000 - 0741 - 0002811　713.1/2528 - 2

國朝詞綜四十八卷二集八卷　（清）王昶輯
清嘉慶八年(1803)三泖漁莊刻本　十二冊

210000 - 0741 - 0002812　713.1/3124/56 - 67

草堂詩餘十七卷　（明）顧從敬選評　明末刻
本　十二冊

210000 - 0741 - 0002813　713.1/3124/61 - 62

今詞初集二卷　（清）顧貞觀　（清）成德選
清光緒二十三年(1897)無錫張瑩刻本　二冊

210000 - 0741 - 0002814　713.1/4010

詞致錄十六卷　（明）李天麟輯　明萬曆十五

年(1587)刻本　十册

210000－0741－0002815　713.1/4036

漱玉詞一卷　（宋）李清照等撰　清光緒十五年(1889)臨桂王氏家塾刻四印齋所刻詞本　一册

210000－0741－0002816　713.1/4429

昭代詞選三十八卷　（清）蔣重光選輯　清乾隆三十二年(1767)經鉏堂刻本　十二册

210000－0741－0002817　713.1/4443/98－99

二家詞鈔五卷　樊增祥編　清光緒二十八年(1902)身雲閣刻本　二册

210000－0741－0002818　713.1/4443/96

微雲榭詞選五卷　樊增祥輯　清光緒三十四年(1908)誦清閣鉛印本　一册

210000－0741－0002819　713.1/5330

唐五代詞選三卷　（清）成肇麐輯　清光緒十三年(1887)金陵刻本　三册

210000－0741－0002820　713.1/7730

絕妙好詞箋七卷　（宋）周密輯　（清）查爲仁　（清）厲鶚箋　續鈔二卷　（清）余集鈔撮　清末上海掃葉山房石印本　四册

210000－0741－0002821　713.1/7730/30－33

絕妙好詞箋七卷　（宋）周密輯　（清）查爲仁　（清）厲鶚箋　續鈔二卷　（清）余集鈔撮　清道光八年(1828)杭州愛日軒刻本　四册

210000－0741－0002822　713.1/7730/34－37

絕妙好詞箋七卷　（宋）周密輯　（清）查爲仁　（清）厲鶚箋　續鈔二卷　（清）余集鈔撮　清道光八年(1828)杭州愛日軒刻本　四册

210000－0741－0002823　713.2/0472

小蘇潭詞六卷　（清）謝學崇撰　清道光十八年(1838)刻本　二册

210000－0741－0002824　713.2/1015

十家宮詞(宮詞)十二卷　（清）倪燦編　清康熙二十八年(1689)貞曜堂刻本　三册　缺一卷(宋白一卷)

210000－0741－0002825　713.2/1044

映盦詞三卷　夏敬觀撰　清光緒三十三年(1907)刻本　一册

210000－0741－0002826　713.2/1106

煙波漁唱四卷附聞妙香室詞一卷青藜精舍詩鈔一卷話雨齋詩鈔一卷　（清）張應昌撰　清同治二年(1863)西昌旅舍刻本　四册

210000－0741－0002827　713.2/1190

山中白雲詞八卷附錄一卷逸事一卷　（宋）張炎撰　清光緒八年(1882)許氏娛園刻榆園叢書本　二册

210000－0741－0002828　713.2/1702

蟻術詞選四卷　（元）邵亨貞撰　清光緒十七年(1891)臨桂王氏家塾刻四印齋所刻詞本　一册

210000－0741－0002829　713.2/2622

吳梅村詞一卷　（清）吳偉業撰　清光緒十六年(1890)湖北官書處刻本　一册

210000－0741－0002830　713.2/2628

曝書亭集詞註七卷　（清）朱彝尊撰　（清）李富孫注　清道光九年(1829)刻本　四册

210000－0741－0002831　713.2/2850

詞苑叢談十二卷　（清）徐釚輯　清康熙二十七年(1688)蛾術齋刻本　四册

210000－0741－0002832　713.2/3104

眉綠樓詞八種　（清）顧文彬撰　清光緒十年(1884)吳下刻本　四册

210000－0741－0002833　713.2/3144

尊前集二卷　（明）顧梧芳編　明萬曆十年(1582)毛氏汲古閣刻本　一册

210000－0741－0002834　713.2/4037

捧月樓綺語八卷　（清）袁通撰　清嘉慶二十年(1815)刻本　二册

210000－0741－0002835　713.2/4444/118－127

詞律二十卷　（清）萬樹撰　清康熙二十六年(1687)萬氏堆絮園刻本　十册

210000－0741－0002836　713.2/4444/817－826

詞律二十卷　（清）萬樹撰　清康熙二十六年

（1687）萬氏堆絮園刻本　十冊

210000－0741－0002837　713.2/4448

香祖樓（轉情關）二卷　題（清）藏園居士撰
（清）兩峯外史評文　（清）種木山人訂譜　清
乾隆三十九年（1774）蔣氏紅雪樓刻紅雪樓九
種曲本　四冊

210000－0741－0002838　713.3/1190

詞源二卷　（宋）張炎撰　清道光八年（1828）
享帚精舍刻本　一冊

210000－0741－0002839　713.3/2022/64－67

聽秋聲館詞話二十卷　（清）丁紹儀撰　清同
治八年（1869）刻本　四冊

210000－0741－0002840　713.3/2022/35－36

聽秋聲館詞話二十卷　（清）丁紹儀撰　清同
治八年（1869）刻本　二冊

210000－0741－0002841　713.3/2884/39－42

詞苑叢談十二卷　（清）徐釚輯　清康熙二十
七年（1688）湖北丁煒刻本　四冊

210000－0741－0002842　713.3/2884/47－49

詞苑叢談十二卷　（清）徐釚輯　清康熙二十
七年（1688）湖北丁煒刻本　三冊

210000－0741－0002843　713.3/7519/082－085

白雨齋詞話八卷詞存一卷詩鈔一卷　（清）陳
廷焯撰　清光緒二十年（1894）刻本　四冊

210000－0741－0002844　713.3/7519/285－288

白雨齋詞話八卷詞存一卷詩鈔一卷　（清）陳
廷焯撰　清光緒二十年（1894）刻本　四冊

210000－0741－0002845　713.4/0413

碎金詞譜六卷附錄一卷碎金詞一卷　（清）謝
元淮撰　清道光二十四年（1844）刻朱墨印本
二冊

210000－0741－0002846　713.4/2028

詞學全書十四卷　（清）查培繼輯　清乾隆十
一年（1746）致和堂刻本　四冊

210000－0741－0002847　713.4/2630

榕園詞韻一卷　（清）吳寧撰　清乾隆四十九
年（1784）冬青山館刻本　四冊

210000－0741－0002848　713.4/4001

一笠菴北詞廣正譜十八卷南戲北詞正謬一卷
（清）徐于室原稿　（清）李玄玉更定　清康
熙青蓮書屋刻本　四冊

210000－0741－0002849　713.4/4444/76－86

詞律二十卷　（清）萬樹輯　**拾遺八卷**　（清）
徐立本撰　**補遺一卷**　（清）杜文瀾撰　清光
緒二年（1876）吳下刻本　十一冊

210000－0741－0002850　713.4/4444/1097－1112

詞律二十卷　（清）萬樹輯　**拾遺八卷**　（清）
徐立本撰　**補遺一卷**　（清）杜文瀾撰　清光
緒二年（1876）吳下刻本　十六冊

210000－0741－0002851　713.4/7510

詳註周美成詞片玉集十卷　（宋）陳元龍集註
（宋）蔡慶之校正　明刻本　二冊

210000－0741－0002852　713.4/7727

詞林韻釋（詞林要韻）不分卷　（□）□□撰
清嘉慶十五年（1810）江都秦氏享帚精舍刻詞
學叢刊本　六冊

210000－0741－0002853　713.4/8744

白香詞譜箋四卷　（清）舒夢蘭撰　（清）謝朝
征箋　清光緒十一年（1885）刻本　四冊

210000－0741－0002854　713.6/2844

洄溪道情一卷　（清）徐大椿撰　清乾隆十三
年（1748）豐草亭刻本　一冊

210000－0741－0002855　713.6/4037

十二種曲　題（清）笠翁編次　清康熙大知堂
刻本　二十四冊

210000－0741－0002856　713.6/4432/02

繡像紅樓夢散套一卷　（清）黃兆魁撰　清光
緒八年（1882）蟾波閣刻本　一冊

210000－0741－0002857　713.6/4432/33－34

繡像紅樓夢散套一卷　（清）黃兆魁撰　清光
緒八年（1882）蟾波閣刻本　二冊

210000－0741－0002858　713.6/4442

蓬萊宴八回　（清）蒲松齡撰　清石印本
一冊

210000－0741－0002859　713.6/4448

紅雪樓九種曲十三卷　（清）蔣士銓撰　清末
刻本　九冊

210000－0741－0002860　713.8/1082

遏雲閣曲譜不分卷　（清）王錫純輯　清光緒
十九年（1893）鉛印本　八冊

210000－0741－0002861　713.8/1144

六也曲譜初集十四種　張芬編　清光緒三十
四年（1908）蘇州振新書局石印本　四冊

210000－0741－0002862　713.8/4010

一笠庵北詞廣正譜十八卷　（清）李玉撰　清
康熙青蓮書屋刻本　二冊

210000－0741－0002863　713.8/4490

納書楹曲譜正集四卷續集四卷外集二卷補遺
四卷全譜八卷　（清）葉堂撰　清道光二十八
年（1848）納書楹刻本　二十四冊

210000－0741－0002864　714.1/8324

綴白裘新集合編十二集　題（清）玩花主人
（清）錢德蒼輯　清乾隆四十二年（1777）武林
鴻文堂刻本　十二冊　存六集（一至六）

210000－0741－0002865　714.2/1177

玉燕堂四種曲八卷　（清）張堅撰　清乾隆刻
本　四冊　存二種四卷（夢中緣二卷、梅花簪
二卷）

210000－0741－0002866　714.2/2867

誦荻齋曲二種　（清）徐鄂撰　清光緒十三年
（1887）大同書局石印本　八冊

210000－0741－0002867　714.2/4037/75－94

李笠翁十種曲　（清）李漁撰　清萬能書坊刻
本　二十冊

210000－0741－0002868　714.2/4037/72－91

笠翁十種曲　（清）李漁撰　清萬能書坊刻本
二十冊

210000－0741－0002869　714.2/4448/53－72

藏園九種曲（紅雪樓九種曲）十三卷　（清）蔣
士銓撰　清澣古堂刻本　二十冊

210000－0741－0002870　714.2/4448/56－67

藏園九種曲（紅雪樓九種曲）十三卷　（清）蔣
士銓撰　清澣古堂刻本　十二冊

210000－0741－0002871　714.2/4448/79－90

紅雪樓九種曲十三卷　（清）蔣士銓撰　清嘉
慶紅雪樓刻本　十二冊　存八種十二卷（臨
川夢二卷、一片石一卷、空谷香二卷、桂林霜
二卷、香祖樓二卷、第二碑一卷、雪中人一卷、
四絃秋一卷）

210000－0741－0002872　714.2/4448/82－95

藏園九種曲（紅雪樓九種曲）十三卷　（清）蔣
士銓撰　清經綸堂刻本　十冊

210000－0741－0002873　714.2/4493

倚晴樓七種曲　（清）黃燮清撰　清光緒七年
（1881）刻本　十冊

210000－0741－0002874　714.2/4664

坦園傳奇六種六卷　（清）楊恩壽撰　清光緒
元年（1875）長沙楊氏坦園刻坦園全集本
四冊

210000－0741－0002875　714.2/7593/394－407

玉獅堂傳奇十種附悲鳳曲（玉獅堂十種曲）
（清）陳烺撰　清光緒十七年（1891）徐光瑩等
刻本　十四冊

210000－0741－0002876　714.2/7593/28－35

玉獅堂傳奇四種八卷　（清）陳烺撰　清光緒
十一年（1885）徐光瑩等刻本　八冊

210000－0741－0002877　714.2/7723

補天石傳奇八卷　（清）周樂清撰　清道光十
年（1830）靜遠草堂刻本　八冊

210000－0741－0002878　714.2/8033/38－47

庶幾堂今樂二十八卷　（清）余治撰編　初集
十六卷　（清）寄雲山人編次　二集十二卷
（清）望炊樓主人編次　清光緒六年（1880）蘇
州得見齋書坊刻本　十冊

210000－0741－0002879　714.2/8033/40－49

庶幾堂今樂二十八卷　（清）余治撰編　初集
十六卷　（清）寄雲山人編次　二集十二卷
（清）望炊樓主人編次　清光緒六年（1880）蘇

州得見齋書坊刻本　十冊

210000－0741－0002880　714.2/8720

缾笙館修簫譜四種　(清)舒位撰　清道光十三年(1833)錢塘汪氏振綺堂刻本　一冊

210000－0741－0002881　714.3/1022/26－31

此宜閣增訂金批西廂四卷首一卷末一卷　(元)王德信撰　清此宜閣刻朱墨印本　六冊

210000－0741－0002882　714.3/1022/34－39

增註第六才子書釋解(西廂記)八卷　(元)王德信撰　清善美堂刻本　六冊

210000－0741－0002883　714.3/2825

戲曲彙編四種　(□)□□撰　清光緒五年至二十九年(1879－1903)抄本　五冊

210000－0741－0002884　714.4/0067/39－44

成裕堂繪像第七才子書(琵琶記)六卷　(元)高明撰　清金陵聚錦堂刻本　六冊

210000－0741－0002885　714.4/0067/19－24

英德堂繪像第七才子書六卷　(元)高明撰　清大文堂刻本　六冊

210000－0741－0002886　714.4/1020

滄桑艷二卷　(清)丁傳靖撰　清光緒三十四年(1908)豹隱廬刻本　一冊

210000－0741－0002887　714.4/1035

箋註繪像第六才子西廂釋解八卷末一卷西廂文一卷　(元)王實甫撰　(清)金人瑞評點　清康熙八年(1669)致和堂刻本　六冊

210000－0741－0002888　714.4/1117

芙蓉碣傳奇二卷　(清)張雲驤撰　清光緒九年(1883)刻本　二冊

210000－0741－0002889　714.4/1138

梅花夢二卷　(清)張道填詞　清光緒二十年(1894)張預刻本　一冊

210000－0741－0002890　714.4/1282

新鐫院本東郭記傳奇二卷　(明)孫鍾齡撰　清道光二十六年(1846)達觀堂刻本　二冊

210000－0741－0002891　714.4/2044

香雪亭新編耆英會記二卷　(清)喬萊撰　清道光十年(1830)刻本　二冊

210000－0741－0002892　714.4/2332

揚州夢二卷　(清)嵇永仁撰　清同治十一年(1872)永州刻本　四冊

210000－0741－0002893　714.4/2442/37

紅樓夢傳奇二卷　(清)仲振奎撰　清光緒八年(1882)常熟抱芳閣刻本　一冊

210000－0741－0002894　714.4/2442－1/21－28

紅樓夢傳奇八卷　(清)陳鍾麟撰　清道光十五年(1835)汗青齋刻本　八冊

210000－0741－0002895　714.4/3663/69－72

牡丹亭還魂記(繡像牡丹亭)八卷　(明)湯顯祖編　清刻本　四冊

210000－0741－0002896　714.4/3663/33－36

牡丹亭還魂記二卷　(明)湯顯祖編　清光緒十二年(1886)同文書局石印本　四冊

210000－0741－0002897　714.4/3663/91－94

牡丹亭還魂記二卷　(明)湯顯祖編　清光緒十二年(1886)同文書局石印本　四冊

210000－0741－0002898　714.4/3663/48－53

吳吳山三婦合評牡丹亭還魂記二卷附錄一卷或問一卷　(明)湯顯祖編　清同治九年(1870)清芬閣刻本　六冊

210000－0741－0002899　714.4/4037/24－25

意中緣傳奇二卷　(清)李漁撰　清順治、康熙間翼德堂刻本　二冊

210000－0741－0002900　714.4/4037/22－23

玉搔頭傳奇二卷　(清)李漁撰　清刻本　二冊

210000－0741－0002901　714.4/4443

芝龕記六卷　(清)董榕撰　清光緒十五年(1889)資中刻本　六冊

210000－0741－0002902　714.4/4448/77

冬青樹二卷　(清)蔣士銓撰　清乾隆四十六年(1781)紅雪樓刻紅雪樓九種曲本　一冊

210000－0741－0002903　714.4/4448

桂林霜二卷　（清）蔣士銓撰　清乾隆三十六年（1771）紅雪樓刻紅雪樓九種曲本　一册

210000－0741－0002904　714.4/4451

石榴記傳奇四卷　（清）黃振撰　清乾隆柴灣村舍刻本　四册

210000－0741－0002905　714.4/8731

新刻出像音註勸善目連救母行孝戲文三卷（明）鄭之珍編　清刻本　六册

210000－0741－0002906　714.48/1028/33－44

新曲六種十二卷　（清）夏綸撰　（清）徐夢元評　清乾隆十八年（1753）世光堂刻本　十二册

210000－0741－0002907　714.48/1028/2995－3000

惺齋五種十卷續編二卷　（清）夏綸撰　（清）徐夢元評　清乾隆十六年（1751）世光堂刻本　六册

210000－0741－0002908　714.6/1028

審音鑑古錄不分卷　（清）王繼善編　清道光十四年（1834）刻本　四册

210000－0741－0002909　714.6/1458/98

打櫻桃不分卷　（清）□□撰　清抄本　一册

210000－0741－0002910　714.6/1458/97

雄黃陣不分卷　（清）□□撰　清抄本　一册

210000－0741－0002911　714.6/7133/21－24

繪圖校正十五貫全傳四卷　（清）馬永清撰　清光緒二十一年（1895）上海古香閣石印本　四册

210000－0741－0002912　714.6/7133/53－56

繡像十五貫十六卷　（清）馬永清撰　清同治十一年（1872）刻本　四册

210000－0741－0002913　715.08/1454

明人百家小說一百八卷　（□）□□撰　明崇禎刻本　十六册

210000－0741－0002914　715.08/3110

顧氏四十家小說　（明）顧元慶輯　清宣統三年（1911）上海國學扶輪社鉛印本　八册

210000－0741－0002915　715.08/7446

古今說海一百三十五種一百四十二卷　（明）陸楫輯　清宣統元年（1909）上海集成圖書公司鉛印本　十二册

210000－0741－0002916　715.08/7547/83－98

唐人說薈不分卷　（清）陳世熙輯　清宣統三年（1911）上海掃葉山房石印本　十六册

210000－0741－0002917　715.08/7547/25－46

唐代叢書（唐人說薈）不分卷　（清）陳世熙輯　（清）王文誥重輯　清嘉慶十一年（1806）刻本　二十二册　存一百六十二種（隋唐嘉話一卷、朝野僉載一卷、尚書故實一卷、中朝故事一卷、金鑾密記一卷、杜陽雜編三卷、幽閒鼓吹一卷、桂苑叢談一卷、劉賓客嘉話錄一卷、松窗雜記一卷、次柳氏舊聞一卷、大唐傳載一卷、開元天寶遺事一卷、開天傳信記一卷、大唐新語一卷、明皇雜錄一卷、常侍言旨一卷、雲溪友議一卷、國史補一卷、因話錄一卷、劇談錄一卷、法苑珠林一卷、南楚新聞一卷、宣室志一卷、甘澤謠一卷、金華子雜編一卷、玉泉子一卷、瀟湘錄一卷、耳目記一卷、小說舊聞記一卷、摭言一卷、記事珠一卷、諧噱錄一卷、嶺表錄異一卷、來南錄一卷、平泉山居草木記一卷、北戶錄一卷、終南十志一卷、洞天福地記一卷、北里志一卷、迷樓記一卷、海山記一卷、開河記一卷、吳地記一卷、南部烟花記一卷、洛中九老會一卷、教坊記一卷、湘中怨詞一卷、二十四詩品一卷、本事詩一卷、比紅兒詩一卷、貞娘墓詩一卷、書法一卷、畫學祕訣一卷、續畫品錄一卷、貞觀公私畫史一卷、歌者葉記一卷、嘯旨一卷、李謩吹笛記一卷、衛公故物記一卷、茶經三卷、十六湯品一卷、煎茶水記一卷、食譜一卷、醉鄉日月一卷、花九錫一卷、紫花梨記一卷、耒耜經一卷、五木經一卷、肉攫部一卷、樂府雜錄一卷、羯鼓錄一卷、小名錄一卷、藥譜一卷、異疾志一卷、大藏治病藥一卷、夢遊錄一卷、三夢記一卷、妝樓記一卷、李泌傳一卷、李林甫外傳一卷、東城老父傳一卷、馮燕傳一卷、高力士傳一卷、虬髯客傳一卷、奇男子傳一卷、蔣子文傳一卷、杜子春傳一卷、墨崑崙傳一卷、陶峴傳一卷、申宗傳一卷、靈應傳一卷、睦仁蒨傳一卷、柳毅傳一卷、仙吏傳一卷、英雄傳一卷、劍俠傳一卷、廣陵妖亂志一卷、周秦行紀一卷、梅妃傳一卷、楊太眞外傳二卷、長恨歌傳一卷、紅線傳一卷、劉無雙傳一卷、霍小玉傳一卷、牛應貞傳一卷、謝小娥傳一卷、李娃傳一卷、楊娼傳一卷、章臺柳傳一卷、非烟傳一卷、揚州夢記一卷、杜秋傳一卷、龍女傳一卷、妙女傳一卷、神女傳一卷、雷民傳一卷、會眞記一卷、黑心符一卷、南柯記一卷、枕中記一卷、酉陽雜俎一卷、支諾皐一卷、墉上記一卷、前定錄一卷、卓異記一卷、摭異記一卷、志怪錄一卷、集異記一卷、集異志一卷、博異志一卷、幽怪錄一卷、續幽怪錄一卷、聞奇錄一卷、錦裙記一卷、靈應錄一卷、鬼塚志一卷、幻影傳一卷、幻戲志一卷、幻異志一卷、稽神錄一卷、冥音錄一卷、離魂記一卷、再生記一卷、寃債志一卷、尸媚傳一卷、奇鬼傳一卷、才鬼記一卷、妖妄傳一卷、東陽夜怪錄一卷、靈鬼志一卷、物怪錄一卷、靈怪錄一卷、人虎傳一卷、白猿傳一卷、獵狐記一卷、任氏傳一卷、袁氏傳一卷、夜叉傳一卷、金剛經鳩異一卷、鸚鵡舍利塔記一卷）

210000 - 0741 - 0002918　715.1/4427

娛目醒心編十六卷 （清）杜綱撰　清同治十二年（1873）大文堂刻本　八冊

210000 - 0741 - 0002919　715.1/5048/397 - 402

改良今古奇觀六卷四十回 （明）抱甕老人輯　清宣統元年（1909）上海書局石印本　六冊

210000 - 0741 - 0002920　715.1/5048/24 - 25

今古奇觀六卷四十回 （明）抱甕老人輯　清刻本　十二冊　存三十八回（一至二十二、二十四至二十七、二十九至四十）

210000 - 0741 - 0002921　715.1/6031

西湖佳話十六卷 （清）墨浪子撰　清光緒十八年（1892）文選書局石印本　四冊

210000 - 0741 - 0002922　715.11/4021

繡像小說第一至七十二期 （清）李伯元主編　清光緒二十九年至三十年（1903 - 1904）上海商務印書館鉛印本　七十二冊

210000 - 0741 - 0002923　715.3/1043

居易錄三十四卷 （清）王士禎撰　清康熙刻本　六冊

210000 - 0741 - 0002924　715.3/1779

涑水記聞十六卷 （宋）司馬光撰　清乾隆四十二年（1777）武英殿刻木活字印武英殿聚珍版書本　八冊

210000 - 0741 - 0002925　715.3/3447

諧鐸十二卷 （清）沈起鳳撰　清乾隆五十七年（1792）刻本　六冊

210000 - 0741 - 0002926　715.3/7250

唐世說新語十三卷 （唐）劉肅撰　（明）王世貞校　明萬曆三十一年（1603）潘玄度刻本　二冊

210000 - 0741 - 0002927　715.3/7747

陳眉公訂正清異錄四卷 （宋）陶穀撰　明萬曆四十三年（1615）刻本　四冊

210000 - 0741 - 0002928　715.3/7754

酉陽雜俎二十卷續集十卷 （唐）段成式撰（明）毛晉訂　明毛氏汲古閣刻津逮秘書本　七冊

210000 - 0741 - 0002929　715.37/3140/12 - 17

繪圖情史（情天寶鑑）二十四卷 （明）馮夢龍撰　清光緒二十年（1894）上海石印本　六冊

210000 - 0741 - 0002930　715.37/3140/24 - 35

情史類畧二十四卷 （明）馮夢龍撰　清宣統元年（1909）刻本　十二冊

210000 - 0741 - 0002931　715.37/3414

近事叢殘四卷 （明）沈瓚撰　清嘉慶刻本　四冊

210000 - 0741 - 0002932　715.37/7732

輟畊錄三十卷 （元）陶宗儀撰　明崇禎刻本　八冊

210000 - 0741 - 0002933　715.38/0856/27 - 36

里乘十卷　（清）許奉恩撰　清光緒五年
(1879)常熟抱芳閣刻本　十冊

210000－0741－0002934　715.38/0856－2

里乘四卷　（清）許奉恩撰　清光緒四年
(1878)蕉華館刻本　二冊

210000－0741－0002935　715.38/1137/89－98

虞初新志二十卷續志二十卷　（清）張潮撰
（清）鄭澍若編　清咸豐元年(1851)小嫏嬛山
館刻本　十冊

210000－0741－0002936　715.38/1137－2

虞初續志十二卷　（清）鄭澍若編　清咸豐元
年(1851)小琅環山館刻本　六冊

210000－0741－0002937　715.38/1142

息影偶錄八卷　（清）張埏輯　清光緒八年
(1882)翠筠山房刻本　八冊

210000－0741－0002938　715.38/1458

繪圖包龍圖判斷奇冤六卷　（清）□□撰　清
光緒二十六年(1900)上海書局石印本　五冊
　存五卷(一至三、五至六)

210000－0741－0002939　715.38/1703

鏡花水月八卷　題(清)羽衣客撰　清嘉慶六
年(1801)刻本　四冊

210000－0741－0002940　715.38/1729

吉祥花六卷　（清）邵紀棠輯評　清同治十年
(1871)天祿閣刻本　二冊

210000－0741－0002941　715.38/2642

拍案驚異(拍案驚異記)十六卷　（清）程世爵
撰　清光緒二十二年(1896)上海福記書局石
印本　四冊

210000－0741－0002942　715.38/2653

夜譚隨錄十二卷　（清）和邦額撰　清光緒二
十四年(1898)慎記書苑石印本　二冊

210000－0741－0002943　715.38/2684

繪圖古今眼前報四卷　（清）吳鑑芳輯　清光
緒二十一年(1895)上海文宜書局石印本
四冊

210000－0741－0002944　715.38/2767/91－96

如是我聞六卷　（清）紀昀撰　清末刻本
六冊

210000－0741－0002945　715.38/2767/86－95

閱微草堂筆記五種　（清）紀昀撰　清光緒三
年(1877)北京文明堂刻本　十冊

210000－0741－0002946　715.38/2810

閨閣才子奇書(綉像閨閣英才傳)四卷　（清）
徐震撰　清光緒三十二年(1906)上海書局石
印本　四冊

210000－0741－0002947　715.38/3226

道聽塗説十二卷　（清）潘綸恩撰　清光緒元
年(1875)申報館鉛印本　六冊

210000－0741－0002948　715.38/4237

野叟閒談(可驚可愕集)四卷　（清）杜響漁隱
撰　清光緒三十三年(1907)上海書局石印本
　四冊

210000－0741－0002949　715.38/4442/15－30

聊齋志異十六卷　（清）蒲松齡撰　（清）王士
禎評　（清）但明倫新評　清乾隆三十一年
(1766)趙起杲青柯亭刻本　十六冊

210000－0741－0002950　715.38/4442/104－111

詳註聊齋志異圖詠十六卷首一卷　（清）蒲松
齡撰　（清）呂湛恩註　清光緒十五年(1889)
蜚英書局石印本　八冊

210000－0741－0002951　715.38/4442/29－36

詳註聊齋志異圖詠十六卷首一卷　　（清）蒲松
齡撰　（清）呂湛恩註　清光緒十二年(1886)
上海同文書局石印本　八冊

210000－0741－0002952　715.38/4442/390－404

聊齋志異新評十六卷　（清）蒲松齡撰　（清）
王士禎評　（清）但明倫新評　（清）呂湛恩註
　清同治八年(1869)羊城青雲樓刻朱墨套印
本　十五冊　存十五卷(二至十六)

210000－0741－0002953　715.38/4442

聊齋志異新評十六卷　（清）蒲松齡撰　（清）
但明倫新評　清道光二十二年(1842)廣順但
氏刻本　八冊

210000－0741－0002954　715.38/4442/44－59

聊齋志異新評十六卷　（清）蒲松齡撰　（清）但明倫新評　清道光二十二年（1842）廣順但氏刻朱墨印本　十六冊

210000－0741－0002955　715.38/4442/50－57

詳註聊齋志異圖詠十六卷首一卷　（清）蒲松齡撰　（清）呂湛恩註　清光緒十二年（1886）上海同文書局石印本　八冊

210000－0741－0002956　715.38/4442/71

聊齋志異舊新評不分卷　（清）蒲松齡撰　（清）王士禎評　（清）但明倫新評　清黃匯川抄本　一冊

210000－0741－0002957　715.38/4442/72－79

詳註聊齋志異圖詠十六卷首一卷　（清）蒲松齡撰　（清）呂湛恩註　清光緒三十三年（1907）上海商務印書館石印本　八冊

210000－0741－0002958　715.38/4442/81－96

聊齋志異新評十六卷　（清）蒲松齡撰　（清）但明倫新評　清道光二十二年（1842）廣順但氏刻朱墨印本　十六冊

210000－0741－0002959　715.38/4442/95－96

詳註聊齋志異圖詠十六卷首一卷　（清）蒲松齡撰　（清）呂湛恩註　清光緒三十四年（1908）上海鴻寶齋石印本　二冊

210000－0741－0002960　715.38/4442－2/31－38

聊齋續編八卷　（清）柳春浦輯　清道光十年（1830）秋聲館刻本　八冊

210000－0741－0002961　715.38/4442－3/66－73

繪圖後聊齋志異十二卷　（清）王韜撰　清光緒二十年（1894）上海積山書局石印本　八冊

210000－0741－0002962　715.38/7513

燕山外史註釋(繡像全圖註釋燕山外史)八卷　（清）陳球撰　清光緒三十二年（1906）上海海左書局石印本　四冊

210000－0741－0002963　715.38/8043

薈蕞編二十卷　（清）俞樾撰　清光緒七年（1881）上海申報館鉛印本　八冊

210000－0741－0002964　715.5/6050

繡像漢宋奇書四十卷二百三十五回　（清）熊飛輯　清刻本　二十四冊

210000－0741－0002965　715.55/0814

評論出像水滸傳二十卷七十回　（明）施耐菴撰　（清）王望如評　清順治十四年（1657）醉畊堂刻本　二十四冊

210000－0741－0002966　715.55/2611

飛龍傳六十回　（清）吳璿編　清乾隆三十三年（1768）崇德書院刻本　十二冊

210000－0741－0002967　715.56/0810/1092－1103

第五才子書(重訂水滸全傳)十二卷一百二十四回　（明）施耐庵撰　（清）金聖歎批評　清刻本　十二冊

210000－0741－0002968　715.56/0810/62－73

第五才子書(重訂水滸全傳)十二卷一百二十四回　（明）施耐庵撰　（清）金聖歎批評　清刻本　十二冊

210000－0741－0002969　715.56/0810－2/61－66

後水滸蕩平四大寇傳四十九回　（明）施耐庵撰　清光緒二十一年（1895）上海文宜書局石印本　六冊

210000－0741－0002970　715.56/0810－2/39－46

新增第五才子書水滸全傳十卷四十九回　（明）施耐庵撰　清中勝堂刻本　八冊

210000－0741－0002971　715.56/0810－3/59－82

結水滸全傳七十卷七十回結子一回　（清）俞萬春撰　清同治十年（1871）玉屏山館刻本（第十一至十三回配油印本）　二十四冊

210000－0741－0002972　715.56/0810－3/184－207

結水滸全傳七十卷七十回結子一回　（清）俞萬春撰　清咸豐七年（1857）文聚堂刻本　二十四冊

210000－0741－0002973　715.57/0568

新鐫全像通俗演義隋煬帝艷史六卷四十回

題(明)齊東野人編演　題(明)不經先生批評
清光緒二十一年(1895)上海書局石印本
六冊

210000－0741－0002974　715.57/0821
新刻鍾伯敬先生批評封神演義(鍾伯敬先生
原本批評封神演義全傳)二十卷一百回
(明)許仲琳撰　(明)鍾伯敬批評　清經綸堂
刻本　二十冊

210000－0741－0002975　715.57/0821/41－60
新刻鍾伯敬先生批評封神演義十九卷一百回
(明)許仲琳撰　(明)鍾伯敬批評　清康熙
三十四年(1695)四雪草堂刻本　二十冊

210000－0741－0002976　715.57/1124
繡像東西兩漢全傳十八卷　(明)甄偉　(明)
謝詔撰　清寶興堂刻本　十二冊

210000－0741－0002977　715.57/2144/92－97
南北宋傳二十卷一百回　(明)熊大木輯　題
(明)研山石樵訂　題(明)織里畸人校閱　清
小西山房刻本　六冊　存十卷(南宋志傳一
至二、五至十,北宋志傳七至八)

210000－0741－0002978　715.57/2144/294－301
繡像南北宋全傳八卷一百回　(明)熊大木輯
題(明)研山石樵訂正　題(明)織里畸人較
訂　清光緒三十年(1904)上海章福記書局石
印本　八冊

210000－0741－0002979　715.57/2144/19－26
繡像南北宋志傳二十卷一百回　(明)熊大木
輯　題(明)研山石樵訂正　清同治十一年
(1872)經綸堂刻本　八冊

210000－0741－0002980　715.57/2616/36－59
西遊眞詮一百回　(明)吳承恩撰　(清)陳士
斌詮解　清康熙三十五年(1696)芥子園刻本
二十四冊

210000－0741－0002981　715.57/2616/109－128
西遊眞詮一百回　(明)吳承恩撰　(明)陳士
斌詮解　清光緒十年(1884)校經山房刻本
二十冊

210000－0741－0002982　715.57/2616/497－504
新説西遊記一百回　(明)吳承恩撰　(清)張
書紳註　清光緒十四年(1888)邗江味潛齋石
印本　八冊

210000－0741－0002983　715.57/2616－2/37－38
西遊補十六回　(明)董説撰　清光緒元年
(1875)上海申報館鉛印本　二冊

210000－0741－0002984　715.57/2616－3/62－65
繡像後西遊記六卷四十回　(清)□□撰　清
光緒三十三年(1907)上海石印本　四冊

210000－0741－0002985　715.57/2752
新鐫楊家府世代忠勇演義志傳(楊家將演義)
八卷　(明)紀振倫輯　清嘉慶十四年(1809)
金閶書業堂刻本　八冊

210000－0741－0002986　715.57/2763
前七國孫龐演義四卷二十回新編批評繡像後
七國樂田演義(後七國樂田演義)四卷十八回
題(明)吳門嘯客等撰　清宏德堂刻本
八冊

210000－0741－0002987　715.57/4618/15－26
東西晉全傳(兩晉志傳題評)十二卷　(明)楊
爾曾撰　(明)陳氏尺蠖齋評釋　清慎德堂刻
本　十二冊

210000－0741－0002988　715.57/4618/75－82
繡像三國演義續編(東西晉演義)十二卷
(明)楊爾曾撰　(明)陳氏尺蠖齋評釋　清光
緒十九年(1893)上海廣百宋齋鉛印本　八冊

210000－0741－0002989　715.57/6041/65－74
新刻三寶太監西洋記通俗演義二十卷一百回
(明)羅懋登撰　清光緒七年(1881)上海申
報館鉛印本　十冊

210000－0741－0002990　715.57/6041/797－806
新刻三寶太監西洋記通俗演義二十卷一百回
(明)羅懋登撰　清光緒七年(1881)上海申
報館鉛印本　十冊

210000－0741－0002991　715.57/6050/36－41
殘唐五代史演義傳十二卷六十回　(明)羅本

輯　清同治十年(1871)書業德記刻本　六冊

210000－0741－0002992　715.57/6050/12－16

繪圖前金臺蕩平奇妖傳(三遂平妖傳)八卷四十回　(明)羅本輯　清光緒三十二年(1906)上海書局石印本　五冊　存六卷(一至四、續集一至二)

210000－0741－0002993　715.57/6050/51－54

鐫玉茗堂批點殘唐五代史演義傳二卷六十回　(明)羅本輯　清光緒十六年(1890)三讓堂刻本　四冊

210000－0741－0002994　715.57/6050/-2/59－64

繡像金臺全傳十二卷六十回　(清)□□撰　清光緒二十一年(1895)上海中西書局石印本　六冊

210000－0741－0002995　715.57/7738

繪圖開闢演義四卷八十回　(明)周游撰　清光緒二十三年(1897)上海醉六堂石印本　四冊

210000－0741－0002996　715.57/8027/28－37

繡像京本雲合奇縱玉茗英烈全傳十卷八十回　(明)□□撰　清光緒十九年(1893)醉六堂刻本　十冊

210000－0741－0002997　715.57/8027/90－92

繡像京本雲合奇縱玉茗英烈全傳(英烈傳)四卷八十回　(明)□□撰　清末上海文宜書局石印本　三冊　存三卷(一至三)

210000－0741－0002998　715.57/8296

按鑑演義帝王御世有商誌傳四卷　(明)鍾惺撰　清嘉慶十九年(1814)稽古堂刻本　四冊

210000－0741－0002999　715.58/0000/81－90

兒女英雄傳評話(繪圖評點兒女英雄傳)八卷四十回首一回續傳八卷三十二回　(清)文康撰　題(清)還讀我書室主人評　清光緒三十二年(1906)上海書局石印本　十冊

210000－0741－0003000　715.58/0000/41－44

兒女英雄傳評話(俠女奇緣)八卷四十回首一回　(清)文康撰　題(清)還讀我書室主人評　清

光緒二十四年(1898)上海書局石印本　四冊

210000－0741－0003001　715.58/0000/482－501

兒女英雄傳評話(俠女奇緣)四十回首一回　(清)文康撰　題(清)還讀我書室主人評　清光緒六年(1880)北京聚珍堂木活字印本　二十冊

210000－0741－0003002　715.58/0701

繪圖永慶升平前後傳二十四卷一百九十七回　(清)郭廣瑞等撰　清光緒二十九年(1903)上海簡青齋石印本　八冊

210000－0741－0003003　715.58/1011

金鐘傳八卷六十四回　題(清)正一子　(清)克明子撰　清光緒二十二年(1896)樂善堂刻本　八冊

210000－0741－0003004　715.58/1016－3

繡像續小五義十二卷一百二十四回　(清)石玉昆撰　清光緒二十五年(1899)上海掃葉山房石印本　六冊

210000－0741－0003005　715.58/1043/71－72,74－90

第一奇書野叟曝言一百五十四回　(清)夏敬渠撰　清末石印本　十九冊　存一百四十八回(一至十三、二十至一百五十四)

210000－0741－0003006　715.58/1043/04－23

繪圖野叟曝言二十卷一百五十四回　(清)夏敬渠撰　清末石印本　二十冊

210000－0741－0003007　715.58/1043/06－25

繪圖野叟曝言二十卷一百五十四回　(清)夏敬渠撰　清末石印本　二十冊

210000－0741－0003008　715.58/1072

繡像醒世姻緣傳一百回　題(清)西周生編　清光緒二十四年(1898)上海書局鉛印本　十冊

210000－0741－0003009　715.58/1235

繡像海上繁華夢初集六卷三十回二集六卷三十回　(清)孫家振撰　清光緒二十九年至三

十年（1903－1904）上海笑林報館鉛印本
六冊

210000－0741－0003010　715.58/1274/81
繪圖湘軍平逆傳四卷八回　題（清）醴泉居士
撰　清光緒二十五年（1899）上海書局石印本
一冊

210000－0741－0003011　715.58/1274/93－96
繪圖湘軍平逆傳四卷八回　題（清）醴泉居士
撰　清光緒二十五年（1899）上海書局石印本
四冊

210000－0741－0003012　715.58/1364
繪圖繪芳錄八卷八十回　題（清）西冷野樵撰
清光緒三十四年（1908）上海書局石印本
五冊

210000－0741－0003013　715.58/1408/28－33
繪圖王昭君和番雙鳳奇緣八卷八十回　題
（清）雪樵主人撰　清末上海鑄記書局石印本
六冊

210000－0741－0003014　715.58/1408/54－63
繡像雙鳳奇緣全傳二十卷八十回　題（清）雪
樵主人撰　清京都琉璃廠刻本　十冊

210000－0741－0003015　715.58/1408/04－23
雙鳳奇緣傳二十卷八十回　題（清）雪樵主人
撰　清咸豐四年（1854）經綸堂刻本　二十冊

210000－0741－0003016　715.58/1428
繪像鐵花仙史二十六回　題（清）雲封山人撰
清末鉛印本　四冊

210000－0741－0003017　715.58/1440/407－408
人間樂四卷十八回　題（清）天花藏主人撰
清光緒十九年（1893）上海居士石印本　二冊

210000－0741－0003018　715.58/1440/452－455
繡像批評麟兒報四卷十六回　題（清）天花藏
主人編　清咸豐二年（1852）刻本　四冊

210000－0741－0003019　715.58/1440/952－955
新刻濟顛大師醉菩提全傳四卷二十回　題
（清）天花藏主人編　清道光二十七年（1847）
大文堂刻本　四冊

210000－0741－0003020　715.58/1458/102－105
繪圖施大京兆奇案（前施公案黃天壩傳）八卷
九十八回　（清）□□撰　清末石印本　四冊

210000－0741－0003021　715.58/1458/13－18
繪圖大明奇俠前後傳六卷五十四回　（清）
□□撰　清末石印本　六冊

210000－0741－0003022　715.58/1458/16－21
施案奇聞八卷九十七回　（清）□□撰　清掃
葉山房刻本　六冊

210000－0741－0003023　715.58/1458/23－26
武則天四大奇案六卷六十四回　（□）□□撰
清光緒二十八年（1902）上海耕石書局石印
本　四冊

210000－0741－0003024　715.58/1458/46－65
繪圖施公案十集五百二十八回　（清）□□撰
清光緒三十四年（1908）上海文新書局石印
本　二十冊

210000－0741－0003025　715.58/1458/47－50
新編呂純陽三戲白牡丹三集四卷十六回
（□）□□撰　清末刻本　四冊

210000－0741－0003026　715.58/1458/500－505
繡像綠牡丹全傳六卷六十四回　（清）□□撰
清道光二十七年（1847）寶翰樓刻本　六冊

210000－0741－0003027　715.58/1458/522－527
繡像龍潭鮑駱奇書綠牡丹全傳六卷六十四回
（清）□□撰　清光緒三十二年（1906）石印
本　六冊

210000－0741－0003028　715.58/1458/57－60
新輯左公平西全傳四卷三十二回　（□）□□
撰　清光緒三十年（1904）上海書局石印本
四冊

210000－0741－0003029　715.58/1458/607－612
新纂四望亭全傳（綠牡丹）十一卷六十四回
（□）□□撰　清光緒十三年（1887）京都琉璃
廠本　六冊

210000－0741－0003030　715.58/1458/61,63－64
繡像飛仙劍俠奇緣（繡像僎俠五花劍）四卷三

十回　（□）□□撰　清光緒三十年（1904）海
上書局石印本　三冊　存三卷（一、三至四）

210000－0741－0003031　715.58/1458/63－70
聖朝鼎盛八集七十六回　（清）□□撰　清末
石印本　八冊

210000－0741－0003032　715.58/1458/70－77
新刊五美緣全傳八卷八十回　題（清）寄生氏
撰　清道光二十八年（1848）寶華順刻本
八冊

210000－0741－0003033　715.58/1458/971－974
聖朝鼎盛一集十三回　（□）□□撰　清光緒
十九年（1893）上海英商五彩公司石印本
四冊

210000－0741－0003034　715.58/1458/471－474
新輯左公平西全傳四卷三十二回　（□）□□
撰　清光緒三十年（1904）上海書局石印本
四冊

210000－0741－0003035　715.58/1458/87－
90,44－45
繡像眾英雄大鬧三門街（新出八劍七俠十六
義平蠻演義）前傳四卷六十回後傳四卷六十
回　（□）□□撰　清石印本　六冊　存六卷
（前傳四卷、後傳二至三）

210000－0741－0003036　715.58/1458/899－912
聖朝鼎盛四集四十四回　（□）□□撰　清光
緒十九年（1893）上海英商五彩公司石印本
十四冊

210000－0741－0003037　715.58/2108
石印昇仙傳演義八卷五十六回　題（清）倚雲
氏撰　清光緒十九年（1893）上海書局石印本
　四冊

210000－0741－0003038　715.58/2144/88－94
大明正德皇帝遊江南傳（繡像正德游江南傳）
七卷四十五回　（清）何夢梅撰　清道光十二
年（1832）刻本　七冊

210000－0741－0003039　715.58/2144/75－78
繡像繪圖大明正德皇帝遊江南傳七卷四十五

回　（清）何夢梅撰　清光緒十九年（1893）上
海寶善書局石印本　四冊

210000－0741－0003040　715.58/2222/510－513
第八才子書白圭志四卷十六回　（清）崔象川
撰　（清）何晴川評　清末經綸堂刻本　四冊

210000－0741－0003041　715.58/2222/812－815
第十才子書白圭志（繡像白圭志第十才子書）
四卷十六回　（清）崔象川撰　清江左書林刻
本　四冊

210000－0741－0003042　715.58/2222/20－23
第十才子書白圭志（繡像白圭志第十才子書）
四卷十六回　（清）崔象川撰　清江左書林刻
本　四冊

210000－0741－0003043　715.58/2222－2/42
繡像第八才子書白圭志四卷十六回　（清）崔
象川撰　（清）何晴川評　清刻本　四冊

210000－0741－0003044　715.58/2458
義俠好逑傳四卷十八回　題（清）名教中人編
　題（清）游方外客批評　清咸豐十年（1860）
光華堂刻本　四冊

210000－0741－0003045　715.58/2622
花月痕全書十六卷五十二回　（清）魏秀仁撰
　清著易堂鉛印本　四冊

210000－0741－0003046　715.58/3027/41－52
爭春園全傳四十八回　題（清）寄生氏撰　清
道光五年（1825）大經堂刻本　十二冊

210000－0741－0003047　715.58/3027/66－77
爭春園全傳十卷四十八回　題（清）寄生氏撰
　清刻本　十二冊

210000－0741－0003048　715.58/3027/87－92
爭春園全傳四十八回　題（清）寄生氏撰　清
嘉慶二十五年（1820）文德堂刻本　六冊

210000－0741－0003049　715.58/3027－2/05－10
新刻三合明珠寶劍全傳（繡像第十才子書）六
卷四十二回　（清）□□撰　清道光二十八年
（1848）經綸堂刻本　六冊

210000－0741－0003050　715.58/3027－2/53

繡像大漢三合明珠寶劍全傳四卷四十二回
(清)□□撰　清末石印本　一冊

210000－0741－0003051　715.58/3134
草木春秋演義五卷三十二回　(清)江洪撰
清大文堂刻本　八冊

210000－0741－0003052　715.58/3441
繪圖順治過江全傳四卷二十二回　題(清)蓮
蒿子編　清末天華書局石印本　四冊

210000－0741－0003053　715.58/3484/13－20
四雪草堂重訂通俗隋唐演義二十卷一百回
(清)褚人穫輯　清光緒三十三年(1907)上海
書店石印本　八冊

210000－0741－0003054　715.58/3484－2/49－54
繡像前後說唐演義前傳三卷六十八回後傳二
卷四十二回首一卷十六回　題(清)鴛湖漁叟
校訂　清末石印本　六冊

210000－0741－0003055　715.58/3484－2/67－70
增像說唐羅通掃北全傳四卷十五回　(□)
□□撰　清末石印本　四冊

210000－0741－0003056　715.58/3484－2/55
增異說唐羅通掃北全傳四卷十五回　(□)
□□撰　清末上海江東書局石印本　一冊
存三卷(二至四)

210000－0741－0003057　715.58/3484－2/39－64
重刻繡像說唐演義全傳一百二十三回　題
(清)鴛湖漁叟校訂　清道光九年(1829)暢心
堂刻本　二十六冊

210000－0741－0003058　715.58/3484－2/53－58
說唐前傳十卷六十八回後傳六卷四十二回首
二卷十六回　題(清)鴛湖漁叟校訂　清光緒
二十八年(1902)天津同文仁記鉛印本　六冊

210000－0741－0003059　715.58/3484－2/71－74
繡像說唐前傳十卷六十八回　題(清)鴛湖漁
叟校訂　清光緒四年(1878)同文堂刻本
四冊

210000－0741－0003060　715.58/3484－2/74－91
說唐前傳十卷六十八回後傳六卷四十二回首

二卷十六回　題(清)鴛湖漁叟校訂　清文林
堂刻本　十八冊

210000－0741－0003061　715.58/3484－2/75－82
說唐小英雄傳(說唐後傳)首二卷十六回六卷
四十二回　題(清)鴛湖漁叟校訂　清英德堂
刻本　八冊

210000－0741－0003062　715.58/4012
繡像綠野仙蹤全傳八十回　(清)李百川撰
清道光十年(1830)刻本　二十冊

210000－0741－0003063　715.58/4019/17－20
繪圖萬花樓傳十四卷六十八回　(清)李雨堂
撰　清光緒十九年(1893)上海書局石印本
四冊

210000－0741－0003064　715.58/4019/63－68
繪圖萬花樓全傳(後續大宋楊家將文武曲星
包公狄青初傳)十四卷六十八回　(清)李雨
堂撰　清光緒十九年(1893)滬江北鉛印本
六冊

210000－0741－0003065　715.58/4019/72－78
後續大宋楊家將文武曲星包公狄青初傳(萬
花樓楊包狄演義)十四卷六十八回　(清)李
雨堂撰　清咸豐八年(1858)慶雲樓刻本
七冊

210000－0741－0003066　715.58/4019－2
新鎸後續五虎平西珍珠旗演義狄青前傳十四
卷一百十二回新鎸後續繡像五虎平南狄青演
傳六卷四十二回　(□)□□撰　清經元堂刻
本　十九冊　存十九卷(新鎸後續五虎平西
珍珠旗演義狄青前傳一至十四,新鎸後續繡
像五虎平南狄青演傳一、三至六)

210000－0741－0003067　715.58/4019－2/07－12
新鎸後續繡像五虎平南狄青演傳(繡像五虎
平南後傳)六卷四十二回　(□)□□撰　清
經綸堂刻本　六冊

210000－0741－0003068　715.58/4019－2/11－16
異說五虎平西珍珠旗演義狄青前傳六卷一百
十二回　(□)□□撰　清光緒十九年(1893)
上海凌雲閣石印本　六冊

210000－0741－0003069　715.58/4019－2/52－57

五虎平西演義六卷一百十二回　（□）□□撰
清宣統元年(1909)上海章福記書局石印本
六冊

210000－0741－0003070　715.58/4022/44－47

夢中緣四卷十五回　（清)李修行撰　清光緒
十一年(1885)文成堂刻本　四冊

210000－0741－0003071　715.58/4022/67－70

夢中緣四卷十五回　（清)李修行撰　清光緒
十一年(1885)有益堂刻本　四冊

210000－0741－0003072　715.58/4031/86－93

繪圖鏡花緣(同文原版鏡花緣全傳)一百回
(清)李汝珍撰　清末上海校經山房成記石印
本　八冊

210000－0741－0003073　715.58/4031/195－200

繪圖鏡花緣一百回　（清)李汝珍撰　清光緒
二十一年(1895)上海積山書局石印本　六冊

210000－0741－0003074　715.58/4031/45－56

繡像鏡花緣二十卷一百回　（清)李汝珍撰
清道光二十二年(1842)廣東英德堂刻本　十
二冊

210000－0741－0003075　715.58/4034

新編小說文明小史六十回　（清)李寶嘉撰
清光緒二十九年(1903)上海商務印書館鉛印
本　一冊　存二十八回(一至二十八)

210000－0741－0003076　715.58/4237

南朝金粉錄四卷三十回　（清)燕山逸叟撰
清光緒二十五年(1899)石印本　二冊

210000－0741－0003077　715.58/4238

最新支那小說(常言道富翁醒世傳一本萬利)
四卷十六回　題(清)落魄道人撰　清光緒十
九年(1893)上海文宜書局石印本　四冊

210000－0741－0003078　715.58/4248/26－29

新刻天花藏批評玉嬌梨(繡像第三才子書)四
卷二十回　（清)荻岸散人編　清玉經樓刻本
四冊

210000－0741－0003079　715.58/4248/30－33

新刻天花藏批評平山冷燕(繡像第四才子書)
四卷二十回　（清)荻岸散人編　清近文堂刻
本　四冊

210000－0741－0003080　715.58/4248/54－61

新刻玉嬌梨(新刻第三才子書)四卷二十回
(清)天花主人批評　清宏德堂刻本　八冊

210000－0741－0003081　715.58/4248/904－907

繪圖平山冷燕四才子書四卷二十回　（清)荻
岸散人編　清光緒十八年(1892)上海珍藝書
局鉛印本　四冊

210000－0741－0003082　715.58/4328

繡像鐵冠圖四卷五十回　（清)松滋山人編
清光緒三十三年(1907)上海書局石印本
四冊

210000－0741－0003083　715.58/4410/60－71

東周列國全志二十三卷一百八回　（清)蔡傲
評　清乾隆十七年(1752)經元堂刻本　十
二冊

210000－0741－0003084　715.58/4410/75－80

繡像繪圖嶺南逸史六卷二十八回　（清)黃耐
庵撰　清末上海萃英書局石印本　四冊

210000－0741－0003085　715.58/4410/23－29

東周列國志二十七卷一百八回首一卷　（清)
蔡昇等編　清末上海錦章圖書局石印本　七
冊　存十三卷(十五至二十七)

210000－0741－0003086　715.58/4431

西湖小史四卷十六回首一卷　（清)蓉江撰
清光緒二年(1876)六經堂刻本　四冊

210000－0741－0003087　715.58/4450

海上花列傳六十四回　（清)韓邦慶撰　清光
緒二十年(1894)石印本　十六冊

210000－0741－0003088　715.58/4474

新刻異說反唐演傳十卷一百回　（清)如蓮居
士輯　清刻本　五冊

210000－0741－0003089　715.58/4490

新刻二度梅奇說全傳六卷四十回　（清)槐蔭
堂主人編　清同治十二年(1873)崇德堂刻本

四冊

210000－0741－0003090　715.58/4738

繡像鴛鴦夢四卷十六回　（清）南岳道人編
清末石印本　三冊　存三卷（二至四）

210000－0741－0003091　715.58/4802

新編玉燕姻緣傳記七十七回　（清）梅癡生撰
清光緒二十一年（1895）上海書局鉛印本
六冊

210000－0741－0003092　715.58/4810/271－272

英雲夢傳八卷　（清）松雲氏撰　清刻本
二冊

210000－0741－0003093　715.58/4810/472－475

英雲夢傳八卷　（清）松雲氏撰　清刻本
四冊

210000－0741－0003094　715.58/5510/67－98

精校全圖鉛印評註金玉緣一百二十回首一卷
（清）曹雪芹撰　清鑄記書局鉛印本　三十
二冊

210000－0741－0003095　715.58/5510/303－326

紅樓夢一百二十回　（清）曹雪芹撰　清咸
豐、同治間刻本　二十四冊

210000－0741－0003096　715.58/5510/43－62

原本石頭記（國初鈔本原本紅樓夢）八卷八十
回　（清）曹雪芹撰　清宣統三年至民國元年
（1911－1912）上海有正書局石印本　二十冊

210000－0741－0003097　715.58/5510/609－632

繡像批點紅樓夢一百二十回　（清）曹雪芹纂
清末緯文堂刻本　二十四冊

210000－0741－0003098　715.58/5510－2/73－78

改良全圖紅樓夢續編（續紅樓）三十卷　（清）
秦子忱纂　清末東瀛書館石印本　六冊

210000－0741－0003099　715.58/5510－2/
597－608

續紅樓夢三十卷　（清）秦子忱撰　清嘉慶四
年（1799）抱甕軒刻本　十二冊

210000－0741－0003100　715.58/5510－2/60－69

後紅樓夢三十回附詩二種　題（清）逍遙子撰

清刻本　十冊

210000－0741－0003101　715.58/5510－2/71－94

紅樓復夢一百回　（清）陳少海撰　清光緒二
年（1876）上海申報館鉛印本　二十四冊

210000－0741－0003102　715.58/5510－2/
953－962

紅樓復夢一百回　（清）陳少海撰　清光緒二
年（1876）上海申報館鉛印本　十冊

210000－0741－0003103　715.58/5510－3/16

原紅樓夢二卷　（清）夢痴學人撰　清光緒十
三年（1887）管可壽齋刻本　一冊

210000－0741－0003104　715.58/5510－3/50－51

紅樓夢廣義二卷附紅樓夢紀略題詞戲詠百美
合詠　（清）青山山農撰　清光緒二十八年
（1902）味青齋刻本　二冊

210000－0741－0003105　715.58/5510－3/95－97

石頭記論贊不分卷　（清）王希廉撰　清同治
十三年（1874）金陵刻本　三冊

210000－0741－0003106　715.58/6021

繪圖評點女僊外史一百回　（清）呂熊撰　清
光緒二十一年（1895）上海積山書局石印本
十六冊

210000－0741－0003107　715.58/6027

鋒劍春秋十卷六十回　題（清）四和氏撰　清
同治四年（1865）四和堂刻本　十冊

210000－0741－0003108　715.58/6047

新鐫古本批評繡像三世報隔簾花影四十八回
題（清）四橋居士撰　清初刻本　十冊

210000－0741－0003109　715.58/6428

繡像蘭花夢奇傳八卷六十八回　題（清）吟梅
山人撰　清光緒三十一年（1905）上海文元閣
石印本　八冊

210000－0741－0003110　715.58/7210

第九才子書平鬼傳（斬鬼傳）四卷十回　題
（清）樵雲山人編次　清江左書林刻本　四冊

210000－0741－0003111　715.58/7214

繪圖第二奇書八卷六十四回　題（清）隨緣下

士撰　清末上海廣益書局石印本　八冊

210000－0741－0003112　715.58/7537
雪月梅傳十卷五十回　（清）陳朗撰　清乾隆
四十年(1775)刻本　十冊

210000－0741－0003113　715.58/7537/15－24
雪月梅傳十卷五十回　（清）陳朗撰　清乾隆
四十年(1775)德華堂刻本　十冊

210000－0741－0003114　715.58/7537/92－99
雪月梅傳十卷五十回　（清）陳朗撰　清乾隆
四十年(1775)刻本　十冊

210000－0741－0003115　715.58/7537/97－
99,01－02
雪月梅傳六卷五十回　（清）陳朗撰　清光緒
石印本　五冊　存五卷(一至三、五至六)

210000－0741－0003116　715.58/7540/76－91
品花寶鑑六十回　（清）陳森撰　清刻本　十
六冊

210000－0741－0003117　715.58/7540/97－112
品花寶鑑六十回　（清）陳森撰　清刻本　十
六冊

210000－0741－0003118　715.58/8027
後紅樓夢三十回吳下諸子和大觀園菊花社原
韻詩一卷吳下諸子為大觀園菊花社補題詩一
卷　題(清)逍遙子撰　清刻本　十二冊

210000－0741－0003119　715.58/8027/03－06
忠孝勇烈奇女傳四卷三十二回　（清）□□撰
　清宣統二年(1910)京都養真仙苑刻本
四冊

210000－0741－0003120　715.58/8027/506－509
聽月樓二十回　（清）□□撰　清嘉慶二十四
年(1819)刻本　四冊

210000－0741－0003121　715.58/8027/67－78
原本海公大紅袍傳六十卷六十回　（清）□□
編　清道光二十年(1840)經國堂刻本　十
二冊

210000－0741－0003122　715.58/8034
青樓夢六十四回　（清）俞達撰　清光緒四年

(1878)上海申報館鉛印本　十冊

210000－0741－0003123　715.58/8322/80－87
增訂繪圖精忠説岳全傳二十卷八十回　（清）
錢彩撰　清光緒二十九年(1903)石印本
八冊

210000－0741－0003124　715.58/8322/76－85
增訂精忠演義説本全傳二十卷八十回　（清）
錢彩撰　清大文堂刻本　十冊

210000－0741－0003125　715.58/8328
新刻繡像粉粧樓全傳十二卷八十回　（清）竹
溪山人撰　清光緒九年(1883)上海掃葉山房
刻本　十冊

210000－0741－0003126　715.58/8438
繪圖彭公案(繪圖彭公案全傳)四集三十二卷
三百四十回　（清）貪夢道人撰　清光緒二十
二年至二十五年(1896－1899)上海書局石印
本　十八冊

210000－0741－0003127　715.59/7440
新上海五編三十回　（清）陸士諤輯　清宣統
二年(1910)上海改良小説社鉛印本　五冊

210000－0741－0003128　716.1/1010
明史彈詞一卷　（清）龍柏輯　清道光七年
(1827)金閶步月樓刻本　一冊

210000－0741－0003129　716.1/1010/06－13
繡像還金鐲傳八卷五十四回　（清）夏裝文輯
　清道光元年(1821)吾馨軒刻本　八冊

210000－0741－0003130　716.1/1010/20－23
繡像還金鐲全傳八卷五十四回　（清）夏裝文
輯　清光緒三十年(1904)上海書局石印本
四冊

210000－0741－0003131　716.1/1010/56－63
繡像落金扇全傳八卷五十回　（清）夏裝文撰
　清同治十二年(1873)刻本　八冊

210000－0741－0003132　716.1/1044
繡像蘊香丸全傳四卷二十回　（清）雲坡輯
清光緒二十二年(1896)上海書局石印本
四冊

210000－0741－0003133　716.1/1454/40－47

繪圖安邦誌(繪圖安邦誌全傳)八卷三百二十回　(清)□□撰　清宣統二年(1910)上海章福記書局石印本　十六冊

210000－0741－0003134　716.1/1454－2/12－41

定國志安邦中集二十卷一百三十八回　(□)□□撰　清末學海堂刻本　三十冊

210000－0741－0003135　716.1/1454－3/73－92

鳳凰山七十二卷七十二回　(清)□□撰　清末刻本　二十冊

210000－0741－0003136　716.1/2021/76－87

三笑新編十二集四十八回　(□)□□撰　清光緒四年(1878)刻本　十二冊

210000－0741－0003137　716.1/2021－2/37－42

新刻繡像換空箱全傳(後三笑)二十四卷　(清)□□撰　清末刻本　六冊

210000－0741－0003138　716.1/2552

繪圖新刊鍾情傳八卷二十六回　(清)朱素仙撰　清光緒二十五年(1899)上海書局石印本　八冊

210000－0741－0003139　716.1/2583

繡像四香緣四卷三十二回　(清)朱鏡江撰　清末刻本　十二冊

210000－0741－0003140　716.1/2644

新編鳳雙飛前後全傳四十二回　(清)程蕙英撰　清光緒二十四年(1898)怡怡軒主人石印本　二十冊

210000－0741－0003141　716.1/2744/683－746

新刻玉釧緣全傳三十二卷　題(清)西湖居士撰　清翰苑閣刻本　六十四冊

210000－0741－0003142　716.1/2744/495－502

再造天十六卷十六回　(清)侯香葉撰　清同治八年(1869)香葉閣刻本　八冊

210000－0741－0003143　716.1/4412

新刻真本唱口雙珠球全傳十二卷四十九回　(清)黃子貞撰　清光緒三年(1877)刻本　十二冊

210000－0741－0003144　716.1/4537

來生福彈詞三十六回　題(清)橘中逸叟撰　清同治九年(1870)刻本　二十四冊

210000－0741－0003145　716.1/5553

新增笑中緣圖詠四卷七十五回　(清)曹春江編　清光緒十四年(1888)上海書局石印本　四冊

210000－0741－0003146　716.1/7133

新編繡像福壽大紅袍十四卷一百回　(清)馬永清撰　清道光元年(1821)刻本　十四冊

210000－0741－0003147　716.1/7141/86－87

馬如飛先生南詞小引初集(馬如飛開篇)二卷　(清)馬如飛撰　清光緒十二年(1886)刻本　二冊

210000－0741－0003148　716.1/7141/18－25

新鎸繪圖描金鳳八卷四十六回　(清)馬如飛編　清光緒三十二年(1906)上海海左書局石印本　八冊

210000－0741－0003149　716.1/7534

繡像義妖全傳(白蛇傳)二十八卷五十三回　(清)陳遇乾撰　清光緒二年(1876)刻本　十二冊

210000－0741－0003150　716.1/7534－2/54－57

繪圖後玉蜻蜓四卷五十九回　(□)□□撰　清光緒二十五年(1899)上海書局石印本　四冊

210000－0741－0003151　716.1/7534－2/36－55

繡像芙蓉洞全傳十卷四十回　(清)陳遇乾撰　清道光十六年(1836)刻本　二十冊

210000－0741－0003152　716.1/7714/87－92

孝義真蹟珍珠塔二十四回　(清)周殊士等編　清同治六年(1867)蘇州麟玉山房刻本　六冊

210000－0741－0003153　716.1/7714－2/00－05

新增全圖珍珠塔後傳麒麟豹六卷六十回　(清)廢閑主人編修　清石印本　六冊

210000－0741－0003154　716.1/7714－2/20－27

繡像說唱麒麟豹傳十卷六十回　（清）廢閑主
人撰　清道光二年（1822）刻本　八冊　存八
卷（一至八）

210000－0741－0003155　716.1/7729
天雨花三十回　（清）陶貞懷撰　清同治八年
（1869）文富堂刻本　二十四冊

210000－0741－0003156　716.1/8044/12－17
繡像玉蟾龍全傳六卷五十七回　（□）□□撰
　清光緒十九年（1893）上海書局石印本
六冊

210000－0741－0003157　716.1/8044/47－50
新增繡像玉連環四卷四十回　（□）□□撰
清光緒二十二年（1896）上海書局石印本
四冊

210000－0741－0003158　716.1/8044/75－86
新刻古本劉成美忠節全傳十三卷五十七回
（□）□□撰　清光緒二十六年（1900）上海書
局石印本　十二冊

210000－0741－0003159　716.1/8044/78－85
新編玉鴛鴦全傳（新刻忠孝節義全傳玉鴛鴦）
八卷三十六回　（□）□□撰　清道光二十一
年（1841）維揚寶翰樓刻本　八冊

210000－0741－0003160　716.1/8044/80－83
新刻秘本雲中落繡鞋九卷　（□）□□撰　清
光緒二十年（1894）上海書局鉛印本　四冊

210000－0741－0003161　716.1/8044/81－86
繡像鳳凰圖六卷三十六回　（□）□□撰　清
同治三年（1864）味蘭軒刻本　六冊

210000－0741－0003162　716.1/8044－1/24－35
新刻古本劉成美忠節全傳二十五卷二十五回
　（□）□□撰　清道光二十二年（1842）友于
堂刻本　十二冊

210000－0741－0003163　716.1/8724/208－223
繡像夢影緣四十八回　（清）鄭貞華撰　清光
緒二十一年（1895）竹簡齋石印本　十六冊

210000－0741－0003164　716.1/8724/31－46
繡像夢影緣四十八回　（清）鄭貞華撰　清光

緒二十一年（1895）竹簡齋石印本　十六冊

210000－0741－0003165　716.1/9001
果報錄十二卷一百回　（□）□□撰　清木活
字印本　十二冊

210000－0741－0003166　716.2/0172
繡像龍鳳傳四卷四十九回　（□）□□撰　清
光緒三十四年（1908）石印本　四冊

210000－0741－0003167　716.2/1012
新刻五毒傳（混元盒全傳）十二卷　（□）□□
撰　清光緒三十一年（1905）上海石印書局石
印本　八冊

210000－0741－0003168　716.2/1095
新刻繡像玉堂春四卷三十二回　（□）□□撰
　清光緒三十四年（1908）上海書局石印本
四冊

210000－0741－0003169　716.2/2103
新刻紅旗溝說唱鼓詞八卷六十二回　（清）
□□撰　清光緒三十二年（1906）上海書局石
印本　八冊

210000－0741－0003170　716.2/4437
繡像黃河陣四卷繡像萬仙陣四卷　（□）□□
撰　清宣統二年（1910）上海書局石印本
四冊

210000－0741－0003171　716.2/4448/92－99
繡像英雄大八義四卷五十六回　（□）□□撰
　清光緒二十五年（1899）上海書局石印本
八冊

210000－0741－0003172　716.2/4448/23－26
繡像英雄大八義四卷五十六回　（清）□□撰
　清光緒三十二年（1906）上海書局石印本
四冊

210000－0741－0003173　716.2/4987/06－11
繡像宋史奇書（十粒金丹）十二卷六十六回
（□）□□撰　清光緒三十四年（1908）書業公
司鉛印本　六冊

210000－0741－0003174　716.2/4987/00－05
繡像宋史奇書（十粒金丹）十二卷六十六回

（□）□□撰　清光緒十九年（1893）上海書局
鉛印本　六冊

210000－0741－0003175　716.2/7304
繡像馬潛龍走國全傳十二卷八十四回　（□）
□□撰　清宣統元年（1909）上海茂記書莊石
印本　十二冊

210000－0741－0003176　716.3/0639/71
河南開封府花枷良愿龍圖寶卷全集二卷
（□）□□撰　清末刻本　一冊　存一卷（一）

210000－0741－0003177　716.3/0639/89
河南開封府花枷良愿龍圖寶卷全集二卷
（□）□□撰　清末刻本　一冊　存一卷（一）

210000－0741－0003178　716.3/1343
延壽寶卷一卷　（□）□□撰　清宣統元年
（1909）上海翼化堂善書局刻本　一冊

210000－0741－0003179　716.3/2243
何仙姑寶卷二卷　（□）□□撰　清刻本
一冊

210000－0741－0003180　716.3/4015
三茅真君宣化度世寶卷二卷　（□）□□撰
清光緒三十三年（1907）蘇州李鈫芳齋刻本
一冊

210000－0741－0003181　716.3/4462/59－64
宣講拾遺六卷首一卷　（清）莊跛仙輯　清光
緒三十一年（1905）上海埽葉山房刻本　六冊

210000－0741－0003182　716.3/4462/23－28
宣講拾遺六卷首一卷　（清）莊跛仙輯　清光
緒十九年（1893）蘇州校經山房刻本　六冊

210000－0741－0003183　716.3/4774
趙氏賢孝寶卷（琵琶記寶卷）二卷　（□）□□
撰　清末刻本　二冊

210000－0741－0003184　716.3/5224
替身急報一卷　（□）□□撰　清光緒十九年
（1893）刻本　一冊

210000－0741－0003185　716.3/7239/65－66
太華山紫金鎮兩世修行劉香寶卷全集三卷
（清）□□撰　清光緒二十四年（1898）蘇州瑪

瑙經房刻本　二冊　存二卷（一、三）

210000－0741－0003186　716.3/7239/78－80
太華山紫金鎮兩世修行劉香寶卷全集三卷
（清）□□撰　清同治九年（1870）上海翼化堂
刻本　三冊

210000－0741－0003187　716.3/8067/62－63
觀世音菩薩本行經（香山卷）二卷　（宋）釋普
明撰　清刻本　二冊

210000－0741－0003188　716.3/8067/26
南無觀世音菩薩（大乘法寶香山寶卷全集）二
卷　（宋）釋普明撰　清刻本　一冊　存一卷
（二）

210000－0741－0003189　716.3/9439/86
惜穀免災寶卷一卷　（□）□□撰　清光緒二
年（1876）常州培本堂刻本　一冊

210000－0741－0003190　716.3/9439/64
惜穀免災寶卷一卷　（□）□□撰　清光緒十
三年（1887）蘇州得見齋刻本　一冊

210000－0741－0003191　716.308/3932
寶卷匯編十種　（□）□□撰　清抄本　二十
一冊

210000－0741－0003192　716.5/2811
勸孝詞曲三體三卷　（清）徐廷珍撰　清光緒
十一年（1885）富春堂刻本　一冊

210000－0741－0003193　716.5/7546
奇言可笑錄二卷　（清）悟癡生輯　（清）陳旭
旦評　清光緒十一年（1885）明州天籟軒刻本
二冊

210000－0741－0003194　717.1/0099
湘山野錄三卷續錄一卷　（宋）釋文瑩撰
（明）毛晉訂　明崇禎毛氏汲古閣刻津逮秘書
本　四冊

210000－0741－0003195　717.1/1043/90－97
池北偶談二十六卷　（清）王士禛撰　清金谿
李氏自怡草堂刻本　八冊

210000－0741－0003196　717.1/1043/11－18
池北偶談二十六卷　（清）王士禛撰　清康熙

三十九年(1700)臨汀郡署刻本　八冊

210000－0741－0003197　717.1/1044

陳眉公重訂野客叢書十二卷　（宋）王楙輯
明萬曆三十一年(1603)刻本　八冊

210000－0741－0003198　717.1/1081

讀書雜志八十二卷餘編二卷　（清）王念孫撰
清道光十二年(1832)刻本　二十四冊

210000－0741－0003199　717.1/2610

說鈴前集三十七種後集十六種　（清）吳震方
輯　清康熙寫刻本　二十冊

210000－0741－0003200　717.1/2800

却掃編(徐敦立却埽篇)三卷　（宋）徐度撰
（明）毛晉訂　明崇禎毛氏汲古閣刻津逮秘書
本　三冊

210000－0741－0003201　717.1/2802

玉芝堂談薈三十六卷　（明）徐應秋輯　明崇
禎徐應秋刻本　三十六冊

210000－0741－0003202　717.1/3140

新增智囊補二十八卷　（明）馮夢龍輯　清乾
隆五十九年(1794)刻本　十二冊　存二十七
卷(一至二十七)

210000－0741－0003203　717.1/3714

七修類藁五十一卷續藁七卷　（明）郎瑛撰
清乾隆四十年(1775)耕煙草堂刻本　十六冊

210000－0741－0003204　717.1/4230

西溪叢語二卷　（宋）姚寬輯　（明）毛晉訂
明崇禎毛氏汲古閣刻津逮秘書本　二冊

210000－0741－0003205　717.1/4410

天津附城空濠窒礙疏不分卷　（清）祐瀛撰
清抄本　一冊

210000－0741－0003206　717.1/4433/27

封氏聞見記十卷　（唐）封演撰　清乾隆二十
一年(1756)盧見曾雅雨堂刻雅雨堂叢書本
一冊

210000－0741－0003207　717.1/4433/69

封氏聞見記十卷　（唐）封演撰　清乾隆二十
一年(1756)盧見曾雅雨堂刻雅雨堂叢書本
一冊

210000－0741－0003208　717.1/4694/68－77

丹鉛總錄二十七卷　（明）楊慎撰　明嘉靖三
十三年(1554)梁佐刻本　十冊

210000－0741－0003209　717.1/4694/89－98

丹鉛總錄二十七卷　（明）楊慎撰　明嘉靖三
十三年(1554)梁佐刻藍印本　十冊

210000－0741－0003210　717.1/4726

鐵網珊瑚二十卷　（明）都穆撰　清乾隆二十
三年(1758)刻本　六冊

210000－0741－0003211　717.1/5844

寶顏堂訂正東谷贅言二卷　（明）敖英撰　明
嘉靖二十八年(1549)刻本　二冊

210000－0741－0003212　717.1/7211

桯史十五卷　（宋）岳珂撰　明刻本　六冊

210000－0741－0003213　717.1/7280

世說新語補二十卷　（南朝宋）劉義慶撰
（南朝梁）劉孝標注　清乾隆刻本　十冊

210000－0741－0003214　717.1/7280/24－33

世說新語補二十卷　（南朝宋）劉義慶撰
（南朝梁）劉孝標注　清乾隆二十七年(1762)
茂清書屋刻本　十冊

210000－0741－0003215　717.1/7280/77－86

世說新語補二十卷　（南朝宋）劉義慶撰
（南朝梁）劉孝標注　清乾隆二十七年(1762)
茂清書屋刻本　十冊

210000－0741－0003216　717.1/7730

浩然齋雅談三卷　（宋）周密撰　清乾隆武英
殿木活字印武英殿聚珍版書本　三冊

210000－0741－0003217　717.1/7741/292－303

潛邱劄記六卷　（清）閻若璩撰　清乾隆十年
(1745)閻氏眷西堂刻本　十二冊

210000－0741－0003218　717.1/7741/86－91

潛邱劄記六卷附錄一卷　（清）閻若璩撰　清
乾隆十年(1745)閻氏眷西堂刻本　六冊

210000－0741－0003219　717.1/8002

小石帆亭著錄六卷 （清）翁方綱撰 清乾隆
五十七年（1792）刻本 四冊

210000－0741－0003220 717.1/8053

硯雲甲編八種 （清）金忠淳輯 （清）陸采編
次 清乾隆四十年（1775）硯雲書屋刻本
五冊

210000－0741－0003221 717.1/9044

米元章（寶晉齋集）一卷 （明）毛晉輯 明天
啓五年（1625）綠君亭刻本 二冊

210000－0741－0003222 717.11/7730

癸辛雜識前集一卷後集一卷續集二卷別集二
卷 （宋）周密撰 清康熙刻本 三冊

210000－0741－0003223 717.134/1030

搜神記二十卷搜神後記十卷 （晉）干寶撰
清宣統三年（1911）上海幽光社石印本 一冊

210000－0741－0003224 717.134/4434

枕中書一卷 （晉）葛洪撰 佛國記一卷
（晉）釋法顯撰 清乾隆五十六年（1791）金谿
王氏刻增訂漢魏叢書本 一冊

210000－0741－0003225 717.134/7280/35－38

世說新語八卷 （南朝宋）劉義慶撰 （南朝
梁）劉孝標注 世說新語補四卷 （明）何良
俊撰補 明刻本 四冊

210000－0741－0003226 717.134/7280/92－95

世說新語補二十卷 （明）何良俊撰補 清葛
元煦嘯園刻本 四冊

210000－0741－0003227 717.134/7280/65－70

世說新語六卷 （南朝宋）劉義慶撰 （南朝
梁）劉孝標注 （明）吳中珩 （明）黃之寀校
明刻本 六冊

210000－0741－0003228 717.141/0002

御覽闕史二卷 （唐）高彥休撰 清光緒三年
（1877）湖北崇文局刻本 一冊

210000－0741－0003229 717.151/0727

睽車志六卷 （宋）郭彖撰 清康熙刻本
二冊

210000－0741－0003230 717.151/1009

唐語林八卷 （宋）王讜撰 清光緒十九年
（1893）湖北官書處刻本 四冊

210000－0741－0003231 717.151/1136

雲谷雜紀四卷首一卷末一卷 （宋）張淏撰
清道光二十五年（1845）廣州廣雅書局刻本
二冊

210000－0741－0003232 717.151/1144

游宦紀聞十卷 （宋）張世南撰 清刻本
二冊

210000－0741－0003233 717.151/1293

北夢瑣言二十卷 （宋）孫光憲撰 清刻本
三冊

210000－0741－0003234 717.151/1779

涑水紀聞十六卷補遺一卷 （宋）司馬光撰
清光緒三年（1877）湖北崇文書局刻本 四冊

210000－0741－0003235 717.151/2250

廣卓異記二十卷 （宋）樂史撰 清道光二十
七年（1847）宜黃黃氏儌屏書屋木活字印本
四冊

210000－0741－0003236 717.151/2622/80－82

夢粱錄二十卷 （宋）吳自牧撰 清光緒十六
年（1890）丁氏嘉惠堂刻本 三冊

210000－0741－0003237 717.151/2622/34－36

夢粱錄二十卷 （宋）吳自牧撰 清嘉慶十年
（1805）張氏照曠閣刻學津討原本 三冊

210000－0741－0003238 717.151/3084

春明退朝錄三卷 （宋）宋敏求撰 明末刻本
一冊

210000－0741－0003239 717.151/3434/529－544

容齋隨筆十六卷續筆十六卷三筆十六卷四筆
十六卷五筆十卷 （宋）洪邁撰 明崇禎刻本
十六冊

210000－0741－0003240 717.151/3434/535－548

容齋隨筆十六卷續筆十六卷三筆十六卷四筆
十六卷五筆十卷 （宋）洪邁撰 清同治十一
年（1872）新豐洪氏十三公祠刻光緒元年
（1875）重印本 十四冊

210000－0741－0003241　717.151/3434/086－101

夷堅志五十卷　（宋）洪邁撰　清宣統三年（1911）上海蕘光社石印本　十六冊

210000－0741－0003242　717.151/3434/135－150

重刻宋本夷堅志八十卷　（宋）洪邁撰　清光緒五年(1879)歸安陸氏刻本　十六冊

210000－0741－0003243　717.151/3434/56－63

重刻宋本夷堅志八十卷　（宋）洪邁撰　清光緒五年(1879)歸安陸氏刻本　八冊

210000－0741－0003244　717.151/5500

梁溪漫志一卷　（宋）費袞撰　清乾隆四十一年(1776)長塘鮑氏刻知不足齋叢書本　四冊

210000－0741－0003245　717.151/6043

續談助五卷　（宋）晁載之輯　清光緒十三年(1887)歸安陸氏刻本　二冊

210000－0741－0003246　717.151/7213

錢塘遺事十卷　（元）劉一清撰　清席氏掃葉山房刻本　二冊

210000－0741－0003247　717.151/7438

老學庵筆記十卷　（宋）陸游撰　清光緒三年(1877)湖北崇文書局刻本　二冊

210000－0741－0003248　717.151/7730

癸辛雜識前集一卷後集一卷續集二卷別集二卷　（宋）周密撰　明萬曆商氏半埜堂刻本　四冊

210000－0741－0003249　717.152/7727

異聞總錄四卷　（宋）□□撰　明萬曆商氏半埜堂刻本　二冊

210000－0741－0003250　717.152/7732/219－228

輟畊錄三十卷　（元）陶宗儀撰　清光緒十一年(1885)上海福瀛書局刻本　十冊

210000－0741－0003251　717.152/7732/596－603

輟畊錄三十卷　（元）陶宗儀撰　清光緒十一年(1885)上海福瀛書局刻本　八冊

210000－0741－0003252　717.16/1213

古香齋鑒賞袖珍春明夢餘錄七十卷　（清）孫承澤撰　清光緒南海孔氏刻本　三十二冊

210000－0741－0003253　717.16/2802

玉芝堂談薈三十六卷　（明）徐應秋撰　清光緒元年(1875)倩園刻本　二十四冊

210000－0741－0003254　717.16/3140

智囊補二十八卷　（明）馮夢龍撰　清光緒五年(1879)玉文堂刻本　十冊

210000－0741－0003255　717.16/3428/43－74

野獲編三十卷首一卷補遺四卷　（明）沈德符撰　清道光七年(1827)扶荔山房刻本　三十二冊

210000－0741－0003256　717.16/3428－2/64－87

野獲編三十卷首一卷補遺四卷　（明）沈德符撰　清道光七年(1827)扶荔山房刻同治重修本　二十四冊

210000－0741－0003257　717.16/3428－3/381－400,64－67

野獲編三十卷首一卷補遺四卷　（清）沈德符撰　清道光七年(1827)扶荔山房刻同治重修本　二十四冊

210000－0741－0003258　717.16/3626

九朝野記四卷　（明）祝允明撰　清宣統三年(1911)時中書局鉛印本　二冊

210000－0741－0003259　717.16/3714

七脩類藁五十一卷　（明）郎瑛撰　清光緒六年(1880)廣州翰墨園刻本　十二冊

210000－0741－0003260　717.16/4414

草木子四卷　（明）葉子奇撰　清光緒元年(1875)處州府署刻本　一冊

210000－0741－0003261　717.17/0037

夢園叢說內篇八卷外篇八卷　（清）方濬頤撰　清光緒元年(1875)揚州刻本　六冊

210000－0741－0003262　717.17/0074

見聞隨筆二十六卷　（清）齊學裘撰　清同治十年(1871)天空海闊之居刻本　十冊

210000－0741－0003263　717.17/0412

明齋小識十二卷　（清）諸聯撰　清道光十四年(1834)奎韻樓刻本　十二冊

210000－0741－0003264　717.17/1016

繪圖騙術奇談四卷　雷君曜輯　清宣統元年(1909)上海掃葉山房石印本　四冊

210000－0741－0003265　717.17/1042

甕牖餘談八卷　（清）王韜撰　清光緒元年(1875)上海申報館鉛印本　四冊

210000－0741－0003266　717.17/1043

香祖筆記十二卷　（清）王士禎撰　清康熙四十四年(1705)刻本　四冊

210000－0741－0003267　717.17/1043/168

分甘餘話四卷　（清）王士禎撰　清康熙刻本　一冊

210000－0741－0003268　717.17/1043/42－53

池北偶談二十六卷　（清）王士禎撰　清汀州張氏勵志齋刻本　十二冊

210000－0741－0003269　717.17/1043/82－87

池北偶談二十六卷　（清）王士禎撰　清光緒二十二年(1896)上海慎記書莊石印本　六冊

210000－0741－0003270　717.17/1043/91－94

香祖筆記十二卷　（清）王士禎撰　清康熙四十四年(1705)家刻漁洋遺書本　四冊

210000－0741－0003271　717.17/1043/96－99

香祖筆記十二卷　（清）王士禎撰　清康熙四十四年(1705)家刻漁洋遺書本　四冊

210000－0741－0003272　717.17/1060

薰蕕並載四卷雜譚一卷　（清）王昶撰　清道光二十二年(1842)眠雲艸堂刻本　四冊

210000－0741－0003273　717.17/1072

家言隨記四卷　（清）王賢儀撰　清同治十二年(1873)素風堂刻本　四冊

210000－0741－0003274　717.17/1134

棣華閒錄二卷　（清）張家相撰　清萬元齋刻本　二冊

210000－0741－0003275　717.17/1142

海國奇談(繪圖外國笑話奇談)四卷　（清）張赤山輯　清光緒二十七年(1901)石印本　二冊

210000－0741－0003276　717.17/1241

餘墨偶談八卷續編八卷　（清）孫橒撰　清光緒二年(1876)雙峯書屋刻本　十六冊

210000－0741－0003277　717.17/1703

醒睡錄初集十卷　（清）鄧文濱撰　清光緒申報館鉛印本　六冊

210000－0741－0003278　717.17/2030

對山書屋墨餘錄十六卷　（清）毛祥麟撰　清同治九年(1870)湖州醉六堂刻本　八冊

210000－0741－0003279　717.17/2048

蘿藦亭札記八卷　（清）喬松年撰　清同治十二年(1873)刻本　四冊

210000－0741－0003280　717.17/2287

耳食錄十二卷二編八卷　（清）樂鈞撰　清同治十年(1871)敦仁堂刻本　十冊

210000－0741－0003281　717.17/2643

諧史四卷　（清）程森泳撰　清嘉慶五年(1800)酉西山房刻本　四冊

210000－0741－0003282　717.17/2646

挑燈新錄六卷　（清）吳荊園撰　清同治二年(1863)刻本　六冊

210000－0741－0003283　717.17/2654

養吉齋叢錄二十六卷餘錄十卷　（清）吳振棫撰　清光緒二十二年(1896)刻本　八冊

210000－0741－0003284　717.17/2696/65－68

客窗閒話八卷　（清）吳熾昌撰　清光緒二年(1876)學庫山房刻本　四冊

210000－0741－0003285　717.17/2696/75－82

客窗閒話八卷續集八卷　（清）吳熾昌撰　清光緒十一年(1885)京都奎文堂刻本　八冊

210000－0741－0003286　717.17/3138

桂山錄異八卷　（清）顧沄撰　清道光四年(1824)文會堂刻本　四冊

210000 –0741 –0003287　717.17/3160

談屑四卷　（清）馮晟撰　清同治九年（1870）刻本　四冊

210000 –0741 –0003288　717.17/3308/46 –48

歸田瑣記八卷　（清）梁章鉅撰　清同治九年（1870）粵東三元堂刻本　三冊　存六卷（一至四、七至八）

210000 –0741 –0003289　717.17/3308/24 –31

浪跡叢談十一卷續談八卷　（清）梁章鉅撰　清道光刻本　八冊

210000 –0741 –0003290　717.17/3308/63 –70

退菴隨筆二十二卷　（清）梁章鉅撰　清道光十九年（1839）桂林刻本　八冊

210000 –0741 –0003291　717.17/3347/540 –547

北東園筆錄初編六卷二編六卷三編六卷四編六卷　（清）梁恭辰撰　清光緒二十一年（1895）北京天韻字鋪刻本　八冊

210000 –0741 –0003292　717.17/3347/234 –241

池上草堂筆記二十四卷　（清）梁恭辰撰　清羊城緯文堂刻本　八冊

210000 –0741 –0003293　717.17/3404

洪北江先生雜著四種四卷附傳記　（清）洪亮吉撰　清咸豐五年（1855）刻本　一冊

210000 –0741 –0003294　717.17/3484

重刻褚石農堅瓠集六十六卷　（清）褚人穫撰　清季崇德書院刻本　三十二冊

210000 –0741 –0003295　717.17/4012

常談叢錄（課業叢藏）九卷　（清）李元復撰　清道光二十八年（1848）味經堂刻本　一冊　存二卷（三、九）

210000 –0741 –0003296　717.17/4034

揚州畫舫錄十八卷　（清）李斗撰　清同治十一年（1872）方濬頤刻本　四冊

210000 –0741 –0003297　717.17/4213/60 –61

竹葉亭雜記八卷　（清）姚元之撰　清光緒十九年（1893）姚虞卿刻本　二冊

210000 –0741 –0003298　717.17/4213/92 –93

竹葉亭雜記八卷　（清）姚元之撰　清宣統二年（1910）上海掃葉山房石印本　二冊

210000 –0741 –0003299　717.17/4317

藤蔭雜記十二卷　（清）戴璐撰　清光緒三年（1877）北京吳興會館刻本　四冊

210000 –0741 –0003300　717.17/4441

陶菴雜記四卷　（清）蕭士瑋撰　清康熙刻本　二冊

210000 –0741 –0003301　717.17/4462

海天琴思續錄八卷　（清）林昌彝輯　清同治八年（1869）廣州刻本　四冊

210000 –0741 –0003302　717.17/4483

金壺七墨全集十九卷　（清）黃鈞宰撰　清光緒二十一年（1895）上海掃葉山房石印本　四冊

210000 –0741 –0003303　717.17/4742/25 –27

宋瑣語一卷　（清）郝懿行撰　清嘉慶二十一年（1816）曬書堂刻本　三冊

210000 –0741 –0003304　717.17/4742/80 –83

宋瑣語一卷附晉宋書故一卷　（清）郝懿行撰　清嘉慶二十一年（1816）曬書堂刻本　四冊

210000 –0741 –0003305　717.17/4944

寄園寄所寄十二卷　（清）趙吉士撰　清康熙三十五年（1696）寄園刻本　十四冊

210000 –0741 –0003306　717.17/5014

重訂西青散記四卷　（清）史震林撰　清同治十三年（1874）鉛印本　四冊

210000 –0741 –0003307　717.17/5014/40 –43

重訂西青散記八卷　（清）史震林撰　清同治十三年（1874）上海申報館鉛印本　四冊

210000 –0741 –0003308　717.17/6049

試場異聞錄五卷　（清）呂相變輯　清光緒十年（1884）刻本　八冊

210000 –0741 –0003309　717.17/6745/370 –377

嘯亭雜錄八卷續錄二卷　（清）昭槤撰　清光緒九年（1883）九思堂刻本　八冊

210000－0741－0003310　717.17/6745/272－279

嘯亭雜錄十卷　（清）昭槤撰　清光緒上海申報館鉛印本　八冊

210000－0741－0003311　717.17/6745/427－430

嘯亭雜錄十卷續錄三卷　（清）昭槤撰　清宣統元年（1909）中國圖書公司石印本　四冊

210000－0741－0003312　717.17/7110

定香亭筆談四卷　（清）阮元撰　清嘉慶五年（1800）阮氏琅嬛仙館刻本　二冊

210000－0741－0003313　717.17/7110/559－562

定香亭筆談四卷　（清）阮元撰　清光緒二十五年（1899）浙江書局刻本　四冊

210000－0741－0003314　717.17/7110/4060－4063

定香亭筆談四卷　（清）阮元撰　清光緒二十五年（1899）浙江書局刻本　四冊

210000－0741－0003315　717.17/7110/84－87

定香亭筆談四卷　（清）阮元撰　清光緒二十五年（1899）浙江書局刻本　四冊

210000－0741－0003316　717.17/7142

茶餘客話十二卷　（清）阮葵生撰　清光緒五年（1879）上海千頃堂刻本　四冊

210000－0741－0003317　717.17/7221

廣陽雜記五卷　（清）劉獻廷撰　清光緒五年（1879）定州王氏刻畿輔叢書本　四冊

210000－0741－0003318　717.17/7402

嗇庵隨筆六卷末一卷　（清）陸文衡撰　清光緒二十三年（1897）陸同壽刻本　一冊

210000－0741－0003319　717.17/7503/51－60

郎潛紀聞初筆七卷二筆八卷三筆六卷　（清）陳康祺撰　清宣統二年（1910）上海掃葉山房石印本　十冊

210000－0741－0003320　717.17/7503/39－50

郎潛紀聞初筆十四卷二筆十六卷三筆十二卷　（清）陳康祺撰　清光緒六年（1880）刻本　十二冊

210000－0741－0003321　717.17/7503/21－28

郎潛紀聞初筆十四卷二筆十六卷　（清）陳康

祺撰　清光緒十年（1884）刻本　八冊

210000－0741－0003322　717.17/7541/563－568

庸閒齋筆記十二卷　（清）陳其元撰　清同治十三年（1874）吳下刻本　六冊

210000－0741－0003323　717.17/7541/360－363

庸閒齋筆記十二卷　（清）陳其元撰　清宣統三年（1911）上海掃葉山房石印本　四冊

210000－0741－0003324　717.17/8027

水窗春囈二卷　（清）□□撰　清光緒三年（1877）上海機器印書局鉛印本　二冊

210000－0741－0003325　717.17/8043/200－205

茶香室三鈔二十九卷　（清）俞樾撰　清光緒二十五年（1899）刻春在堂叢書本　六冊

210000－0741－0003326　717.17/8043/12－15

九九銷夏錄十四卷　（清）俞樾撰　清光緒二十五年（1899）刻春在堂叢書本　四冊

210000－0741－0003327　717.17/8044

蕉軒摭錄十二卷　（清）俞夢蕉撰　清道光十九年（1839）雙桂樓刻本　四冊　存八卷（一至六、九至十）

210000－0741－0003328　717.17/8057

客牕偶筆四卷二筆一卷　（清）金捧閶撰　清同治十二年（1873）金應澍刻本　四冊

210000－0741－0003329　717.17/8333

履園叢話二十四卷　（清）錢泳撰　清同治九年（1870）刻本　八冊

210000－0741－0003330　717.17/9010

有不為齋隨筆十卷　（清）光聰諧撰　清光緒十四年（1888）蘇州藩署刻本　二冊

210000－0741－0003331　717.18/5048

四溟瑣記□□卷　申報館編　清光緒元年（1875）上海申報館鉛印本　一冊　存九卷（澄懷堂文鈔、西藏兵政考、節烈忠義列傳、谷水舊聞、七嬉、江上秋翁遺稿、引玉集、一經堂遺稿續錄、澡景山房詩餘）

210000－0741－0003332　717.18/7740

世界第一譚不分卷　（日）村上俊藏撰

（清）陶懋立參譯　清光緒二十九年（1903）上海文明書局鉛印本　一冊

210000－0741－0003333　717.18/8013
粟香隨筆八卷二筆八卷　（清）金武祥撰　清光緒七年至九年（1881－1883）廣州金氏刻本　八冊

210000－0741－0003334　717.2/1235/35－36
蝶仙小史二卷來蝶軒詩一卷　（清）延清輯　清光緒二十三年（1897）鉛印本　二冊

210000－0741－0003335　717.2/1235/66－69
蝶仙小史彙編六卷來蝶軒詩一卷　（清）延清輯　清光緒二十五年（1899）刻朱印本　四冊

210000－0741－0003336　717.2/2840
新刻黃葊綸先生評訂神仙鑑首集二十二卷圖一卷　（清）徐衢述　（清）李理贊　清康熙刻本　四十冊

210000－0741－0003337　717.2/4207
譚史志奇八卷　（清）姚彥臣撰　清光緒十四年（1888）五知堂刻本　四冊

210000－0741－0003338　717.3/2534
蘭嵎朱宗伯彙選當代名公鴻筆百壽類函八卷　（明）朱之蕃編　明萬曆四十三年（1615）王世茂車書樓刻本　十冊　存六卷（一至六）

210000－0741－0003339　717.37/7727
合肥相國七十賜壽圖不分卷壽言一卷　（清）□□輯　清光緒十八年（1892）石印本　六冊

210000－0741－0003340　717.4/0034
形景菴三漢碑□㔉一卷　（清）高心夔撰　清光緒八年（1882）平湖朱氏刻本　一冊

210000－0741－0003341　717.7/8033
褱東記二卷　（清）余永潙撰　清光緒三十年（1904）鉛印本　二冊

210000－0741－0003342　717.71/3422/34－37
翰海十二卷　（明）沈佳胤輯　清刻本　四冊

210000－0741－0003343　717.71/3422/53－60
翰海十二卷　（明）沈佳胤輯　清光緒二年（1876）上海申報館鉛印本　八冊

210000－0741－0003344　717.71/4039
左文襄公書牘二十六卷　（清）左宗棠撰　清刻本　七冊　存七卷（一、四至五、八至十一）

210000－0741－0003345　717.71/4039/47－58
左文襄公書牘節要二十六卷　（清）左宗棠撰　清光緒二十八年（1902）刻本　十二冊

210000－0741－0003346　717.71/4039/80－91
左文襄公書牘節要二十六卷　（清）左宗棠撰　清光緒二十八年（1902）刻本　十二冊

210000－0741－0003347　717.71/4077
漢川李熙與鄉人書不分卷　李熙撰　清末刻本　一冊

210000－0741－0003348　717.71/4440
小冲言事不分卷　（清）黃壽袞撰　清光緒三十二年（1906）鉛印本　一冊

210000－0741－0003349　717.71/7743
賴古堂全集三種　（清）周在浚輯　清宣統二年（1910）上海國學扶輪社石印本　十六冊

210000－0741－0003350　717.71/8043
春在堂尺牘五卷　（清）俞樾撰　清同治十年（1871）德清俞氏刻本　三冊　存三卷（一至三）

210000－0741－0003351　717.71/8064
曾文正公書札三十三卷　（清）曾國藩撰　清同治、光緒間刻本　六冊　存十二卷（七至十八）

210000－0741－0003352　717.72/0020
庚子日記四卷　（清）高枬撰　清光緒三十年（1904）鉛印本　三冊

210000－0741－0003353　717.72/1130
癸卯東游日記二卷　（清）張謇撰　清光緒二十九年（1903）通州翰墨林書局鉛印本　一冊

210000－0741－0003354　717.72/2723
虎口日記一卷　（清）魯叔容撰　清光緒二十二年（1896）福州刻本　一冊

210000－0741－0003355　717.72/3199
西行日記不分卷　（清）馮焌光撰　清光緒七

年（1881）上海刻本　一冊

210000－0741－0003356　717.72/4040

入都日記不分卷　（清）李圭撰　清末刻本
一冊

210000－0741－0003357　717.72/4435/63－72

出使日記續刻十卷　（清）薛福成撰　清光緒
二十四年（1898）刻本　十冊

210000－0741－0003358　717.72/4435/14－16

出使英法義比四國日記六卷　（清）薛福成撰
清光緒十八年（1892）上海鴻寶齋石印本
三冊

210000－0741－0003359　717.72/4435/65－70

出使英法義比四國日記六卷海外文編四卷籌
洋芻議一卷　（清）薛福成撰　清末石印本
六冊

210000－0741－0003360　717.72/5339

愚齋東遊日記不分卷　盛宣懷撰　清末思補
樓刻本　二冊

210000－0741－0003361　717.72/7734

蜀輶日記四卷　（清）陶澍撰　清光緒七年
（1881）刻本　二冊

210000－0741－0003362　717.72/8064/191－230

曾文正公日記手蹟不分卷　（清）曾國藩撰
清宣統元年（1909）北京中國圖書公司影印本
四十冊

210000－0741－0003363　717.72/8064/909－948

曾文正公日記手蹟不分卷　（清）曾國藩撰
清宣統元年（1909）北京中國圖書公司影印本
四十冊

210000－0741－0003364　717.8/7727

游戲文章一卷　（□）□□輯　清光緒三十一
年（1905）抄本　一冊

210000－0741－0003365　717.8/8270

天花亂墜八卷　題（清）寅半生輯　清光緒二
十九年（1903）崇實齋刻本　四冊

210000－0741－0003366　717.9/1108

龍筋鳳髓判四卷　（唐）張鷟撰　清嘉慶十六

年（1811）蕭山陳氏刻本　四冊

210000－0741－0003367　717.9/2563

湧幢小品三十二卷　（明）朱國禎輯　明天啟
刻本　三十二冊

210000－0741－0003368　717.9/2624

新刻京臺公餘勝覽國色天香十卷　（明）吳所
敬輯　清刻本　十冊

210000－0741－0003369　717.9/6265/17－20

增補一夕話（增訂一夕話新集）六卷　（清）咄
咄夫輯　清道光十二年（1832）經元堂刻本
四冊

210000－0741－0003370　717.9/6265/13－16

增補一夕話六卷　（清）咄咄夫輯　清末善成
堂刻本　四冊

210000－0741－0003371　717.9/6265/31－32

增訂一夕話新集六卷　（清）咄咄夫輯　（清）
咄咄子增訂　清三餘堂刻本　二冊

210000－0741－0003372　717.9/8324

新訂解人頤廣集八卷　（清）胡澹庵定本
（清）錢德蒼增訂　清刻本　六冊

210000－0741－0003373　717.91/1135

宦海浮沈錄二卷　（清）張心泰撰　清光緒三
十二年（1906）夢梅仙館刻本　一冊

210000－0741－0003374　717.91/1163

河海崑崙錄四卷　（清）裴景福撰　清光緒三
十二年（1906）鉛印本　四冊

210000－0741－0003375　717.91/1271

永嘉聞見錄二卷　（清）孫同元撰　清光緒十
四年（1888）東甌郭博古齋刻本　二冊

210000－0741－0003376　717.91/4001/54－57

南越筆記十六卷　（清）李調元撰　清光緒刻
本　四冊

210000－0741－0003377　717.91/4001/81－85

南越筆記十六卷　（清）李調元撰　清光緒刻
本　五冊

210000－0741－0003378　717.91/4044

京師地名對二卷 （清）巴哩克杏芬輯 清光
緒二十七年（1901）刻本 一冊

210000－0741－0003379 717.91/4416

重修滬游雜記四卷 （清）葛元煦撰 清光緒
十四年（1888）鉛印本 二冊

210000－0741－0003380 717.91/4441

北隅掌錄二卷 （清）黃士珣撰 清道光二十
五年（1845）錢塘汪氏振綺堂刻本 二冊

210000－0741－0003381 717.91/7110

小滄浪筆談四卷 （清）阮元撰 清嘉慶七年
（1802）阮氏浙江節院刻本 六冊

210000－0741－0003382 717.91/8004

酒令叢鈔四卷 （清）俞敦培撰 清光緒四年
（1878）藝雲軒刻本 四冊

210000－0741－0003383 719.3/4788

金瓶梅一百回 （明）蘭陵笑笑生撰 清石印
本 二冊 存五回（七十八、八十至八十三）

210000－0741－0003384 753/4243

黑奴籲天錄四卷 （美國）斯土活撰 林紓譯
清光緒二十七年（1901）武林魏氏刻本
四冊

210000－0741－0003385 771.81/4048

隨園續同人集十七卷 （清）袁枚輯 清嘉
慶、道光間刻本 八冊

210000－0741－0003386 808.1/3136/12－15

篆學瑣著三十種 （清）顧湘輯 清道光二十
五年（1845）海虞顧氏刻本 四冊

210000－0741－0003387 808.1/3136/63－74

篆學瑣著三十種 （清）顧湘輯 清道光二十
五年（1845）海虞顧氏刻本 十二冊

210000－0741－0003388 808.1/7727

賞奇軒四種合編 （□）□□撰 清光緒二十
六年（1900）醉石山房刻本 四冊

210000－0741－0003389 811.3/1207

嶽雪樓書畫錄五卷 （清）孔廣陶編 清光緒
十五年（1889）三十有三萬卷堂刻本 五冊

210000－0741－0003390 811.3/5016

負米讀書補圖題詠不分卷 （清）史致昌輯
清同治十二年（1873）培桂山房刻本 一冊

210000－0741－0003391 811.4/0013/39－54

虛齋名畫錄十六卷 龐元濟撰 清宣統元年
（1909）申江龐氏刻本 十六冊

210000－0741－0003392 811.4/0013/981－1000

虛齋名畫錄十六卷續錄四卷補遺一卷 龐元
濟撰 清宣統元年至民國十四年（1909－
1925）申江龐氏刻本 二十冊

210000－0741－0003393 811.4/1000

圖繪寶鑑八卷 （元）夏文彥纂 清康熙借綠
草堂刻本 六冊

210000－0741－0003394 811.4/1228

佩文齋書畫譜一百卷 （清）孫岳頒撰 清康
熙四十七年（1708）靜永堂刻本 六十冊

210000－0741－0003395 811.4/3024

墨緣彙觀四卷 （清）安岐撰 清宣統元年
（1909）刻本 四冊

210000－0741－0003396 811.4/4027

書畫鑑影二十四卷 （清）李佐賢撰 清同治
十年（1871）李氏刻本 八冊

210000－0741－0003397 811.4/7743/74－79

紅豆樹館書畫記八卷 （清）陶樑撰 清光緒
八年（1882）吳趨潘氏韡園刻本 六冊

210000－0741－0003398 811.4/7743/97－02

紅豆樹館書畫記八卷 （清）陶樑撰 清光緒
八年（1882）吳趨潘氏韡園刻本 六冊

210000－0741－0003399 811.45/1213

庚子銷夏記八卷 （清）孫承澤撰 清宣統三
年（1911）上海掃葉山房石印本 四冊

210000－0741－0003400 811.46/0030

六如居士畫譜三卷 （明）唐寅輯 小山畫譜
二卷 （清）鄒一桂撰 清光緒九年（1883）仁
和葛氏刻嘯園叢書本 一冊

210000－0741－0003401 811.46/4377/13－18

習苦齋畫絮十卷 （清）戴熙撰 清光緒十九

年(1893)刻本　六冊

210000－0741－0003402　811.46/4377/90－93

習苦齋畫絮十卷　（清）戴熙撰　清光緒十九年(1893)刻本　四冊

210000－0741－0003403　811.4608/1133

四銅鼓齋論畫集刻十二種　（清）張祥河輯　清宣統元年(1909)北京會文齋刻本　四冊

210000－0741－0003404　811.49/1100/59－60

國朝畫徵錄三卷續錄二卷明人附錄一卷　（清）張庚撰　清同治八年(1869)三元堂刻本　二冊

210000－0741－0003405　811.49/1100/07－09

國朝畫徵錄三卷續錄二卷附明人附錄一卷　（清）張庚撰　清末萃文書局刻本　三冊

210000－0741－0003406　811.49/1117/09－20

清河書畫舫十二卷　（明）張丑撰　清光緒元年(1875)有竹人家刻本　十二冊

210000－0741－0003407　811.49/1117/35－46

清河書畫舫十二卷　（明）張丑撰　清光緒十四年(1888)孫溪朱氏刻本　十二冊

210000－0741－0003408　811.49/1117/54－65

清河書畫舫十二卷　（明）張丑撰　清光緒十四年(1888)孫溪朱氏刻本　十二冊

210000－0741－0003409　811.49/1117/30－41

清河書畫舫十二卷　（明）張丑撰　清乾隆二十八年(1763)吳氏池北草堂刻本　十二冊

210000－0741－0003410　811.49/2833

明畫錄七卷　（清）徐沁撰　清嘉慶四年(1799)桐川顧氏刻本　二冊

210000－0741－0003411　811.49/3182

國朝畫識十七卷墨香居畫識十卷　（清）馮金伯撰　清道光十一年(1831)江左書林刻本　十二冊

210000－0741－0003412　811.49/8025/1372－1374

無聲詩史七卷　（清）姜紹書撰　清康熙五十九年(1720)李光暎觀妙齋刻本　三冊

210000－0741－0003413　811.49/8025/7372－7373

無聲詩史七卷　（清）姜紹書撰　清康熙五十九年(1720)李光暎觀妙齋刻本　二冊

210000－0741－0003414　811.51/0147/49

多寶塔碑　（唐）顏真卿書　清末拓本　一冊

210000－0741－0003415　811.51/0147/93

顏勤禮碑　（唐）顏真卿書　清末拓本　一冊　存碑文正文

210000－0741－0003416　8－11.51/0747

重脩咸陽縣城碑記一卷　（清）郭均　（清）陳堯書　清道光十三年(1833)拓本　一冊

210000－0741－0003417　8－11.51/2627

吳昌碩臨石鼓文不分卷　吳俊卿書　清宣統二年(1910)手寫本　一冊

210000－0741－0003418　811.51/4074/99

孝經序　（唐）玄宗李隆基撰並書　清末拓本　一冊

210000－0741－0003419　811.51/4074/98－99,100

孝經注一卷　（唐）玄宗李隆基撰並書　清末拓本　三冊

210000－0741－0003420　8－11.52/1044

淳化閣法帖十卷　（清）王著編　清拓本　十冊

210000－0741－0003421　8－11.52/3301

御刻三希堂石渠寶笈法帖三十二冊　（清）梁詩正等編　清道光十九年(1839)拓本　二十八冊　存二十八冊(一至七、九至二十六、二十八、三十一至三十二)

210000－0741－0003422　811.52/3643

隸書千字文不分卷　（日本）湯川梧窻書　清光緒二十五年(1899)刻本　一冊

210000－0741－0003423　811.53/1034

淳化祕閣法帖考正十二卷　（清）王澍詳定（清）汪玉球參正　清雍正八年(1730)詩鼎齋刻本　八冊

210000－0741－0003424　811.53/1188

墨妙亭碑目攷二卷附考一卷　（清）張鑑撰
清光緒十年(1884)江蘇書局刻本　二冊

210000－0741－0003425　811.53/3301

御刻三希堂石渠寶笈法帖三十二冊　（清）梁詩正等編　清宣統元年(1909)文盛書局石印本　三十六冊

210000－0741－0003426　811.53/8088

欽定重刻淳化閣帖十卷　（清）于敏中等校正　清乾隆三十四年(1769)北京武英殿刻本　三冊

210000－0741－0003427　811.54/2647/65－78

昭代名人尺牘小傳二十四卷　（清）吳修輯
清光緒三十四年(1908)上海集古齋影印本　十四冊

210000－0741－0003428　811.54/2647/379－402

昭代名人尺牘續集二十四卷　陶湘選集　清宣統三年(1911)天寶石印局影印本　二十四冊

210000－0741－0003429　811.54/7722

邱三近墨跡不分卷　（清）邱山書　清末寫本　一冊

210000－0741－0003430　811.55/3147

壯觀錄六卷　（清）顧桐集錄　清抄本　十六冊

210000－0741－0003431　811.61/1180/78－79

百花詩箋譜二卷　（清）張兆祥繪　清宣統三年(1911)文美齋套印本　二冊

210000－0741－0003432　811.61/1180/95－96

百花詩箋譜二卷　（清）張兆祥繪　清宣統三年(1911)文美齋套印本　二冊

210000－0741－0003433　811.61/1458

詩畫舫六冊　（□）□□撰　清光緒十四年(1888)上海點石齋石印本　三冊　存三冊（一、二、四）

210000－0741－0003434　8－11.61/7727/97

古今名人畫稿初集　（清）劉海屏等輯　清光緒十四年(1888)上海點石齋石印本　一冊

210000－0741－0003435　8－11.61/7727/98

古今名人畫稿二集　（清）劉海屏等輯　清光緒十七年(1891)上海鴻寶齋石印本　一冊

210000－0741－0003436　8－11.61/7727/99

古今名人畫稿三集　（清）劉海屏等輯　清光緒十六年(1890)上海鴻文書局石印本　一冊

210000－0741－0003437　811.616/3191

歷代名人畫譜一卷　（明）顏炳繪　清光緒十四年(1888)上海鴻文書局石印本　四冊

210000－0741－0003438　811.616/4710

十竹齋畫譜不分卷　（明）胡正言輯　清光緒五年(1879)元和邱氏刻彩色套印本　十五冊　缺果譜一冊

210000－0741－0003439　811.617/0064

御製避暑山莊圖詠一卷　（清）聖祖玄燁撰　清光緒三十四年(1908)鴻寶齋石印本　二冊

210000－0741－0003440　811.617/1041/23－27

芥子園畫傳初集五卷　（清）王槩等摹輯　清康熙十八年(1679)李漁刻本　五冊

210000－0741－0003441　811.617/1041/53－56

芥子園畫傳二集八卷　（清）王槩等摹輯　清乾隆四十七年(1782)金閶書業堂刻本　四冊

210000－0741－0003442　811.617/1041/57－602

芥子園畫傳三集　（清）王槩等摹輯　清嘉慶芥子園刻本　四冊

210000－0741－0003443　811.617/1041/58－69

芥子園畫傳初集六卷二集九卷三集六卷
（清）王槩等摹輯　清光緒三十二年(1906)上海文新局石印本　十二冊

210000－0741－0003444　811.617/1041/66－70

芥子園畫傳初集五卷　（清）王槩等摹輯　清刻本　五冊

210000－0741－0003445　811.617/1041－2

芥子園畫傳四集四卷圖章會纂一卷　（清）丁臬摹輯　清小酉山房刻本　四冊

210000 – 0741 – 0003446　811.617/1271/20 – 21

御製避暑山莊圓明園圖詠二卷　（清）高宗弘
曆撰　清末大同書局石印本　二冊

210000 – 0741 – 0003447　811.617/1271/03 – 04

御製圓明園圖詠二卷　（清）高宗弘曆撰　清
光緒十三年（1887）天津石印書屋石印本
二冊

210000 – 0741 – 0003448　811.617/1814

紅樓夢圖詠一卷　（清）改琦繪　清光緒五年
（1879）刻本　四冊

210000 – 0741 – 0003449　811.617/7522

紉齋畫賸不分卷　（清）陳允升繪　清光緒四
年（1878）陳氏得古歡室刻本　四冊

210000 – 0741 – 0003450　811.617/9608

精選畫譜采新初集□□幅　題（□）慎思主人
輯　清光緒二十九年（1903）宏文閣石印本
一冊　存五十九幅（初集一至五十九）

210000 – 0741 – 0003451　811.62/1224

聲畫集八卷　（宋）孫紹遠輯　清康熙江蘇揚
州詩局刻本　六冊

210000 – 0741 – 0003452　811.63/5033

**桐陰論畫二卷首一卷桐陰畫訣一卷續桐陰論
畫一卷**　（清）秦祖永撰　清同治五年（1866）
刻朱墨套印本　四冊

210000 – 0741 – 0003453　811.8/2648

飛影閣畫報不分卷　（清）吳嘉猷繪　清光緒
十六年至十九年（1890 – 1893）石印本　一百
十三冊　存三十七月（光緒十六年九至十二
月、光緒十七年一至十二月、光緒十八年一至
十二月、光緒十九年一至九月）

210000 – 0741 – 0003454　811.92/2773

宋元以來畫人姓氏錄三十六卷首一卷　（清）
魯駿編　清道光十年（1830）會稽魯氏刻本
二十冊

210000 – 0741 – 0003455　811.92/3084

國朝書畫家筆錄四卷　（清）竇鎮輯　清宣統
三年（1911）蘇州文學山房木活字本　八冊

210000 – 0741 – 0003456　811.92/4014/03 – 06

甌鉢羅室書畫過目攷四卷首一卷附一卷
（清）李玉棻撰　清光緒二十三年（1897）北京
刻本　四冊

210000 – 0741 – 0003457　811.92/4014/04 – 07

甌鉢羅室書畫過目攷四卷首一卷附一卷
（清）李玉棻撰　清光緒二十三年（1897）北京
刻本　四冊

210000 – 0741 – 0003458　811.92/4014/52 – 55

甌鉢羅室書畫過目攷四卷首一卷附一卷
（清）李玉棻撰　清光緒二十三年（1897）北京
刻本　四冊

210000 – 0741 – 0003459　811.92/4014/62 – 65

甌鉢羅室書畫過目攷四卷首一卷附一卷
（清）李玉棻撰　清光緒二十三年（1897）北京
刻本　四冊

210000 – 0741 – 0003460　811.92/4014/78 – 81

甌鉢羅室書畫過目攷四卷首一卷附一卷
（清）李玉棻撰　清光緒二十三年（1897）北京
刻本　四冊

210000 – 0741 – 0003461　811.92/4241

歷代畫史彙傳七十二卷附錄二卷　（清）彭蘊
璨編　清道光五年（1825）彭氏尚志堂刻本
三十二冊

210000 – 0741 – 0003462　823.1/0143

宋淳熙敕編古玉圖譜一百卷　（宋）龍大淵編
纂　（宋）劉松年寫圖　清乾隆四十四年
（1779）江春康山草堂刻本　二十冊

210000 – 0741 – 0003463　823.1/0200

陶齋藏石記四十四卷陶齋藏磚記二卷　（清）
端方撰　清宣統元年（1909）端方石印本　十
二冊

210000 – 0741 – 0003464　823.1/1033/55 – 70

泊如齋重修宣和博古圖錄三十卷　（宋）王黼
等撰　明萬曆泊如齋刻本　十六冊

210000 – 0741 – 0003465　823.1/1033/11 – 40

泊如齋重修宣和博古圖錄三十卷　（宋）王黼

等撰　明萬曆十六年(1588)黃德時刻本　三十冊

210000－0741－0003466　823.2/2608

秦漢瓦當文字一卷續一卷　(清)程敦撰　清乾隆五十二年(1787)橫渠書刻本　三冊

210000－0741－0003467　823.2/7433/04－07

千甓亭古磚圖釋二十卷　(清)陸心源輯　清光緒十七年(1891)吳興陸氏石印本　四冊

210000－0741－0003468　823.2/7433/03

千甓亭磚錄六卷續錄四卷　(清)陸心源撰　清光緒七年(1881)吳興陸氏十萬卷樓刻本　一冊

210000－0741－0003469　823.4/2644

封泥攷略十卷　(清)吳式芬輯　(清)翁大年攷　清光緒三十年(1904)上海石印本　十冊

210000－0741－0003470　823.4/2672

遯盦秦漢古銅印譜不分卷　吳隱輯　清光緒三十四年(1908)杭州西泠印社鈐印本　八冊

210000－0741－0003471　823.4/3133

飛鴻堂印譜初集八卷　(清)汪啟淑輯　清乾隆十二年(1747)汪氏飛鴻堂鈐印本　四冊

210000－0741－0003472　823.4/3136

小石山房印譜四卷　(清)顧湘輯　清道光八年(1828)海虞顧氏刻鈐印本　六冊

210000－0741－0003473　823.6/2547

古金待問錄六卷　(清)朱楓輯　清乾隆三十四年(1769)朱楓抄本　一冊

210000－0741－0003474　823.9/8072

端溪硯考(重訂唐說硯考)二卷　(清)曾興仁撰　清道光十七年(1837)善化曾氏刻本　四冊

210000－0741－0003475　831.1/7532

匋雅二卷　陳瀏撰　清宣統二年(1910)鉛印本　二冊

210000－0741－0003476　835/2643/46－47

古玉圖攷不分卷　(清)吳大澂撰　清光緒十五年(1889)上海同文書局石印本　二冊

210000－0741－0003477　835/2643/62－63

古玉圖攷不分卷　(清)吳大澂撰　清光緒十五年(1889)上海同文書局石印本　二冊

210000－0741－0003478　861.2/4454

苑洛志樂二十卷　(明)韓邦奇撰　明嘉靖二十七年(1548)王宏刻本　十二冊

210000－0741－0003479　861.8/4658

琴譜合璧二種三卷　(明)楊掄輯　明萬曆三十七年(1609)李嘉遇刻本　六冊

210000－0741－0003480　861/7535

聲律通攷十卷　(清)陳澧撰　清咸豐十年(1860)廣州富文齋刻本　二冊

210000－0741－0003481　861/7732/41－44

律音彙考八卷　(清)邱之稑撰　琴旨申邱一卷　(清)劉人熙撰　清光緒二十三年(1897)上海謝文藝齋刻本　四冊

210000－0741－0003482　861/7732/46－49

律音彙考八卷　(清)邱之稑撰　琴旨申邱一卷　(清)劉人熙撰　清光緒十五年(1889)刻本　四冊

210000－0741－0003483　862.7/2673

繪圖蒙學唱歌实在易不分卷　吳丹初撰　清光緒三十二年(1906)上海彪蒙書室石印本　二冊

210000－0741－0003484　894.1/0009

奕萃一卷　(清)卞立言撰　清嘉慶二十一年(1816)味書堂刻本　二冊

210000－0741－0003485　894.1/3712

四子譜二卷　(明)過百齡撰　清末致和堂刻本　二冊

210000－0741－0003486　894.1/7748

周懶予圍碁遺稿一卷　(清)周嘉錫撰　清同治十二年(1873)刻本　一冊

210000－0741－0003487　911.031/0014

中外紀年通表六卷　(清)齊召南撰　清光緒二十三年(1897)上海著易堂石印本　八冊

210000－0741－0003488　911/0424

萬國通鑑四卷 （美國）謝衡樓撰 （清）赵如光譯 清光緒八年（1882）刻本 六冊

210000－0741－0003489 911/2372
西洋歷史教科書二卷 出洋學生編輯所編譯 清光緒二十八年（1902）上海商務印書館鉛印本 二冊

210000－0741－0003490 911/4410
泰西新史攬要二十三卷附一卷 （英國）馬墾西撰 （清）蔡爾康譯 清光緒二十八年（1902）上海美華書館鉛印本 八冊

210000－0741－0003491 911/7575
萬國史記二十卷 （日本）岡本監輔撰 清光緒二十七年（1901）上海申报舘鉛印本 十冊

210000－0741－0003492 911/7743
五洲列國志彙不分卷 （清）閔萃祥編 清光緒二十八年（1902）雲間麗澤學會石印本 三十二冊

210000－0741－0003493 915/2212
續西國近事彙編二十八卷 （清）鍾天緯編 清光緒二十四年（1898）上海機器製造局鉛印本 二十八冊

210000－0741－0003494 915/4504
列國變通興盛記四卷 （英國）李提摩太撰 清光緒二十四年（1898）上海廣學會刻本 一冊

210000－0741－0003495 920.22/4634
壬癸金石跋一卷晦明軒佚文一卷 （清）楊守敬撰 清光緒三十三年（1907）宜都楊氏刻本 一冊

210000－0741－0003496 920.23/2168/16－19
金石三例三種十五卷 （元）潘昂霄等撰 （清）王芑孫批校 清乾隆二十年（1755）盧見曾刻本 四冊

210000－0741－0003497 920.23/2168/32－35
金石三例三種十五卷 （元）潘昂霄等撰 （清）王芑孫批校 清乾隆二十年（1755）盧見曾刻本 四冊

210000－0741－0003498 920.24/0200
陶齋吉金錄八卷 （清）端方輯 清光緒三十四年（1908）金陵端方石印本 八冊

210000－0741－0003499 920.24/0200/097－098
陶齋吉金續錄二卷補遺一卷 （清）端方輯 清宣統元年（1909）金陵端方石印本 二冊

210000－0741－0003500 920.24/0200/54－61
陶齋吉金錄八卷 （清）端方輯 清末上海有正書局石印本 八冊

210000－0741－0003501 920.24/0200/62－63
陶齋吉金續錄二卷補遺一卷 （清）端方輯 清宣統元年（1909）金陵端方石印本 二冊

210000－0741－0003502 920.24/0200/89－96
陶齋吉金錄八卷 （清）端方輯 清末上海有正書局石印本 八冊

210000－0741－0003503 920.24/0200/97－98
陶齋吉金續錄二卷補遺一卷 （清）端方輯 清宣統元年（1909）金陵端方石印本 二冊

210000－0741－0003504 920.24/1036/59－12
金石萃編一百六十卷 （清）王昶撰 清同治十一年（1872）經訓堂刻本 六十四冊

210000－0741－0003505 920.24/1036/43－50, 05－20
金石萃編一百六十卷續編二十一卷 （清）王昶撰 清光緒十九年（1893）上海寶善書局石印本 二十四冊

210000－0741－0003506 920.24/1036/87－10
金石萃編一百六十卷續編二十一卷 （清）王昶撰 清光緒十九年（1893）上海醉六堂石印本 二十四冊

210000－0741－0003507 9－20.24/1123
金石聚十六卷 （清）張德容撰 清同治十一年（1872）張氏二銘草堂刻本 十六冊

210000－0741－0003508 920.24/1146
重定金石契不分卷 （清）張燕昌編 清光緒二十二年（1896）貴池劉氏聚學軒刻本 四冊

210000－0741－0003509 920.24/1146/21－25

重定金石契不分卷石鼓文釋存不分卷 （清）
張燕昌編 清光緒二十二年至二十八年
（1896－1902）貴池劉氏聚學軒刻本 五冊

210000－0741－0003510 920.24/1146/33－37
重定金石契不分卷石鼓文釋存不分卷 （清）
張燕昌編 清光緒二十二年至二十八年
（1896－1902）貴池劉氏聚學軒刻本 五冊

210000－0741－0003511 920.24/1262/11－14
寰宇訪碑錄十二卷 （清）孫星衍輯 清光緒
九年（1883）江蘇書局刻本 四冊

210000－0741－0003512 920.24/1262/69－72
寰宇訪碑錄十二卷 （清）孫星衍輯 清光緒
九年（1883）江蘇書局刻本 四冊

210000－0741－0003513 920.24/2610
兩罍軒彝器圖釋十二卷 （清）吳雲撰 清同
治十二年（1873）刻本 六冊

210000－0741－0003514 920.24/2615
金石存十五卷 （清）吳玉搢撰 清嘉慶二十
四年（1819）山陽李氏聞妙香室刻本 四冊

210000－0741－0003515 920.24/2643/33－34
恒軒所見所藏吉金錄一卷 （清）吳大澂輯
清光緒十一年（1885）吳氏刻本 二冊

210000－0741－0003516 920.24/2643/64－65
恒軒所見所藏吉金錄一卷 （清）吳大澂輯
清光緒十一年（1885）吳氏刻本 二冊

210000－0741－0003517 920.24/2643/90－91
恒軒所見所藏吉金錄一卷 （清）吳大澂輯
清光緒十一年（1885）吳氏刻本 二冊

210000－0741－0003518 920.24/2644/14－33
攗古錄二十卷 （清）吳式芬撰 清光緒吳氏
刻本 二十冊

210000－0741－0003519 920.24/2644/30－49
攗古錄二十卷 （清）吳式芬撰 清光緒吳氏
刻本 二十冊

210000－0741－0003520 920.24/2741
藝風堂金石文字目十八卷 繆荃孫撰 清光
緒三十二年（1906）刻本 八冊

210000－0741－0003521 9－20.24/3117
金石索十二卷 （清）馮雲鵬 （清）馮雲鵷輯
清道光十五年（1835）滋陽縣署刻本 十
二冊

210000－0741－0003522 920.24/3117/29－52
金石索十二卷 （清）馮雲鵬 （清）馮雲鵷輯
清光緒三十三年（1907）上海文新書局石印
本 二十四冊

210000－0741－0003523 920.24/3117/72－95
金石索十二卷 （清）馮雲鵬 （清）馮雲鵷輯
清光緒三十二年（1906）上海文新書局石印
本 二十四冊

210000－0741－0003524 920.24/3301/12－35
西清古鑑四十卷錢錄十六卷 （清）梁詩正編
清光緒三十四年（1908）影印本 二十四冊

210000－0741－0003525 920.24/3301/23－46
西清古鑑四十卷錢錄十六卷 （清）梁詩正編
清光緒十四年（1888）上海鴻文書局石印本
二十四冊

210000－0741－0003526 920.24/3301/47－88
西清續鑑甲編二十卷附錄一卷 （清）王傑編
清宣統二年（1910）上海涵芬樓影印本 四
十二冊

210000－0741－0003527 920.24/3438
泉志七卷 （宋）洪遵撰 清抄本 二冊

210000－0741－0003528 920.24/4469/77－80
語石十卷 葉昌熾撰 清宣統元年（1909）長
洲葉氏刻本 四冊

210000－0741－0003529 920.24/4469/96－99
語石十卷 葉昌熾撰 清宣統元年（1909）長
洲葉氏刻本 四冊

210000－0741－0003530 920.24/4926
竹崦盦金石目錄五卷 （清）趙魏輯 清宣統
元年（1909）長沙錢塘吳氏刻本 五冊

210000－0741－0003531 920.24/6042
亦政堂重修考古圖十卷 （宋）呂大臨撰
（清）黃晟校刊 清乾隆十八年（1753）亦政堂

刻本　五册

210000－0741－0003532　9－20.24/7241

金石圖說二卷　（清）牛運震集說　（清）褚峻
摹圖　（清）劉世珩編補　清光緒二十二年
（1896）貴池劉氏刻本　四册

210000－0741－0003533　920.24/7243

長安獲古編二卷補遺一卷　（清）劉喜海輯
清光緒三十一年（1905）丹徒劉鶚刻本　二册

210000－0741－0003534　920.24/7560

寶刻叢編二十卷題記三紙一卷　（宋）陳思撰
　清抄本　十六册

210000－0741－0003535　920.24/7584

金石摘十二卷　（清）陳善墀編　清光緒二年
（1876）瀏陽縣學不求甚解刻本　十二册

210000－0741－0003536　920.24/7772

集古錄十卷　（宋）歐陽修撰　清四留堂刻本
四册

210000－0741－0003537　920.24/8341

十六長樂堂古器款識考四卷　（清）錢坫撰
清嘉慶元年（1796）錢氏刻本　二册

210000－0741－0003538　920.241/1124

錢志新編二十卷　（清）張崇懿校輯　清道光
十年（1830）古婁尹氏酌春堂刻本　六册

210000－0741－0003539　920.241/2609

泉幣圖說六卷　（清）吳文炳　（清）吳鶯纂輯
　清嘉慶五年（1800）吳氏香雪山莊刻本
二册

210000－0741－0003540　920.241/2744

古今錢略三十二卷首一卷末一卷　（清）倪模
撰　清光緒三年（1877）望江倪氏兩疆勉齋刻
本　十八册

210000－0741－0003541　920.241/4027/02－21

古泉彙六十四卷續泉彙十四卷補遺二卷
（清）李佐賢等編　清同治三年（1864）李氏泉
石書屋刻本　二十册

210000－0741－0003542　920.241/4027/34－53

古泉彙六十四卷續泉彙十四卷補遺二卷

（清）李佐賢等編　清同治三年（1864）李氏泉
石書屋刻本　二十册

210000－0741－0003543　920.241/4042

錢神志七卷　（明）李世熊撰　清光緒六年
（1880）劉國光刻本　七册

210000－0741－0003544　920.24－31/6031

關中金石記八卷附記一卷　（清）畢沅原本
（清）蔡星漢補校　（清）嚴嶽蓮重刊　清宣統
二年（1910）渭南嚴氏刻本　四册

210000－0741－0003545　920.24－402/
6646/07－11

江甯金石記八卷待訪目二卷　（清）嚴觀輯
清嘉慶二十四年（1819）刻本　五册

210000－0741－0003546　920.24－402/
6646/20－21

江甯金石記八卷待訪目二卷　（清）嚴觀譯
清宣統二年（1910）江楚編譯書局刻本　二册

210000－0741－0003547　920.24－43/4031

栝蒼金石志十二卷續志四卷　（清）李遇孫輯
（清）鄒柏森校補　清光緒元年（1875）湳江
處州府署刻本　八册

210000－0741－0003548　920.24－43/4452

越中金石記十卷目錄二卷　（清）杜春生編錄
　清道光十年（1830）山陰杜氏詹波館刻本
八册

210000－0741－0003549　920.24－43/7110/
90－99

兩浙金石志十八卷　（清）阮元編錄　清道光
四年（1824）李澐刻本　十册

210000－0741－0003550　920.24－43/7110/
189－200

兩浙金石志十八卷補遺一卷　（清）阮元編錄
　清光緒十六年（1890）杭州浙江書局刻本
十二册

210000－0741－0003551　920.24－51/1320

安陽縣金石錄十二卷補遺一卷　（清）武億撰
　清嘉慶二十四年（1819）安陽縣刻本　四册

210000 - 0741 - 0003552　920.24 - 51/6031

中州金石記五卷　（清）畢沅撰　清光緒八年（1882）蛟川邵氏望三益齋刻本　四冊

210000 - 0741 - 0003553　920.27/1041

碑版文廣例十卷　（清）王芑孫撰　清道光二十一年（1841）江文元刻本　四冊

210000 - 0741 - 0003554　920.27/1113

張叔本解元所藏金石文字不分卷　（清）張廷濟輯　清光緒十一年（1885）四會嚴氏鶴緣齋石印本　二冊

210000 - 0741 - 0003555　920.27/2531

積古齋鐘鼎款識稿本四卷　（清）朱為弼撰　清光緒三十二年（1906）朱之榛石印本　三冊

210000 - 0741 - 0003556　920.27/2648

九鍾精舍金石跋尾甲編一卷乙編一卷　（清）吳士鑑撰　清宣統二年（1910）刻本　二冊

210000 - 0741 - 0003557　920.27/4096

觀妙齋藏金石文攷略十六卷　（清）李光暎撰　清道光十七年（1837）刻本　六冊

210000 - 0741 - 0003558　920.27/4460

小蓬萊金石文字不分卷　（清）黃易輯　清嘉慶五年（1800）刻本　四冊

210000 - 0741 - 0003559　920.27/4634

望堂金石文字不分卷　（清）楊守敬撰　清激素飛青閣刻本　十八冊

210000 - 0741 - 0003560　920.27/7110/20 - 24

積古齋鐘鼎彝器款識十卷　（清）阮元撰　清光緒二十三年（1897）上海醉文堂石印本　五冊

210000 - 0741 - 0003561　920.27/7110/20 - 25

積古齋鐘鼎彝器款識十卷　（清）阮元撰　清光緒五年（1879）湖北崇文書局刻本　六冊

210000 - 0741 - 0003562　920.27/7110/41 - 44

積古齋鐘鼎彝器款識十卷　（清）阮元撰　清光緒刻本　四冊

210000 - 0741 - 0003563　920.27/7110/61 - 64

積古齋鐘鼎彝器款識十卷　（清）阮元撰　清光緒刻本　四冊

210000 - 0741 - 0003564　920.27/7110/45 - 48

積古齋鐘鼎彝器款識十卷　（清）阮元撰　清光緒刻本　四冊

210000 - 0741 - 0003565　920.27/8737

獨笑齋金石考略四卷　（清）鄭業斅撰　清光緒十三年（1887）刻本　二冊

210000 - 0741 - 0003566　920.31/0014/94

歷代帝王年表十四卷帝王廟諡年諱譜一卷　（清）齊召南撰　（清）阮福續編　清光緒二十八年（1902）山東書局石印本　一冊　存三卷（晉東晉十六國年表一卷、南北朝年表一卷、隋年表一卷）

210000 - 0741 - 0003567　920.31/0014/53 - 56

歷代帝王年表十四卷　（清）齊召南撰　（清）阮福續編　清道光四年（1824）小琅嬛僊館刻本　四冊

210000 - 0741 - 0003568　920.31/0014/97 - 00

歷代帝王年表十四卷　（清）齊召南撰　（清）阮福續編　清道光四年（1824）小琅嬛僊館刻本　四冊

210000 - 0741 - 0003569　920.31/0014/91 - 93

歷代帝王年表十四卷帝王廟諡年諱譜一卷　（清）齊召南撰　（清）阮福續編　清光緒二十八年（1902）山東書局石印本　三冊　存十二卷（三皇五帝三代表一卷、秦六國年表一卷、秦年表一卷、前漢年表一卷、後漢年表一卷、蜀漢魏吳年表一卷、晉東晉十六國年表一卷、南北朝年表一卷、隋年表一卷、唐年表一卷、後五代十國契丹年表一卷、帝王廟諡年諱譜一卷）

210000 - 0741 - 0003570　920.31/4033

紀元編三卷末一卷　（清）李兆洛編　清光緒刻本　二冊

210000 - 0741 - 0003571　920.31/4447/50 - 55

歷代史表五十九卷　（清）萬斯同撰　清光緒十五年（1889）廣雅書局刻本　六冊

210000－0741－0003572　920.31/4447/89－94

歴代史表五十九卷　（清）萬斯同撰　清光緒
十五年（1889）廣雅書局刻本　六冊

210000－0741－0003573　920.31/7174

廿四史三表十九卷　（清）段長基撰　清光緒
元年（1875）紅杏山房刻本　二十四冊

210000－0741－0003574　920.4/0033

歴代史事政治論三百八卷　（清）席裕福編
清光緒三十年（1904）上海點石齋石印本　二
十四冊

210000－0741－0003575　920.4/1011/2999－3008

古今史論大觀前編十五卷後編十七卷　（清）
雷瑨輯　清光緒二十八年（1902）硯耕山莊石
印本　十冊

210000－0741－0003576　920.4/1011/005－100

最新史事論十二卷　（清）雷瑨輯　清宣統三
年（1911）上海掃葉山房石印本　六冊

210000－0741－0003577　920.4/1048

史論正鵠初集四卷二集四卷三集八卷　（清）
王樹敏評點　清光緒二十七年（1901）上海久
敬齋石印本　十六冊

210000－0741－0003578　920.4/1053

船山史論四種　（清）王夫之撰　清光緒二十
七年（1901）湖南書局刻本　十八冊

210000－0741－0003579　920.4/3912

讀史大略六十卷首一卷　（清）沙張白撰　小
沙子史略一卷　（清）沙晉撰　清光緒二十六
年（1900）刻本　十二冊

210000－0741－0003580　920.4/3912/01－06

讀史大略六十卷首一卷　（清）沙張白撰　小
沙子史略一卷　（清）沙晉撰　清咸豐七年
（1857）邵綏名刻本　十二冊

210000－0741－0003581　920.4/3912/78－83

讀史大略六十卷首一卷　（清）沙張白撰　小
沙子史略一卷　（清）沙晉撰　清咸豐七年
（1857）邵綏名刻本　十二冊

210000－0741－0003582　920.4/4042

浙江四大家史論合編四卷　（清）李蔭鑾編
清光緒二十八年（1902）刻本　二冊

210000－0741－0003583　920.8/2622

金川紀略四卷　（清）程穆衡撰　清乾隆程穆
衡抄本　四冊

210000－0741－0003584　920.89/2509

行素草堂金石叢書二十一種　（清）朱記榮輯
　清光緒十四年（1888）吳縣朱氏槐廬彙印本
　四十冊　存十六種一百三十八卷（集古錄
跋尾十卷、集古錄目五卷、金石錄三十卷、廣
川書跋十卷、求古錄一卷、金石錄補二十七
卷、金石錄補續跋七卷、京畿金石考二卷、寰
宇訪碑錄十二卷刊謬一卷、平津讀碑記八卷
續記一卷、金石三例續編一卷、漢魏六朝墓銘
纂例四卷、金石綜例四卷、金石稱例四卷續一
卷、碑版文廣例十卷）

210000－0741－0003585　921.04/2493

二十二史文鈔二十二種一百九卷　（清）納蘭
常安選評　清乾隆十二年（1747）受宜堂刻本
　三十二冊

210000－0741－0003586　921.081/1465－2/
173－198

史記一百三十卷　（漢）司馬遷撰　清光緒十
年（1884）上海同文書局石印本　二十六冊

210000－0741－0003587　921.081/1465－2/
199－230

前漢書一百二十卷　（漢）班固撰　清光緒十
年（1884）上海同文書局石印本　三十二冊

210000－0741－0003588　921.081/1465－2/
231－258

後漢書一百二十卷　（南朝宋）范曄撰　（唐）
劉昭補　（唐）李賢注　清光緒十年（1884）上
海同文書局石印本　二十八冊

210000－0741－0003589　921.081/1465－2/
259－272

三國志六十五卷　（晉）陳壽撰　（南朝宋）裴
松之注　清光緒十年（1884）上海同文書局石
印本　十四冊

210000 – 0741 – 0003590　921.081/1465 – 2/ 273 – 302

晉書一百三十卷　（唐）太宗李世民撰　清光緒十年(1884)上海同文書局石印本　三十冊

210000 – 0741 – 0003591　921.081/1465 – 2/ 303 – 326

宋書一百卷　（南朝梁）沈約撰　清光緒十年(1884)上海同文書局石印本　二十四冊

210000 – 0741 – 0003592　921.081/1465 – 2/ 327 – 334

南齊書五十九卷　（南朝梁）蕭子顯撰　清光緒十年(1884)上海同文書局石印本　八冊

210000 – 0741 – 0003593　921.081/1465 – 2/ 335 – 342

梁書五十六卷　（唐）姚思廉撰　清光緒十年(1884)上海同文書局石印本　八冊

210000 – 0741 – 0003594　921.081/1465 – 2/ 343 – 348

陳書三十六卷　（唐）姚思廉撰　清光緒十年(1884)上海同文書局石印本　六冊

210000 – 0741 – 0003595　921.081/1465 – 2/ 349 – 372

魏書一百十四卷　（北齊）魏收撰　清光緒十年(1884)上海同文書局石印本　二十四冊

210000 – 0741 – 0003596　921.081/1465 – 2/ 373 – 380

北齊書五十卷　（唐）李百藥撰　清光緒十年(1884)上海同文書局石印本　八冊

210000 – 0741 – 0003597　921.081/1465 – 2/ 381 – 388

周書五十卷　（唐）令狐德棻撰　清光緒十年(1884)上海同文書局石印本　八冊

210000 – 0741 – 0003598　921.081/1465 – 2/ 389 – 412

隋書八十五卷　（唐）魏徵撰　清光緒十年(1884)上海同文書局石印本　二十四冊

210000 – 0741 – 0003599　921.081/1465 – 2/ 413 – 432

南史八十卷　（唐）李延壽撰　清光緒十年(1884)上海同文書局石印本　二十冊

210000 – 0741 – 0003600　921.081/1465 – 2/ 433 – 456

北史一百卷　（唐）李延壽撰　清光緒十年(1884)上海同文書局石印本　二十四冊

210000 – 0741 – 0003601　921.081/1465 – 2/ 457 – 504

舊唐書二百卷　（五代）劉昫撰　清光緒十年(1884)上海同文書局石印本　四十八冊

210000 – 0741 – 0003602　921.081/1465 – 2/ 505 – 554

唐書一百二十五卷　（宋）歐陽修撰　清光緒十年(1884)上海同文書局石印本　五十冊

210000 – 0741 – 0003603　921.081/1465 – 2/ 555 – 578

舊五代史一百五十卷目錄二卷　（宋）薛居正等撰　清光緒十年(1884)上海同文書局石印本　二十四冊

210000 – 0741 – 0003604　921.081/1465 – 2/ 579 – 588

五代史七十四卷　（宋）歐陽修撰　清光緒十年(1884)上海同文書局石印本　十冊

210000 – 0741 – 0003605　921.081/1465 – 2/ 589 – 688

宋史四百九十六卷目錄三卷　（元）脫脫等修　清光緒十年(1884)上海同文書局石印本　一百冊

210000 – 0741 – 0003606　921.081/1465 – 2/ 689 – 696

遼史一百十六卷　（元）脫脫撰　清光緒十年(1884)上海同文書局石印本　八冊

210000 – 0741 – 0003607　921.081/1465 – 2/ 697 – 720

金史一百三十五卷　（元）脫脫撰　清光緒十年(1884)上海同文書局石印本　二十四冊

210000 – 0741 – 0003608　921.081/1465 – 2/
721 – 771

元史二百十卷　（明）宋濂等撰　清光緒十年
(1884)上海同文書局石印本　五十一冊

210000 – 0741 – 0003609　921.081/1465 – 2/
772 – 883

明史三百三十二卷　（清）張廷玉撰　清光緒
十年(1884)上海同文書局石印本　一百十
二冊

210000 – 0741 – 0003610　921.081/1465 – 3

二十四史　（清）高宗弘曆定　清光緒二十九
年(1903)五洲同文局石印本　一百六十九冊

210000 – 0741 – 0003611　921.081/1465 – 4

二十四史　（清）高宗弘曆定　清光緒十四年
(1888)圖書集成印書局鉛印本　九十六冊

210000 – 0741 – 0003612　921.081/1465 – 5

二十四史　（清）高宗弘曆定　清光緒三十三
年(1907)上海華商集成圖書公司鉛印本　三
百九十二冊

210000 – 0741 – 0003613　921.081/1465 – 8/
192 – 203,64 – 99,38 – 45,32 – 49,56 – 73,
02 – 43,78 – 93,2992 – 3017,32 – 41,59 – 74,
78 – 88,63 – 74,25 – 44,55 – 80

二十四史　（漢）司馬遷等撰　清同治、光緒
間五省官書局刻本　二百七十一冊

210000 – 0741 – 0003614　921.081/1465 – 8/
287 – 298,300 – 331,374 – 401,444 – 471,
494 – 519

二十四史　（漢）司馬遷等撰　清同治、光緒
間五省官書局刻本　一百三十二冊

210000 – 0741 – 0003615　921.1/7216

中國歷史課本四編　（清）劉乃晟編撰　清光
緒三十一年(1905)北京華新書局鉛印本
四冊

210000 – 0741 – 0003616　921.2/1725

弘簡錄二百五十四卷續四十二卷　（明）邵經
邦撰　（清）邵遠平校閱　清康熙二十七年
(1688)浙江仁和邵遠平刻本　八十冊

210000 – 0741 – 0003617　921.2/1773/696 – 721

史記一百三十卷　（漢）司馬遷撰　清同治十
一年(1872)成都書局刻本　二十六冊

210000 – 0741 – 0003618　921.2/1773 – 11/
16 – 39

古香齋鑒賞袖珍史記一百三十卷　（漢）司馬
遷撰　清光緒八年(1882)古香齋刻本　二十
四冊

210000 – 0741 – 0003619　921.2/1773 – 13/
881 – 904

史記一百三十卷　（漢）司馬遷撰　（明）陳仁
錫評　明末懷德堂刻本　二十四冊

210000 – 0741 – 0003620　921.2/1773 – 21/
77 – 04

史記評林一百三十卷　（漢）司馬遷撰　（明）
凌稚隆輯評　清同治十三年(1874)長沙魏氏
養翿書屋刻本　二十八冊

210000 – 0741 – 0003621　921.2/1773 – 21/
88 – 15

史記評林一百三十卷　（漢）司馬遷撰　（明）
凌稚隆輯評　清同治十三年(1874)長沙魏氏
養翿書屋刻本　二十八冊

210000 – 0741 – 0003622　921.2/1773 – 22

史記評林一百三十卷　（漢）司馬遷撰　（明）
凌稚隆輯　明刻本　三十冊　存一百二十四
卷(一至一百十九、一百二十六至一百三十)

210000 – 0741 – 0003623　921.2/1773 – 31

史記一百三十卷　（漢）司馬遷撰　（明）徐孚
遠　（明）陳子龍測議　清三畏堂刻本　三十
二冊

210000 – 0741 – 0003624　921.2/1773 – 32/
02 – 03

校刊史記集解索隱正義札記五卷　（清）張文
虎撰　清同治十一年(1872)金陵書局刻本
二冊

210000 – 0741 – 0003625　921.2/1773 – 32/
49 – 50

校刊史記集解索隱正義札記五卷　（清）張文

虎撰　清同治十一年（1872）金陵書局刻本
二冊

210000－0741－0003626　921.2/1773－33
新鍥鄭孩如先生精選史記旁訓便讀八卷
（漢）司馬遷撰　（明）鄭維嶽旁訓　明萬曆二
十八年(1600)徐氏起秀堂刻本　四冊

210000－0741－0003627　921.2/1773－34/
52－57
史記菁華錄六卷　（清）姚祖恩編　清光緒九
年(1883)廣州翰墨園刻本　六冊

210000－0741－0003628　921.2/1773－34/
58－63
史記菁華錄六卷　（清）姚祖恩編　清光緒九
年(1883)廣州翰墨園刻本　六冊

210000－0741－0003629　921.2/1773－36
史記志疑三十六卷附錄三卷　（清）梁玉繩撰
　清光緒十三年(1887)廣雅書局刻本　十
四冊

210000－0741－0003630　921.2/1773－4/05－24
史記一百三十卷　（漢）司馬遷撰　清同治五
年(1866)金陵書局刻本　二十冊

210000－0741－0003631　921.2/1773－4/11－30
史記一百三十卷　（漢）司馬遷撰　清同治五
年(1866)金陵書局刻本　二十冊

210000－0741－0003632　921.2/1773－4/22－61
史記一百三十卷　（漢）司馬遷撰　清同治五
年(1866)金陵書局刻本　二十冊

210000－0741－0003633　921.2/1773－4/42－46
史記一百三十卷　（漢）司馬遷撰　清同治五
年(1866)金陵書局刻本　二十冊

210000－0741－0003634　921.2/1773－4/61－80
史記一百三十卷　（漢）司馬遷撰　清同治五
年(1866)金陵書局刻本　二十冊

210000－0741－0003635　921.2/1773－4/96－15
史記一百三十卷　（漢）司馬遷撰　清同治五
年(1866)金陵書局刻本　二十冊

210000－0741－0003636　921.2/1773－5/

292－315
史記一百三十卷　（漢）司馬遷撰　清同治九
年(1870)楚北崇文書局刻本　二十四冊

210000－0741－0003637　921.2/1773－6/
391－410
史記一百三十卷　（漢）司馬遷撰　（明）歸有
光　（清）方苞評點　清光緒二年(1876)武昌
張氏刻本　二十冊

210000－0741－0003638　921.2/1773－7/01－
44
史記一百三十卷　（漢）司馬遷撰　清光緒二
十年(1894)陝甘味經書院刻本　四十四冊

210000－0741－0003639　921.2/1773－8/
592－610
史記一百三十卷　（漢）司馬遷撰　明崇禎十
四年(1641)毛氏汲古閣刻清順治十三年
(1656)重修本　十九冊　存一百二十五卷
（一至七、十三至一百三十）

210000－0741－0003640　921.2/3181
九通分類總纂二百四十八卷　（清）汪鍾霖輯
　清光緒二十八年(1902)上海文瀾書局石印
本　八十冊

210000－0741－0003641　921.2/4451
二十四史九通政典類要合編三百二十卷
（清）黃書霖輯　清光緒二十八年(1902)約雅
堂石印本　六十冊

210000－0741－0003642　921.4/1171
通鑑直解二十八卷　（明）張居正輯　（明）高
兆麟重訂　明崇禎四年(1631)陳長卿刻本
十二冊

210000－0741－0003643　921.4/1779/297－400
資治通鑑二百九十四卷釋文辨誤十二卷
（宋）司馬光撰　（元）胡三省音註　清同治十
年(1871)湖北崇文書局刻本　一百四冊

210000－0741－0003644　921.4/1779/23－26
司馬溫公稽古錄二十卷　（宋）司馬光撰　清
同治十一年(1872)湖北崇文書局刻本　四冊

210000 – 0741 – 0003645　921.4/1779/54 – 57

司馬溫公稽古錄二十卷　（宋）司馬光撰　清同治十一年(1872)湖北崇文書局刻本　四冊

210000 – 0741 – 0003646　921.4/1779 – 13/42 – 51

資治通鑑外紀十卷目錄五卷　（宋）劉恕編集　清同治十年(1871)江蘇書局刻本　十冊

210000 – 0741 – 0003647　921.4/1779 – 2

資治通鑑二百九十四卷釋文辨誤十二卷　（宋）司馬光撰　（元）胡三省音註　（明）陳仁錫評閱　明天啓五年(1625)刻本　八十冊

210000 – 0741 – 0003648　921.4/1779 – 3

資治通鑑二百九十四卷釋文辨誤十二卷　（宋）司馬光撰　（元）胡三省音註　清嘉慶二十一年(1816)鄱陽胡克家刻本　一百冊

210000 – 0741 – 0003649　921.4/1779 – 4/11 – 10

資治通鑑二百九十四卷釋文辨誤十二卷　（宋）司馬光撰　（元）胡三省音註　清同治八年(1869)江蘇書局補刻鄱陽胡氏刻本　一百冊

210000 – 0741 – 0003650　921.4/1779 – 4/73 – 72

資治通鑑二百九十四卷釋文辨誤十二卷　（宋）司馬光撰　（元）胡三省音註　清同治八年(1869)江蘇書局補刻鄱陽胡氏刻本　一百冊

210000 – 0741 – 0003651　921.4/1779 – 6

資治通鑑二百九十四卷釋文辨誤十二卷　（宋）司馬光撰　（元）胡三省音註　清同治十年(1871)湖北崇文書局刻本　一百冊

210000 – 0741 – 0003652　921.4/1779 – 9/51 – 60

資治通鑑目錄三十卷　（宋）司馬光撰　清同治八年(1869)江蘇書局刻本　十冊

210000 – 0741 – 0003653　921.4/3492

通鑑韻書三十二卷附錄彈詞一卷　（清）沈尚仁編註　清抄本　六冊

210000 – 0741 – 0003654　921.4/4420

鼎鍥葉太史彙纂玉堂鑑綱七十二卷　（宋）劉恕外紀　（宋）金履祥前編　（明）葉向高彙纂

（明）李京訂義　明萬曆建陽熊體忠刻本　二十冊

210000 – 0741 – 0003655　921.4/6031/001 – 060

續資治通鑑二百二十卷　（清）畢沅輯　清同治八年(1869)江蘇書局刻本　六十冊

210000 – 0741 – 0003656　921.4/6031/061 – 120

續資治通鑑二百二十卷　（清）畢沅輯　清同治八年(1869)江蘇書局刻本　六十冊

210000 – 0741 – 0003657　921.4/6031/11 – 54

續資治通鑑二百二十卷　（清）畢沅輯　清同治八年(1869)江蘇書局刻本　四十四冊

210000 – 0741 – 0003658　921.4/6031/121 – 180

續資治通鑑二百二十卷　（清）畢沅輯　清同治八年(1869)江蘇書局刻本　六十冊

210000 – 0741 – 0003659　921.4/6031/181 – 240

續資治通鑑二百二十卷　（清）畢沅輯　清同治八年(1869)江蘇書局刻本　六十冊

210000 – 0741 – 0003660　921.4/6031/37 – 96

續資治通鑑二百二十卷　（清）畢沅輯　清同治八年(1869)江蘇書局刻本　六十冊

210000 – 0741 – 0003661　921.4/6031/73 – 80, 555 – 606

續資治通鑑二百二十卷　（清）畢沅輯　清同治八年(1869)江蘇書局刻本　六十冊

210000 – 0741 – 0003662　921.4/6621

資治通鑑補二百九十四卷　（宋）司馬光編　（元）胡三省音註　（明）嚴衍補正　清光緒二年(1876)武進盛氏思補樓木活字本　八十冊

210000 – 0741 – 0003663　921.4/6621 – 2/42 – 53

資治通鑑補正二百九十四卷　（宋）司馬光編　（元）胡三省音註　（明）嚴衍補正　清光緒二十八年(1902)上海益智書局石印本　四十八冊

210000 – 0741 – 0003664　921.4/6621 – 2/89 – 96

資治通鑑補正二百九十四卷　（宋）司馬光編　（元）胡三省音註　（明）嚴衍補正　清光緒二十八年(1902)上海益智書局石印本　四十

八冊

210000－0741－0003665　921.4/7231
史存三十卷　（清）劉沅輯　清道光二十五年（1845）雙流劉氏槐軒刻本　十六冊

210000－0741－0003666　921.41/1053－2/55－74
讀通鑑論三十卷宋論十五卷　（清）王夫之撰　清光緒二十五年（1899）黃慶增、董昌達武昌刻本　二十冊

210000－0741－0003667　921.41/1053－3/46－61
讀通鑑論三十卷末一卷　（清）王夫之撰　清光緒二十二年（1896）廣州新寧明善社刻本　十六冊

210000－0741－0003668　921.41/1053－4/34－57
讀通鑑論三十卷末一卷　（清）王夫之撰　清光緒二十四年（1898）安徽婀嬛閣刻本　二十四冊

210000－0741－0003669　921.41/1053－6/47－54
讀通鑑論三十卷末一卷宋論十五卷　（清）王夫之撰　清光緒二十四年（1898）上海申昌書莊石印本　八冊

210000－0741－0003670　921.41/1053－7/39－46
讀通鑑論六卷宋論二卷　（清）王夫之撰　清光緒二十七年（1901）簡青書局石印本　八冊

210000－0741－0003671　921.41/6085/13－16
峋嶁鑑撮四卷　（清）曠敏本編　清嘉慶十一年（1806）守經書屋刻本　四冊

210000－0741－0003672　921.41/6085－2/12－19
鑑撮四卷奉使紀勝一卷讀史論略一卷　（清）曠敏本編　清道光十九年（1839）泗州陳氏四宜堂刻本　八冊

210000－0741－0003673　921.42/2540/18－27

續資治通鑑綱目二十七卷　（明）商輅撰　明崇禎刻本　十冊　存十卷（十八至二十七）

210000－0741－0003674　921.42/2540－1/688－767
資治通鑑綱目五十九卷　（宋）朱熹撰　明崇禎刻本　八十冊

210000－0741－0003675　921.42/2540－3/38－45
讀通鑑綱目箚記二十卷　（清）章邦元撰　清光緒十六年（1890）銅陵章氏刻本　八冊

210000－0741－0003676　921.43/1042
重訂王鳳洲先生綱鑑會纂六十九卷　（明）王世貞纂　（明）陳仁錫訂　明崇禎吳門童氏湧泉堂刻本　四十冊

210000－0741－0003677　921.43/2391－2
御批歷代通鑑輯覽一百二十卷　（清）傅恒撰　清光緒三十年（1904）上海商務印書館鉛印本　二十四冊

210000－0741－0003678　921.43/2391－4/388－435
御批歷代通鑑輯覽一百二十卷　（清）傅恒撰　清同治十年（1871）浙江書局刻朱墨套印本　四十八冊

210000－0741－0003679　921.43/2391－4/608－663
御批歷代通鑑輯覽一百二十卷　（清）傅恒撰　清同治十年（1871）浙江書局刻朱墨套印本　五十六冊

210000－0741－0003680　921.43/3186/00－09
綱鑑正史約三十六卷附記一卷甲子紀元一卷　（明）顧錫疇編　（清）陳弘謀增訂　清同治八年（1869）浙江書局刻本　二十冊

210000－0741－0003681　921.43/3186/64－72
綱鑑正史約三十六卷附記一卷甲子紀元一卷　（明）顧錫疇編　（清）陳弘謀增訂　清同治八年（1869）浙江書局刻本　二十冊

210000－0741－0003682　921.43/4044

鼎鍥趙田了凡袁先生編纂古本歷史大方綱鑑補三十九卷首一卷　（明）袁黃編纂　清光緒三十年（1904）酉記書局刻本　五冊　存七卷（一至七）

210000－0741－0003683　921.44/2624/65－76

尺木堂綱鑑易知錄二十卷御撰資治通鑑綱目三編四卷　（清）吳乘權等輯　清光緒十三年（1887）上海點石齋石印本　十二冊

210000－0741－0003684　921.44/2624－2/104－151

緯文堂綱鑑易知錄九十二卷明鑑易知錄十五卷　（清）吳乘權等輯　清雍正廣東雙門底緯文堂刻本　四十八冊

210000－0741－0003685　921.44/2624－3/19－30

尺木堂綱鑑易知錄九十二卷明鑑易知錄十五卷　（清）吳乘權等輯　清光緒十五年（1889）上海廣百宋齋鉛印本　十二冊

210000－0741－0003686　921.44/2624－5

大文堂綱鑑易知錄九十二卷　（清）吳乘權等輯　清乾隆大文堂刻本　四十冊

210000－0741－0003687　921.5/4041/4973－5052

通鑑紀事本末二百三十九卷　（宋）袁樞輯　（明）張溥論正　清同治十二年（1873）江西書局刻本　八十冊

210000－0741－0003688　921.5/4041－2/855－934

通鑑紀事本末二百三十九卷　（宋）袁樞輯　（明）張溥論正　清光緒十三年（1887）廣州廣雅書局刻本　八十冊

210000－0741－0003689　921.508/0757

紀事本末彙刻八種　（清）廣雅書局輯　清光緒十三年至二十七年（1887－1901）廣雅書局刻本　一百二十九冊

210000－0741－0003690　921.508/7542/21－31

九朝紀事本末六百五十八卷　（清）陳如升輯　清光緒二十八年（1902）上海書局石印本　十一冊　存一百六十四卷（宋史紀事本末一

至一百九、通鑑紀事本末二百二十五至二百三十九、遼史紀事本末一至四十）

210000－0741－0003691　921.508/7542/40－93

九朝紀事本末六百五十八卷　（清）陳如升輯　清光緒二十八年（1902）上海書局石印本　五十四冊

210000－0741－0003692　921.508/7542－2

歷朝紀事本末九種　（清）陳如升輯　清光緒二十五年（1899）上海慎記書莊石印本　五十六冊

210000－0741－0003693　921.6/0070/35－42

文史通義八卷校讐通義三卷　（清）章學誠撰　清光緒二十四年（1898）長沙經文書局刻本　八冊

210000－0741－0003694　921.6/0070－2/91－94

文史通義八卷校讐通義三卷　（清）章學誠撰　清宣統三年（1911）上海廣益書局鉛印本　四冊

210000－0741－0003695　921.6/1092

讀史漫錄十四卷　（明）于慎行撰　（明）郭應寵編　明萬曆四十二年（1614）福建于緯刻本　六冊

210000－0741－0003696　921.6/1123

史闕十四卷　（清）張岱撰　清道光七年（1827）吳興鄭佶刻本　六冊

210000－0741－0003697　921.6/1133/26－35

歷代史論十二卷宋史論三卷元史論一卷（明）張溥撰　明史論四卷　（明）谷應泰撰　左傳史論二卷　（明）高士奇撰　清光緒五年（1879）西江裴氏刻本　十冊

210000－0741－0003698　921.6/1133－2/12－19

歷代史論十二卷宋史論三卷元史論一卷（明）張溥撰　明史論四卷　（明）谷應泰撰　左傳史論二卷　（明）高士奇撰　清光緒八年（1882）西江裴氏刻本　八冊

210000－0741－0003699　921.6/1133－3/2096－2106

歷代史論十二卷宋史論三卷元史論一卷
(明)張溥撰　明史論四卷　(明)谷應泰撰
左傳史論二卷　(明)高士奇撰　清光緒十三
年(1887)掃葉山房刻本　十一冊　存十卷
(宋史論三卷、元史論一卷、左傳史論二卷、明
史論四卷)

210000－0741－0003700　921.6/1133－3/2107
歷代史論十二卷宋史論三卷元史論一卷
(明)張溥撰　明史論四卷　(明)谷應泰撰
左傳史論二卷　(明)高士奇撰　清光緒十三
年(1887)掃葉山房刻本　一冊　存三卷(歷
代史論十至十二)

210000－0741－0003701　921.6/1171
帝鑑圖說不分卷　(明)張居正　(明)呂調陽
撰　明萬曆元年(1573)刻本　六冊

210000－0741－0003702　921.6/3246/06－11
讀史鏡古編三十二卷　(清)潘世恩纂　清同
治十三年(1874)冶城飛霞閣刻本　六冊

210000－0741－0003703　921.6/3246/15－20
讀史鏡古編三十二卷　(清)潘世恩纂　清同
治十三年(1874)冶城飛霞閣刻本　六冊

210000－0741－0003704　921.6/3246/62－67
讀史鏡古編三十二卷　(清)潘世恩纂　清同
治十三年(1874)冶城飛霞閣刻本　六冊

210000－0741－0003705　921.6/3404
讀史論斷二十卷　(清)洪亮吉撰　清光緒二
十七年(1901)和記書莊石印本　六冊

210000－0741－0003706　921.6/4045
藏書六十八卷　(明)李贄輯撰　(明)陳仁錫
評正　明崇禎刻本　十六冊

210000－0741－0003707　921.6/4412
廿一史戰略考三十三卷　(明)茅元儀輯　清
光緒二十五年(1899)成都志古堂刻本　十冊

210000－0741－0003708　921.6/4428
史學提要箋釋五卷　(宋)黃繼善撰　(清)楊
錫祐釋　清康熙二十七年(1688)萬邑榕蔭書
屋刻本　五冊

210000－0741－0003709　921.6/4431
讀史紀略四卷　(清)蕭澄撰　清道光二十年
(1840)靈石楊氏澹靜齋刻本　四冊

210000－0741－0003710　921.6/4917/17－26
廿二史劄記三十六卷補遺一卷　(清)趙翼撰
　清嘉慶五年(1800)湛貽堂刻本　十冊

210000－0741－0003711　921.6/4917/34－43
廿二史劄記三十六卷補遺一卷　(清)趙翼撰
　清嘉慶五年(1800)湛貽堂刻本　十冊

210000－0741－0003712　921.6/4917/59－64
廿二史劄記三十六卷補遺一卷　(清)趙翼撰
　清嘉慶五年(1800)湛貽堂刻本　六冊

210000－0741－0003713　921.6/4917－10/
807－816
廿二史劄記三十六卷補遺一卷　(清)趙翼撰
　清壽考堂刻本　十冊

210000－0741－0003714　921.6/4917－2/24－33
廿二史劄記三十六卷補遺一卷　(清)趙翼撰
　清光緒三年(1877)刻本　十冊

210000－0741－0003715　921.6/4917－2/25－36
廿二史劄記三十六卷補遺一卷　(清)趙翼撰
　清光緒三年(1877)刻本　十二冊

210000－0741－0003716　921.6/4917－2/37－48
廿二史劄記三十六卷補遺一卷　(清)趙翼撰
　清光緒三年(1877)刻本　十二冊

210000－0741－0003717　921.6/4917－2/70－85
廿二史劄記三十六卷補遺一卷　(清)趙翼撰
　清光緒三年(1877)刻本　十六冊

210000－0741－0003718　921.6/4917－3/49－58
廿二史劄記三十六卷首一卷補遺一卷　(清)
趙翼撰　清光緒二十年(1894)廣雅書局刻本
　十冊

210000－0741－0003719　921.6/4917－3/65－76
廿二史劄記三十六卷首一卷補遺一卷　(清)
趙翼撰　清光緒二十年(1894)廣雅書局刻本
　十二冊

210000－0741－0003720　921.6/4917－4/25－30

廿二史劄記三十六卷補遺一卷 　（清）趙翼撰
　　清光緒二十四年（1898）上海文瑞樓石印本
　　六冊

210000 - 0741 - 0003721　921.6/4917 - 5/16 - 31

廿二史劄記三十六卷補遺一卷 　（清）趙翼撰
　　清光緒二十五年（1899）益元書局刻本　十
　　六冊

210000 - 0741 - 0003722　921.6/4917 - 5/34 - 45

廿二史劄記三十六卷補遺一卷 　（清）趙翼撰
　　清光緒二十五年（1899）益元書局刻本　十
　　二冊

210000 - 0741 - 0003723　921.6/4917 - 5/58 - 69

廿二史劄記三十六卷補遺一卷 　（清）趙翼撰
　　清光緒二十五年（1899）益元書局刻本　十
　　二冊

210000 - 0741 - 0003724　921.6/4917 - 5/793 - 806

廿二史劄記三十六卷補遺一卷 　（清）趙翼撰
　　清光緒二十五年（1899）益元書局刻本　十
　　四冊

210000 - 0741 - 0003725　921.6/4917 - 6/09 - 24

廿二史劄記三十六卷補遺一卷 　（清）趙翼撰
　　清光緒二十五年（1899）湖南書局刻本　十
　　六冊

210000 - 0741 - 0003726　921.6/4917 - 6/77 - 92

廿二史劄記三十六卷補遺一卷 　（清）趙翼撰
　　清光緒二十五年（1899）湖南書局刻本　十
　　六冊

210000 - 0741 - 0003727　921.6/4917 - 7/28 - 33

廿二史劄記三十六卷首一卷補遺一卷 　（清）
趙翼撰　清光緒二十五年（1899）上海千頃堂
石印本　六冊

210000 - 0741 - 0003728　921.6/4917 - 8/44 - 57

廿二史劄記三十六卷補遺一卷識二卷 　（清）
趙翼撰　（清）鄒永修識語　清光緒二十六年
（1900）新化西畬山館刻本　十四冊

210000 - 0741 - 0003729　921.6/4917 - 9/
706 - 708

廿二史劄記三十六卷補遺一卷 　（清）趙翼撰
　　清光緒二十六年（1900）上海書局石印本
　　三冊

210000 - 0741 - 0003730　921.6/7282/73 - 80

史通通釋二十卷附錄一卷 　（唐）劉知幾撰
（清）浦起龍釋　清廣州翰墨園刻本　八冊

210000 - 0741 - 0003731　921.6/7282 - 3/
598 - 604

史通通釋二十卷 　（唐）劉知幾撰　（清）浦起
龍釋　清末石印本　七冊　存十七卷（四至
二十）

210000 - 0741 - 0003732　921.6/7282 - 32/
65 - 72

史通通釋二十卷 　（唐）劉知幾撰　（清）浦起
龍釋　清末上海文瑞樓石印本　七冊　存十
七卷（一至十二、十六至二十）

210000 - 0741 - 0003733　921.6/7282 - 4/85 -
88

史通訓故補二十卷 　（清）黃叔琳補註　清乾
隆十二年（1747）養素堂刻本　四冊

210000 - 0741 - 0003734　921.6/7282 - 5/20 -
23

史通削繁四卷 　（唐）劉知幾撰　（清）紀昀刪
定　清道光十三年（1833）涿州盧坤兩廣節署
刻朱墨套印本　四冊

210000 - 0741 - 0003735　921.6/7282 - 5/43 -
46

史通削繁四卷 　（唐）劉知幾撰　（清）紀昀刪
定　清道光十三年（1833）涿州盧坤兩廣節署
刻朱墨套印本　四冊

210000 - 0741 - 0003736　921.6/7282 - 51

史通削繁四卷 　（唐）劉知幾撰　（清）紀昀刪
定　清光緒元年（1875）湖北崇文書局刻本
四冊

210000 - 0741 - 0003737　921.6/8296

史懷二十卷 　（明）鍾惺撰　明天啟書林汪復
初刻本　十二冊

210000 - 0741 - 0003738　921.6/8346/54 - 85

廿二史考異一百卷　（清）錢大昕撰　清乾隆四十五年(1780)潛研堂錢氏刻潛研堂全書本　三十二冊

210000 - 0741 - 0003739　921.6/8346 - 2/66 - 71

廿二史考異一百卷　（清）錢大昕撰　清光緒十年(1884)長沙龍氏家塾刻本　六冊　存二十六卷(四十一至六十六)

210000 - 0741 - 0003740　921.6/8346 - 3/80 - 83

三史拾遺五卷　（清）錢大昕撰　清嘉慶十二年(1807)李賡芸稻香吟館刻本　四冊

210000 - 0741 - 0003741　921.6/8346 - 31/597 - 598

讀史舉正八卷　（清）張熷撰　清光緒十七年(1891)廣雅書局刻史學叢書本　二冊

210000 - 0741 - 0003742　921.6/8346 - 31/599

三史拾遺五卷　（清）錢大昕撰　清光緒十七年(1891)廣州廣雅書局刻史學叢書本　一冊

210000 - 0741 - 0003743　921.6/8346 - 31/600

諸史拾遺五卷　（清）錢大昕撰　清光緒十七年(1891)廣雅書局刻史學叢書本　一冊

210000 - 0741 - 0003744　921.608/7727

史學叢書四十三種　（□）□□撰　清光緒二十五年(1899)上海文瀾書局石印本　三十二冊

210000 - 0741 - 0003745　921.61/2500

史畧八十七卷　（清）朱堃輯　清同治六年(1867)皖南朱氏兗麓山房刻本　十六冊

210000 - 0741 - 0003746　921.61/2756

史鑑節要便讀六卷　（清）鮑東里撰　清光緒刻本　二冊

210000 - 0741 - 0003747　921.61/3442

二十四史分類輯要十二卷　（清）沈桐生輯　清光緒二十八年(1902)會文學社石印本　十二冊

210000 - 0741 - 0003748　921.61/3461

二十一史論贊三十六卷　（明）沈國元輯　明崇禎十年(1637)大來堂刻本　十八冊

210000 - 0741 - 0003749　921.61/3491/87 - 92

廿一史四譜五十四卷　（清）沈炳震撰　清同治十年(1871)武林吳氏清來堂刻本　十二冊

210000 - 0741 - 0003750　921.61/3491/96 - 11

廿一史四譜五十四卷　（清）沈炳震撰　清同治十年(1871)武林吳氏清來堂刻本　十六冊

210000 - 0741 - 0003751　921.61/4410

古今紀要十九卷逸編一卷　（宋）黃震撰　清慈谿馮祖憲耕餘樓刻本　六冊

210000 - 0741 - 0003752　921.61/4684

帝王世統考三卷　（清）楊銘柱輯　清道光二十六年(1846)寄雲書屋刻本　二冊

210000 - 0741 - 0003753　921.61/7528

史緯三百三十卷　（清）陳允錫刪修　清刻本　一百二十冊

210000 - 0741 - 0003754　921.61/7577

二十四史論贊七十八卷　（清）陳闓編　清光緒二十八年(1902)文淵山房石印本　十二冊

210000 - 0741 - 0003755　921.61/7727

古史輯要六卷首一卷　（清）□□撰　清道光二十五年(1845)番禺潘氏海山仙館刻本　四冊

210000 - 0741 - 0003756　921.61/8710/598 - 605

廿一史約編八卷首一卷後編一卷　（清）鄭元慶輯述　清末上洋江左書林刻本　八冊

210000 - 0741 - 0003757　921.61/8710/72 - 79

校補廿四史約編八卷首一卷　（清）鄭元慶輯　清末石印本　八冊

210000 - 0741 - 0003758　921.61/8710/82 - 89

校補廿四史約編八卷首一卷　（清）鄭元慶輯　清末石印本　八冊

210000 - 0741 - 0003759　921.61/8710/15 - 22

校補廿一史約編八卷首一卷　（清）鄭元慶輯　清光緒十三年(1887)上海積山書局石印本

八冊

210000－0741－0003760　921.6108/6030

十七史詳節　（宋）呂祖謙輯　清光緒二十八年（1902）崇新書局石印本　三十二冊

210000－0741－0003761　921/1065/48－63

十七史商榷一百卷　（清）王鳴盛述　清乾隆五十二年（1787）王鳴盛洞涇草堂刻本　十六冊

210000－0741－0003762　921/1065/68－83

十七史商榷一百卷　（清）王鳴盛述　清乾隆五十二年（1787）王鳴盛洞涇草堂刻本　十六冊

210000－0741－0003763　921/1065/83－94

十七史商榷一百卷　（清）王鳴盛述　清乾隆五十二年（1787）王鳴盛洞涇草堂刻本　十二冊

210000－0741－0003764　921/4410

四言史徵十二卷　（清）葛震輯　（清）曹荃註釋　（清）程麟德較訂　清康熙三十三年（1694）長白曹荃芷園刻本　十二冊

210000－0741－0003765　921/4917

廿二史箚記三十六卷　（清）趙翼撰　清嘉慶五年（1800）湛貽堂刻本　十冊

210000－0741－0003766　922.027/3234

攀古樓彝器款識不分卷　（清）潘祖蔭編　清同治十一年（1872）京師滂喜齋抄本　二冊

210000－0741－0003767　922.027/6007

商周彝器釋銘四卷　（清）呂調陽撰　清光緒二十年（1894）王炆煥刻本　一冊

210000－0741－0003768　922.2/1012

欽定書經傳說彙纂二十一卷首二卷　（清）王頊齡等撰　清雍正八年（1730）內府刻本　十二冊

210000－0741－0003769　922.2/1012/3042－3065

欽定書經傳說彙纂二十一卷首二卷　（清）王頊齡等撰　清雍正八年（1730）內府刻本　二十四冊

210000－0741－0003770　922.2/1012/3228－3251

欽定書經傳說彙纂二十一卷首二卷　（清）王頊齡等撰　清雍正八年（1730）內府刻本　二十四冊

210000－0741－0003771　9－22.2/1231/80－95

欽定書經圖說五十卷　（清）孫家鼎撰　清光緒三十一年（1905）武英殿石印本　八冊

210000－0741－0003772　9－22.2/1231/90－97

欽定書經圖說五十卷　（清）孫家鼎撰　清光緒三十一年（1905）武英殿石印本　十六冊

210000－0741－0003773　922.2/1236

尚書註疏二十卷　（唐）孔穎達疏　明萬曆十五年（1587）北京國子監刻本　十二冊

210000－0741－0003774　922.2/1773/47－56

史記七十卷　（漢）司馬遷撰　（南朝宋）裴駰集解　（唐）司馬貞索隱　（唐）張守節正義　（明）鍾人傑校　清乾隆刻本　十八冊

210000－0741－0003775　922.2/1773/2942－2965

史記一百三十卷　（漢）司馬遷撰　（明）徐孚遠　（明）陳子龍測議　明崇禎十三年（1640）養正堂刻本　二十四冊

210000－0741－0003776　922.2/1773/9942－9965

史記一百三十卷　（漢）司馬遷撰　（南朝宋）裴駰集解　（唐）司馬貞索隱　（唐）張守節正義　（明）陳仁錫評　明崇禎刻本　二十四冊

210000－0741－0003777　922.2/1773/15－38

史記一百三十卷　（漢）司馬遷撰　（南朝宋）裴駰集解　明崇禎十四年（1641）琴川毛氏汲古閣刻本　二十四冊

210000－0741－0003778　922.2/1773/31－42

史記一百三十卷　（漢）司馬遷撰　（南朝宋）裴駰集解　清乾隆刻本　十二冊

210000－0741－0003779　922.2/2666

史記論文一百三十卷　（清）吳見思評點　（清）吳興祚參訂　清康熙二十六年（1687）尺木堂刻本　三十二冊

210000－0741－0003780　922.2/3427/20－59

史記評林一百三十卷　（漢）司馬遷撰　（南朝宋）裴駰集解　（明）凌稚隆輯校　明萬曆刻本　四十冊

210000－0741－0003781　922.2/3427/03－18

增定史記纂不分卷　（明）凌稚隆校閱　明刻本　十六冊

210000－0741－0003782　922.2/3427/899－912

史記纂二十四卷　（明）凌稚隆輯校　明萬曆七年至四十八年(1579－1620)刻朱墨套印本　十四冊

210000－0741－0003783　922.2/3427/7990－8029

史記評林一百三十卷補史記一卷　（明）凌稚隆輯校　明萬曆二年至四年(1574－1576)浙江凌稚隆刻本　四十冊

210000－0741－0003784　922.2/4434/77－79

書經六卷　（宋）蔡沈集傳　明萬曆吳勉學刻本　三冊

210000－0741－0003785　922.2/4434/12－15

書經六卷　（宋）蔡沈集傳　明萬曆金陵奎壁齋刻本　四冊

210000－0741－0003786　922.2/4434/77－80

書經體注大全合參六卷　（清）錢希祥纂輯書經集傳　（宋）蔡沈撰　清光緒十四年(1888)上海江左書林刻本　四冊

210000－0741－0003787　9－22.2/4700

書傳大全十卷首一卷　（明）胡廣編　清順治十年(1653)刻本　一冊　存一卷(十)

210000－0741－0003788　922.2/4742

尚書詳解十三卷　（宋）胡士行撰　清康熙刻本　八冊

210000－0741－0003789　922.2/4937

春秋屬辭十五卷　（元）趙汸撰　清康熙十九年(1680)通志堂刻本　五冊

210000－0741－0003790　922.2/7298

春秋權衡十七卷　（宋）劉敞撰　清康熙十三年(1674)通志堂刻本　六冊

210000－0741－0003791　922.2/7741

尚書古文疏證八卷朱子古文書疑一卷　（清）閻若璩撰　清乾隆十年(1745)朱續晫刻本　八冊

210000－0741－0003792　922.21/1065

尚書後案三十卷　（清）王鳴盛撰　清乾隆四十五年(1780)東吳王氏禮堂刻本　八冊

210000－0741－0003793　922.21/1262

尚書今古文注疏三十卷　（清）孫星衍撰　清光緒十年(1884)吳縣孫谿槐廬家塾刻本　八冊

210000－0741－0003794　922.21/2631/25－28

書古微十二卷首一卷　（清）魏源撰　清光緒四年(1878)淮南書局刻本　四冊

210000－0741－0003795　922.21/2631/49－52

書古微十二卷首一卷　（清）魏源撰　清光緒四年(1878)淮南書局刻本　四冊

210000－0741－0003796　922.21/2632

寫定尚書不分卷　（清）吳汝綸撰　清光緒十八年(1892)桐城吳氏家塾石印本　一冊

210000－0741－0003797　922.21/2644

愛日堂尚書註解纂要六卷　（清）吳蓮纂輯　清乾隆十九年(1754)豐溪吳氏愛日堂刻本　四冊

210000－0741－0003798　922.21/3078

尚書考辨四卷　（清）宋鑒撰　清嘉慶四年(1799)刻本　四冊

210000－0741－0003799　922.21/4081/26－31

今文尚書考證三十卷　（清）皮錫瑞撰　清光緒二十三年(1897)師伏堂刻本　六冊

210000－0741－0003800　922.21/4081/87－92

今文尚書考證三十卷　（清）皮錫瑞撰　清光緒二十三年(1897)師伏堂刻本　六冊

210000－0741－0003801　922.21/4382

書傳補商十七卷　（清）戴鈞衡撰　清咸豐桐城戴氏刻本　六冊

210000－0741－0003802　922.21/4434－5/33－36

書經六卷　（宋）蔡沈集傳　清同治七年

(1868)楚北崇文書局刻本　四册

210000－0741－0003803　922.21/4434－6/16－19
書經六卷　（宋）蔡沈集傳　清咸豐二年
(1852)潯陽萬氏蓮峯書屋刻本　四册

210000－0741－0003804　922.21/4434－7/81－84
書經六卷首一卷　（宋）蔡沈集傳　清光緒七
年(1881)金陵書局刻本　四册

210000－0741－0003805　922.21/4434－8/
100－102
書經六卷　（宋）蔡沈集傳　清刻本　三册
存五卷(二至六)

210000－0741－0003806　922.21/4434－9/62－65
監本書經六卷　（宋）蔡沈集傳　清光緒十年
(1884)上海掃葉山房刻本　四册

210000－0741－0003807　922.21/4685
尚書今文二十八篇解不分卷　（清）楊鍾泰撰
清道光十八年(1838)載德堂刻本　四册

210000－0741－0003808　922.21/4736
禹貢錐指二十卷圖一卷　（清）胡渭撰　清康
熙四十四年(1705)漱六軒刻本　八册

210000－0741－0003809　922.21/5348
禹貢班義述三卷　（清）成蓉鏡撰　清光緒十
一年(1885)刻本　一册

210000－0741－0003810　922.21/5348－2
禹貢班義述三卷　（清）成蓉鏡撰　清光緒十
四年(1888)廣州廣雅書局刻本　一册

210000－0741－0003811　922.21/7426
影宋大字本尚書釋音二卷　（唐）陸德明撰
清光緒遵義黎氏影印本　一册

210000－0741－0003812　922.21/7741
尚書古文疏證八卷朱子古文書疑一卷　（清）
閻若璩撰　清同治六年(1867)錢塘汪氏振綺
堂刻本　六册

210000－0741－0003813　922.21/8343
書經體注大全合參六卷　（清）錢希祥纂輯
書經集傳　（宋）蔡沈撰　清光緒十四年
(1888)上海掃葉山房刻本　四册

210000－0741－0003814　922.22/8364
融堂書解二十卷　（宋）錢時撰　清乾隆三十
九年(1774)武英殿刻本　四册

210000－0741－0003815　922.3/4082
尚史七十卷　（清）李鍇纂　清乾隆三十八年
(1773)刻本　二十八册

210000－0741－0003816　922.3/4082/45－76
尚史七十卷　（清）李鍇纂　清乾隆三十八年
(1773)刻本　三十二册

210000－0741－0003817　922.3/4964
吳越春秋六卷　（漢）趙曄撰　（清）汪士漢考
校　清康熙七年(1668)刻本　三册

210000－0741－0003818　922.3/6033
**路史前紀九卷後紀十三卷餘論十卷發揮六卷
國名紀七卷**　（宋）羅泌撰　清光緒敦化堂刻
本　二十册

210000－0741－0003819　922.3/6033/09－18
**路史前紀九卷後紀十四卷國名紀八卷發揮六
卷餘論十四卷**　（宋）羅泌撰　（宋）羅苹注
清嘉慶六年(1801)酉山堂刻本　二十册

210000－0741－0003820　922.3/6033/14－19
**路史前紀九卷後紀十四卷國名紀八卷發揮六
卷餘論十四卷**　（宋）羅泌撰　（宋）羅苹注
清嘉慶六年(1801)酉山堂刻本　二十四册

210000－0741－0003821　922.31/3131
國語校注本三種二十九卷　（清）汪遠孫撰
清道光二十六年(1846)錢塘汪氏振綺堂刻本
五册

210000－0741－0003822　922.31/4067－2/
129－132
天聖明道本國語二十一卷　（三國吳）韋昭注
札記一卷　（清）黃丕烈撰　清嘉慶五年
(1800)黃氏讀未見書齋刻本　四册

210000－0741－0003823　922.31/4067－3/
829－832
天聖明道本國語二十一卷　（三國吳）韋昭注
札記一卷　（清）黃丕烈撰　清嘉慶五年

(1800)黃氏讀未見書齋刻本　四册

210000－0741－0003824　922.31/4067－4/25－29

天聖明道本國語二十一卷　（三國吳）韋昭注
札記一卷　（清）黃丕烈撰　考異四卷
（清）汪遠孫撰　清同治八年（1869）湖北崇文
書局刻本　五册

210000－0741－0003825　922.311/4411

國語二十一卷　（三國吳）韋昭注　戰國策三
十三卷　（漢）高誘注　國語札記一卷戰國策
札記三卷　（清）黃丕烈撰　清末刻本　八册

210000－0741－0003826　922.32/0002

戰國策三十三卷　（漢）高誘注　（宋）姚宏補
注　札記三卷　（清）黃丕烈撰　清同治八年
（1869）湖北崇文書局刻本　五册

210000－0741－0003827　922.32/0002－3/29－40

戰國策三十三卷　（漢）高誘注　（宋）姚宏補
注　戰國策札記三卷　（清）黃丕烈撰　清嘉
慶八年（1803）吳門黃氏讀未見書齋刻本　十
二册

210000－0741－0003828　922.32/0002－6/42

重刻剡川姚氏本戰國策札記三卷　（清）黃丕
烈撰　清嘉慶八年（1803）吳門黃氏讀未見書
齋刻本　一册

210000－0741－0003829　922.32/2722

戰國策十卷　（宋）鮑彪校注　（元）吳師道重
校　清乾隆二十七年（1762）文盛堂刻本
三册

210000－0741－0003830　922.4/0024

日講春秋解義六十四卷總說　（清）庫勒納撰
清乾隆二年（1737）内府刻本　三十二册

210000－0741－0003831　922.4/1059

欽定春秋傳說彙纂三十八卷首二卷　（清）王
掞　（清）張廷玉撰　清康熙六十年（1721）刻
本　三十六册

210000－0741－0003832　922.4/1280

春秋左傳十五卷　（明）孫鑛批點　明萬曆四
十四年（1616）浙江吳興閔齊伋刻朱墨套印本

十二册

210000－0741－0003833　922.4/4428/890－891

春秋繁露十七卷附錄一卷　（漢）董仲舒撰
清乾隆五十年（1785）錢塘盧氏抱經堂刻本
二册

210000－0741－0003834　922.4/4428/187－190

春秋繁露十七卷附錄一卷　（漢）董仲舒撰
（明）孫鑛評　明天啓五年（1625）花齋刻本
四册

210000－0741－0003835　922.4/4736

春秋三十卷春秋諸國興廢說一卷　（宋）胡安
國傳　明天啓刻朱墨套印本　十册

210000－0741－0003836　922.4/6030

呂東萊大事記二十七卷　（宋）呂祖謙撰　清
乾隆武英殿刻本　十册

210000－0741－0003837　922.41/3427/98－99

竹書紀年二卷　（南朝梁）沈約注　明萬曆刻
本　二册

210000－0741－0003838　922.41/3427－2/16－19

竹書紀年統箋十二卷雜述一卷前編一卷
（南朝梁）沈約注　（清）徐文靖統箋　清光緒
三年（1877）浙江書局刻本　四册

210000－0741－0003839　922.41/3427－2/
807－810

竹書紀年統箋十二卷雜述一卷　（清）徐文靖
撰　清光緒三年（1877）浙江書局刻本　四册

210000－0741－0003840　922.41/3427－4

竹書紀年集證五十卷首一卷　（清）陳逢衡撰
清嘉慶十八年（1813）裛露軒刻本　十六册

210000－0741－0003841　922.42/0030

春秋集義十二卷　（清）方宗誠撰　清光緒八
年（1882）桐城方氏刻本　五册

210000－0741－0003842　922.42/3140/56－79

春秋大事表五十卷輿圖一卷附錄一卷　（清）
顧棟高撰　清光緒十四年（1888）陝西求友齋
刻本　二十四册

210000－0741－0003843　922.42/3140－2/58－77

春秋大事表五十卷輿圖一卷附錄一卷　（清）
顧棟高撰　清同治十二年（1873）山東尚志堂
刻本　二十冊

210000－0741－0003844　922.42/3140－2/81－90

春秋大事表五十卷輿圖一卷附錄一卷　（清）
顧棟高撰　清同治十二年（1873）山東尚志堂
刻本　二十冊

210000－0741－0003845　922.42/3140－3/65－68

春秋大事表摘要四卷　（清）顧棟高撰　（清）
邱東陽校　清光緒二十九年（1903）曉雲山房
刻本　四冊

210000－0741－0003846　922.42/3633

春秋不傳十二卷　（清）湯啟祚撰　清嘉慶二
十四年（1819）循陔堂刻本　四冊

210000－0741－0003847　922.42/4429

春秋通說十三卷　（宋）黃仲炎撰　清康熙十
九年（1680）北京通志堂刻本　三冊

210000－0741－0003848　922.42/5044

半農先生春秋說十五卷　（清）惠士奇撰　清
道光十年（1830）璜川吳氏刻本　八冊

210000－0741－0003849　922.421/1122

春秋左傳綱目杜林詳註十四卷　（明）張岐然
輯　清三讓堂刻本　十冊

210000－0741－0003850　922.421/2477

左傳選十四卷　（清）儲欣評　清乾隆三十八
年（1773）謙牧堂刻本　四冊

210000－0741－0003851　922.421/3147

左繡三十卷首一卷　（清）馮李驊　（清）陸浩
評輯　春秋經傳集解三十卷　（晉）杜預原本
（唐）陸德明音釋　（宋）林堯叟注　（清）
馮李驊增訂　清刻本　十六冊

210000－0741－0003852　922.421/4062

春秋左氏傳賈服註輯述二十卷　（清）李貽德
撰　清同治五年（1866）餘姚朱蘭刻本　六冊

210000－0741－0003853　922.421/4240/37－46

春秋左傳杜注三十卷首一卷　（清）姚培謙撰
清同治五年（1866）南京金陵書局刻本

十冊

210000－0741－0003854　922.421/4240/67－76

春秋左傳杜注三十卷首一卷　（清）姚培謙撰
清同治五年（1866）南京金陵書局刻本
十冊

210000－0741－0003855　922.421/4240/86－95

春秋左傳杜注三十卷首一卷　（清）姚培謙撰
清同治五年（1866）南京金陵書局刻本
十冊

210000－0741－0003856　922.421/4240/87－94

春秋左傳杜注三十卷首一卷　（清）姚培謙撰
清同治五年（1866）南京金陵書局刻本
八冊

210000－0741－0003857　922.421/4240－2/27－36

春秋左傳杜注三十卷首一卷　（清）姚培謙撰
清同治十三年（1874）湖南書局刻本　十冊

210000－0741－0003858　922.421/4240－3/77－86

春秋左傳杜注三十卷首一卷　（清）姚培謙撰
清光緒九年（1883）江南書局刻本　十冊

210000－0741－0003859　922.421/4240－4/27－36

春秋左傳杜注三十卷首一卷　（清）姚培謙撰
清光緒十五年（1889）江南書局刻本　十冊

210000－0741－0003860　922.421/4240－4/37－46

春秋左傳杜注三十卷首一卷　（清）姚培謙撰
清光緒十五年（1889）江南書局刻本　十冊

210000－0741－0003861　922.421/4240－5/47－56

春秋左傳杜注三十卷首一卷　（清）姚培謙撰
清光緒十九年（1893）浙江書局刻本　十冊

210000－0741－0003862　922.421/4240－6/
094－105

春秋左傳杜注三十卷首一卷　（清）姚培謙撰
（清）麗佑清補訂　清道光七年（1827）洪都
漱經堂刻朱墨套印本　十二冊

210000－0741－0003863　922.421/4411/495－
510

春秋經傳集解三十卷　（晉）杜預注　（唐）陸
德明音義　春秋名號歸一圖二卷　（三國蜀）

馮繼先撰　清同治十三年(1874)江西書局刻本　十六冊

210000－0741－0003864　922.421/4411－11/79－85

春秋釋例十五卷　(晉)杜預撰　(清)莊述祖　(清)孫星衍校　清同治十二年(1873)粵東書局刻本　七冊

210000－0741－0003865　922.421/4411－12/9001－9010

春秋釋例十五卷　(晉)杜預撰　清刻本　十冊

210000－0741－0003866　922.421/4411－4/200－211

春秋左傳三十卷首一卷　(晉)杜預注　(宋)林堯叟附注　(清)馮李驊集解　清光緒十二年(1886)湖北官書處刻本　十二冊

210000－0741－0003867　922.421/4411－5/76－91

春秋左傳五十卷　(晉)杜預注　(唐)陸德明音義　(宋)林堯叟補注　(明)鍾惺　(明)韓範評點　清末啓盛堂刻本　十六冊

210000－0741－0003868　922.421/4411－6/11－26

春秋左傳五十卷　(晉)杜預注　(唐)陸德明音義　(宋)林堯叟補注　(明)鍾惺等評點　清末寶善堂刻本　十六冊

210000－0741－0003869　922.421/4411－7/11－26

春秋左傳五十卷　(晉)杜預注　(唐)陸德明音義　(宋)林堯叟補注　(明)鍾惺等評點　清末南京大功坊郭家巷爵記李光明莊刻本　十六冊

210000－0741－0003870　922.421/4411－7/20－35

春秋左傳五十卷　(晉)杜預注　(唐)陸德明音義　(宋)林堯叟補注　(明)鍾惺等評點　清末南京大功坊郭家巷爵記李光明莊刻本　十六冊

210000－0741－0003871　922.421/4411－8/73－88

春秋左傳五十卷　(晉)杜預注　(唐)陸德明音義　(宋)林堯叟補注　(明)鍾惺等評點　清南京大功坊郭家巷爵記李光明莊刻本　十

六冊

210000－0741－0003872　922.421/4411－9/47－57

春秋左傳五十卷　(晉)杜預注　(唐)陸德明音義　(宋)林堯叟補注　(明)鍾惺等評點　清松盛堂刻本　十一冊　存四十四卷(一至八、十五至五十)

210000－0741－0003873　922.421/4444/49－54

評點春秋綱目左傳句解彙雋六卷　(清)韓菼重訂　清光緒九年(1883)上海掃葉山房刻本　六冊

210000－0741－0003874　922.421/4444－2/94－99

評點春秋綱目左傳句解彙雋六卷　(清)韓菼重訂　清桐石山房刻本　六冊

210000－0741－0003875　922.421/4444－3/87－92

太史張天如詳節春秋綱目左傳句解六卷　(清)韓菼重訂　清光緒三十一年(1905)周村益友堂刻本　六冊

210000－0741－0003876　922.421/4444－5/46－51

評點春秋綱目左傳句解彙雋六卷　(清)韓菼重訂　清宣統元年(1909)石印本　六冊

210000－0741－0003877　922.421/7741

左傳翼三十八卷　(清)周大璋輯評　清同治五年(1866)大文堂刻本　二十四冊

210000－0741－0003878　922.422/0043

春秋董氏學八卷漢書董仲舒傳一卷　康有為撰　清光緒上海大同譯書局刻本　五冊

210000－0741－0003879　922.422/2124－3/33－34

春秋公羊經傳解詁十二卷　(漢)何休撰　校記一卷　(清)魏彥撰　清同治二年(1863)揚州汪氏問禮堂刻本　二冊

210000－0741－0003880　922.422/2124－3/2/17－20

春秋公羊經傳解詁十二卷　(漢)何休撰　清道光四年(1824)揚州汪氏問禮堂刻本　四冊

210000－0741－0003881　922.422/2124－3/2/57－60

春秋公羊經傳解詁十二卷　(漢)何休撰　清

道光四年(1824)揚州汪氏問禮堂刻本　四冊

210000－0741－0003882　922.422/2124－3/3/39－42

春秋公羊經傳解詁十二卷　（漢）何休撰（清）陸元校勘　**重刊宋紹熙公羊傳注附音本校記一卷**　（清）魏彥撰　清光緒南京李光明莊刻本　四冊

210000－0741－0003883　922.422/2124－4/87－92

春秋經傳解詁(公羊箋)十一卷　（漢）何休撰　王闓運箋　清光緒十一年(1885)四川成都尊經書局刻本　六冊

210000－0741－0003884　922.422/4428/10－11

春秋繁露十七卷　（漢）董仲舒撰　清光緒二年(1876)浙江書局刻本　二冊

210000－0741－0003885　922.422/4428/93－94

春秋繁露十七卷　（漢）董仲舒撰　清光緒二年(1876)浙江書局刻本　二冊

210000－0741－0003886　922.422/4428－2/08－09

春秋繁露十七卷　（漢）董仲舒撰　清光緒八年(1882)淮南書局刻本　二冊

210000－0741－0003887　922.422/4428－2/72－73

春秋繁露十七卷　（漢）董仲舒撰　清光緒八年(1882)淮南書局刻本　二冊

210000－0741－0003888　922.422/4428－3/74－75

春秋繁露十七卷　（漢）董仲舒撰　清光緒三年(1877)湖北崇文書局刻本　二冊

210000－0741－0003889　922.422/4428－4/36－38

春秋繁露十七卷　（漢）董仲舒撰　（清）凌曙注　清同治十二年(1873)粵東書局刻古經解彙函本　三冊

210000－0741－0003890　922.422/4428－6/45－48

春秋繁露十七卷　（漢）董仲舒撰　（清）凌曙注　**凌注校正十七卷**　（清）張駒賢撰　清光緒五年(1879)定州王氏謙德堂刻畿輔叢書本　四冊

210000－0741－0003891　922.422/4477

春秋繁露義證十七卷首一卷春秋繁露攷證一卷　（漢）董仲舒撰　（清）蘇輿義證　清宣統二年(1910)長沙王先謙刻本　四冊

210000－0741－0003892　922.422/7233/811－814

春秋公羊經何氏釋例十卷　（清）劉逢祿撰　清光緒二十三年(1897)廣州太清樓刻本　四冊

210000－0741－0003893　922.422/7233/2/46－48

春秋公羊經何氏釋例十卷　（清）劉逢祿撰　清咸豐十一年(1861)廣東學海堂刻本　三冊

210000－0741－0003894　922.423/4430

春秋穀梁傳十二卷　（戰國）穀梁赤傳　（晉）范寧集解　清同治七年(1868)江蘇南京金陵書局刻本　二冊

210000－0741－0003895　922.424/3044

春秋四家十二卷董劉春秋雜論一卷　（明）宋存標評輯　明君子堂刻本　八冊

210000－0741－0003896　922.5/0044

左傳紀事本末五十三卷　（清）高士奇撰　清同治十二年(1873)江西書局刻本　十二冊

210000－0741－0003897　922.5/4072

春秋紀傳五十一卷世系圖　（清）李鳳雛纂輯　清康熙六十一年(1722)懷德堂刻本　十冊

210000－0741－0003898　922.5/7175/25－71

繹史一百六十卷世系圖一卷年表一卷　（清）馬驌撰　清康熙刻本　四十七冊

210000－0741－0003899　922.5/7175/19988－20031

繹史一百六十卷世系圖一卷年表一卷　（清）馬驌撰　清光緒十五年(1889)金匱浦氏刻本　四十四冊

210000－0741－0003900　922.5/7175/295－326

繹史一百六十卷世系圖一卷年表一卷　（清）馬驌撰　清光緒十五年(1889)金匱浦氏刻本　三十二冊

210000－0741－0003901　922.5/7175－2/

7989－8012

繹史一百六十卷 （清）馬驌撰 清光緒二十
三年(1897)武林尚友齋石印本 二十四冊

210000－0741－0003902 922.521/0044

左傳紀事本末五十三卷 （清）高士奇撰 清
光緒二十六年(1900)廣州廣雅書局刻本 十
四冊

210000－0741－0003903 922.521/7175/694－
705

左傳事緯十二卷 （清）馬驌編論 （清）潘霱
校訂 清光緒四年(1878)吳縣潘霱敏德堂刻
本 十二冊

210000－0741－0003904 922.521/7175/89－98

左傳事緯十二卷 （清）馬驌撰 清乾隆四十
九年(1784)黃氏懷澄堂刻本 十冊

210000－0741－0003905 922.6/2613

晚書訂疑三卷 （清）程延祚撰 清三餘書屋
刻本 二冊

210000－0741－0003906 922.7/1106

春秋屬辭辨例編六十卷首二卷 （清）張應昌
撰 清同治十二年(1873)江蘇書局刻本 三
十二冊

210000－0741－0003907 922.7/1260

逸周書十卷逸周書校正補遺一卷 （晉）孔晁
注 清乾隆五十一年(1786)浙江抱經堂刻本
二冊

210000－0741－0003908 922/4458/06－13

古史六十卷 （宋）蘇轍撰 明萬曆三十九年
(1611)南京國子監刻本 十冊

210000－0741－0003909 922/4458/93－02

古史六十卷 （宋）蘇轍撰 明萬曆三十九年
(1611)南京國子監刻本 八冊

210000－0741－0003910 923.014/4483

漢雋十卷 （宋）林鉞輯 （明）呂元校 明萬
曆十三年(1585)金陵周對峰刻本 四冊

210000－0741－0003911 923.024/1049

漢石存目二卷 （清）王懿榮纂 周秦石存一

卷魏晉石存一卷山左北朝石存目一卷 （清）
尹彭壽纂 清光緒十八年(1892)諸城尹氏斛
經室刻本 一冊

210000－0741－0003912 923.024/8002

兩漢金石記二十二卷 （清）翁方綱撰 清刻
本 十冊

210000－0741－0003913 923.025/2642

三國郡縣表八卷 （清）吳增僅撰 清光緒二
十二年(1896)盱眙吳氏刻本 二冊

210000－0741－0003914 923.027/3430

隸釋二十七卷 （宋）洪适撰 清乾隆四十二
年(1777)錢塘汪日秀樓松書屋刻本 八冊

210000－0741－0003915 923.027/4713

山右石刻叢編四十卷 （清）胡聘之撰 清光
緒二十七年(1901)胡氏刻本 二十四冊

210000－0741－0003916 923.03/3391

歷代世系紀年編一卷 （清）沈炳震撰 清刻
本 一冊

210000－0741－0003917 923.2/3427

漢書評林一百卷 （明）凌稚隆輯校 明萬曆
十一年(1583)余彰德刻本 二十七冊

210000－0741－0003918 923.2/4014

北史一百卷 （唐）李延壽撰 清同治十二年
(1873)南京金陵書局刻本 六冊 存二十三
卷(一至二十三)

210000－0741－0003919 923.2/4464

後漢書一百二十卷 （南朝宋）范曄撰 （唐）
李賢注 （南朝梁）劉昭補注 明崇禎十六年
(1643)琴川毛氏汲古閣刻本 十四冊

210000－0741－0003920 923.2/4464/04－13

後漢書一百二十卷 （南朝宋）范曄撰 （唐）
李賢注 （南朝梁）劉昭補注 明崇禎十六年
(1643)琴川毛氏汲古閣刻本 十冊

210000－0741－0003921 923.2/4464/14－37

後漢書一百二十卷 （南朝宋）范曄撰 （唐）
李賢注 （南朝梁）劉昭補注 明崇禎十六年
(1643)琴川毛氏汲古閣刻本 二十四冊

210000 - 0741 - 0003922　923.2/4464/38 - 53

後漢書一百二十卷　（南朝宋）范曄撰　（唐）李賢注　（南朝梁）劉昭補注　明崇禎十六年（1643）琴川毛氏汲古閣刻本　十六冊

210000 - 0741 - 0003923　923.21/1020/19 - 50

漢書補注一百卷首一卷　王先謙補注　清光緒二十六年（1900）長沙王氏虛受堂刻本　三十二冊

210000 - 0741 - 0003924　923.21/1020/83 - 87

漢書補注一百卷首一卷　王先謙補注　清光緒二十六年（1900）長沙王氏虛受堂刻本　三十二冊

210000 - 0741 - 0003925　923.21/1160

漢書一百二十卷　（漢）班固撰　清同治八年（1869）南京金陵書局刻本　十六冊

210000 - 0741 - 0003926　923.21/1160 - 2/43 - 58

漢書一百二十卷　（漢）班固撰　清光緒十三年（1887）南京金陵書局刻本　十六冊

210000 - 0741 - 0003927　923.21/1160 - 2/55 - 70

漢書一百二十卷　（漢）班固撰　清光緒十三年（1887）南京金陵書局刻本　十六冊

210000 - 0741 - 0003928　923.21/1160 - 3/07 - 22

漢書一百二十卷　（漢）班固撰　清同治十二年（1873）嶺東使署刻本　十六冊

210000 - 0741 - 0003929　923.21/1160 - 3/39 - 54

漢書一百二十卷　（漢）班固撰　清同治十二年（1873）嶺東使署刻本　十六冊

210000 - 0741 - 0003930　923.21/1160 - 3/6089 - 6104

漢書一百二十卷　（漢）班固撰　清同治十二年（1873）嶺東使署刻本　十六冊

210000 - 0741 - 0003931　923.21/1160 - 4/105 - 122

漢書一百二十卷　（漢）班固撰　清同治八年（1869）金谿三讓堂刻本　十八冊

210000 - 0741 - 0003932　923.21/1160 - 5

漢書一百二十卷　（漢）班固撰　明崇禎十五年（1642）毛氏汲古閣刻本　十六冊

210000 - 0741 - 0003933　923.21/1160 - 5）2/197 - 206

漢書一百二十卷　（漢）班固撰　明崇禎十五年（1642）毛氏汲古閣刻本　十冊

210000 - 0741 - 0003934　923.21/1160 - 6/264 - 295

漢書一百二十卷　（漢）班固撰　清同治十年（1871）成都書局刻本　三十二冊

210000 - 0741 - 0003935　923.21/1160 - 7/6057 - 6088

漢書一百二十卷　（漢）班固撰　清光緒二十年（1894）嶺南培遠堂刻本　三十二冊

210000 - 0741 - 0003936　923.21/1160 - 8/6123 - 6154

漢書一百二十卷　（漢）班固撰　清光緒八年（1882）桐城方氏刻本　三十二冊

210000 - 0741 - 0003937　923.21/1160 - 9/8045 - 8060

鍾伯敬先生批評漢書一百卷　（漢）班固撰　（明）鍾惺批評　明崇禎刻本（序至卷四配明崇禎五年陳仁錫評前漢書本）　十六冊

210000 - 0741 - 0003938　923.21/3427/556 - 587

漢書評林一百卷　（明）凌稚隆輯評　清同治十三年（1874）長沙魏氏養翮書屋刻本　三十二冊

210000 - 0741 - 0003939　923.21/3427 - 2/486 - 497

漢書評林一百卷　（明）凌稚隆輯評　清光緒二十七年（1901）上海天章書局石印本　十二冊

210000 - 0741 - 0003940　923.21/4626

兩漢博聞十二卷　（宋）楊侃撰　清光緒上海申報館鉛印申報館叢書本　二冊

210000 - 0741 - 0003941　923.21/7746

漢書注校補五十六卷　（清）周壽昌撰　清光緒十年（1884）思益堂刻本　十四冊

210000－0741－0003942　923.2108/1081/47－60

兩漢紀六十卷 （宋）王銍輯　清光緒二年(1876)嶺南學海堂刻本　十四冊

210000－0741－0003943　923.2108/1081/66－79

兩漢紀六十卷 （宋）王銍輯　清光緒二年(1876)嶺南學海堂刻本　十四冊

210000－0741－0003944　923.22/3433

後漢書纂十二卷 （南朝宋）范曄撰　（明）凌濛初纂　明稽古齋刻本　九冊

210000－0741－0003945　923.22/4464/66－91

後漢書一百二十卷考證 （南朝宋）范曄撰注　清同治十年(1871)成都書局刻本　二十六冊

210000－0741－0003946　923.22/4464/92－19

後漢書一百二十卷考證 （南朝宋）范曄撰注　清同治十年(1871)成都書局刻本　二十八冊

210000－0741－0003947　923.22/4464－2/354－365

後漢書一百二十卷 （南朝宋）范曄撰注　清同治八年(1869)金谿三讓堂刻本　十二冊

210000－0741－0003948　923.22/4464－3/675－690

後漢書一百二十卷 （南朝宋）范曄撰注　清同治十二年(1873)嶺東使署刻本　十六冊

210000－0741－0003949　923.22/4464－4/691－706

後漢書一百二十卷 （南朝宋）范曄撰　清光緒十三年(1887)南京金陵書局刻本　十六冊

210000－0741－0003950　923.22/4464－5/296－303

後漢書一百二十卷 （南朝宋）范曄撰注　清光緒三十一年(1905)上海久敬齋石印本　八冊

210000－0741－0003951　923.22/4464－6

後漢書一百二十卷 （南朝宋）范曄撰　明崇禎十六年(1643)毛氏汲古閣刻本　一冊　存

五卷（四十九至五十三）

210000－0741－0003952　923.22/5045

後漢書補注二十四卷 （清）惠棟撰　清光緒二十年(1894)廣雅書局刻本　十二冊

210000－0741－0003953　923.22/7218/34－37

東觀漢記二十四卷 （漢）劉珍等撰　清道光十年(1830)福建刻本　四冊

210000－0741－0003954　923.22/7218/55－58

東觀漢記二十四卷 （漢）劉珍等撰　清道光十年(1830)福建刻本　四冊

210000－0741－0003955　923.22/7267

續漢書八志三十卷 （南朝梁）劉昭注補　清工書局刻本　二冊

210000－0741－0003956　923.23/3308

三國志旁證三十卷 （清）梁章鉅撰　清光緒十六年(1890)廣州廣雅書局刻本　八冊

210000－0741－0003957　923.23/8324

三國志證聞二卷 （清）錢儀吉撰　清光緒十一年(1885)江蘇書局刻本　二冊

210000－0741－0003958　923.24/7730－2

晉畧六十六卷 （清）周濟撰　清道光十九年(1839)味雋齋刻本　五冊

210000－0741－0003959　923.24/7730－3/48－57

晉畧六十六卷 （清）周濟撰　清光緒二年(1876)味雋齋刻本　十冊

210000－0741－0003960　923.24/7730－3/66－75

晉畧六十六卷 （清）周濟撰　清光緒二年(1876)味雋齋刻本　十冊

210000－0741－0003961　923.25/7748

南北史年表一卷 （清）周嘉猷撰　清光緒十八年(1892)廣雅書局刻本　四冊

210000－0741－0003962　923.251/4014

南史八十卷 （唐）李延壽撰　清乾隆四年(1739)武英殿刻本　二十冊

210000－0741－0003963　923.2514/4260

陳書三十六卷 （唐）姚思廉撰　清道光十六

年(1836)武英殿刻本　六册

210000－0741－0003964　923.2521/0416/974－979
西魏書二十四卷　（清）謝啟昆撰　清乾隆六十年(1795)謝氏樹經堂刻本　六册

210000－0741－0003965　923.2521/0416－2/861－866
西魏書二十四卷附錄一卷　（清）謝啟昆撰　清光緒九年(1883)謝氏樹經堂刻本　六册

210000－0741－0003966　923.2521/0416－3/261－266
西魏書二十四卷附錄一卷　（清）謝啟昆撰　清光緒十八年(1892)溧陽繆氏小峨山館刻本　六册

210000－0741－0003967　923.25－7/7748
南北史捃華八卷　（清）周嘉猷撰　清刻本　八册

210000－0741－0003968　923.3/4030
後漢紀三十卷　（晉）袁宏撰　（清）蔣國祥校　清康熙振鷺堂刻本　十册

210000－0741－0003969　923.4/4498
前漢紀三十卷　（漢）荀悅撰　**後漢紀三十卷**　（晉）袁宏撰　清康熙三十五年(1696)蔣國祚刻五十年(1711)振鷺堂後印本　二十册

210000－0741－0003970　923.61/4443
兩漢雋言十六卷　（宋）林越輯　（明）凌迪知校　明萬曆四年(1576)浙江凌氏桂芝堂刻本　十册

210000－0741－0003971　923/2622/930
漢官舊儀二卷補遺一卷　（漢）衛宏撰　清乾隆三十八年(1773)北京内府刻本　一册

210000－0741－0003972　923/2622/927－929
兩漢刊誤補遺十卷　（宋）吳仁傑撰　清乾隆四十三年(1778)北京内府刻本　三册

210000－0741－0003973　923/2622/931
鄴中記一卷　（晉）陸翽撰　清乾隆四十一年(1776)北京内府刻本　一册

210000－0741－0003974　923/4721
續後漢書九十卷　（元）郝經撰　清乾隆五十年(1785)刻本　二十四册

210000－0741－0003975　924.12/7267
舊唐書二百卷　（五代）劉昫撰　清同治十一年(1872)定遠方氏刻本　六十册

210000－0741－0003976　924.16/1253
唐史論斷三卷　（宋）孫甫撰　清抄本（據宋端平刻本）　四册

210000－0741－0003977　924.16/4432－2/46－49
唐鑑二十四卷附唐鑑音註考異一卷　（宋）范祖禹撰　（宋）呂祖謙音註　（清）胡鳳丹考異　清同治十年(1871)永康胡氏退補齋刻本　四册

210000－0741－0003978　924.16/4432－3/507－510
東萊先生音注唐鑑二十四卷　（宋）范祖禹撰　（宋）呂祖謙音註　清光緒十八年(1892)浙江書局刻本　四册

210000－0741－0003979　924.2/1725
弘簡錄二百五十四卷續四十二卷　（明）邵經邦撰　（清）邵遠平校閱　清康熙二十七年(1688)浙江仁和邵遠平刻本　八十册

210000－0741－0003980　924.2/4014
北齊書五十卷　（唐）李百藥撰　明萬曆三十四年(1606)刻本　八册

210000－0741－0003981　924.2/4445
歐陽文忠公五代史抄二十卷　（明）茅坤批評　明萬曆刻本　九册

210000－0741－0003982　924.2/6030
東萊先生五代史詳節十卷　（宋）呂祖謙撰　明正德十五年(1520)劉弘毅慎獨齋刻本　六册

210000－0741－0003983　924.2/7438
南唐書十八卷家世舊聞一卷齋居紀事一卷　（宋）陸游撰　**南唐書音釋一卷**　（元）戚光撰　明海虞汲古閣刻本　四册

210000－0741－0003984　924.3/2627

十國春秋一百十四卷　（清）吳任臣撰　清康熙十六年（1677）彙賢齋刻本　十六冊

210000－0741－0003985　924.3/2627－2/16－33

十國春秋一百十四卷　（清）吳任臣撰　（清）周昂拾遺備攷　清乾隆五十八年（1793）周氏此宜閣刻本　十八冊

210000－0741－0003986　924.3/2627－2/28－51

十國春秋一百十四卷　（清）吳任臣撰　（清）周昂拾遺備攷　清乾隆五十八年（1793）周氏此宜閣刻本　二十四冊

210000－0741－0003987　924.3/2627－2/71－90

十國春秋一百十四卷　（清）吳任臣撰　（清）周昂拾遺備攷　清乾隆五十八年（1793）周氏此宜閣重校刻本　二十冊

210000－0741－0003988　924.32/4463/723－732

南唐書合刻四十八卷　（清）蔣國祥等輯　清同治十三年（1874）盱南蔣氏三餘書屋刻本　十冊

210000－0741－0003989　924.32/4463－2/2096－2101

南唐書合刻四十八卷　（清）蔣國祥等輯　清振鷺堂刻本　六冊　存十八卷（一至十八）

210000－0741－0003990　924.3304/8326

吳越備史四卷首一卷　（宋）錢儼撰　（清）席世臣訂　清道光二年（1822）掃葉山房刻本　二冊

210000－0741－0003991　924.36/3314

南漢書十八卷　（清）梁廷枏撰　（清）倫慶常校勘　清道光九年（1829）梁氏刻本　八冊

210000－0741－0003992　924.4/4432

東萊先生音註唐鑑二十四卷唐歷代紀元歷代傳世圖進唐鑑表　（宋）范祖禹譔　（宋）呂祖謙注　明弘治十年（1497）呂鐘刻本　八冊

210000－0741－0003993　924.4/4736

春秋胡傳三十卷　（宋）胡安國撰　清明善堂刻本　八冊

210000－0741－0003994　924.6/7772

歐陽文忠公五代史抄二十卷　（明）茅坤輯　明萬曆七年至崇禎十七年（1579－1644）刻朱墨套印本　十冊

210000－0741－0003995　925.04/4400

宋元通鑑一百五十七卷　（明）薛應旂編　明刻本　四十冊

210000－0741－0003996　925.08/0047

宋遼金元別史五種　（清）席世臣輯　清乾隆六十年至嘉慶三年（1795－1798）席氏掃葉山房刻本　四十二冊

210000－0741－0003997　925.104/2844/44－83

三朝北盟會編二百五十卷　（宋）徐夢莘撰　清宣統二年（1910）四川清苑許涵度刻本　四十冊

210000－0741－0003998　925.104/2844/85－24

三朝北盟會編二百五十卷　（宋）徐夢莘撰　清宣統二年（1910）四川清苑許涵度刻本　四十冊

210000－0741－0003999　925.105/7556/53－72

宋史紀事本末一百九卷　（明）陳邦瞻撰　（明）張溥評校　清同治十三年（1874）江西書局刻本　二十冊

210000－0741－0004000　925.105/7556－2/35－58

宋史紀事本末一百九卷　（明）陳邦瞻撰　（明）張溥評校　清光緒十三年（1887）廣雅書局刻本　二十四冊

210000－0741－0004001　925.1102/1022/41－45

東都事略一百三十卷　（宋）王偁撰　清刻本　二十冊

210000－0741－0004002　925.1102/1022/52－59

東都事略一百三十卷　（宋）王偁撰　清刻本　八冊

210000－0741－0004003　925.1104/4040/2032－2115

續資治通鑑長編五百二十卷　（宋）李燾撰　清嘉慶二十四年（1819）昭文張氏愛日精盧木

活字本　八十四冊

210000 - 0741 - 0004004　925.1104/4040 - 2/
6019 - 6148

續資治通鑑長編五百二十卷　（宋）李燾撰
清光緒七年（1881）浙江書局刻本　一百二
十冊

210000 - 0741 - 0004005　925.1107/1024

靖康紀聞一卷拾遺一卷　（宋）丁特起撰　清
嘉慶十年（1805）虞山張氏照曠閣刻本　一冊

210000 - 0741 - 0004006　925.1204/4032

建炎以來繫年要錄二百卷　（宋）李心傳撰
清光緒二十六年（1900）廣雅書局刻本　四十
六冊

210000 - 0741 - 0004007　925.1207/0000

南渡錄四卷附錄一卷　（宋）辛棄疾撰　清光
緒六年（1880）刻本　二冊

210000 - 0741 - 0004008　925.1207/4032

建炎以來朝野雜記甲集二十卷乙集二十卷
（宋）李心傳撰　清道光五年（1825）李朝夔刻
本　八冊

210000 - 0741 - 0004009　925.2/7878

金史一百三十五卷　（元）脫脫等修　明嘉靖
八年（1529）南京國子監刻清順治、康熙間遞
修本　二十冊

210000 - 0741 - 0004010　925.203/4473

契丹國志二十七卷　（宋）葉隆禮撰　**大金國
志四十卷**　（宋）宇文懋昭撰　清嘉慶南沙席
氏掃葉山房刻本　八冊

210000 - 0741 - 0004011　925.204/4755

遼金元三史國語解四十六卷　（清）高宗弘曆
撰　清光緒四年（1878）江蘇書局刻本　十冊

210000 - 0741 - 0004012　925.2102/7167

遼史拾遺二十四卷補四卷　（清）厲鶚撰　清
道光元年（1821）錢塘汪氏振綺堂刻本　八冊

210000 - 0741 - 0004013　925.2105/4049/07 - 26

**遼史紀事本末四十卷首一卷末一卷金史紀事
本末五十二卷首一卷末一卷**　（清）李有棠編

纂　清光緒二十九年（1903）李杼鄂樓刻本
二十冊

210000 - 0741 - 0004014　925.2105/4049/28 - 47

**遼史紀事本末四十卷首一卷末一卷金史紀事
本末五十二卷首一卷末一卷**　（清）李有棠編
纂　清光緒二十九年（1903）李杼鄂樓刻本
二十冊

210000 - 0741 - 0004015　925.2105/4049 - 2

**遼史紀事本末四十卷首一卷末一卷金史紀事
本末五十二卷首一卷末一卷**　（清）李有棠撰
清光緒二十七年（1901）廣雅書局刻本　十
二冊

210000 - 0741 - 0004016　925.2105/4049 -
3/00 - 09

遼史紀事本末四十卷金史紀事本末五十二卷
（清）李有棠撰　清光緒十九年（1893）同文
書局石印本　十冊

210000 - 0741 - 0004017　925.2105/4049 -
3/62 - 71

遼史紀事本末四十卷金史紀事本末五十二卷
（清）李有棠撰　清光緒十九年（1893）同文
書局石印本　十冊

210000 - 0741 - 0004018　925.2205/1188

西夏紀事本末三十六卷　（清）張鑑撰　清光
緒十一年（1885）金陵仁和譚氏刻本　三冊

210000 - 0741 - 0004019　925.2302/0863

金史詳校十卷　（清）施國祁撰　清光緒六年
（1880）會稽章氏刻本　十冊

210000 - 0741 - 0004020　925.2302/5245

金史一百三十五卷　（元）托克托等撰　清光
緒十四年（1888）成都尊經書局刻本　二十
四冊

210000 - 0741 - 0004021　925.3/1022

東都事略一百三十卷　（宋）王稱撰　清乾隆
蘇州寶華堂刻本　二十四冊

210000 - 0741 - 0004022　925.302/8000

元書一百二卷首一卷　（清）曾廉撰　清宣統

三年(1911)層漪堂刻本　　二十冊

210000－0741－0004023　925.303/2527
元朝秘史十卷續集二卷　（元）脫察安撰　清光緒三十四年(1908)長沙葉氏觀古堂刻本　六冊

210000－0741－0004024　925.303/3487/30－33
元史譯文證補三十卷　（清）洪鈞撰　清光緒二十三年(1897)元和陸潤庠刻本　四冊　原缺九卷(七至八、十三、十六至十七、十九、二十一、二十五、二十八)

210000－0741－0004025　925.303/3487/36－39
元史譯文證補三十卷　（清）洪鈞撰　清光緒二十三年(1897)元和陸潤庠刻本　四冊　原缺九卷(七至八、十三、十六至十七、十九、二十一、二十五、二十八)

210000－0741－0004026　925.303/3487/43－46
元史譯文證補三十卷　（清）洪鈞撰　清光緒二十三年(1897)元和陸潤庠刻本　四冊　原缺九卷(七至八、十三、十六至十七、十九、二十一、二十五、二十八)

210000－0741－0004027　925.303/3487－2
元史譯文證補三十卷　（清）洪鈞撰　清光緒二十九年(1903)上海文瑞樓石印本　四冊

210000－0741－0004028　925.303/4006/299－302
元朝秘史十五卷　（清）李文田注　清光緒石印本　四冊

210000－0741－0004029　925.303/4006－2/168－171
元朝秘史十五卷　（清）李文田注　清光緒二十九年(1903)上海文瑞樓石印本　四冊

210000－0741－0004030　925.305/2123
校正元親征錄一卷　（清）何秋濤校正　清光緒二十二年(1896)桐廬袁氏刻本　一冊

210000－0741－0004031　925.305/7556/93－96
元史紀事本末二十七卷　（明）陳邦瞻編輯（明）張溥論正　清同治十三年(1874)江西書局刻本　四冊

210000－0741－0004032　925.305/7556－2/504－509
元史紀事本末二十七卷　（明）陳邦瞻原編（明）臧懋循補輯　（明）張溥論正　清同治七年(1868)朝宗書室木活字本　六冊

210000－0741－0004033　925.305/7556－3/63－65
元史紀事本末二十七卷　（明）陳邦瞻編輯（明）張溥論正　清光緒十三年(1887)廣雅書局刻紀事本末彙刻本　三冊

210000－0741－0004034　925.305/7556－3/71－74
元史紀事本末二十七卷　（明）陳邦瞻編輯（明）張溥論正　清光緒十三年(1887)廣雅書局刻紀事本末彙刻本　四冊

210000－0741－0004035　925.305/7556－3/96－98
元史紀事本末二十七卷　（明）陳邦瞻撰（明）張溥論正　清光緒十三年(1887)廣雅書局刻紀事本末彙刻本　三冊

210000－0741－0004036　925.305/7556－4/511－512
元史紀事本末二十七卷　（明）陳邦瞻撰（明）張溥論正　清康熙十八年(1679)張聞昇刻本　二冊

210000－0741－0004037　925.4/1033
宋元資治通鑑六十四卷　（明）王宗沐編（明）吳勉學校　明隆慶刻本　十六冊

210000－0741－0004038　926.08/2734
明季遺聞四卷　（清）鄒漪輯　清順治十四年(1657)孋華書局刻本　四冊

210000－0741－0004039　926.08/4233
蜀碧四卷附記一卷　（清）彭遵泗撰　清乾隆刻本　二冊

210000－0741－0004040　926.2/1032/541－605
明史藁三百十卷首五卷　（清）王鴻緒刪訂　清掃葉山房刻本　六十五冊

210000－0741－0004041　926.2/1032/425－488
明史藁三百十卷目錄三卷　（清）王鴻緒編撰

清雍正敬慎堂刻本　六十四冊

210000－0741－0004042　926.2/3410

南天痕二十六卷附錄一卷　（清）凌雪纂修
清宣統二年(1910)上海復古社鉛印本　六冊

210000－0741－0004043　926.2/3627

南疆繹史勘本五十八卷　（清）溫睿臨撰　清
末北京琉璃廠半松居士刻本　十六冊

210000－0741－0004044　926.3/2552

重鐫朱青巖先生擬編明紀輯畧十六卷　（清）
朱璘輯　清康熙三十五年(1696)聚錦堂刻本
十六冊

210000－0741－0004045　926.3/3603

潛菴先生擬明史稿二十卷　（清）湯斌撰
（清）田蘭芳評　清康熙二十七年(1688)田蘭
芳刻本　十二冊

210000－0741－0004046　926.3/7334/01－20

荊駝逸史四十七冊　（清）陳湖逸士輯　清雍
正十年(1732)刻本　二十冊

210000－0741－0004047　926.3/7334/57－76

荊駝逸史四十七冊　（清）陳湖逸士輯　清雍
正十年(1732)刻本　二十冊

210000－0741－0004048　926.4/1099/25－64

明通鑑九十卷首一卷前編四卷附編六卷
（清）夏燮編　清光緒二十三年(1897)湖北官
書處校刻本　四十冊

210000－0741－0004049　926.4/1099/34－73

明通鑑九十卷首一卷前編四卷附編六卷
（清）夏燮編　清光緒二十三年(1897)湖北官
書處校刻本　四十冊

210000－0741－0004050　926.4/1099－2

明通鑑九十卷首一卷前編四卷附記六卷
（清）夏燮撰　清光緒二十九年(1903)上海點
石齋石印本　十六冊

210000－0741－0004051　926.4/1111

御撰資治通鑑綱目三編二十卷　（清）張廷玉
等撰　清光緒三十年(1904)酉記書局刻本
六冊

210000－0741－0004052　926.4/2840

小腆紀年坿攷二十卷　（清）徐鼒撰　清光緒
四年(1878)京都龍威閣刻本　十二冊

210000－0741－0004053　926.4/5235/21－30

欽定明鑑二十四卷首一卷　（清）托津等撰
清同治九年(1870)湖北崇文書局刻本　十冊

210000－0741－0004054　926.4/5235/68－77

欽定明鑑二十四卷首一卷　（清）托津等撰
清同治九年(1870)湖北崇文書局刻本　十冊

210000－0741－0004055　926.4/7547/284－303

明紀六十卷　（清）陳鶴撰　清同治十年
(1871)江蘇書局刻本　二十冊

210000－0741－0004056　926.4/7547/500－519

明紀六十卷　（清）陳鶴撰　清同治十年
(1871)江蘇書局刻本　二十冊

210000－0741－0004057　926.4/7547/819－838

明紀六十卷　（清）陳鶴撰　清同治十年
(1871)江蘇書局刻本　二十冊

210000－0741－0004058　926.4/7547－2

明紀六十卷　（清）陳鶴撰　清光緒十六年
(1890)上海積山書局石印本　六冊

210000－0741－0004059　926.5/2623/39－43

綏寇紀略十二卷補遺三卷　（清）吳偉業撰
清嘉慶十四年(1809)琴川張氏照曠閣刻本
五冊

210000－0741－0004060　926.5/2623/74－81

綏寇紀略十二卷補遺三卷　（清）吳偉業撰
清嘉慶十四年(1809)琴川張氏照曠閣刻本
八冊

210000－0741－0004061　926.5/8005

明史紀事本末八十卷　（清）谷應泰編撰　清
同治十三年(1874)江西書局刻本　二十冊

210000－0741－0004062　926.5/8005/47－70

明史紀事本末八十卷　（清）谷應泰編撰　清
順治十五年(1658)築益堂刻本　二十四冊

210000－0741－0004063　926.5/8005/80－99

明史紀事本末八十卷　（清）谷應泰編撰　清

順治十五年（1658）築益堂刻本　二十冊

210000－0741－0004064　926.5/8005－2/43－58

明史紀事本末八十卷　（清）谷應泰編撰　清光緒十三年（1887）廣雅書局刻本　十六冊

210000－0741－0004065　926.5/8005－2/59－74

明史紀事本末八十卷　（清）谷應泰編撰　清光緒十三年（1887）廣雅書局刻本　十六冊

210000－0741－0004066　926.5/8005－2/1975－2000

明史紀事本末八十卷　（清）谷應泰編撰　清光緒十三年（1887）廣雅書局刻本　二十六冊

210000－0741－0004067　926.6/4294

明史論略六卷　（清）彭焯南撰　清光緒二年（1876）古梅草廬刻本　三冊

210000－0741－0004068　926.7/1042

弇山堂別集一百卷　（明）王世貞撰　明萬曆十八年（1590）金陵刻本　二十冊

210000－0741－0004069　926.7/1138

臨安旬制紀三卷附全浙詩話刊誤一卷　（清）張道撰　清光緒六年（1880）湖北崇文書局刻本　一冊

210000－0741－0004070　926.7/1712/194

東南紀事十二卷　（清）邵廷采撰　（清）徐榦校刊　清光緒十年（1884）邵武徐氏刻本　一冊

210000－0741－0004071　926.7/1712/195

西南紀事十二卷　（清）邵廷采撰　（清）徐榦校刊　清光緒十年（1884）邵武徐氏刻本與210000－0741－0004070 合冊

210000－0741－0004072　926.7/2527

殘明紀事不分卷　（明）□□撰　清宣統三年（1911）上海國學扶輪社鉛印本　一冊

210000－0741－0004073　926.7/2608

兩朝剝復錄六卷首一卷　（明）吳應箕輯（清）夏燮校證　清同治二年（1863）當塗夏氏江西省寓刻本　四冊

210000－0741－0004074　926.7/3365

海角遺編二卷　（清）漫游野史撰　清抄本一冊

210000－0741－0004075　926.7/4233/818－819

蜀碧四卷　（清）彭遵泗撰　清肇經堂刻本二冊

210000－0741－0004076　926.7/4233－2/494－495

蜀碧四卷附記一卷　（清）彭遵泗撰　清刻本二冊

210000－0741－0004077　926.7/8376

甲申傳信錄十卷　（清）錢軹撰　清光緒三年（1877）上海申報館鉛印本　二冊

210000－0741－0004078　926.708/2619

勝朝遺事初編六卷二編八卷　（清）吳彌光輯　清道光二十二年（1842）吳氏芬陀羅館刻本　三十二冊

210000－0741－0004079　926.708/7174/415－426

明季稗史彙編十六種二十七卷　（清）留雲居士輯　清都城琉璃廠木活字本　十二冊

210000－0741－0004080　926.708/7174－2/388－393

明季稗史彙編十六種二十七卷　（清）留雲居士輯　清光緒十三年（1887）上海圖書集成印書局鉛印本　六冊

210000－0741－0004081　926.708/7174－3/58－63

明季稗史彙編十六種二十七卷　（清）留雲居士輯　清光緒二十二年（1896）上海圖書集成印書局鉛印本　六冊

210000－0741－0004082　926.708/7174－3/64－69

明季稗史彙編十六種二十七卷　（清）留雲居士輯　清光緒二十二年（1896）上海圖書集成印書局鉛印本　六冊

210000－0741－0004083　926.708/7174－3/99－04

明季稗史彙編十六種二十七卷　（清）留雲居士輯　清光緒二十二年（1896）上海圖書集成印書局鉛印本　六冊

210000－0741－0004084　926.708/7334

重校荊駝逸史五十種　（清）陳湖逸士輯　清道光古槐山房木活字本　三十二冊

210000－0741－0004085　926.708/7727

陸沈叢書四種　（清）□□輯　清光緒二十九年（1903）石印本　一冊

210000－0741－0004086　927.08/0213

交山平寇本末三卷　（清）夏駟撰　（清）陸慶臻評　清抄本　三冊

210000－0741－0004087　927.08/1023

上諭內閣一百五十九卷　（清）允祿校刻（清）弘晝編次　清乾隆內府刻本　三十冊

210000－0741－0004088　927.08/1076

交山平寇本末三卷　（清）夏駟撰　（清）陸慶臻評　清康熙十一年（1672）抄本　三冊

210000－0741－0004089　927.1/5026/01－06

中國六十年戰史十三章　（英國）愛特倫斯著（清）史悠明譯　清光緒二十九年（1903）上海美華書館鉛印本　六冊

210000－0741－0004090　927.1/5026/71－76

中國六十年戰史十三章　（英國）愛特倫斯著（清）史悠明譯　清光緒二十九年（1903）上海美華書館鉛印本　六冊

210000－0741－0004091　927.3/7144

皇清開國方略三十二卷首一卷　（清）阿桂撰　清乾隆五十一年（1786）武英殿刻本　十六冊

210000－0741－0004092　927.3/7431/706

八紘荒史一卷　（清）陸次雲撰　（清）趙臣瑗校　（清）曹沇訂　清康熙二十二年（1683）刻本　一冊

210000－0741－0004093　927.3/7431/704－705

八紘譯史四卷　（清）陸次雲撰　（清）貢煒校　（清）曹沇訂　清康熙二十二年（1683）刻本　一冊

210000－0741－0004094　927.3/7431/707

峒谿纖志三卷　（清）陸次雲撰　（清）朱廷鉉校　（清）曹沇訂　清康熙二十二年（1683）刻

本　一冊

210000－0741－0004095　927.3/7431/708－2

譯史紀餘四卷　（清）陸次雲輯　（清）孫允升校　（清）曹沇訂　清康熙二十二年（1683）刻本　一冊

210000－0741－0004096　927.3/7431/709

玉山詞一卷　（清）陸次雲撰　（清）尤侗（清）秦松齡評　清康熙二十二年（1683）刻本　一冊

210000－0741－0004097　927.3/7431/708－1

峒谿纖志志餘一卷　（清）陸次雲撰　（清）朱廷鉉校　（清）曹沇訂　清康熙二十二年（1683）刻本　一冊

210000－0741－0004098　927.4/1020

[天命至咸豐]十朝東華全錄四百九十四卷　王先謙編　清光緒十六年（1890）北京善成堂鋪刻本　一百四十冊

210000－0741－0004099　927.4/1020－2

[天命至道光]九朝東華錄四百二十五卷　王先謙編　清光緒十年（1884）長沙王氏刻本　一百六十冊

210000－0741－0004100　927.4/1020－2/476－551

[天命至道光]九朝東華錄四百九十四卷　王先謙編　清光緒十三年（1887）上海廣百宋齋鉛印本　七十六冊

210000－0741－0004101　927.4/1020－2/594－621,626－661,680－693

[天命至道光]九朝東華錄四百九十四卷　王先謙編　清光緒十三年（1887）上海廣百宋齋鉛印本　七十二冊　缺二十三卷（天命一至四、天聰一至十一、崇德一至八）

210000－0741－0004102　927.4/1020－3

咸豐朝東華續錄一百卷　王先謙編　清光緒十五年（1889）會稽陶氏籀三倉室刻本　六十冊

210000－0741－0004103　927.4/1020－4

[天命至咸豐]十朝東華錄五百九十四卷　王先謙編　清光緒二十五年(1899)石印本　六十四冊

210000－0741－0004104　927.4/1020－5

咸豐朝東華續錄一百卷　王先謙編　清光緒十八年(1892)上海圖書集成印書局石印本　三十二冊

210000－0741－0004105　927.4/1020－6

咸豐朝東華續錄六十九卷　王先謙編　清光緒二十五年(1899)上海圖書集成印書局石印本　十六冊

210000－0741－0004106　927.4/1020－7/263－286

同治東華續錄一百卷　王先謙編　清光緒二十四年(1898)文瀾書局石印本　二十四冊

210000－0741－0004107　927.4/1020－7/662－685

同治東華續錄一百卷　王先謙編　清光緒二十四年(1898)文瀾書局石印本　二十四冊

210000－0741－0004108　927.4/1020－8

同治朝東華續錄一百卷　王先謙編　清光緒二十五年(1899)公記書莊石印本　二十四冊

210000－0741－0004109　927.4/1020－9/004－067

光緒朝東華續錄二百二十卷　(清)朱壽朋編撰　清宣統元年(1909)上海集成圖書公司鉛印本　六十四冊

210000－0741－0004110　927.4/1020－9/335－398

光緒朝東華續錄二百二十卷　(清)朱壽朋編撰　清宣統元年(1909)上海集成圖書公司鉛印本　六十四冊

210000－0741－0004111　927.4/1020－9/530－593

光緒朝東華續錄二百二十卷　(清)朱壽朋編撰　清宣統元年(1909)上海集成圖書公司鉛印本　六十四冊

210000－0741－0004112　927.4/2134

[天命至同治]十一朝東華錄分類輯要二十四卷　(清)何良棟撰　清光緒二十九年(1903)鴻寶書局石印本　二十四冊

210000－0741－0004113　927.4/2740

[天命至同治]十一朝東華錄詳節二十四卷　(清)鄔樹庭編　清光緒二十六年(1900)上海東文學堂石印本　十六冊

210000－0741－0004114　927.4/4437

[光緒]東華錄十六卷　(清)蔣良騏撰　清抄本　八冊

210000－0741－0004115　927.4/8033

能一編二卷首一卷　(清)金安清撰　清光緒二年(1876)鉛印本　二冊

210000－0741－0004116　927.5/1099－2/378－385

中西紀事二十四卷　(清)夏燮撰　清光緒十三年(1887)鉛印本　八冊

210000－0741－0004117　927.5/1099－3/212－219

中西紀事二十四卷　(清)夏燮撰　清光緒二十三年(1897)慎記書莊石印本　八冊

210000－0741－0004118　927.5/1099－4/448

中西紀事二十四卷　(清)夏燮撰　清咸豐十年(1860)刻本　一冊　存三卷(六至八)

210000－0741－0004119　927.5/2631－2/842－853

聖武記十四卷　(清)魏源撰　清道光二十二年(1842)魏氏古微堂刻本　十二冊

210000－0741－0004120　927.5/2631－3/647－685

聖武記十四卷　(清)魏源撰　清道光二十六年(1846)魏氏古微堂刻本　十二冊

210000－0741－0004121　927.5/2631－4/30－41

聖武記十四卷　(清)魏源撰　清刻本　十二冊

210000－0741－0004122　927.5/2631－4/50－61

聖武記十四卷　（清）魏源撰　清刻本　十二冊

210000－0741－0004123　927.5/2631－4/51－62
聖武記十四卷　（清）魏源撰　清刻本　十二冊

210000－0741－0004124　927.5/2631－4/62－73
聖武記十四卷　（清）魏源撰　清刻本　十二冊

210000－0741－0004125　927.5/2631－5
聖武記十四卷　（清）魏源撰　清光緒五年（1879）魏氏古香閣刻本　十二冊

210000－0741－0004126　927.5/2631－6/10－17
聖武記十四卷　（清）魏源撰　清刻本　八冊

210000－0741－0004127　927.5/2631－6/18－25
聖武記十四卷　（清）魏源撰　清刻本　八冊

210000－0741－0004128　927.5/2631－6/38－49
聖武記十四卷　（清）魏源撰　清刻本　十二冊

210000－0741－0004129　927.5/2631－6/68－79
聖武記十四卷　（清）魏源撰　清刻本　十二冊

210000－0741－0004130　927.5/2631－6/80－89
聖武記十四卷　（清）魏源撰　清刻本　十冊

210000－0741－0004131　927.5/2631－6/90－99
聖武記十四卷　（清）魏源撰　清刻本　十冊

210000－0741－0004132　927.5/2631－8
聖武記十四卷　（清）魏源撰　清刻本　十冊

210000－0741－0004133　927.5/2631－9/27－36
聖武記十四卷　（清）魏源撰　清光緒四年（1878）上海申報館鉛印本　十冊

210000－0741－0004134　927.5/2631－9/58－67
聖武記十四卷　（清）魏源撰　清光緒四年（1878）上海申報館鉛印本　十冊

210000－0741－0004135　927.5/4679/66
三藩紀事本末四卷　（清）楊陸榮撰　清康熙五十六年（1717）刻本　一冊

210000－0741－0004136　927.5/4679/69－70
三藩紀事本末四卷　（清）楊陸榮撰　清康熙五十六年（1717）刻本　二冊

210000－0741－0004137　927.5/4917
皇朝武功紀盛四卷簷曝雜記六卷　（清）趙翼撰　清光緒三年（1877）壽考堂刻本　三冊

210000－0741－0004138　927.6/2700
皇朝謚法考五卷續編一卷內閣撰擬文字二卷　（清）鮑康輯　清同治三年（1864）鮑氏刻本　三冊

210000－0741－0004139　927.6/9913/30
義和拳教門源流考不分卷　勞乃宣撰　清光緒刻本　一冊

210000－0741－0004140　927.6/9913/57
義和拳教門源流考不分卷　勞乃宣撰　清光緒刻本　一冊

210000－0741－0004141　927.7/0010
南巡盛典一百二十卷　（清）高晉撰　清光緒八年（1882）上海點石齋石印本　八冊

210000－0741－0004142　927.7/0047
康熙政要二十四卷　（清）章梫纂　清宣統二年（1910）鉛印本　十二冊

210000－0741－0004143　927.7/0491
金陵癸甲摭談一卷　（清）謝介鶴撰　清咸豐七年（1857）映雪書屋刻本　一冊

210000－0741－0004144　927.7/1001/108－113
熙朝紀政（石渠餘紀）六卷　（清）王慶雲撰　清光緒二十四年（1898）刻本　六冊

210000－0741－0004145　927.7/1001－2/432－437
石渠餘紀六卷　（清）王慶雲纂　清光緒十四年（1888）寧鄉黃氏石印本　六冊

210000－0741－0004146　927.7/1001－3/515－518
熙朝紀政四卷　（清）王慶雲撰　清光緒二十八年（1902）山東書局鉛印本　四冊

210000－0741－0004147　927.7/1033

求闕齋弟子記三十二卷 （清）王定安撰 清光緒刻本 十六冊

210000－0741－0004148 927.7/1064

滄城殉難錄四卷 （清）王國均撰 清同治元年（1862）刻本 二冊

210000－0741－0004149 927.7/1087

天咫偶聞十卷 （清）震鈞撰 清光緒三十三年（1907）甘棠轉舍刻本 八冊

210000－0741－0004150 927.7/1099

中日戰輯圖攷六卷 （清）王炳耀輯 清光緒二十二年（1896）上海書局石印本 四冊

210000－0741－0004151 927.7/1099/26－31

中西紀事二十四卷 （清）夏燮撰 清同治四年（1865）刻本 六冊

210000－0741－0004152 927.7/1099/36－41

中西紀事二十四卷 （清）夏燮撰 清同治四年（1865）刻本 六冊

210000－0741－0004153 927.7/1099/60－65

中西紀事二十四卷 （清）夏燮撰 清同治四年（1865）刻本 六冊

210000－0741－0004154 927.7/1458

繪圖掃蕩倭寇紀要初集不分卷 （□）□□撰 清末石印本 四冊

210000－0741－0004155 927.7/2113

庚子教會華人流血史（國朝拳匪紀實）二卷 柴蓮馥編輯 清宣統三年（1911）上海聖書會鉛印本 一冊

210000－0741－0004156 927.7/2242/14

京津拳匪紀略八卷前編二卷后編二卷 （清）僑析生撰 清光緒二十七年（1901）香港書局石印本 一冊

210000－0741－0004157 927.7/2242/38－43

京津拳匪紀略八卷前編二卷后編二卷圖一卷 （清）僑析生撰 清光緒二十七年（1901）香港書局石印本 六冊

210000－0741－0004158 927.7/2242－2/32－37

拳匪紀略八卷前編二卷后編二卷圖一卷 （清）僑析生撰 清光緒二十九年（1903）上洋書局石印本 六冊

210000－0741－0004159 927.7/2242－2/98－03

拳匪紀略八卷前編二卷后編二卷圖一卷 （清）僑析生撰 清光緒二十九年（1903）上洋書局石印本 六冊

210000－0741－0004160 927.7/2641

金鄉紀事四卷首一卷 （清）吳楷撰 清嘉慶刻本 一冊

210000－0741－0004161 927.7/2648/25－26

剿逆圖考二卷 （清）吳嘉猷繪 清光緒十八年（1892）上海書局石印本 二冊

210000－0741－0004162 927.7/2648/70－71

剿逆圖考二卷 （清）吳嘉猷繪 清光緒十八年（1892）上海書局石印本 二冊

210000－0741－0004163 927.7/2788

拳匪紀事六卷 （日本）佐原篤介編輯 清光緒二十七年（1901）鉛印本 六冊

210000－0741－0004164 927.7/3048

皇朝掌故讀本二卷 （清）寶士鏞撰 清光緒二十九年（1903）上海文明書局鉛印本 二冊

210000－0741－0004165 927.7/3077

直省洋教成案不分卷 （□）□□撰 清光緒刻本 一冊

210000－0741－0004166 927.7/3100/458－459

盾鼻隨聞錄八卷 （清）汪堃撰 清光緒元年（1875）不懼无悶齋刻本 二冊

210000－0741－0004167 927.7/3100－2/907－910

抄報隨聞錄十卷 （清）汪堃撰 清同治二年（1863）刻本 四冊

210000－0741－0004168 927.7/3308－2/13－18

樞垣記略二十八卷 （清）梁章鉅撰 （清）朱智補 清光緒元年（1875）鉛印本 六冊

210000－0741－0004169 927.7/3308－2/70－75

樞垣記略二十八卷 （清）梁章鉅撰 （清）朱智補 清光緒元年（1875）鉛印本 六冊

210000－0741－0004170　927.7/3408/19

中東戰紀一卷　（清）洪棄父纂　清光緒三十二年(1906)鉛印本　一冊

210000－0741－0004171　927.7/3408/20

中東戰紀一卷　（清）洪棄父纂　清光緒三十二年(1906)鉛印本　一冊

210000－0741－0004172　927.7/3408/21

中東戰紀一卷　（清）洪棄父纂　清光緒三十二年(1906)鉛印本　一冊

210000－0741－0004173　927.7/3408/22

中東戰紀一卷　（清）洪棄父纂　清光緒三十二年(1906)鉛印本　一冊

210000－0741－0004174　927.7/3408/22－23

臺灣戰紀(瀛海偕亡記)二卷　（清）洪棄父纂　清光緒三十二年(1906)鉛印本　二冊

210000－0741－0004175　927.7/3408/26－27

臺灣戰紀(瀛海偕亡記)二卷　（清）洪棄父纂　清光緒三十二年(1906)鉛印本　二冊

210000－0741－0004176　927.7/3408/34－35

臺灣戰紀(瀛海偕亡記)二卷　（清）洪棄父纂　清光緒三十二年(1906)鉛印本　二冊

210000－0741－0004177　927.7/3408/65－66

臺灣戰紀(瀛海偕亡記)二卷　（清）洪棄父纂　清光緒三十二年(1906)鉛印本　二冊

210000－0741－0004178　927.7/3408/67－68

臺灣戰紀(瀛海偕亡記)二卷　（清）洪棄父纂　清光緒三十二年(1906)鉛印本　二冊

210000－0741－0004179　927.7/3408/87－88

臺灣戰紀(瀛海偕亡記)二卷　（清）洪棄父纂　清光緒三十二年(1906)鉛印本　二冊

210000－0741－0004180　927.7/3408/89

中東戰紀一卷　（清）洪棄父纂　清光緒三十二年(1906)鉛印本　一冊

210000－0741－0004181　927.7/3441

債城始末錄(京口債城錄)一卷　（清）法芝瑞撰　清光緒三十四年(1908)丹徒陶氏刻本　一冊

204

210000－0741－0004182　927.7/3448

清秘述聞十六卷　（清）法式善編　清嘉慶四年(1799)刻本　六冊

210000－0741－0004183　927.7/4040/8073

思痛記二卷　（清）李圭撰　清光緒六年(1880)師一齋刻本　一冊

210000－0741－0004184　927.7/4040/8078－8079

鴉片事略二卷　（清）李圭纂　清光緒二十一年(1895)海寧州署刻本　二冊

210000－0741－0004185　927.7/4071

教務紀略四卷首一卷末一卷　（清）李剛己撰　清光緒三十一年(1905)南洋官報局刻本　五冊

210000－0741－0004186　927.7/4204

軍機故事二卷　（清）姚文棟撰　清光緒七年(1881)謨觴室刻本　一冊

210000－0741－0004187　927.7/4403/36－39,41－42

平定粵匪紀略(蕩平髮逆記)十八卷附記四卷　（清）杜文瀾纂輯　清光緒七年(1881)刻本　六冊

210000－0741－0004188　927.7/4403/37－44

平定粵匪紀略(蕩平髮逆記)十八卷附記四卷　（清）杜文瀾纂輯　清光緒七年(1881)刻本　八冊

210000－0741－0004189　927.7/4403－2/539－544

平定粵匪紀略十八卷附記四卷　（清）杜文瀾纂輯　清光緒上海申報館刻本　六冊

210000－0741－0004190　927.7/4403－3/427－430

蕩平髮逆圖記二十二卷首一卷　（清）杜文瀾撰　（清）白雲山人繪圖　清光緒十四年(1888)上海漱六山莊石印本　四冊

210000－0741－0004191　927.7/4403－4/897－900

蕩平髮逆圖記二十二卷首一卷 （清）杜文瀾撰 （清）白雲山人繪 清光緒鉛印本 四冊

210000－0741－0004192 927.7/4403－5/357－362

平定粵匪紀略十八卷附記四卷 （清）杜文瀾纂輯 清同治十年(1871)京都聚珍齋刻本 六冊 存十卷(一至十)

210000－0741－0004193 927.7/4410

中東戰紀本末初編八卷續編四卷三編四卷文學興國策二卷 （美國）林樂知著譯 （清）蔡爾康纂輯 清光緒二十二年(1896)上海圖書集成局鉛印本 十六冊

210000－0741－0004194 927.7/4634

西巡回鑾始末記六卷 （日本）吉田良太郎譯 （清）八詠樓主人輯錄 清光緒三十二年(1906)上海書局石印本 三冊

210000－0741－0004195 927.7/5344/415－416

靖逆記六卷 （清）盛大士纂 清嘉慶二十五年(1820)正道堂刻本 二冊

210000－0741－0004196 927.7/5344－2/891－892

靖逆記六卷 （清）盛大士撰 清道光元年(1821)刻本 二冊

210000－0741－0004197 927.7/5344－3/057－058

靖逆記六卷 （清）盛大士撰 清道光二年(1822)刻本 二冊

210000－0741－0004198 927.7/5560

十三日備嘗記一卷 （清）曹晟撰 清光緒上海申報館鉛印本 一冊

210000－0741－0004199 927.7/7727

中倭戰守始末記四卷 （清）□□撰 清末石印本 一冊

210000－0741－0004200 927.7/7748/911－912

平定猺匪述略二卷 （清）周存義撰編 清道光十四年(1834)刻本 二冊

210000－0741－0004201 927.7/7748－2/981

平定猺匪述略二卷 （清）周存義撰編 清道光十四年(1834)刻本 一冊

210000－0741－0004202 927.7/7767

貞豐里庚申見聞錄二卷 （清）陶煦撰 清光緒八年(1882)陶氏儀一堂刻本 一冊

210000－0741－0004203 927.7/8364

吳中平寇記八卷 （清）錢勖撰 清同治四年(1865)刻本 二冊

210000－0741－0004204 927.7/9021/727

醇郡王分府奏議不分卷 （清）掌儀司擬 清咸豐七年(1857)掌儀司稿本 一冊

210000－0741－0004205 927.7/9021/726

恭辦醇郡王婚禮事宜不分卷 （清）掌儀司擬 清咸豐九年(1859)掌儀司稿本 一冊

210000－0741－0004206 927.708/1036

春融堂雜記八種 （清）王昶撰 清光緒上海申報館鉛印本 一冊

210000－0741－0004207 927.71/0402

常勝軍案略一卷 （清）謝端輯 清光緒二十一年(1895)刻本 一冊

210000－0741－0004208 927.71/1033/58－69

湘軍記二十卷 （清）王定安撰 清光緒十五年(1889)江南書局刻本 八冊

210000－0741－0004209 927.71/1033/65－72

湘軍記二十卷 （清）王定安撰 清光緒十五年(1889)江南書局刻本 十二冊

210000－0741－0004210 927.71/1073/18－21

湘軍志十六篇 王闓運撰 清光緒十二年(1886)成都墨香書屋刻本 四冊

210000－0741－0004211 927.71/1073/499－502

湘軍志十六篇 王闓運撰 清光緒十二年(1886)成都墨香書屋刻本 四冊

210000－0741－0004212 927.71/1073－2/15－18

湘軍志十六篇 王闓運撰 清刻本 四冊

210000－0741－0004213 927.71/1073－2/21－24

湘軍志十六篇 王闓運撰 清刻本 四冊

210000－0741－0004214　927.71/1073－2/30－33

湘軍志十六篇　王闓運撰　清刻本　四冊

210000－0741－0004215　927.71/1073－3/765－768

湘軍志十六篇　王闓運撰　清刻本　四冊

210000－0741－0004216　927.71/1073－4/269－273

湘軍志十六篇　王闓運撰　清宣統元年(1909)東洲刻本　四冊

210000－0741－0004217　927.71/1073－5/458－461

湘軍志十六篇　王闓運撰　清光緒十一年(1885)養翻齋刻本　四冊

210000－0741－0004218　927.71/1073－6/108－109

湘軍水陸戰紀十六卷　王闓運撰　清光緒十一年(1885)京都同文堂石印本　二冊

210000－0741－0004219　927.71/1167

山東軍興紀略二十二卷　(清)張曜撰　清光緒十一年(1885)徑北草堂刻本　十冊

210000－0741－0004220　927.71/1751/770－775

豫軍紀略十二卷　(清)尹耕雲撰　清同治十一年(1872)刻本　六冊

210000－0741－0004221　927.71/1751－2

豫軍紀略十二卷　(清)尹耕雲撰　清同治三年(1864)上海申報館鉛印本　六冊

210000－0741－0004222　927.71/5023/53－56

平浙紀略十六卷　(清)秦湘業撰　清同治十二年(1873)浙江書局刻本　四冊

210000－0741－0004223　927.71/5023/66－69

平浙紀略十六卷　(清)秦湘業撰　清同治十二年(1873)浙江書局刻本　四冊

210000－0741－0004224　927.71/5023/78－81

平浙紀略十六卷　(清)秦湘業撰　清同治十二年(1873)浙江書局刻本　四冊

210000－0741－0004225　927.71/5023－2/012－015

平浙紀略十六卷　(清)秦湘業撰　清光緒元年(1875)上海申報館鉛印本　四冊

210000－0741－0004226　927.71/6016

平定關隴紀略十三卷　(清)易孔昭撰　清光緒十三年(1887)刻本　十二冊　存十二卷(一至十二)

210000－0741－0004227　927.71/7560/698－703

霆軍紀略十六卷　(清)陳昌撰　清光緒八年(1882)刻本　六冊

210000－0741－0004228　927.71/7560－2/260－265

霆軍紀略十六卷　(清)陳昌撰　清光緒八年(1882)上海申報館鉛印本　六冊

210000－0741－0004229　929.1/2123

朔方備乘六十八卷首十二卷目錄一卷　(清)何秋濤撰　清光緒七年(1881)刻本　二十四冊

210000－0741－0004230　929.1/2123－2/63－70

朔方備乘六十八卷首十二卷目錄一卷　(清)何秋濤撰　清光緒石印本　八冊

210000－0741－0004231　929.1/2123－2/77－84

朔方備乘六十八卷首十二卷目錄一卷　(清)何秋濤撰　清光緒石印本　八冊

210000－0741－0004232　929.1/2123－3/902－909

朔方備乘六十八卷首十二卷目錄一卷　(清)何秋濤撰　清光緒石印本　八冊

210000－0741－0004233　929.1/2123－4/686

朔方備乘札記一卷　(清)李文田撰　清光緒二十一年(1895)元和江氏湖南使院刻本　一冊

210000－0741－0004234　932.1/4433/57－66

日本國志四十卷首一卷　(清)黃遵憲撰　清光緒二十四年(1898)浙江書局刻本　十冊

210000－0741－0004235　932.1/4433/68－77

日本國志四十卷首一卷　(清)黃遵憲撰　清光緒二十四年(1898)浙江書局刻本　十冊

210000－0741－0004236　932.1/4433/692－701

日本國志四十卷首一卷　（清）黃遵憲撰　清光緒二十四年（1898）浙江書局刻本　十冊

210000－0741－0004237　932.1/4433－2/671－678

日本國志四十卷首一卷　（清）黃遵憲撰　清光緒二十四年（1898）上海圖書集成印書局鉛印本　八冊

210000－0741－0004238　932.1/4433－3/777－780

日本國志四十卷首一卷　（清）黃遵憲撰　清光緒二十七年（1901）上海書局石印本　四冊

210000－0741－0004239　932.1/5727

點注標記日本外史二十二卷　（日本）賴襄子成撰　（日本）吉原呼我標註　（日本）關機校訂　清光緒元年（1875）開心庠舍刻本　十二冊

210000－0741－0004240　932.17/3424

日本皇室典範義解一卷　（日本）伊藤博文纂　（清）沈紘譯　清光緒二十七年（1901）金粟齋鉛印本　一冊

210000－0741－0004241　932.6/3381

日俄交涉戰記初編十六卷　（□）寒江釣雪叟輯　清光緒三十年（1904）香港清記書局石印本　六冊

210000－0741－0004242　932.6/6080/662－667

日本維新三十年史十二編　（日本）博文館編　（清）羅普譯　清光緒二十九年（1903）上海廣智書局鉛印本　六冊

210000－0741－0004243　932.6/6080－2/331－336

日本維新三十年史十三編　（日本）博文館編　（清）羅普譯　清光緒三十一年（1905）上海廣智書局鉛印本　六冊

210000－0741－0004244　933/1458－2

東國史略六卷　（□）□□撰　清光緒十九年（1893）景蘇園刻本　四冊

210000－0741－0004245　933/7241

朝鮮近世史二卷　（日本）林泰輔編修　（清）劉世珩校譯　清光緒二十九年（1903）上海鴻寶書局石印本　二冊

210000－0741－0004246　935.2/2722

安南志略十九卷　（元）黎崱撰　清光緒十年（1884）上海樂善堂鉛印本　四冊

210000－0741－0004247　935.2/2814

越南輯略二卷　（清）徐延旭輯　清光緒三年（1877）梧州郡署刻本　二冊

210000－0741－0004248　935.3/7020

緬甸國志不分卷英領緬甸志不分卷緬甸新志不分卷暹羅國志布哈爾志不分卷　學部圖書局編輯　清光緒三十三年（1907）學部圖書局鉛印本　一冊

210000－0741－0004249　936.2/7020

蘇門答拉志不分卷　學部編譯圖書局編　清光緒三十三年（1907）學部編譯圖書局鉛印本　一冊

210000－0741－0004250　940/3248

俄國新志八卷　（英國）陔勒低撰　（英國）傅蘭雅　（清）潘松譯　清光緒二十四年（1898）江南製造局刻本　八冊

210000－0741－0004251　941/1044

歐洲列國戰事本末二十二卷　王樹枏撰　清光緒二十八年（1902）新城王氏中衛縣署刻本　三冊　存九卷（一至九）

210000－0741－0004252　942/2866

俄史輯譯四卷　（英國）闞斐迪編譯　清光緒十四年（1888）益智書會刻本　四冊

210000－0741－0004253　942/7521

籌鄂龜鑑七卷首一卷俄事新書二卷　（清）陳俠君輯　清光緒二十二年（1896）上海賜書堂石印本　八冊

210000－0741－0004254　945/1042/817－826

普法戰紀二十卷　（清）張宗良口譯　（清）王韜輯　清光緒二十一年（1895）弢園王氏鉛印

本　十册

210000－0741－0004255　945/1042－2/004－011
重訂普法戰紀四卷　（清）張宗良口譯　（清）王韜編　（清）李光廷纂　清光緒二十四年（1898）中華印務總局鉛印本　八册

210000－0741－0004256　947.2/5300
威廉振興荷蘭紀略二卷　上海廣學會校正　清光緒二十七年（1901）上海美華書館鉛印本　二册

210000－0741－0004257　958/7020
英領開浦殖民地志不分卷新志不分卷　學部圖書局編纂　清光緒三十四年（1908）京都學部圖書局鉛印本　一册

210000－0741－0004258　980.1/0345/63－65
乘查筆記不分卷海國勝游草一卷天外歸帆草一卷　（清）斌椿撰　清同治八年（1869）刻本　三册

210000－0741－0004259　980.1/0345－2
乘查筆記二卷　（清）斌椿撰　清光緒二十四年（1898）刻本　一册

210000－0741－0004260　980.1/2011
環瀛誌險不分卷　（奥地利）愛孫孟撰　商務印書館編譯所譯　清光緒三十二年（1906）上海商務印書館鉛印本　一册

210000－0741－0004261　980.1/2631/72－87
海國圖志一百卷　（清）魏源撰　清光緒二年（1876）平慶涇固道署刻本　十六册

210000－0741－0004262　980.1/2631－2/603－626
海國圖志一百卷　（清）魏源撰　清光緒六年（1880）邵陽急當務齋刻本　二十四册

210000－0741－0004263　980.1/2631－3/28－43
海國圖志一百卷　（清）魏源撰　清光緒二十一年（1895）上海書局石印本　十六册

210000－0741－0004264　980.1/2631/785－800
海國圖志一百卷　（清）魏源撰　清光緒二十一年（1895）上海書局石印本　十六册

210000－0741－0004265　980.1/2828/79－84
瀛環志略十卷　（清）徐繼畬撰　清同治五年（1866）總理衙門刻本　六册

210000－0741－0004266　980.1/2828/597－602
瀛環志略十卷　（清）徐繼畬撰　清同治十二年（1873）掞雲樓刻本　六册

210000－0741－0004267　980.1/2828－2/16－21
瀛環志略十卷　（清）徐繼畬撰　清同治十二年（1873）掞雲樓刻本　六册

210000－0741－0004268　980.1/2828－3/361－368
瀛環志略十卷續集五卷　（清）徐繼畬撰　清光緒二十四年（1898）老掃葉山房石印本　八册

210000－0741－0004269　980.1/2828－4/936－939
瀛環志略十卷　（清）徐繼畬撰　清光緒二十一年（1895）上海寶文局石印本　四册

210000－0741－0004270　980.1/4040
環游地球新録四卷　（清）李圭撰　清光緒三年（1877）鉛印本　四册

210000－0741－0004271　980.1/7529
海國聞見録二卷　（清）陳倫炯撰　清同治七年（1868）粤東三元堂刻本　二册

210000－0741－0004272　9－80.2/7727
亞洲北段地圖不分卷　（□）□□撰　清刻本　十一幅

210000－0741－0004273　981.01/0175/14－33
歷代輿地沿革表二十卷　（清）龍學泰編　清光緒三十三年（1907）石印本　二十册

210000－0741－0004274　981.01/0175/69－88
歷代輿地沿革表二十卷　（清）龍學泰編　清光緒三十三年（1907）石印本　二十册

210000－0741－0004275　981.01/1023/261－310
輿地紀勝二百卷　（宋）王象之撰　**校勘記五十二卷**　（清）劉文淇撰　**補闕十卷**　（清）岑建功撰　清道光二十九年（1849）懼盈齋刻本

五十冊

210000－0741－0004276　981.01/1023－2/624－645

輿地紀勝二百卷　（宋）王象之撰　清咸豐五年(1855)南海伍氏刻本　二十二冊

210000－0741－0004277　981.01/1244

柳庭輿地隅說二卷圖說一卷　（清）孫蘭撰（清）吳丙湘校勘　清光緒十一年(1885)儀徵吳氏刻蟄園叢書本　一冊

210000－0741－0004278　981.01/3404/167－178

乾隆府廳州縣圖志五十卷　（清）洪亮吉撰清嘉慶七年(1802)丹徒于宗林刻本　十二冊

210000－0741－0004279　981.01/3404－2/724－739

乾隆府廳州縣圖志五十卷　（清）洪亮吉撰清光緒五年(1879)授經堂刻本　十六冊

210000－0741－0004280　981.01/3704

皇朝藩部要略十八卷表四卷　（清）祁韻士撰　清光緒十年(1884)浙江書局刻本　八冊

210000－0741－0004281　981.01/4409

增訂廣輿記二十四卷圖一卷　（明）陸應陽撰（清）蔡方炳增訂　清嘉慶七年(1802)金閶巽記刻本　十四冊

210000－0741－0004282　981.01/4445/84－89

元和郡縣圖志四十卷　（唐）李吉甫撰　清嘉慶元年(1796)刻岱南閣叢書本　原缺六卷（十九至二十、二十三至二十四、三十五至三十六）　六冊

210000－0741－0004283　981.01/4445－2/77－86

元和郡縣圖志四十卷　（唐）李吉甫撰　清光緒十三年(1887)定州王氏刻畿輔叢書本　原缺六卷（十九至二十、二十三至二十四、三十五至三十六）　十冊

210000－0741－0004284　981.01/4445－3/77－78

元和郡縣補志九卷　（清）嚴觀補　清光緒八年(1882)金陵書局刻本　二冊

210000－0741－0004285　981.01/4445－3/199－200

元和郡縣補志九卷　（清）嚴觀補　清光緒八年(1882)金陵書局刻本　二冊

210000－0741－0004286　981.01/4612

輿地沿革表四十卷　（清）楊丕復撰　清光緒十四年(1888)楊琪光刻本　二十四冊

210000－0741－0004287　981.01/6649

三省邊防備覽十四卷　（清）嚴如熤輯　清道光二年(1822)刻本　十冊

210000－0741－0004288　981.01/6649/56－63

苗防備覽二十二卷　（清）嚴如熤撰　清道光二十三年(1843)紹義堂刻本　八冊

210000－0741－0004289　981.01/6649/587－602

苗防備覽二十二卷　（清）嚴如熤撰　清道光二十三年(1843)紹義堂刻本　十六冊

210000－0741－0004290　981.01/6649－2/30－41

三省邊防備覽十八卷　（清）嚴如熤輯　（清）張鵬翂續輯　清道光十年(1830)安康張鵬翂來鹿堂刻本　十二冊

210000－0741－0004291　981.01/7542

歷代地理沿革表四十七卷　（清）陳芳績撰清光緒二十一年(1895)廣雅書局刻本　二十四冊

210000－0741－0004292　981.013/8341

新斠注地理志十六卷　（清）錢坫撰　清嘉慶二年(1797)岑陽官舍刻本　六冊

210000－0741－0004293　981.0131/7203

楚漢諸侯疆域志三卷　（清）劉文淇撰　清光緒二年(1876)金陵刻本　一冊

210000－0741－0004294　981.0134/0092

新校晉書地理志一卷　（清）方愷校　清光緒二十一年(1895)廣雅書局刻本　一冊

210000－0741－0004295　981.0134/3404

十六國疆域志十六卷　（清）洪亮吉撰　清嘉慶三年(1798)京師刻本　四冊

210000－0741－0004296　981.0151/2250/69－78

太平寰宇記二百卷　（宋）樂史撰　清嘉慶八年(1803)南昌萬氏刻本　四十冊

210000－0741－0004297　981.0151/2250/899－908

太平寰宇記二百卷　（宋）樂史撰　清嘉慶八年(1803)南昌萬氏刻本　四十冊

210000－0741－0004298　981.016/4077/11－46

天下一統志（大明一統志）九十卷　（明）李賢等撰　明萬曆金陵萬壽堂刻本　三十六冊

210000－0741－0004299　981.016/4077/30－77

天下一統志（大明一統志）九十卷　（明）李賢等撰　明萬曆金陵萬壽堂刻本　四十八冊

210000－0741－0004300　981.017/2615/570－629

大清一統志五百卷　（清）和珅等撰　清光緒二十八年(1902)上海寶善齋石印本　六十冊

210000－0741－0004301　981.017/2615/765－824

大清一統志五百卷　（清）和珅等撰　清光緒二十八年(1902)上海寶善齋石印本　六十冊

210000－0741－0004302　981.02/2060

禹貢指南四卷　（宋）毛晃撰　清乾隆杭州刻本　四冊

210000－0741－0004303　981.02/3132

讀史方輿紀要一百三十卷輿圖要覽四卷　（清）顧祖禹撰　清嘉慶十六年(1811)四川敷文閣刻本　七十一冊

210000－0741－0004304　981.02/3132－2/511－560

讀史方輿紀要一百三十卷輿圖要覽四卷　（清）顧祖禹撰　清光緒五年(1879)四川薛氏家塾刻本　五十冊

210000－0741－0004305　981.02/3132－2/75－82

讀史方輿紀要一百三十卷　（清）顧祖禹撰　清光緒五年(1879)四川薛氏家塾刻本　八冊　存二十三卷(六十三至八十五)

210000－0741－0004306　981.02/3191

天下郡國利病書一百二十卷　（清）顧炎武撰　清刻本　九十六冊

210000－0741－0004307　981.024/2624

天下名山記不分卷　（清）吳秋士輯　清光緒三十二年(1906)成都二仙庵刻本　六冊

210000－0741－0004308　981.024/4049

長春真人西游記二卷　（元）李志常撰　清光緒三十二年(1906)奉天中和山房鉛印本　一冊

210000－0741－0004309　981.024/7220

辛卯侍行記六卷　陶保廉撰　清光緒二十三年(1897)養樹山房刻本　六冊

210000－0741－0004310　981.025/0022

南嶽志八卷　（清）高自位重編　（清）曠敏本輯　清乾隆十八年(1753)開雲樓刻本　六冊

210000－0741－0004311　981.025/1043

長白山錄一卷補遺一卷　（清）王士禛撰　清康熙刻本　一冊

210000－0741－0004312　981.025/2410

山海經箋疏十八卷圖讚一卷訂偽一卷敘錄一卷　（晉）郭璞傳　（清）郝懿行箋疏　清嘉慶十四年(1809)揚州阮氏琅嬛仙館刻本　四冊

210000－0741－0004313　981.025/2410－3/532－537

山海經箋疏十八卷圖讚一卷訂偽一卷敘錄一卷　（晉）郭璞傳　（清）郝懿行箋疏　清光緒十九年(1893)上海五彩公司石印本　六冊

210000－0741－0004314　981.025/2410－3/826－831

山海經箋疏十八卷圖讚一卷訂偽一卷敘錄一卷　（晉）郭璞傳　（清）郝懿行箋疏　清光緒十九年(1893)上海五彩公司石印本　六冊

210000－0741－0004315　981.025/2410－4/756－759

山海經十八卷圖五卷篇目考一卷　（晉）郭璞注　（清）畢沅校正　清刻本　四冊

210000－0741－0004316　981.025/2410－5/825－827

山海經廣注十八卷　（晉）郭璞注　（清）吳任臣廣注　清刻本　三冊

210000－0741－0004317　981.025/2410－6/29－32

山海經存九卷　（清）汪紱釋　清光緒二十一年（1895）石印本　四冊

210000－0741－0004318　981.025/2410－6/33－36

山海經存九卷　（清）汪紱釋　清光緒二十一年（1895）石印本　四冊

210000－0741－0004319　981.025/2783

清涼山志十卷　（明）釋鎮澄修　清乾隆二十年（1755）刻本　四冊

210000－0741－0004320　981.025/4422

鼓山志十四卷　（清）黃任脩輯　（清）張伯謨參定　清乾隆三十七年（1772）刻本　六冊

210000－0741－0004321　981.025/4438

四明山志九卷　（清）黃宗羲輯　（清）李暾訂　（清）黃炳　（清）黃百家校　清康熙四十年（1701）韋仁房刻本　二冊

210000－0741－0004322　981.02521/8643/01－04

盤山志十卷首一卷補遺四卷　（清）釋智樸撰　（清）王士禎　（清）朱彝尊較訂　清同治十一年（1872）刻本　四冊

210000－0741－0004323　981.02521/8643/41－44

盤山志十卷首一卷補遺四卷　（清）釋智樸撰　（清）王士禎　（清）朱彝尊較訂　清同治十一年（1872）刻本　四冊

210000－0741－0004324　981.02522/3154/889－890

清涼山志輯要二卷　（清）汪本直輯　清乾隆刻本　二冊

210000－0741－0004325　981.02522/3154－2/498－501

清涼山志十卷　（明）釋鎮澄修　清乾隆二十年（1755）刻本　四冊

210000－0741－0004326　981.02522/4442/47－51

恒山志五卷　（清）桂敬順撰　清嘉慶二十四年（1819）渾源州署刻本　五冊

210000－0741－0004327　981.02522/4442/010

恒山續志十卷　（清）賀樹恩修　清光緒刻本

一冊　存一卷（十）

210000－0741－0004328　981.02531/4044

華嶽志八卷首一卷　（清）李榕撰　清光緒九年（1883）楊昌濬補刻本　四冊

210000－0741－0004329　981.02541/8038/72－81

泰山志二十卷　（清）金棨撰　清光緒二十四年（1898）秦氏刻本　十冊

210000－0741－0004330　981.02541/8038/82－91

泰山志二十卷　（清）金棨撰　清光緒二十四年（1898）秦氏刻本　十冊

210000－0741－0004331　981.02542/1144

京口三山志十卷　（明）張萊撰　清宣統三年（1911）丹徒陳氏橫山草堂刻橫山草堂叢書本　二冊

210000－0741－0004332　981.02542/1144－2/107－112

北固山志十四卷首一卷　（清）周伯義編　（清）陳任暘訂　清光緒三十年（1904）據宜興陳氏刻本影印本　六冊

210000－0741－0004333　981.02542/1144－2/7062－7071

［同治］焦山志二十六卷首一卷　（清）吳雲輯　清同治十三年（1874）刻本　十冊

210000－0741－0004334　981.02542/1144－2/566－569

焦山續志八卷　（清）陳任暘輯　清光緒三十一年（1905）刻本　六冊

210000－0741－0004335　981.02542/1144－2/558－565,756－761,421－430

京口三山志三種　（清）陳任暘訂　清同治、光緒間刻本　二十八冊

210000－0741－0004336　981.02542/1144－3/49－58

［同治］焦山志二十六卷首一卷　（清）吳雲輯　清光緒三十一年（1905）刻本　十冊

210000－0741－0004337　981.02542/1144－3/50－57

[同治]焦山志二十六卷首一卷 （清）吳雲輯
清同治十三年（1874）刻本 八冊

210000－0741－0004338 981.02542/1144－3/
65－72

[同治]焦山志二十六卷首一卷 （清）吳雲輯
清同治十三年（1874）刻本 八冊

210000－0741－0004339 981.02542/7224

寶華山志十五卷首一卷 （清）劉名芳撰 清
光緒刻本 四冊

210000－0741－0004340 981.02542/8859

茅山志十四卷附道秩考一卷 （清）笪蟾光撰
清光緒三年（1877）懶雲草堂刻本 六冊

210000－0741－0004341 981.02543/0710

明州阿育王山志十六卷 （明）郭子章撰 清
刻本 六冊

210000－0741－0004342 981.02543/4034

金蓋山志四卷首一卷附金蓋山志略一卷
（清）李宗蓮輯 清光緒二十二年（1896）古書
隱樓刻本 二冊

210000－0741－0004343 981.02543/5098

重修南海普陀山志二十卷首一卷 （清）秦耀
曾撰 清刻本 四冊

210000－0741－0004344 981.02552/4777

[同治]大別山志十卷首一卷 （清）胡鳳丹撰
清同治十三年（1874）退補齋刻本 四冊

210000－0741－0004345 981.02553/1053

蓮峰志五卷 （清）王夫之撰 清同治四年
（1865）湘鄉曾氏金陵節署刻本 一冊

210000－0741－0004346 981.02553/6085

南嶽志八卷 （清）高自位撰 （清）曠敏本輯
清乾隆十八年（1753）開雲樓刻本 五冊
存七卷（一至七）

210000－0741－0004347 981.02554/4050

石鐘山志十六卷首一卷 （清）李成謀等撰
清光緒九年（1883）聽濤眺雨軒刻本 十一冊
存十五卷（三至十六、首一卷）

210000－0741－0004348 981.02563/4424/

834－835

峨山圖說二卷 （清）黃綬薌撰 （清）譚鍾岳
繪 清光緒十七年（1891）成都兩湖公所刻本
二冊

210000－0741－0004349 981.02563/4424－2/159
－160

峨山圖說二卷 （清）黃綬薌撰 （清）譚鍾岳
繪 清光緒十七年（1891）刻本 二冊

210000－0741－0004350 981.026/0014

水道提綱二十八卷 （清）齊召南撰 清光緒
四年（1878）霞城精舍刻本 八冊

210000－0741－0004351 981.026/1731－2/
920－939

水經注釋四十卷首一卷附錄二卷刊誤十二卷
（北魏）酈道元撰 （清）趙一清釋 清光緒
六年（1880）蛟川張氏花雨樓刻本 二十冊

210000－0741－0004352 981.026/1731－2/
127－150

水經注釋四十卷首一卷附錄二卷刊誤十二卷
（北魏）酈道元撰 （清）趙一清釋 清乾隆
五十九年（1794）東潛趙氏小山堂刻本 二十
四冊

210000－0741－0004353 981.026/1731－3/
524－529

全氏七校水經注四十卷補遺一卷附錄二卷
（北魏）酈道元注 （清）全祖望校 清光緒十
四年（1888）無錫薛氏刻本 六冊

210000－0741－0004354 981.026/1731－4/
48－461

水經注不分卷 （北魏）酈道元注 （清）戴震
校 清乾隆三十七年（1772）刻本 十四冊

210000－0741－0004355 981.026/3148/03

水經注圖一卷附錄一卷 （清）汪士鐸繪撰
清同治元年（1862）刻本 一冊

210000－0741－0004356 981.026/3148/73

水經注圖一卷附錄一卷 （清）汪士鐸繪撰
清同治元年（1862）刻本 一冊

210000－0741－0004357　981.026/4453

靳文襄公治河方略十卷首一卷　（清）崔應階
重編　清乾隆三十二年(1767)刻本　八冊

210000－0741－0004358　981.026/4497

楚漕江程十六卷首一卷　（清）董恂撰　清光
緒三年(1877)刻本　十六冊

210000－0741－0004359　981.026/4733

籌海圖編十三卷　（明）胡宗憲撰　明天啓四
年(1624)胡維極刻本　八冊

210000－0741－0004360　981.026/4733/30－37

籌海圖編十三卷　（明）胡宗憲撰　明天啓四
年(1624)胡維極刻本　八冊

210000－0741－0004361　981.026/7497

山東運河備覽十二卷運河圖並說五水濟運圖
並說泉河總圖並說禹王臺圖並說　（清）陸燿
纂　清乾隆四十一年(1776)刻本　六冊

210000－0741－0004362　981.026/7535/463－
466

漢書地理志水道圖說七卷　（清）陳澧撰　考
正德清胡氏禹貢圖一卷　（清）陳宗誼撰　清
同治十一年(1872)刻番禺陳氏遺書本　四冊

210000－0741－0004363　981.026/7535/3002

水經注西南諸水考三卷　（清）陳澧撰　清光
緒廣雅書局刻東塾遺書本　一冊

210000－0741－0004364　981.026/7544

中國江海險要圖誌二十卷首一卷　（英國）海
軍海圖官局撰　（清）陳壽彭譯　清光緒二十
七年(1901)上海經世文社石印本　十五冊

210000－0741－0004365　981.026/8060

廣雁蕩山誌二十八卷首一卷末一卷　（清）曾
唯撰　（清）寶東臯　（清）朱南厓鑒定　清乾
隆五十五年(1790)東嘉依綠園刻本　八冊

210000－0741－0004366　981.026/8710

行水金鑑一百七十五卷首一卷　（清）鄭元慶
編輯　（清）傅澤洪主編　清雍正三年(1725)
淮揚官舍刻本　三十六冊

210000－0741－0004367　981.02621/4030

永定河志三十二卷首一卷附治河摘要一卷
（清）李逢亨撰　清嘉慶刻本　十六冊

210000－0741－0004368　981.02641/7497

山東運河備覽十二卷圖一卷　（清）陸燿撰
清同治十年(1871)運河道庫刻本　六冊

210000－0741－0004369　981.02642/4001

江蘇海塘新志八卷　（清）李慶雲纂修　清光
緒十六年(1890)蘇州振新書社刻本　四冊

210000－0741－0004370　981.02642/4426

吳江水考增輯五卷附編二卷　（明）沈啓撰
（清）黃象曦增輯　清光緒二十年(1894)刻本
四冊

210000－0741－0004371　981.02642/7146

莫愁湖志六卷首一卷　（清）馬士圖撰　清光
緒八年(1882)刻本　二冊

210000－0741－0004372　981.02642/7203/16－17

揚州水道記四卷圖一卷　（清）劉文淇撰　清
同治十一年(1872)淮南書局刻本　二冊

210000－0741－0004373　981.02642/7203/63－66

揚州水道記四卷圖一卷　（清）劉文淇撰　清
同治十一年(1872)淮南書局刻本　四冊

210000－0741－0004374　981.02642/7203/83－84

揚州水道記四卷圖一卷　（清）劉文淇撰　清
同治十一年(1872)淮南書局刻本　二冊

210000－0741－0004375　981.02642/8041

太湖備考十六卷首一卷續編四卷　（清）金友
理撰　（清）鄭言紹續　清光緒二十九年
(1903)刻本　十二冊

210000－0741－0004376　981.02643/1072

浙西水利備考不分卷　（清）王鳳生撰　清光
緒四年(1878)浙江書局刻本　四冊

210000－0741－0004377　981.02643/1731

湖山便覽十二卷　（清）翟灝　（清）翟瀚緝
清光緒元年(1875)槐蔭堂王氏刻本　六冊

210000－0741－0004378　981.02643/4021

西湖志四十八卷　（清）李衛等纂修　清光緒
四年(1878)浙江書局刻本　二十冊

210000 –0741 –0004379   981.02643/6035/27 –32
西湖游覽志餘二十六卷 （明）田汝成撰　清光緒二十二年（1896）錢塘丁氏嘉惠堂刻本　六冊

210000 –0741 –0004380   981.02643/6035/49 –64
西湖游覽志二十四卷志餘二十六卷 （明）田汝成撰　清光緒二十二年（1896）錢塘丁氏嘉惠堂刻本　十六冊

210000 –0741 –0004381   981.027/1174
長白徵存錄八卷 （清）張鳳臺修　清宣統二年（1910）鉛印本　四冊

210000 –0741 –0004382   981.027/2728/76 –77
中俄界記二卷 （清）鄒代鈞撰　清宣統三年（1911）湖北武昌亞新地學社鉛印本　二冊

210000 –0741 –0004383   981.027/2728/78
中俄界記二卷 （清）鄒代鈞撰　清宣統三年（1911）湖北武昌亞新地學社鉛印本　一冊　存一卷（二）

210000 –0741 –0004384   981.027/4091/22 –25
漢西域圖考七卷圖一卷 （清）李光廷撰　清同治九年（1870）刻本　四冊

210000 –0741 –0004385   981.027/4091 –2/49 –52
漢西域圖考七卷 （清）李光廷撰　清光緒八年（1882）陽湖趙氏壽謨草堂木活字印本　四冊

210000 –0741 –0004386   981.027/6649
洋防輯要二十四卷 （清）嚴如熤輯　清道光十八年（1838）嚴氏刻本　二十八冊

210000 –0741 –0004387   981.028/2517/44 –57
歷代陵寢備考五十卷附歷代宗廟附考八卷 （清）朱孔陽輯　清光緒五年（1879）上海申報館鉛印本　十四冊

210000 –0741 –0004388   981.028/2517/52 –65
歷代陵寢備考五十卷 （清）朱孔陽輯　清光緒五年（1879）上海申報館鉛印本　十四冊

210000 –0741 –0004389   981.028/2517 –2/38 –4
歷代宗廟附考五十卷 （清）朱孔陽輯　清光緒五年（1879）上海申報館鉛印本　七冊　存二十九卷（一至八、三十至五十）

210000 –0741 –0004390   981.028/4021/25 –44
西湖志四十八卷 （清）李衛等纂修　清雍正十三年（1735）刻本　二十冊

210000 –0741 –0004391   981.028/4021/56 –75
西湖志四十八卷 （清）李衛等纂修　清雍正十三年（1735）刻本　二十冊

210000 –0741 –0004392   9 –81.028/4634
歷代輿地沿革險要圖一卷 （清）楊守敬編繪　清光緒五年（1879）东湖饒氏朱墨印本　一冊

210000 –0741 –0004393   981.02842/3099
滄浪小志二卷 （清）宋犖編　清光緒十年（1884）江蘇書局刻本　一冊

210000 –0741 –0004394   981.02842/4777
漂母祠志七卷首一卷 （清）胡鳳丹輯　清光緒三年（1877）永康胡氏退補齋刻本　四冊

210000 –0741 –0004395   981.02842/4937
平山堂圖志十卷首一卷 （清）趙之璧纂　清光緒九年（1883）歐陽利見刻本　八冊

210000 –0741 –0004396   981.02843/3118
龍井見聞錄十卷 （清）汪孟鋗纂　清光緒十年（1884）錢塘丁氏嘉惠堂刻本　四冊

210000 –0741 –0004397   981.02843/7110
兩浙防護錄不分卷 （清）阮元撰　清光緒十五年（1889）浙江書局刻本　二冊

210000 –0741 –0004398   981.02844/4064
大觀亭志六卷首一卷末一卷 （清）李國模輯　清宣統三年（1911）合肥李氏慎餘堂木活字印本　四冊

210000 –0741 –0004399   9 –81.029/1042/14
奉天全省地輿圖說不分卷 （清）王志修編　清光緒二十年（1894）刻本　一冊

210000 –0741 –0004400   9 –81.029/1042/32 –33
奉天全省地輿圖說不分卷 （清）王志修編　清光緒二十年（1894）刻本　二冊

210000 –0741 –0004401　981.029/2150

皇朝一統輿地全圖不分卷　（□）□□撰　清光緒二十八年(1902)刻本　三冊

210000 –0741 –0004402　981.029/6644/57 –68

皇朝中外一統輿圖三十二卷首一卷　（清）嚴樹森編　清同治二年(1863)湖北撫署刻本　十二冊

210000 –0741 –0004403　981.029/6644/93 –04

皇朝中外一統輿圖三十二卷首一卷　（清）嚴樹森編　清同治二年(1863)湖北撫署刻本　十二冊

210000 –0741 –0004404　981.029/6644 –2

皇朝中外壹統輿圖(大清壹統輿圖)不分卷　(清)嚴樹森編　清光緒二十二年(1896)上海書局石印本　六冊

210000 –0741 –0004405　981.029/7120/029

歷代地理沿革圖　（清）馬徵麟補訂　清同治十一年(1872)金陵懷寧鄧氏刻本　一冊

210000 –0741 –0004406　9 –81.029/7120/200 –204

長江圖說十二卷首一卷　（清）馬徵麟撰　清同治十年(1871)湖北崇文書局刻本　五冊

210000 –0741 –0004407　9 –81.029/7120/27 –31

長江圖說十二卷首一卷　（清）馬徵麟撰　清同治十年(1871)湖北崇文書局刻本　五冊

210000 –0741 –0004408　981.029/7120/329

歷代地理沿革圖　（清）馬徵麟補訂　清同治十一年(1872)金陵懷寧鄧氏刻本　一冊

210000 –0741 –0004409　981.03/2674/01 –03

資治通鑑地理今釋十六卷　（清）吳熙載撰　清光緒八年(1882)江蘇書局刻本　三冊

210000 –0741 –0004410　981.03/2674/22 –24

資治通鑑地理今釋十六卷　（清）吳熙載撰　清光緒八年(1882)江蘇書局刻本　三冊

210000 –0741 –0004411　981.03/2674/68 –70

資治通鑑地理今釋十六卷　（清）吳熙載撰　清光緒八年(1882)江蘇書局刻本　三冊

210000 –0741 –0004412　981.08/1083

小方壺齋輿地叢鈔十二帙　（清）王錫祺輯　清光緒十七年(1891)上海著易堂鉛印本　六十四冊

210000 –0741 –0004413　981.08/3344

皇朝藩屬輿地叢書六集二十八種　（清）文瑞樓主輯　清光緒二十九年(1903)金匱浦氏靜寄東軒局上海書局石印本　四十八冊

210000 –0741 –0004414　981.08/3344 –2

皇朝藩屬輿地叢書六集二十八種　（清）文瑞樓主輯　清光緒二十九年(1903)金匱浦氏靜寄東軒局上海書局石印本　八冊　存十三卷(漢西域圖考七卷、西域水道記五卷、新疆賦一卷)

210000 –0741 –0004415　981.08/4033/296 –305

李氏五種合刊　（清）李兆洛輯　清同治十年(1871)合肥李氏刻本　十冊

210000 –0741 –0004416　981.08/4033/33 –44

李氏五種合刊　（清）李兆洛輯　清同治十年(1871)合肥李氏刻本　十二冊

210000 –0741 –0004417　981.08/4033/54 –63

李氏五種合刊　（清）李兆洛輯　清同治九年(1870)合肥李氏刻本　十冊

210000 –0741 –0004418　981.08/4764

問影樓輿地叢書第一集十五種四十四卷　(清)胡思敬編　清光緒三十四年(1908)新昌胡氏鉛印本　十冊　存十三種三十九卷(黑韃事略一卷附校勘記、峒溪纖志三卷、雲緬山川志一卷、長河志籍考十卷、陝西南山谷口考一卷、緬述一卷、三省山內風土雜識一卷、萬里行程記一卷、關中水道記四卷、水地記一卷、遊歷記存一卷、滇海虞衡志十三卷附校勘記、東三省韓俄交界道里表一卷)

210000 –0741 –0004419　981.1/4000

滿洲旅行記(白山黑水錄)二卷　（日本）小越平隆撰　（清）克齋譯　清光緒二十八年(1902)上海廣智書局鉛印本　二冊

210000 – 0741 – 0004420　981.1/7144 –2/

4985 – 5000

[乾隆]盛京通志四十八卷首一卷　（清）呂耀曾等修　（清）雷以誠校補　清咸豐二年（1852）刻本　十六冊　存三十五卷（一至二十二、二十六至三十六、四十五至四十六）

210000 – 0741 – 0004421　981.1/7144 – 2/72 – 91

[乾隆]盛京通志四十八卷首一卷　（清）呂耀曾等修　（清）雷以誠校補　清咸豐二年（1852）刻本　二十冊

210000 – 0741 – 0004422　981.1/7144 – 2/80 – 99

[乾隆]盛京通志四十八卷首一卷　（清）呂耀曾等修　（清）雷以誠校補　清咸豐二年（1852）刻本　二十冊

210000 – 0741 – 0004423　981.1/7434

盛京景物輯要十二卷　（清）勵宗萬輯　清乾隆八年至十九年（1743 – 1754）勵宗萬抄本　十二冊

210000 – 0741 – 0004424　981.101/4744

[宣統]承德縣志書不分卷　（清）都林布修　（清）金正元增修　清宣統二年（1910）石印本　二冊

210000 – 0741 – 0004425　981.103/2619/47

[宣統]撫順縣志略二十二卷　（清）程廷恒修　清宣統三年（1911）撫順縣油印本　一冊　存十三卷（十至二十二）

210000 – 0741 – 0004426　981.11/8878

[宣統]新民府志不分卷　（清）管鳳龢纂　清宣統元年（1909）新民習藝所鉛印本　一冊

210000 – 0741 – 0004427　981.12/4443/21 – 24

吉林外記十卷附寧古塔記略一卷　（清）薩英額等撰注　清光緒二十一年（1895）漸西村舍彙刻本　四冊

210000 – 0741 – 0004428　981.12/4443/72 – 73

吉林外記十卷附寧古塔記略一卷　（清）薩英額等撰注　清光緒二十一年（1895）漸西村舍彙刻本　二冊

210000 – 0741 – 0004429　981.12/4443/85 – 88

吉林外記十卷附寧古塔記略一卷　（清）薩英額等撰注　清光緒二十一年（1895）漸西村舍彙刻本　四冊

210000 – 0741 – 0004430　981.13/1035

[嘉慶]黑龍江外紀八卷　（清）西清纂　清光緒二十年（1894）桐廬袁氏刻本　二冊

210000 – 0741 – 0004431　981.13/2830

黑龍江述略六卷　（清）徐宗亮纂　清光緒十七年（1891）石埭徐士愷觀自得齋刻本　二冊

210000 – 0741 – 0004432　981.201/2528/068 – 079

日下舊聞四十二卷　（清）朱彝尊輯　（清）朱昆田補遺　清康熙二十七年（1688）六峯閣刻本　十二冊

210000 – 0741 – 0004433　981.201/2528/148 – 159

日下舊聞四十二卷　（清）朱彝尊輯　（清）朱昆田補遺　清康熙二十七年（1688）刻本　十二冊

210000 – 0741 – 0004434　981.201/2528/446 – 469

日下舊聞四十二卷　（清）朱彝尊撰　（清）朱昆田補遺　清康熙二十七年（1688）六峰閣刻本　二十四冊

210000 – 0741 – 0004435　981.201/2528/755 – 774

日下舊聞四十二卷　（清）朱彝尊輯　（清）朱昆田補遺　清康熙二十七年（1688）刻本　二十冊

210000 – 0741 – 0004436　981.201/2528 – 2/782 – 829

欽定日下舊聞考一百六十卷　（清）于敏中等纂修　清乾隆五十二年（1787）刻本　四十八冊

210000 – 0741 – 0004437　981.201/2671

宸垣識略十六卷　（清）吳長元撰　清光緒二年（1876）刻本　八冊

210000－0741－0004438　981.201/4488

欽定日下舊聞考一百六十卷　（清）于敏中等纂修　清乾隆四十七年至六十年（1782－1795）武英殿刻本　八十册

210000－0741－0004439　981.201/4643/221－225

都門彙纂四卷附菊部群英不分卷　（清）楊士安撰　清光緒十四年（1888）刻本　五册

210000－0741－0004440　981.201/4643－2/514－521

朝市叢載八卷　（清）楊士安撰　（清）李象寅增補　清光緒十三年（1887）文光樓刻本　八册

210000－0741－0004441　981.201/7227

帝京景物略八卷　（明）方逢年定　（明）劉侗　（明）于奕正修　明崇禎八年（1635）南京刻本　八册

210000－0741－0004442　981.201/7734

光緒順天府志一百三十卷附錄一卷　（清）周家楣等修　清光緒十五年（1889）刻本　六十四册

210000－0741－0004443　981.202/1140

津門雜記三卷　（清）張燾輯　清光緒十一年（1885）游藝山莊新刻本　三册

210000－0741－0004444　981.202/3435/389－416

[光緒]重修天津府志五十四卷首一卷末一卷　沈家本等修纂　清光緒三十二年（1906）刻本　二十八册

210000－0741－0004445　981.202/3435/596－623

[光緒]重修天津府志五十四卷首一卷末一卷　沈家本等修纂　清光緒二十五年（1899）刻本　二十八册

210000－0741－0004446　981.209/4634

歷代輿地圖不分卷　（清）楊守敬編繪　清光緒三十二年至宣統三年（1906－1911）楊氏觀海堂刻本　三十四册

210000－0741－0004447　981.21/0030

[同治]棗強縣志補正五卷補遺一卷　（清）方宗誠修　清光緒二年（1876）棗強縣署刻本　二册

210000－0741－0004448　981.21/0038

[光緒]蔚州志二十卷首一卷　（清）慶之金修　清光緒三年（1877）蔚州公廨刻本　八册

210000－0741－0004449　981.21/1110

[乾隆]直隸易州志十八卷　（清）楊芊總裁　（清）張登高續修　清乾隆十二年（1747）易州州署刻本　八册

210000－0741－0004450　981.21/2125

[同治]昌黎縣志十卷　（清）何崧泰等修　清同治五年（1866）刻本　六册

210000－0741－0004451　981.21/2632

[光緒]深州風土記二十二卷表五卷　（清）吳汝綸纂　清光緒二十六年（1900）文瑞書院刻本　八册

210000－0741－0004452　981.21/2744

[光緒]南皮縣志十五卷首一卷末一卷　（清）殷樹森修　清光緒十四年（1888）刻本　七册　存十五卷（三至十五、首一卷、末一卷）

210000－0741－0004453　981.21/2769

[光緒]吳橋縣志十二卷　（清）倪昌燮修　清光緒元年（1875）瀾陽書院刻本　八册

210000－0741－0004454　981.21/3014

[道光]直隸定州志二十二卷首一卷　（清）寶琳等修　清道光三十年（1850）刻本　十二册

210000－0741－0004455　981.21/3014－2/105－106

[咸豐]直隸定州續志四卷　（清）王榕吉修　清咸豐十年（1860）刻本　二册

210000－0741－0004456　981.21/3850

[光緒]承德府志六十卷首二十六卷　（清）海忠修　（清）廷傑等重訂　清光緒十三年（1887）刻本　二十四册

210000－0741－0004457　981.21/4437

[光緒]懷安縣志八卷首一卷末一卷 （清）蔭祿修 清光緒二年（1876）刻本 四冊

210000－0741－0004458 981.21/4644

[道光]保安州志八卷首一卷續志四卷 （清）楊桂森等纂修 清光緒三年（1877）刻本 五冊

210000－0741－0004459 981.21/4984

[雍正]館陶縣志十二卷 （清）趙知希修 清光緒十九年（1893）劉家善刻本 四冊

210000－0741－0004460 981.21/6024/107－110

[乾隆]祁州志八卷 （清）羅以桂修纂 清乾隆二十一年（1756）刻本 四冊

210000－0741－0004461 981.21/6024－2/111－112

[光緒]祁州續志四卷 （清）趙秉恒等修 清光緒八年（1882）刻本 二冊

210000－0741－0004462 981.21/6448

[康熙]清苑縣志十二卷首一卷 （清）時來敏修 清康熙十六年（1677）刻本 四冊

210000－0741－0004463 981.21/7299

[光緒]廣昌縣志十四卷首一卷末一卷 （清）劉榮修 清光緒元年（1875）刻本 六冊

210000－0741－0004464 981.21/7434/42－45

[康熙]靈壽縣志十卷 （清）陸瀧其撰 清康熙二十四年（1685）刻本 四冊

210000－0741－0004465 981.21/7434/65－68

[康熙]靈壽縣志十卷 （清）陸瀧其撰 清康熙二十四年（1685）刻本 四冊

210000－0741－0004466 981.21/8046－2

[光緒]重修廣平府志六十三卷首一卷 （清）吳中彥修 清光緒二十年（1894）刻本 二十四冊

210000－0741－0004467 981.22/0046

合河紀聞十卷 （清）康基田撰 清嘉慶三年（1798）霞蔭堂刻本 十冊

210000－0741－0004468 981.22/0056

[光緒]忻州志四十二卷 （清）方戊昌修 清

光緒六年（1880）刻本 八冊

210000－0741－0004469 981.22/1708

[光緒]長子縣志十二卷首一卷 （清）豫謙修 清光緒八年（1882）刻本 八冊

210000－0741－0004470 981.22/2828

[光緒]五臺新志四卷首一卷 （清）徐繼畬修 （清）王步墀續修 清光緒九年（1883）太原會元齋刻本 四冊

210000－0741－0004471 981.22/2862

[嘉慶]介休縣志十四卷 （清）徐品山等修 清嘉慶二十四年（1819）刻本 八冊

210000－0741－0004472 981.22/4902－2/07－12

[光緒]續修曲沃縣志三十二卷 （清）張鴻逵等修 清光緒六年（1880）刻本 六冊

210000－0741－0004473 981.22/4902－2/40－45

[光緒]續修曲沃縣志三十二卷 （清）張鴻逵等修 清光緒六年（1880）刻本 六冊

210000－0741－0004474 981.22/6002

[光緒]平遙縣志十二卷首一卷 （清）恩端等修 清光緒八年（1882）刻本 八冊

210000－0741－0004475 981.22/7203

[光緒]絳縣志十四卷 （清）劉斌修 清光緒六年（1880）刻本 六冊

210000－0741－0004476 981.22/8001

[光緒]代州志十二卷首一卷 （清）俞廉三修 清光緒八年（1882）代山書院刻本 六冊

210000－0741－0004477 981.31/0017

[嘉慶]葭州志二卷 （清）高珣修 清嘉慶十五年（1810）刻本 二冊

210000－0741－0004478 981.31/0038/27

[正德]武功縣志三卷首一卷 （明）康海纂修 清光緒十三年（1887）張世英刻本 一冊

210000－0741－0004479 981.31/0038/61

[正德]武功縣志三卷首一卷 （明）康海纂修 清光緒十三年（1887）張世英刻本 一冊

210000－0741－0004480 981.31/0038－2/04

[正德]武功縣志三卷首一卷 （明）康海纂修
　清同治十二年（1873）湖北崇文書局刻本
一冊

210000－0741－0004481　981.31/0038－2/31

[正德]武功縣志三卷首一卷 （明）康海纂修
　清同治十二年（1873）湖北崇文書局刻本
一冊

210000－0741－0004482　981.31/3085/119－122

[熙寧]長安志二十卷圖三卷 （宋）宋敏求撰
　清光緒十七年（1891）思賢講舍刻本　四冊

210000－0741－0004483　981.31/3085－2/
888－893

[嘉慶]長安縣志三十六卷 （清）張聰賢修
清同治十一年（1872）方啟憲刻本　六冊

210000－0741－0004484　981.31/4072

[光緒]蒲城縣新志十三卷首一卷 （清）李體
仁修　清光緒三十一年（1905）刻本　四冊

210000－0741－0004485　981.31/5023

[乾隆]臨潼縣志九卷圖一卷 （清）史傳遠纂
修　清乾隆四十一年（1776）刻本　六冊

210000－0741－0004486　981.32/2547

[乾隆]清水縣志十六卷 （清）朱超纂修　清
乾隆六十年（1795）刻本　三冊　存十四卷
（一至十一、十四至十六）

210000－0741－0004487　981.35/3704/10－11

西陲要略四卷 （清）祁韻士輯　清光緒四年
（1878）同文館鉛印本　二冊

210000－0741－0004488　981.35/3704/95－96

西陲要略四卷 （清）祁韻士輯　清光緒四年
（1878）同文館鉛印本　二冊

210000－0741－0004489　981.35/4042

新疆圖志一百十六卷首一卷 （清）袁大化修
　清宣統三年（1911）木活字印本　六十冊

210000－0741－0004490　981.401/0721－2

[同治]上海縣志三十二卷首一卷末一卷
（清）應寶時等修　清同治十一年（1872）上海
南園志局王承基等刻本　十六冊

210000－0741－0004491　981.401/3044/859－
898

[嘉慶]松江府志八十四卷首二卷圖一卷
（清）宋如林修　清嘉慶二十四年（1819）松江
府學明倫堂刻本　四十冊

210000－0741－0004492　981.401/3044－2/
899－922

[光緒]松江府續志四十卷首一卷圖一卷
（清）博潤修　清光緒十年（1884）松江郡齋刻
本　二十四冊

210000－0741－0004493　981.401/3132/15－26

[光緒]青浦縣志三十卷首二卷末一卷 （清）
汪祖綬等修　清光緒五年（1879）尊經閣刻本
十二冊

210000－0741－0004494　981.401/3132/16－27

[光緒]青浦縣志三十卷首二卷末一卷 （清）
汪祖綬等修　清光緒五年（1879）尊經閣刻本
十二冊

210000－0741－0004495　981.401/3132/28－39

[光緒]青浦縣志三十卷首二卷末一卷 （清）
汪祖綬等修　清光緒五年（1879）尊經閣刻本
十二冊

210000－0741－0004496　981.401/3147

[光緒]婁縣續志二十卷 （清）汪坤厚修　清
光緒五年（1879）刻本　六冊

210000－0741－0004497　981.401/3345/57－66

[光緒]寶山縣志十四卷首一卷 （清）梁蒲貴
等修　清光緒八年（1882）學海書院刻本
十冊

210000－0741－0004498　981.401/3345/75－82

[光緒]寶山縣志十四卷首一卷 （清）梁蒲貴
等修　清光緒八年（1882）學海書院刻本
八冊

210000－0741－0004499　981.401/4428/19－22

[光緒]重修奉賢縣志二十卷首一卷末一卷
（清）韓佩金修　清光緒四年（1878）志書局刻
本　四冊　存十五卷（三至十七）

210000 – 0741 – 0004500　981.401/4428/35 – 40

[光緒]重修奉賢縣志二十卷首一卷末一卷
（清）韓佩金修　清光緒四年（1878）志書局刻
本　六冊

210000 – 0741 – 0004501　981.401/4428/41 – 48

[光緒]重修奉賢縣志二十卷首一卷末一卷
（清）韓佩金修　清光緒四年（1878）志書局刻
本　八冊

210000 – 0741 – 0004502　981.401/4428/71 – 76

[光緒]重修奉賢縣志二十卷首一卷末一卷
（清）韓佩金修　清光緒四年（1878）志書局刻
本　六冊

210000 – 0741 – 0004503　981.401/4631

[紹熙]雲間志三卷　（宋）楊潛纂修　征東實
紀一卷　（明）錢世楨撰　清光緒二十年
（1894）觀自得齋刻觀自得齋叢書本　二冊

210000 – 0741 – 0004504　981.401/4678

[光緒]重修華亭縣志二十四卷首一卷末一卷
　（清）楊開第修　清光緒五年（1879）刻本
十冊

210000 – 0741 – 0004505　981.401/7503/15 –
17,09

[光緒]川沙廳志十四卷首一卷末一卷　（清）
陳方瀛修　清光緒五年（1879）刻本　四冊
存八卷（一至二、五至八、十一,首一卷）

210000 – 0741 – 0004506　981.401/7503/52 – 57

[光緒]川沙廳志十四卷首一卷末一卷　（清）
陳方瀛修　清光緒五年（1879）刻本　六冊

210000 – 0741 – 0004507　981.401/8038/58 – 63

光緒南滙縣志二十二卷首一卷末一卷　（清）
金福曾等修　清光緒五年（1879）南滙刻本
六冊

210000 – 0741 – 0004508　981.401/8038/76 – 82

光緒南滙縣志二十二卷首一卷末一卷　（清）
金福曾等修　清光緒五年（1879）南滙刻本
七冊　存十九卷（二至二十）

210000 – 0741 – 0004509　981.401/9013 – 2

[宣統]續修楓涇小志十卷首一卷　（清）程兼
善纂　清宣統三年（1911）鉛印本　四冊

210000 – 0741 – 0004510　981.41/0031

[光緒]增修登州府志六十九卷首一卷　（清）
方汝翼等修　清光緒七年（1881）刻本　二十
四冊

210000 – 0741 – 0004511　981.41/0075

[乾隆]夏津縣志十卷首一卷　（清）方學成總
裁　（清）梁大鯤纂修　清乾隆六年（1741）夏
津縣署刻本　六冊

210000 – 0741 – 0004512　981.41/0077

[乾隆]青城縣志十二卷附光緒二年青城縣賦
役全書一卷　（清）方鳳修　清道光二十六年
（1846）增刊本　五冊

210000 – 0741 – 0004513　981.41/0828

[嘉慶]莒州志十六卷首一卷　（清）許紹錦纂
修　清嘉慶元年（1796）刻本　六冊

210000 – 0741 – 0004514　981.41/1119

[光緒]益都縣圖志五十四卷首一卷　（清）張
承燮修　清光緒三十三年（1907）益都官舍刻
本　十六冊

210000 – 0741 – 0004515　981.41/1162/37 – 42

[乾隆]掖縣志八卷首一卷　（清）張思勉修
清乾隆二十三年（1758）刻本　六冊　存六卷
（三至八）

210000 – 0741 – 0004516　981.41/1162 – 2/
134 – 136

[光緒]三續掖縣志四卷首一卷　（清）魏起鵬
修　清光緒十九年（1893）刻本　三冊　存四
卷（一至三、首一卷）

210000 – 0741 – 0004517　981.41/1174

[道光]重修膠州志四十卷　（清）張同聲修
清道光二十五年（1845）膠州刻本　八冊

210000 – 0741 – 0004518　981.41/2224

[乾隆]惠民縣志十卷首一卷　（清）倭什布修
（清）劉長靈　（清）周中規纂修　清乾隆四
十七年（1782）惠民縣署刻本　六冊

210000－0741－0004519　981.41/2244/619－623

[康熙]新城縣志十四卷首一卷　（清）崔懋纂
修　（清）王士禎鑒定　清康熙三十二年
(1693)新城縣署刻本　五冊

210000－0741－0004520　981.41/2244/624

[康熙]新城縣續志二卷　（清）孫元衡撰
（清）王啟涑編　清康熙三十二年至三十六年
(1693－1697)新城縣署刻本　一冊

210000－0741－0004521　981.41/2342/642－646

[雍正]齊河縣志十卷首一卷　（清）上官有儀
修　（清）許琰纂　清乾隆元年(1736)齊河縣
署刻本　五冊

210000－0741－0004522　981.41/2342/647－651

[雍正]齊河縣志十卷首一卷　（清）上官有儀
修　（清）許琰纂　清同治五年(1866)補刻本
五冊

210000－0741－0004523　981.41/2610

[道光]章邱縣志十六卷首一卷末一卷　（清）
吳璋修　清道光十三年(1833)刻本　八冊

210000－0741－0004524　981.41/2650

[道光]重脩平度州志二十七卷　（清）保忠等
修　清道光二十九年(1849)平度刻本　七冊
存二十四卷(一至十四、十八至二十七)

210000－0741－0004525　981.41/2834

[道光]泰安縣志十二卷首一卷末一卷　（清）
徐宗幹修　清同治六年(1867)刻本　十四冊

210000－0741－0004526　981.41/3143

[乾隆]新泰縣志二十卷首一卷　（清）江乾達
修　清乾隆四十九年(1784)刻本　六冊

210000－0741－0004527　981.41/3244

[乾隆]曲阜縣志一百卷　（清）潘相纂修　清
乾隆三十九年(1774)聖化堂刻本　十二冊

210000－0741－0004528　981.41/3246

[乾隆]曲阜縣志一百卷　（清）潘相纂修　清
乾隆三十九年(1774)刻本　十二冊

210000－0741－0004529　981.41/4050

[乾隆]黃縣志十二卷　（清）袁中立修　清乾

隆二十一年(1756)刻本　四冊

210000－0741－0004530　981.41/4060

[咸豐]金鄉縣志略十二卷首一卷光緒三十
二年份金鄉縣簡明賦役全書一卷　（清）李壘纂
修　清同治元年(1862)刻光緒三十三年
(1907)重修本　五冊

210000－0741－0004531　981.41/4433

[同治]即墨縣志十二卷首一卷　（清）林溥修
清同治十二年(1873)刻本　八冊

210000－0741－0004532　981.41/4452

[康熙]萊陽縣志十卷　（清）萬邦維等修　清
雍正元年(1723)補刻本　四冊

210000－0741－0004533　981.41/4721

[乾隆]歷城縣志五十卷首一卷　（清）胡德琳
修　（清）李文藻等纂　清乾隆三十八年
(1773)刻本　十六冊

210000－0741－0004534　981.41/4943

[光緒]泗水縣志十五卷首一卷　（清）趙英祚
修　清光緒十八年(1892)刻本　八冊

210000－0741－0004535　981.41/6065－2

[乾隆]夏津縣志十卷首一卷　（清）方學成修
清乾隆六年(1741)刻本　六冊

210000－0741－0004536　981.41/6605

[乾隆]蒲臺縣志四卷首一卷　（清）嚴文典修
清光緒七年(1881)刻本　四冊　存四卷
(一至三、首一卷)

210000－0741－0004537　981.41/6643

[乾隆]萊州府志十六卷首一卷　（清）嚴有禧
纂修　（清）張桐增修　清乾隆五年(1740)萊
州府署刻本　八冊

210000－0741－0004538　981.41/7723

[道光]重修博興縣志十三卷　（清）周壬福修
清道光二十年(1840)刻本　四冊

210000－0741－0004539　981.41/8727/01－06

[道光]長清縣志十六卷首四卷末二卷　（清）
舒化民等修　清道光十五年(1835)刻本　六
冊　存十六卷(長清縣志十六卷)

210000－0741－0004540　981.41/8727/49－56

[道光]長清縣志十六卷首四卷末二卷　（清）舒化民等修　清道光十五年（1835）刻本　八冊

210000－0741－0004541　981.41/8783

[光緒]蓬萊縣續志十四卷　（清）鄭錫鴻修　清光緒八年（1882）刻本　三冊　存九卷（六至十四）

210000－0741－0004542　981.42/0026

[嘉慶]重刊荊溪縣志四卷首一卷　（清）唐仲冕修　清嘉慶二年（1797）刻本　二冊

210000－0741－0004543　981.42/0410

[光緒]六合縣志八卷圖一卷附錄一卷　（清）謝延庚等修　清光緒十年（1884）刻本　十冊

210000－0741－0004544　981.42/0712

[康熙]吳江縣志四十六卷首一卷　（清）郭琇修　清康熙二十三年（1684）刻本　六冊

210000－0741－0004545　981.42/0712－3/38－45

[光緒]吳江縣續志四十卷首一卷　（清）金福曾等修　清光緒五年（1879）刻本　八冊

210000－0741－0004546　981.42/0712－3/46－53

[光緒]吳江縣續志四十卷首一卷　（清）金福曾等修　清光緒五年（1879）刻本　八冊

210000－0741－0004547　981.42/0833

[乾隆]長洲縣志三十四卷首一卷　（清）李光祚修　（清）許治增修　（清）顧詒祿纂　清乾隆三十一年（1766）刻本　十冊

210000－0741－0004548　981.42/1017

[光緒]贛榆縣志十八卷　（清）王豫熙修　清光緒十四年（1888）刻本　四冊

210000－0741－0004549　981.42/1033/12－15

[嘉慶]江都縣續志十二卷首一卷　（清）王逢源修　清光緒七年（1881）刻本　四冊

210000－0741－0004550　981.42/1033/699－702

[嘉慶]江都縣續志十二卷首一卷　（清）王逢源修　清光緒七年（1881）刻本　四冊

210000－0741－0004551　981.42/1033－2/16－23

光緒江都縣續志三十卷首一卷　（清）謝延庚修　清光緒十年（1884）刻本　八冊

210000－0741－0004552　981.42/1033－2/77－84

光緒江都縣續志三十卷首一卷　（清）謝延庚修　清光緒十年（1884）刻本　八冊

210000－0741－0004553　981.42/1040

[道光]泰州志三十六卷首一卷刊謬二卷　（清）王有慶等修　清光緒三十四年（1908）刻本　十二冊

210000－0741－0004554　981.42/1043/432－451

光緒武進陽湖縣志三十卷首一卷　（清）王其淦等修　清光緒五年（1879）刻本　二十冊

210000－0741－0004555　981.42/1043/165－179

[光緒]武陽志餘十二卷首一卷團練紀實二卷　（清）莊毓鋐等纂修　清光緒十四年（1888）木活字印本　十六冊

210000－0741－0004556　981.42/1053

續纂淮關統志十四卷首一卷　（清）元成續纂　清光緒三十二年（1906）刻本　六冊

210000－0741－0004557　981.42/1081

[光緒]盱眙縣志彙十七卷首一卷附校勘記　（清）王錫元修　清光緒十七年（1891）刻本　八冊

210000－0741－0004558　981.42/1081－2/86－93

[光緒]盱眙縣志稿十七卷首一卷　（清）王錫元修　清光緒二十九年（1903）盱眙縣志局刻本　八冊

210000－0741－0004559　981.42/1081－2/7997－8000

[光緒]盱眙縣志稿十七卷首一卷　（清）王錫元修　清光緒二十九年（1903）盱眙縣志局刻本　八冊

210000－0741－0004560　981.42/1107

六朝事迹編類十四卷　（宋）張敦頤撰　清光緒十三年（1887）李濱刻本　二冊

210000－0741－0004561　981.42/1122－2

[嘉慶]海州直隸州志三十二卷首一卷　（清）唐仲冕修　清嘉慶十六年（1811）刻本　十冊

210000－0741－0004562　981.42/1134/52－59

[同治]山陽縣志二十一卷圖一卷　（清）張兆棟等修　清同治十二年(1873)刻本　八冊

210000－0741－0004563　981.42/1134/60－67

[同治]山陽縣志二十一卷圖一卷　（清）張兆棟等修　清同治十二年(1873)刻本　八冊

210000－0741－0004564　981.42/1145/52－69

[光緒]無錫金匱縣志四十卷首一卷　（清）裴大中等修　清光緒七年(1881)刻本　十八冊

210000－0741－0004565　981.42/1145/61－80

[光緒]無錫金匱縣志四十卷首一卷　（清）裴大中等修　清光緒七年(1881)刻本　二十冊

210000－0741－0004566　981.42/1218

[光緒]淮安府志四十卷首一卷　（清）孫雲錦修　清光緒十年(1884)刻本　十六冊

210000－0741－0004567　981.42/2120

[光緒]丹徒縣志六十卷首四卷　（清）何紹章等修　清光緒五年(1879)刻本　三十二冊

210000－0741－0004568　981.42/2241

[道光]銅山縣志二十四卷首一卷　（清）崔志元修　清道光十年(1830)刻本　十二冊

210000－0741－0004569　981.42/2349/35－46

[光緒]溧水縣志二十二卷首一卷　（清）傅觀光等修　清光緒九年(1883)刻本　十二冊

210000－0741－0004570　981.42/2349/52－63

[光緒]溧水縣志二十二卷首一卷　（清）傅觀光等修　清光緒九年(1883)刻本　十二冊

210000－0741－0004571　981.42/2594－2/19－66

[嘉慶]重修揚州府志七十二卷首一卷　（清）阿克當阿修　清同治十三年(1874)刻本　五十六冊

210000－0741－0004572　981.42/2594－2/59－82

[嘉慶]重修揚州府志七十二卷首一卷　（清）阿克當阿修　清同治十三年(1874)刻本　二十四冊

210000－0741－0004573　981.42/2594－3/67－74

[同治]續纂揚州府志二十四卷　（清）方濬頤修　清同治十三年(1874)刻本　八冊

210000－0741－0004574　981.42/2594－3/83－88

[同治]續纂揚州府志二十四卷　（清）方濬頤修　清同治十三年(1874)刻本　六冊

210000－0741－0004575　981.42/2642/52－59

同治徐州府志二十五卷　（清）吳世熊修　清同治十三年(1874)刻本　十六冊

210000－0741－0004576　981.42/2642/68－75

同治徐州府志二十五卷　（清）吳世熊修　清同治十三年(1874)刻本　十六冊

210000－0741－0004577　981.42/2643

[雍正]梅里志四卷　（清）吳存禮編　（清）蔡永清校　（清）杜詔訂　清雍正二年(1724)蘇州蔡名烜刻本　四冊

210000－0741－0004578　981.42/2833

[嘉慶]黎里志十六卷首一卷　（清）徐達源纂　清嘉慶十年(1805)吳江徐氏孚遠堂刻本　六冊

210000－0741－0004579　981.42/2855

[光緒]增修甘泉縣志二十四卷首一卷圖一卷　（清）徐成敪修　清光緒七年(1881)木活字印本　二十冊

210000－0741－0004580　981.42/3150

廣陵通典十卷　（清）汪中撰　清同治八年(1869)揚州書局刻本　四冊

210000－0741－0004581　981.42/4062/318－327

[嘉慶]溧陽縣志十六卷　（清）李景嶧修　清光緒二十二年(1896)木活字印本　十冊

210000－0741－0004582　981.42/4062－2/626－633

[光緒]溧陽縣續志十六卷末一卷　（清）朱畯等修　清光緒二十五年(1899)木活字印本　八冊

210000－0741－0004583　981.42/4082

[同治]蘇州府志一百五十卷首三卷　（清）李銘皖等修　清光緒八年(1882)江蘇書局刻本　八十冊

210000 - 0741 - 0004584　　981.42/4095

[道光]續增高郵州志不分卷　　（清）左輝春等
纂修　清道光二十三年(1843)刻本　四冊

210000 - 0741 - 0004585　　981.42/4434/300 - 311

[光緒]靖江縣志十六卷首一卷　　（清）葉滋森
修　清光緒五年(1879)刻本　十二冊

210000 - 0741 - 0004586　　981.42/4434/23 - 34

同治上江兩縣志二十九卷首一卷　　（清）莫祥
芝等修　清同治十三年(1874)刻本　十二冊

210000 - 0741 - 0004587　　981.42/4434/40 - 51

同治上江兩縣志二十九卷首一卷　　（清）莫祥
芝等修　清同治十三年(1874)刻本　十二冊

210000 - 0741 - 0004588　　981.42/4434 - 2/
435 - 446

同治上江兩縣志二十九卷首一卷　　（清）莫祥
芝等修　清光緒二年(1876)刻本　二十四冊

210000 - 0741 - 0004589　　981.42/4447

江寧府七縣地形考略一卷附圖　黃起鳳等校
清光緒江楚書局刻本　一冊

210000 - 0741 - 0004590　　981.42/4475

[咸豐]邳州志二十卷首一卷　　（清）董用威等
修　清咸豐元年(1851)刻本　六冊

210000 - 0741 - 0004591　　981.42/4631/36 - 45

[光緒]泰興縣志二十六卷首一卷末一卷
（清）楊激雲修　清光緒十二年(1886)刻本
十冊

210000 - 0741 - 0004592　　981.42/4631/91 - 00

[光緒]泰興縣志二十六卷首一卷末一卷
（清）楊激雲修　清光緒十二年(1886)刻本
十冊

210000 - 0741 - 0004593　　981.42/4635 - 2

[光緒]崑新兩縣續修合志五十二卷首一卷末
一卷　（清）金吳瀾等修　清光緒六年(1880)
敦善堂刻本　二十四冊

210000 - 0741 - 0004594　　981.42/4644

[乾隆]婁縣志三十卷首二卷　　（清）謝庭薰
（清）陸錫熊纂　清乾隆五十三年(1788)刻本

六冊

210000 - 0741 - 0004595　　981.42/4734

光緒丙子清河縣志二十六卷　　（清）胡裕燕修
清光緒五年(1879)刻本　六冊

210000 - 0741 - 0004596　　981.42/4986 - 2

[光緒]江陰縣志三十卷首一卷　　（清）盧思誠
修　清光緒四年(1878)刻本　三十冊

210000 - 0741 - 0004597　　981.42/6046/830 - 851

[嘉慶]新修江寧府志五十六卷　　（清）呂燕昭
修　清嘉慶十六年(1811)刻本　二十二冊

210000 - 0741 - 0004598　　981.42/6046 - 2/
8995 - 9006

[嘉慶]重刊江寧府志五十六卷　　（清）呂燕昭
修　清光緒六年(1880)重印本　十二冊

210000 - 0741 - 0004599　　981.42/6046 - 3/
687 - 698

[同治]續纂江寧府志十五卷首一卷　　（清）蔣
啟勛修　清光緒六年(1880)刻本　十二冊

210000 - 0741 - 0004600　　981.42/7159

[光緒]阜寗縣志二十四卷首一卷　　（清）阮本
焱等修　清光緒十二年(1886)刻本　十冊

210000 - 0741 - 0004601　　981.42/7168

[乾隆]蘇州府志八十卷　　（清）雅爾哈善
（清）傅椿修　（清）習寯等纂修　清乾隆十三
年(1748)蘇州府署刻本　三十二冊

210000 - 0741 - 0004602　　981.42/7235 - 2

光緒滬縣志二十八卷首一卷　　（清）楊福鼎修
清光緒七年(1881)學山書院刻本　十冊

210000 - 0741 - 0004603　　981.42/7503/25 - 27

秣陵集六卷附圖考一卷金陵歷代紀年事表一
卷　（清）陳文述撰　清光緒十年(1884)淮南
書局刻本　三冊

210000 - 0741 - 0004604　　981.42/7503/58 - 60

秣陵集六卷附圖考一卷金陵歷代紀年事表一
卷　（清）陳文述撰　清光緒十年(1884)淮南
書局刻本　三冊

210000 - 0741 - 0004605　　981.42/7503/95 - 97

秣陵集六卷附圖考一卷金陵歷代紀年事表一卷　（清）陳文述撰　清光緒十年(1884)淮南書局刻本　三冊

210000－0741－0004606　981.42/7521

金陵通紀十卷續紀四卷　（清）陳作霖撰　清光緒三十三年(1907)瑞華館刻本　五冊　存十二卷(一至八、續紀四卷)

210000－0741－0004607　981.42/7524/43－50

[乾隆]震澤縣志三十八卷首一卷　（清）陳和志修　清光緒十九年(1893)刻本　八冊

210000－0741－0004608　981.42/7524/69－76

[乾隆]震澤縣志三十八卷首一卷　（清）陳和志修　清光緒十九年(1893)刻本　八冊

210000－0741－0004609　981.42/7740

[嘉慶]東臺縣志四十卷　（清）周右修　清道光十年(1830)增刻本　十冊

210000－0741－0004610　981.42/7767

[光緒]周莊鎮志六卷首一卷附貞豐里庚申見聞錄二卷　（清）陶煦纂　清光緒八年(1882)陶氏儀一堂刻本　六冊

210000－0741－0004611　981.42/7780－2/373－376

[康熙]寶應縣志二十四卷　（清）徐鐉修纂　清康熙二十九年(1690)刻本　四冊

210000－0741－0004612　981.42/7780－3/387－396

寶應圖經六卷首二卷　（清）劉寶楠纂　清光緒九年(1883)淮南書局刻本　十冊

210000－0741－0004613　981.42/7780－4/377－386

[道光]重修寶應縣志二十八卷首一卷　（清）孟毓蘭修纂　清道光二十年(1840)湯氏沐華堂刻本　十冊

210000－0741－0004614　981.42/8783

[光緒]常昭合志稿四十八卷首一卷末一卷　（清）鄭鍾祥修　清光緒三十年(1904)木活字印本　二十冊

210000－0741－0004615　981.4208/7521

金陵瑣志三種　（清）陳作霖撰續　清光緒二十六年(1900)刻本　二冊　存二種二卷(運瀆橋道小志一卷、東城志略一卷)

210000－0741－0004616　981.4208/7727

重刊宜興荊溪舊志五種　（清）□□輯　清光緒八年(1882)刻本　二十六冊

210000－0741－0004617　981.4229/0413

江蘇全省輿圖不分卷　（清）諸可寶撰　清光緒二十一年(1895)江蘇書局刻本　三冊

210000－0741－0004618　981.43/0043

[乾隆]餘姚志四十卷　（清）唐若瀛修　清乾隆四十六年(1781)刻本　八冊

210000－0741－0004619　981.43/0065

[光緒]上虞縣志四十八卷首一卷末一卷　（清）唐煦春修　清光緒十七年(1891)刻本　二十冊

210000－0741－0004620　981.43/0819

[光緒]嘉興府志八十八卷首二卷　（清）許瑤光修　清光緒五年(1879)鴛湖書院刻本　六十四冊

210000－0741－0004621　981.43/0988－2/429－440

[乾隆]湖州府志五十卷首一卷末一卷　（清）胡承謀纂　清乾隆四年(1739)刻本　十二冊

210000－0741－0004622　981.43/0988－3/047－086

[同治]湖州府志九十六卷首一卷　（清）宗源瀚修　清同治十三年(1874)愛山書院刻本　四十冊

210000－0741－0004623　981.43/0988－4/933－972

[同治]湖州府志九十六卷首一卷　（清）宗源瀚修　清光緒九年(1883)刻本　四十冊

210000－0741－0004624　981.43/1033

[萬曆]錢塘縣志十卷　（明）聶心湯注　清光緒十九年(1893)錢塘丁氏嘉惠堂刻本　六冊

210000－0741－0004625　981.43/1042/315－330

[光緒]鎮海縣志四十卷　（清）于萬川修　清光緒五年(1879)鯤池書院刻本　十六冊

210000－0741－0004626　981.43/1042/969－976

[同治]江山縣志十二卷首一卷末一卷　（清）王彬修　清同治十二年(1873)文溪書院刻本　八冊

210000－0741－0004627　981.43/1084

[光緒]青田縣志十八卷首一卷　（清）雷銑修　清光緒二年(1876)刻本　十四冊

210000－0741－0004628　981.43/1094

嘉府典故纂要八卷　（清）王惟梅輯　清光緒元年(1875)刻本　二冊

210000－0741－0004629　981.43/1124－2

[乾隆]溫州府志三十卷首一卷　（清）李琬修　清同治四年(1865)周開錫補刻本　十六冊

210000－0741－0004630　981.43/2113/29－40

[光緒]縉雲縣志十六卷首一卷末一卷　（清）何乃容修　清光緒七年(1881)刻本　十二冊

210000－0741－0004631　981.43/2113/86－95

[光緒]縉雲縣志十六卷首一卷末一卷　（清）何乃容修　清光緒七年(1881)刻本　十冊

210000－0741－0004632　981.43/3104/27－42

咸淳臨安志一百卷　（宋）潛說友撰　清道光十年(1830)錢塘汪氏振綺堂刻本　十六冊

210000－0741－0004633　981.43/3104/73－96

咸淳臨安志一百卷　（宋）潛說友撰　清道光十年(1830)錢塘汪氏振綺堂刻本　二十四冊

210000－0741－0004634　981.43/3104－2/714－731

咸淳臨安志一百卷　（宋）潛說友撰　清光緒十七年(1891)錢塘汪氏振綺堂刻本　二十四冊

210000－0741－0004635　981.43/3109

[光緒]富陽縣志二十四卷首一卷　（清）汪文炳修　清光緒三十二年(1906)富陽縣學尊經閣刻本　十六冊

210000－0741－0004636　981.43/3134

[雍正]慈谿縣志十六卷　（清）楊正筍訂正　（清）馮鴻模等纂　清雍正八年(1730)刻乾隆三年(1738)增刻本　八冊

210000－0741－0004637　981.43/3220

[光緒]處州府志三十卷首一卷末一卷　（清）潘紹詒修　清光緒三年(1877)刻本　二十八冊

210000－0741－0004638　981.43/3442

[康熙]臨海縣志十五卷首一卷　（清）洪若皋纂修　清同治、光緒間刻本　八冊

210000－0741－0004639　981.43/4001

浙志便覽七卷　（清）李應玨撰　清光緒十七年(1891)杭城吏隱齋刻本　四冊

210000－0741－0004640　981.43/4002

[乾隆]紹興府志八十卷首一卷　（清）李亨特修　清乾隆五十七年(1792)刻本　四十六冊

210000－0741－0004641　981.43/4003－2

[光緒]黃巖縣志四十卷首一卷　（清）陳寶善修　清光緒三年(1877)刻本　十六冊

210000－0741－0004642　981.43/4018

[光緒]常山縣志六十八卷首一卷末一卷　（清）李瑞鍾纂修　清光緒十二年(1886)常山縣署刻本　十二冊

210000－0741－0004643　981.43/4032

[光緒]永康縣志十六卷首一卷　（清）李汝為修　清光緒十八年(1892)永康縣署刻本　十二冊

210000－0741－0004644　981.43/4083/27－38

[光緒]奉化縣志四十卷首一卷　（清）李前泮修　清光緒三十四年(1908)奉化縣署刻本　十二冊

210000－0741－0004645　981.43/4083/47－58

[光緒]奉化縣志四十卷首一卷　（清）李前泮修　清光緒三十四年(1908)奉化縣署刻本　十二冊

210000－0741－0004646　981.43/4230/44－56

[光緒]平湖縣志二十五卷首一卷末一卷
（清）彭潤章修　清光緒十二年（1886）平湖縣
署刻本　十三冊

210000－0741－0004647　981.43/4230/47－58
[光緒]平湖縣志二十五卷首一卷末一卷
（清）彭潤章修　清光緒十二年（1886）平湖縣
署刻本　十二冊

210000－0741－0004648　981.43/4230/57－68
[光緒]平湖縣志二十五卷首一卷末一卷
（清）彭潤章修　清光緒十二年（1886）平湖縣
署刻本　十二冊

210000－0741－0004649　981.43/4430
明州繫年錄七卷　（清）董沛述　清光緒四年
（1878）刻本　三冊

210000－0741－0004650　981.43/4431－2/10－17
[雍正]寧波府志三十六卷首一卷　（清）曹秉
仁修　清乾隆六年（1741）刻本　八冊

210000－0741－0004651　981.43/4431－2/59－73
[雍正]寧波府志三十六卷首一卷　（清）曹秉
仁修　清乾隆六年（1741）刻本　十六冊

210000－0741－0004652　981.43/4434
[光緒]玉環廳志十五卷首一卷　（清）杜冠英
修　清光緒六年（1880）刻本　八冊

210000－0741－0004653　981.43/4440－2
南潯鎮志四十卷蓮漪文鈔八卷　（清）汪曰楨
纂　清同治二年（1863）上海汪曰楨刻本　十
冊　存四十一卷（八至四十、蓮漪文鈔八卷）

210000－0741－0004654　981.43/4618/219－226
[雍正]慈谿縣志十六卷　（清）楊正筍修　清
乾隆三年（1738）許炳增刻本　八冊

210000－0741－0004655　981.43/4618/455－478
[光緒]慈谿縣志五十六卷列傳一卷附編一卷
　（清）楊泰亨修　清光緒二十五年（1899）德
潤書院刻本　二十四冊

210000－0741－0004656　981.43/4935
[同治]長興縣志三十二卷　（清）趙定邦修
（清）周學濬纂　清光緒元年（1875）長興縣署

刻本　十八冊

210000－0741－0004657　981.43/4992
[光緒]嘉興縣志三十二卷首二卷末一卷
（清）趙惟崳修　清光緒三十四年（1908）嘉興
縣署刻本　二十四冊

210000－0741－0004658　981.43/5017
[光緒]定海廳志三十卷首一卷　（清）黃樹藩
修　清光緒十一年（1885）黃樹藩刻本　十冊

210000－0741－0004659　981.43/5088/05－14
[光緒]蘭谿縣志八卷首一卷補遺一卷　（清）
秦簧修　清光緒十五年（1889）蘭谿縣署刻本
　十冊

210000－0741－0004660　981.43/5088/13－22
[光緒]蘭谿縣志八卷首一卷補遺一卷　（清）
秦簧修　清光緒十五年（1889）蘭谿縣署刻本
　十冊

210000－0741－0004661　981.43/7534
[光緒]諸暨縣志六十卷首一卷　（清）陳遹聲
修　清宣統三年（1911）諸暨縣署刻本　十
八冊

210000－0741－0004662　981.43/7580
嚴州圖經三卷　（宋）陳公亮重修注　校字記
一卷　（清）袁昶撰　清光緒二十二年（1896）
漸西村舍刻本　二冊

210000－0741－0004663　981.43/7790/33－48
[光緒]餘姚縣志二十七卷首一卷末一卷
（清）周炳麟修　清光緒二十五年（1899）餘姚
縣署刻本　十六冊

210000－0741－0004664　981.43/7790/79－94
[光緒]餘姚縣志二十七卷首一卷末一卷
（清）周炳麟修　清光緒二十五年（1899）餘姚
縣署刻本　十六冊

210000－0741－0004665　981.43/7790－2
[光緒]餘姚縣志二十七卷首一卷末一卷
（清）周炳麟修　清光緒二十五年（1899）重印
本　十六冊

210000－0741－0004666　981.43/8043－2/06－10

[嘉慶]太平縣志十八卷　（清）慶霖修　清光緒二十二年（1896）刻本　十冊

210000－0741－0004667　981.43/8043－2/72－75

[嘉慶]太平縣志十八卷　（清）慶霖修　清光緒二十二年（1896）刻本　四冊　存八卷（十至十三、十五至十八）

210000－0741－0004668　981.43/8043－3/24－27

[光緒]太平續志十八卷首一卷　（清）陳汝霖修　清光緒二十二年（1896）刻本　八冊

210000－0741－0004669　981.43/8043－3/62－65

[光緒]太平續志十八卷首一卷　（清）陳汝霖修　清光緒二十二年（1896）刻本　四冊　存十卷（四至六、十三至十八，首一卷）

210000－0741－0004670　981.43/8322/378－397

[乾隆]鄞縣志三十卷首一卷　（清）錢維喬修纂　清乾隆五十三年（1788）刻本　二十冊

210000－0741－0004671　981.43/8322/344－377

[同治]鄞縣志七十五卷　（清）戴枚修纂　清光緒三年（1877）刻本　三十四冊

210000－0741－0004672　981.4308/2864

宋元四明六志六種八十四卷附二種十一卷　（清）徐時棟輯　清咸豐四年（1854）甬上徐氏煙嶼樓刻本　四十冊

210000－0741－0004673　981.44/0014

[光緒]泗虹合志十九卷　（清）方端蘭修　清光緒十四年（1888）刻本　八冊

210000－0741－0004674　981.44/1127

[宣統]建德縣志二十卷首一卷　（清）張贊巽等修纂　清宣統二年（1910）鉛印本　八冊　存十七卷（四至二十）

210000－0741－0004675　981.44/3167

[光緒]鳳陽府志二十一卷　（清）馮煦修纂　清光緒三十四年（1908）木活字印本　二十二冊

210000－0741－0004676　981.44/4410/03－50

[光緒]續修廬州府志一百卷首一卷末一卷　（清）黃雲修　清光緒十一年（1885）刻本　四十八冊

210000－0741－0004677　981.44/4410/33－80

[光緒]續修廬州府志一百卷首一卷末一卷　（清）黃雲修　清光緒十一年（1885）刻本　四十八冊

210000－0741－0004678　981.44/6071

[淳熙]新安志十卷　（宋）羅願纂　清光緒十四年（1888）黟邑李氏刻本　四冊

210000－0741－0004679　981.44/7514

[嘉慶]歷陽典錄三十四卷　（清）陳廷桂纂　清同治六年（1867）和州官舍刻本　十二冊

210000－0741－0004680　981.44/7734

[道光]安徽通志二百六十卷首六卷　（清）陶澍等修纂　清道光十年（1830）刻本　一百一冊

210000－0741－0004681　981.45/1002/19－24

[萬曆]閩都記三十三卷　（明）王應山纂　清道光十一年（1831）求放心齋刻本　六冊

210000－0741－0004682　981.45/1002/45－50

[萬曆]閩都記三十三卷　（明）王應山纂　清道光十一年（1831）求放心齋刻本　六冊

210000－0741－0004683　981.45/1002/819－824

[萬曆]閩都記三十三卷　（明）王應山纂　清道光十一年（1831）求放心齋刻本　六冊

210000－0741－0004684　981.45/7727

[道光]廈門志十六卷　（清）周凱修　清道光十九年（1839）玉屏書院刻本　十二冊

210000－0741－0004685　981.46/4299

東槎紀略五卷　（清）姚瑩撰　清道光十二年（1832）刻本　四冊

210000－0741－0004686　981.46/4413

[咸豐]臺灣府噶瑪蘭廳志八卷　（清）董正官續修　清咸豐二年（1852）刻本　十六冊

210000－0741－0004687　981.46/4433

臺灣雜記一卷　（清）黃逢昶輯　清光緒十年（1884）抄本　一冊

210000－0741－0004688　981.46/8002

[乾隆]續脩臺灣府志二十六卷首一卷　（清）余文儀主脩　（清）黃佾參輯　清乾隆三十九年（1774）臺灣府署刻本　十二冊

210000－0741－0004689　981.51/0044

[宣統]濮州志八卷　（清）高士英修纂　清宣統元年（1909）刻本　八冊

210000－0741－0004690　981.51/1033

[光緒]鹿邑縣志十六卷首一卷　（清）于滄瀾等修　清光緒二十二年（1896）刻本　六冊

210000－0741－0004691　981.51/1183

[乾隆]信陽州志十二卷首一卷　（清）張鉞修　（清）萬侯纂　清乾隆十四年（1749）信陽州署刻本　八冊　存十二卷（二至十二、首一卷）

210000－0741－0004692　981.51/2127/218－223

[嘉慶]濬縣志二十二卷首一卷末一卷　（清）熊象階修纂　清嘉慶七年（1802）刻本　六冊

210000－0741－0004693　981.51/2127/224－225

[光緒]續濬縣志八卷　（清）黃璟修　（清）李作霖纂　清光緒十二年（1886）刻本　二冊

210000－0741－0004694　981.51/2417－2

[乾隆]新鄉縣志三十四卷首一卷　（清）趙開元修　（清）暢俊纂　清乾隆十二年（1747）刻本　六冊

210000－0741－0004695　981.51/2622

[乾隆]獲嘉縣志十六卷首一卷　（清）吳喬齡修纂　清道光二十五年（1845）補刻本　六冊

210000－0741－0004696　981.51/3087

[道光]淮寧縣志二十七卷　（清）永銘修　（清）趙任之　（清）吳純夫纂　清道光六年（1826）刻本　十二冊

210000－0741－0004697　981.51/3131

[乾隆]襄城縣志十四卷　（清）汪運正增輯　清乾隆十一年（1746）襄城縣署刻本　十二冊

210000－0741－0004698　981.51/3230

[光緒]南陽縣志十二卷首一卷　（清）潘守廉

修　（清）張鳳岡纂　清光緒三十年（1904）刻本　八冊

210000－0741－0004699　981.51/4037

[道光]河內縣志三十六卷　（清）袁通修　清道光五年（1825）刻本　十冊

210000－0741－0004700　981.51/7207－2

鄢陵文獻志四十卷補遺一卷　（清）蘇源生纂修　清同治四年（1865）刻本　二十冊

210000－0741－0004701　981.51/7214

[光緒]永城縣志三十八卷首一卷　（清）岳廷楷修　（清）胡贊采　（清）呂永輝纂　清光緒二十九年（1903）刻本　八冊

210000－0741－0004702　981.51/7539

[乾隆]南召縣志四卷　（清）陳之煁纂修　（清）張睿　（清）曹鵬翊參訂　清乾隆十一年（1746）刻本　四冊

210000－0741－0004703　981.51/7585

[乾隆]歸德府志三十六卷首一卷　（清）陳錫輅纂修　清光緒十九年（1893）歸德府署刻本　十冊

210000－0741－0004704　981.51/7738/08－15

[光緒]靈寶縣志八卷　（清）周淦等修纂　清光緒二年（1876）刻本　八冊

210000－0741－0004705　981.51/7738/23－30

[光緒]靈寶縣志八卷　（清）周淦等修纂　清光緒二年（1876）刻本　八冊

210000－0741－0004706　981.51/7774

[道光]輝縣志二十卷首一卷末一卷　（清）周際華修纂　清光緒二十一年（1895）易釗刻本　八冊

210000－0741－0004707　981.51/8031

[康熙]延津縣志十卷　（清）余心孺纂修　清康熙四十一年（1702）刻本　四冊

210000－0741－0004708　981.51/8805

[康熙]開封府志四十卷　（清）管竭忠纂修　清同治二年（1863）刻本　十二冊

210000－0741－0004709　981.52/0004/13－22

[光緒]德安府志二十卷首一卷補遺一卷
（清）廣音布修　清光緒十四年（1888）刻本
二十冊

210000 – 0741 – 0004710　981.52/0004/47 – 56
[光緒]德安府志二十卷首一卷補遺一卷
（清）廣音布修　清光緒十四年（1888）刻本
三十冊

210000 – 0741 – 0004711　981.52/1092
[同治]宜昌府志十六卷首一卷　（清）聶光鑾
修纂　清同治五年（1866）刻本　十六冊

210000 – 0741 – 0004712　981.52/1191 – 2/
814 – 829
[乾隆]襄陽府志四十卷圖一卷　（清）陳鍔纂
修　清乾隆二十五年（1760）刻本　十六冊

210000 – 0741 – 0004713　981.52/2633/804
[光緒]宜城縣續志二卷　（清）李連騎修
（清）姚德華纂　清光緒九年（1883）刻本
一冊

210000 – 0741 – 0004714　981.52/2633/797 – 803
[同治]宜城縣志十卷　（清）程啟安修　清同
治五年（1866）刻本　八冊

210000 – 0741 – 0004715　981.52/3176
[光緒]湖北輿地記二十四卷　湖北輿圖局輯
　清光緒二十年（1894）湖北輿圖局刻本　二
十四冊

210000 – 0741 – 0004716　981.52/4360
[光緒]黃岡縣志二十四卷首一卷　（清）戴昌
言修　（清）劉恭冕纂　清光緒八年（1882）刻
本　二十四冊

210000 – 0741 – 0004717　981.52/5333
荊州記三卷　（南朝宋）盛宏之撰　清光緒十
九年（1893）曹氏篆經室刻篆經室叢書本
一冊

210000 – 0741 – 0004718　981.52/6036/27 – 34
[光緒]應城縣志十四卷首一卷　（清）羅緗等
修纂　清光緒八年（1882）蒲陽書院刻本
八冊

210000 – 0741 – 0004719　981.52/6036/29 – 36
[光緒]應城縣志十四卷首一卷　（清）羅緗等
修纂　清光緒八年（1882）蒲陽書院刻本
八冊

210000 – 0741 – 0004720　981.52/6099
[同治]荊門直隸州志十二卷首一卷　（清）恩
榮修纂　清同治七年（1868）明倫堂刻本　十
四冊

210000 – 0741 – 0004721　981.52/7712
[同治]鄖縣志十卷首一卷　（清）周瑞等修
（清）余瀅廷等纂　清同治五年（1866）鄖縣縣
署刻本　八冊

210000 – 0741 – 0004722　981.52/8048
[同治]東湖縣原志三十卷首一卷續補藝文一
卷　（清）金大鏞修纂　清同治三年（1864）刻
本　十冊

210000 – 0741 – 0004723　981.53/0724
[光緒]湘陰縣圖志三十四卷首一卷末一卷
（清）郭嵩燾纂修　清光緒六年（1880）湘陰縣
志局刻本　十四冊

210000 – 0741 – 0004724　981.53/1749
[嘉慶]湘鄉縣志十卷首一卷　（清）翟聲煥修
　清嘉慶二十二年（1817）刻本　十冊

210000 – 0741 – 0004725　981.53/1749 – 2/00 – 23
[同治]湘鄉縣志二十三卷首一卷末一卷
（清）齊德五修纂　清同治十三年（1874）刻本
二十四冊

210000 – 0741 – 0004726　981.53/1749 – 2/66 – 85
[同治]湘鄉縣志二十三卷首一卷末一卷
（清）齊德五修纂　清同治十三年（1874）刻本
二十四冊

210000 – 0741 – 0004727　981.53/2637
[光緒]善化縣志三十四卷首一卷　（清）吳兆
熙修纂　清光緒三年（1877）刻本　二十冊

210000 – 0741 – 0004728　981.53/3160
[同治]茶陵州志二十四卷　（清）福昌修纂
清同治十年（1871）刻本　八冊

210000－0741－0004729　981.53/3173
[同治]桂陽直隸州志二十七卷首一卷　(清)汪敩灝修纂　清同治七年(1868)刻本　十三册

210000－0741－0004730　981.53/3197－2
[同治]清泉縣志十卷首一卷末一卷　(清)王開運修　清同治八年(1869)刻本　四册

210000－0741－0004731　981.53/4099－2
邵陽縣鄉土志四卷首一卷　(清)陳吳萃修纂　清光緒三十三年(1907)刻本　四册

210000－0741－0004732　981.53/4202
[光緒]巴陵縣志六十三卷首一卷　(清)姚詩德修纂　清光緒二十六年(1900)刻本　十六册

210000－0741－0004733　981.53/4284
[同治]益陽縣志二十五卷首一卷　(清)姚念楊　(清)吕懋恒修　(清)趙裴哲纂　清同治十三年(1874)刻本　十六册

210000－0741－0004734　981.53/4416
岳陽風土記一卷　(宋)范致明撰　清光緒七年(1881)方功謂刻本　一册

210000－0741－0004735　981.53/6004
[同治]衡陽縣志十二卷　(清)羅慶薌修　(清)彭玉麟纂　清同治十三年(1874)刻本　七十册

210000－0741－0004736　981.53/7530－2
[嘉慶]常德府志四十八卷首一卷叢談三卷　(清)應先烈修纂　清嘉慶十八年(1813)刻本　二十册

210000－0741－0004737　981.53/7544
[光緒]湘潭縣志十二卷　(清)陳嘉榆修　清光緒十五年(1889)刻本　十册

210000－0741－0004738　981.54/0082
[同治]臨川縣志五十四卷首一卷末一卷　(清)童範儼修　(清)陳慶齡纂　清同治九年(1870)刻本　二十四册

210000－0741－0004739　981.54/0808
[光緒]撫州府志八十六卷首一卷　(清)許應鑅等修纂　清光緒二年(1876)刻本　三十六册

210000－0741－0004740　981.54/3180－2
[同治]九江府志五十四卷首一卷末一卷　(清)達春布修纂　清同治十三年(1874)刻本　二十四册

210000－0741－0004741　981.54/6622－2
[同治]袁州府志十卷首一卷　(清)駱敏修　(清)黄恩浩修纂　(清)蕭玉銓纂　清同治十三年(1874)刻本　二十册

210000－0741－0004742　981.54/7241/278－397
[光緒]江西通志一百八十卷首五卷　(清)劉坤一修　(清)劉繹　(清)趙之謙纂　清光緒七年(1881)刻本　一百二十册

210000－0741－0004743　981.54/7241/326－475
[光緒]江西通志一百八十卷首五卷　(清)劉坤一修　(清)劉繹　(清)趙之謙纂　清光緒七年(1881)刻本　一百五十册

210000－0741－0004744　981.55/4337
[光緒]廣州府志一百六十三卷　(清)戴肇辰修　清光緒五年(1879)粤秀書院刻本　六十册

210000－0741－0004745　981.55/7429
[道光]陽春縣志十四卷首一卷　(清)陸向榮修　清道光元年(1821)廣州六書齋刻本　四册

210000－0741－0004746　981.55/7544
[光緒]四會縣志十編首一編末一編　(清)陳志喆修　清光緒二十二年(1896)四會縣署刻本　十二册

210000－0741－0004747　981.55/7712
[乾隆]潮州府志四十二卷首一卷　(清)周碩勳纂修　清光緒十九年(1893)潮州府潮州保安總局刻本　二十三册　存四十一卷(一至三十九、四十一,首一卷)

210000－0741－0004748　981.56/1145

[道光]廉州府志二十六卷首一卷 （清）張堉春修 清道光十三年（1833）廉州府署刻本 二十冊

210000－0741－0004749 981.61/1134

蜀典十二卷 （清）張澍輯 清光緒二年（1876）尊經書院刻本 四冊

210000－0741－0004750 981.61/7534－2/37－42

華陽國志十二卷補華陽國志三州郡縣目錄一卷 （晉）常璩撰 清嘉慶十九年（1814）題襟館刻本 六冊

210000－0741－0004751 981.61/7534－2/43－46

華陽國志十二卷補華陽國志三州郡縣目錄一卷 （晉）常璩撰 清嘉慶十九年（1814）題襟館刻本 四冊

210000－0741－0004752 981.61/7534－3

華陽國志十二卷附補華陽國志三州郡縣目錄一卷 （晉）常璩撰 清光緒十六年（1890）李氏悔過齋刻本 四冊

210000－0741－0004753 981.61/7714

[乾隆]富順縣志五卷首一卷 （清）段玉裁纂修 清光緒八年（1882）富順縣署刻本 五冊

210000－0741－0004754 981.63/2700－2

[光緒]雲南通志二百四十二卷首四卷附錄四十一卷 （清）岑毓英修 清光緒二十年（1894）雲南撫署刻本 二百二十冊

210000－0741－0004755 981.63/4204

雲南勘界籌邊記二卷 （清）姚文棟撰 清光緒二十三年（1897）湖南新學書局刻本 二冊

210000－0741－0004756 981.64/1048

[道光]遵義府志四十八卷首一卷 （清）平翰修 清道光二十一年（1841）遵義府署刻本 二十冊

210000－0741－0004757 981.64/4036

黔記四卷 （清）李宗昉撰 清光緒三十四年（1908）新昌胡氏京師鉛印間影樓輿地叢書本 一冊

210000－0741－0004758 981.64/9060

[咸豐]安順府志五十四卷首一卷 （清）常恩纂 清光緒十七年（1891）安順府署補刻本 十六冊

210000－0741－0004759 981.7/1126

蒙古遊牧記十六卷 （清）張穆撰 （清）何秋濤校 清同治六年（1867）壽陽祁氏刻本 四冊

210000－0741－0004760 981.7/1126/300－303

蒙古遊牧記十六卷 （清）張穆撰 （清）何秋濤校 清同治六年（1867）壽陽祁氏刻本 四冊

210000－0741－0004761 981.7/1126/45－48

蒙古遊牧記十六卷 （清）張穆撰 （清）何秋濤校 清同治六年（1867）壽陽祁氏刻本 四冊

210000－0741－0004762 981.7/1126/51－54

蒙古遊牧記十六卷 （清）張穆撰 （清）何秋濤校 清同治六年（1867）壽陽祁氏刻本 四冊

210000－0741－0004763 981.7/1126/55－58

蒙古遊牧記十六卷 （清）張穆撰 （清）何秋濤校 清同治六年（1867）壽陽祁氏刻本 四冊

210000－0741－0004764 981.7/6347

[光緒]綏遠志十卷首一卷 （清）貽穀修 清光緒三十四年（1908）綏遠將軍署刻本 六冊

210000－0741－0004765 981.8/2614

[嘉慶]衛藏通志十六卷首一卷附校字記 （清）和琳纂修 清光緒二十一年（1895）桐廬漸西村舍刻本 六冊

210000－0741－0004766 981.8/4434

西藏圖考八卷首一卷 （清）黃沛翹纂 清光緒二十三年（1897）京都刻本 二冊

210000－0741－0004767 981/3404

補三國疆域志二卷 （清）洪亮吉撰 清乾隆四十六年（1781）西安孫星衍刻本 一冊

210000－0741－0004768 982.2/7783

日本政治地理七編　（日本）矢津昌永撰
（清）陶鎔譯　清光緒二十八年（1902）上海商
務印書館鉛印本　一冊

210000－0741－0004769　982.52/6611

越南游歷記一卷　嚴璩撰　清光緒三十一年
（1905）鉛印本　二冊

210000－0741－0004770　983.2/2731

俄游彙編八卷　（清）繆祐孫纂　清光緒二十
四年（1898）上海書局石印本　六冊

210000－0741－0004771　983.3/4351

英軺日記十二卷　（清）載振撰　清光緒二十
九年（1903）上海文明編譯局鉛印本　四冊

210000－0741－0004772　990.01/1066

百將圖傳二卷　（清）丁日昌撰　清同治八年
（1869）江蘇書局刻本　二冊

210000－0741－0004773　991.01/0077

增補尚友錄二十二卷　（明）廖用賢編纂
（明）張伯琮補輯　清刻本　二十二冊

210000－0741－0004774　991.01/0081

文廟祀典考五十卷首一卷　（清）龐鍾璐撰
清光緒四年（1878）刻本　八冊

210000－0741－0004775　991.01/1125/302－303

高士傳續編二卷續一卷　（清）張允掄撰
（清）張丙嘉校訂　清光緒二十二年（1896）新
城縣署刻本　二冊

210000－0741－0004776　991.01/1125/304－307

廉吏傳三卷續編一卷　（清）張允掄撰　（清）
張丙嘉校訂　清光緒二十二年（1896）蓮池書
局刻本　四冊

210000－0741－0004777　991.01/1223

闕里文獻考一百卷首一卷末一卷　（清）孔繼
汾撰　清乾隆二十七年（1762）刻本　十二冊

210000－0741－0004778　991.01/1223－2

闕里文獻考一百卷首一卷末一卷　（清）孔繼
汾撰　清光緒十七年（1891）刻本　十二冊

210000－0741－0004779　991.01/1223－3

闕里文獻考一百卷首一卷末一卷　（清）孔繼

汾撰　清光緒刻本　八冊

210000－0741－0004780　991.01/1243/63－74

理學宗傳二十六卷　（清）孫奇逢撰　清光緒
六年（1880）浙江書局刻本　十二冊

210000－0741－0004781　991.01/1243/73－84

理學宗傳二十六卷　（清）孫奇逢撰　清光緒
六年（1880）浙江書局刻本　十二冊

210000－0741－0004782　991.01/2167

學統五十六卷　（清）熊賜履編　清康熙二十
四年（1685）下學堂刻本　十六冊

210000－0741－0004783　991.01/2553

重刻朱文端公三傳五十一卷　（清）朱軾
（清）蔡世遠訂　（清）李清植纂　清朱氏古懽
齋刻本　四冊　存八卷（歷代名儒傳一至四、
七至八，歷代循吏傳五至六）

210000－0741－0004784　991.01/2564

歷代臣鑒三十七卷　（明）宣宗朱瞻基撰　明
宣德元年（1426）內府刻本　十冊

210000－0741－0004785　991.01/2615

北學編四卷　（清）魏一鰲輯　清同治七年
（1868）蓮池書院刻本　三冊

210000－0741－0004786　991.01/2691

讀史筆記十二卷　（清）吳炟撰　（清）吳集禧
編　清咸豐七年（1857）文蔚堂刻本　四冊

210000－0741－0004787　991.01/3131

吳郡名賢圖傳贊二十卷　（清）顧沅輯　清道
光九年（1829）長洲顧氏刻本　十二冊

210000－0741－0004788　991.01/4045/590－649

藏書六十八卷　（明）李贄撰　明萬曆二十七
年（1599）金陵焦竑刻本　六十冊

210000－0741－0004789　991.01/4045/650－669

續藏書二十七卷　（明）李贄撰　明萬曆刻本
　二十冊

210000－0741－0004790　991.01/4447

儒林宗派十六卷　（清）萬斯同撰　清宣統三
年（1911）浙江圖書館刻本　二冊

210000 – 0741 – 0004791　991.01/4709

史學聯珠十卷　（清）胡文炳輯　清光緒十三年（1887）著易堂鉛印本　十冊

210000 – 0741 – 0004792　991.01/7433

金石學錄補四卷　（清）陸心源編　清光緒十二年（1886）陸氏刻本　一冊

210000 – 0741 – 0004793　991.01/7591

歷代節義名臣錄十卷　（清）陳炳纂　清光緒十二年（1886）金陵刻本　十冊

210000 – 0741 – 0004794　991.01/7714

楚寶四十卷外篇五卷　（明）周聖楷輯　清道光九年（1829）新化鄧氏刻本　二十四冊

210000 – 0741 – 0004795　991.01/8021

尊聞錄八卷　（清）蔡葛山　（清）曾受一糸述　清乾隆四十年（1775）刻本　八冊

210000 – 0741 – 0004796　991.0134/4014

南史列傳摘要不分卷　（唐）李延壽撰　清抄本　六冊

210000 – 0741 – 0004797　991.014/4421

脩史試筆二卷　（清）藍鼎元纂　清雍正十一年（1733）刻本　二冊

210000 – 0741 – 0004798　991.015/4438

唐才子傳十卷　（元）辛文房撰　清嘉慶十年（1805）陸氏三間草堂刻本　二冊

210000 – 0741 – 0004799　991.015/4438/670 – 701

宋元學案一百卷首一卷　（清）黃宗羲撰（清）全祖望補　清光緒五年（1879）長沙寄廬刻本　三十二冊

210000 – 0741 – 0004800　991.015/4438/901 – 948

宋元學案一百卷首一卷　（清）黃宗羲撰（清）全祖望補　清光緒五年（1879）長沙寄廬刻本　三十二冊

210000 – 0741 – 0004801　991.015/4438 – 2/13 – 44

宋元學案一百卷首一卷　（清）黃宗羲撰（清）全祖望補　清光緒五年（1879）上海文瑞樓石印本　三十二冊

210000 – 0741 – 0004802　991.015/4438 – 2/384 – 415

宋元學案一百卷首一卷　（清）黃宗羲撰（清）全祖望補　清光緒五年（1879）上海文瑞樓石印本　三十二冊

210000 – 0741 – 0004803　991.0151/1458

京口耆舊傳九卷　（宋）□□撰　清道光二十四年（1844）金山錢氏刻本　二冊

210000 – 0741 – 0004804　991.0151/2540/38 – 49

五朝名臣言行錄前集十卷後集十四卷續集八卷別集二十六卷外集十七卷　（宋）朱熹纂集（宋）李衡校正　清道光元年（1821）洪氏續學堂刻本　十二冊

210000 – 0741 – 0004805　991.0151/2540/88 – 99

五朝名臣言行錄前集十卷後集十四卷續集八卷別集二十六卷外集十七卷　（宋）朱熹纂集（宋）李衡校正　清道光元年（1821）洪氏續學堂刻本　十二冊

210000 – 0741 – 0004806　991.0151/2540 – 2

五朝名臣言行錄前集十卷後集十四卷續集八卷別集二十六卷外集十七卷　（宋）朱熹撰　清光緒十四年（1888）洪氏續學堂刻本　十二冊

210000 – 0741 – 0004807　991.0151/7433

元祐黨人傳十卷　（清）陸心源纂　清光緒十五年（1889）刻本　二冊

210000 – 0741 – 0004808　991.016/2767

欽定勝朝殉節諸臣錄十二卷首一卷　（清）紀昀撰　清嘉慶二年（1797）浙江布政使司謝啟昆刻本　三冊

210000 – 0741 – 0004809　991.016/2840

小腆記傳六十五卷補遺六卷　（清）徐鼒撰　清光緒十三年（1887）金陵刻本　十六冊

210000 – 0741 – 0004810　991.016/3145/61 – 68

史外八卷　（清）汪有典撰　清同治四年（1865）陝甘公所刻本　八冊

210000－0741－0004811　991.016/3145/799
－806

史外八卷　（清）汪有典撰　清同治四年
(1865)陝甘公所刻本　八冊

210000－0741－0004812　991.016/3145－2

史外八卷　（清）汪有典撰　清同治九年
(1870)陝甘公所刻本　八冊

210000－0741－0004813　991.016/4420

碧血錄五卷　（清）莊仲方輯　清光緒八年
(1882)上海同文書局石印本　五冊

210000－0741－0004814　991.016/4420/28－32

碧血錄五卷　（清）莊仲方輯　清光緒八年
(1882)上海同文書局石印本　四冊

210000－0741－0004815　991.016/4420/39－43

碧血錄五卷　（清）莊仲方輯　清光緒八年
(1882)上海同文書局石印本　五冊

210000－0741－0004816　991.016/4420/59－63

碧血錄五卷　（清）莊仲方輯　清光緒八年
(1882)上海同文書局石印本　五冊

210000－0741－0004817　991.016/4438

明儒學案六十二卷　（清）黃宗羲撰　清光緒
十四年(1888)南昌縣學刻本　二十四冊

210000－0741－0004818　991.016/4496

碧血錄二卷　（明）黃煜彙次　清道光知不足
齋刻知不足齋叢書本　二冊

210000－0741－0004819　991.016/7143

桐城耆舊傳十二卷　馬其昶撰　清宣統三年
(1911)刻本　六冊

210000－0741－0004820　991.016/7234

勝朝殉揚錄三卷　（清）劉寶楠撰　清同治十
年(1871)淮南書局刻本　四冊

210000－0741－0004821　991.016/7522

東林列傳二十四卷末二卷　（清）陳鼎撰　清
康熙五十年(1711)鐵肩書屋刻本　四冊

210000－0741－0004822　991.017/1127

國朝詩人徵略六十卷　（清）張維屏輯　清道
光十年(1830)粵東富子齋刻本　十冊

210000－0741－0004823　991.017/1127－2

國朝詩人徵略六十卷　（清）張維屏輯　清道
光十年(1830)粵東富子齋刻本　十冊

210000－0741－0004824　991.017/2627

昭代名人尺牘小傳二十四卷　（清）吳修輯
清光緒七年(1881)杭州亦西齋刻本　四冊

210000－0741－0004825　991.017/2846－2/28－39

學案小識十四卷首一卷末一卷　（清）唐鑑撰
清光緒十年(1884)四砭齋刻本　十二冊

210000－0741－0004826　991.017/2846－2/61－72

學案小識十四卷首一卷末一卷　（清）唐鑑撰
清光緒十年(1884)四砭齋刻本　十二冊

210000－0741－0004827　991.017/3077

欽定宗室王公功績續傳十二卷首一卷　（清）
高宗弘曆撰　清末北京刻本　十冊

210000－0741－0004828　991.017/3144/444
－447

國朝漢學師承記八卷國朝經師經義目錄一卷
國朝宋學淵源記二卷附記一卷　（清）江藩撰
清光緒九年(1883)山西書局刻本　四冊

210000－0741－0004829　991.017/3144－2/
356－359

國朝漢學師承記八卷國朝經師經義目录一卷
國朝宋學淵源記二卷附記一卷　（清）江藩撰
清光緒十一年(1885)掃葉山房刻本　四冊

210000－0741－0004830　991.017/3144－3/
209－211

國朝漢學師承記八卷國朝經師經義目录一卷
國朝宋學淵源記二卷附記一卷　（清）江藩撰
清光緒二十二年(1896)寶慶勤學書社刻本
三冊

210000－0741－0004831　991.017/3144－4/
345－348

國朝漢學師承記八卷國朝經師經義目录一卷
國朝宋學淵源記二卷附記一卷　（清）江藩撰
清光緒二十二年(1896)成都志古堂刻本
四冊

210000－0741－0004832　991.017/4010/082－111

國朝先正事略六十卷　（清）李元度撰　清光緒二十八年（1902）益元書局刻本　三十冊

210000－0741－0004833　991.017/4010－2/732－741

國朝先正事略六十卷　（清）李元度撰　清光緒十三年（1887）廣百宋齋鉛印本　十冊

210000－0741－0004834　991.017/4041

國朝耆獻類徵初編七百二十卷總目二十卷　（清）李桓輯　清光緒十六年（1890）湘陰李氏刻本　二百九十四冊

210000－0741－0004835　991.017/4330

平湖殉難錄一卷　（清）彭潤章輯　清光緒十二年（1886）刻本　一冊

210000－0741－0004836　991.017/6018

船山師友記十七卷首一卷　（清）羅正鈞纂　清光緒三十三年（1907）刻本　四冊

210000－0741－0004837　991.017/7727/605－684

滿洲名臣傳四十八卷漢名臣傳三十二卷　（清）□□撰　清末京都琉璃廠榮錦書坊刻本　八十冊

210000－0741－0004838　991.017/7727－2/597－676

滿洲名臣傳四十八卷漢名臣傳三十二卷　（清）□□撰　清末京都琉璃廠榮錦書坊刻本　八十冊

210000－0741－0004839　991.017/8027/39－46

貳臣傳十二卷逆臣傳四卷　（清）□□撰　清末刻本　八冊

210000－0741－0004840　991.017/8027－2/54－59

貳臣傳十二卷　（清）□□撰　清末刻本　六冊

210000－0741－0004841　991.017/8027－3/87－96

貳臣傳八卷逆臣傳二卷　（清）□□撰　清末北京榮錦書坊刻本　十冊

210000－0741－0004842　991.017/8324

碑傳集一百六十卷　（清）錢儀吉纂錄　清光緒十九年（1893）江蘇書局刻本　六十冊

210000－0741－0004843　991.017/8324－2

續碑傳集八十六卷　繆荃孫纂錄　清宣統二年（1910）江楚編譯書局刻本　二十四冊

210000－0741－0004844　991.017/8344

文獻徵存錄十卷　（清）錢林輯　（清）王藻編　清咸豐八年（1858）南通王氏有嘉樹軒刻本　十冊

210000－0741－0004845　991.02/7227/953

列仙傳校正本二卷列仙傳讚一卷夢書一卷　（清）王照圓撰　清光緒刻本　一冊

210000－0741－0004846　991.02/7227/954－957

列女傳補注八卷敘錄一卷校正一卷　（清）王照圓撰　清光緒刻本　四冊

210000－0741－0004847　991.02/7277

廣列女傳二十卷附錄一卷　（清）劉開纂　清光緒十年（1884）安徽刻本　六冊

210000－0741－0004848　991.02/7727/594－597

典故列女傳四卷　（清）□□撰　清光緒六年（1880）上洋江左書林刻本　四冊

210000－0741－0004849　991.02/7727/011－014

歷代名媛圖說二卷　（□）□□撰　清光緒五年（1879）上海點石齋石印本　四冊

210000－0741－0004850　991.02/7727/162－165

繪圖典故列女全傳四卷　題（□）曉星樵人復校　清宣統二年（1910）上海掃葉山房石印本　四冊

210000－0741－0004851　991.02/9715/26－31

蘭閨寶錄六卷　（清）惲珠輯　（清）蘭保校　清道光十一年（1831）紅香館刻本　六冊

210000－0741－0004852　991.02/9715/896－901

蘭閨寶錄六卷　（清）惲珠輯　清道光十一年（1831）紅香館刻本　六冊

210000－0741－0004853　991.027/4041

國朝賢媛類徵初編十二卷　（清）李桓輯　清

光緒十七年(1891)湘陰李氏刻本　六冊

210000－0741－0004854　991.03/3312

人表攷九卷　（清）梁玉繩撰　清光緒十四年
(1888)廣州廣雅書局刻本　五冊

210000－0741－0004855　991.04/1040

朱子年譜四卷考異四卷附錄二卷　（清）王懋
竑纂訂　清乾隆十七年(1752)白田草堂刻本
四冊

210000－0741－0004856　991.04/2622

人壽金鑑二十二卷　（清）程得齡輯　清嘉慶
二十五年(1820)安東程氏刻本　六冊

210000－0741－0004857　991.04/2699

歷代名人年譜十卷　（清）吳榮光編　清光緒
北京晉華書局刻本　十冊

210000－0741－0004858　991.04/3434/13－16

四洪年譜(洪忠宣公年譜)四卷　（清）洪汝奎
輯　清宣統三年(1911)晦木齋刻本　四冊

210000－0741－0004859　991.04/3434/24－27

四洪年譜(洪忠宣公年譜)四卷　（清）洪汝奎
輯　清宣統三年(1911)晦木齋刻本　四冊

210000－0741－0004860　991.05/1134

姓氏辯誤三十卷　（清）張澍撰　清道光十八
年(1838)西安張氏棗華書屋刻本　三冊

210000－0741－0004861　991.05/1724

古今姓氏書辯證四十卷　（宋）鄧名世撰
（清）錢熙祚校　清道光二十四年(1844)金山
錢氏刻守山閣叢書本　七冊

210000－0741－0004862　991.05/2123

新纂氏族箋釋八卷　（清）熊峻運撰　（清）李
正耀　（清）李正榮糸　清經綸堂刻本　四冊

210000－0741－0004863　991.05/3193/45－52

史姓韻編六十四卷　（清）汪輝祖述　清同治
十年(1871)金陵書局木活字印本　二十四冊

210000－0741－0004864　991.05/3193/77－82

史姓韻編六十四卷　（清）汪輝祖述　清同治
十年(1871)金陵書局木活字印本　二十四冊

210000－0741－0004865　991.05/3193－2

史姓韻編六十四卷　（清）汪輝祖輯　（清）馮
祖憲重校　清光緒十年(1884)耕餘樓鉛印本
十六冊

210000－0741－0004866　991.05/4627

新刊姓源珠璣六卷　（明）楊信民撰　明萬曆
二十八年(1600)關伯子刻本　三冊

210000－0741－0004867　991.06/2577

續修仲里誌六卷　（清）仲貽熙重纂　清光緒
二年(1876)五經堂刻本　五冊

210000－0741－0004868　991.06/4449/819

莆田前埭林氏大宗族譜(莆田林氏九牧大宗
族譜)十七卷首一卷　（清）林堯光等撰　清
抄本　一冊　存二卷(一、四)

210000－0741－0004869　991.06/4449/830

莆田前埭林氏大宗族譜二十四卷　（清）林堯
光等撰　清初至雍正十三年(1735)刻本　一
冊　存一卷(十四)

210000－0741－0004870　991.06/4491

太原家譜(洞庭王氏家譜)二十八卷首一卷末
一卷　（清）葉耀元纂修　清宣統三年(1911)
刻本　三十冊

210000－0741－0004871　991.06/7579

春秋世族譜一卷　（清）陳厚耀撰　清刻本
一冊

210000－0741－0004872　991.067/6715

八旗滿洲氏族通譜八十卷　（清）鄂爾泰總裁
（清）呂熾纂修　清乾隆九年(1744)內府刻
本　二十四冊

210000－0741－0004873　991.067/7144

欽定八旗氏族通譜輯要不分卷　（清）阿桂
（清）和珅輯　清乾隆五十七年(1792)武英殿
刻本　二冊

210000－0741－0004874　991.1/1725

三遷志十二卷　（清）王特選增纂　清康熙六
十一年(1722)刻本　四冊

210000－0741－0004875　991.108/4914

孔孟編年八卷　（清）狄子奇編　清光緒十三年(1887)浙江書局刻本　二冊

210000－0741－0004876　991.151/1040

朱子年譜四卷攷異四卷附錄二卷校勘記二卷　（清）王懋竑纂訂　清同治九年(1870)應氏刻本　四冊

210000－0741－0004877　991.151/1040－2/19－22

朱子年譜四卷攷異四卷附錄二卷校勘記二卷　（清）王懋竑纂訂　清光緒九年(1883)武昌書局刻本　四冊

210000－0741－0004878　991.151/1040－2/38－41

朱子年譜四卷攷異四卷附錄二卷校勘記二卷　（清）王懋竑纂訂　清光緒九年(1883)武昌書局刻本　四冊

210000－0741－0004879　991.151/1040－2/95－98

朱子年譜四卷攷異四卷附錄二卷校勘記二卷　（清）王懋竑纂訂　清光緒九年(1883)武昌書局刻本　四冊

210000－0741－0004880　991.17/4497

黃梨洲先生［宗羲］年譜三卷黃忠端公［尊素］年譜二卷　（清）黃炳垕編　清光緒二十五年(1899)留書種閣刻本　四冊

210000－0741－0004881　991.33/2553/530－545

歷代名臣傳三十五卷續編五卷　（清）朱軾（清）蔡世遠訂　（清）張江分纂　清雍正七年(1729)刻本　十六冊

210000－0741－0004882　991.33/2553/546－549

歷代循吏傳八卷　（清）朱軾　（清）蔡世遠訂（清）張福昶分纂　清雍正七年(1729)刻本（與210000－0741－0004881合刻）

210000－0741－0004883　991.3351/4429

宋忠定趙周王別錄八卷宋忠定奏議四卷　葉德輝輯　清宣統二年(1910)長沙葉氏刻本六冊

210000－0741－0004884　991.336/7726

周忠介公燼餘集三卷附錄年譜一卷　（明）周順昌撰　清刻郎園先生全書本　二冊

210000－0741－0004885　991.337/0033

章午峰先生年譜一卷日記一卷　（清）章家祚編　清光緒十八年(1892)銅陵章家祚刻本一冊

210000－0741－0004886　991.337/0900/905－906

凝香室鴻雪因緣圖記二卷　（清）麟慶撰　清道光二十一年(1841)蘇州雲蔭堂刻本　二冊

210000－0741－0004887　991.337/0900－2/169－171

鴻雪因緣圖記三集六卷　（清）麟慶撰　（清）汪英福　（清）陳鑒繪圖　清光緒十二年(1886)上海同文書局石印本　三冊

210000－0741－0004888　991.337/0900－3/138－143

鴻雪因緣圖記三集六卷　（清）麟慶撰　（清）汪英福　（清）陳鑒繪圖　清光緒十二年(1886)上海點石齋石印本　六冊

210000－0741－0004889　991.337/0900－4/83－88

鴻雪因緣圖記三集六卷　（清）麟慶撰　（清）汪英福　（清）陳鑒繪圖　清光緒六年(1880)上海點石齋鉛印本　六冊

210000－0741－0004890　991.337/1034

王靖毅公年譜二卷附錄四種四卷　（清）王家勤編　清同治刻本　六冊

210000－0741－0004891　991.337/1188

雷塘庵主弟子記八卷　（清）張鑑等錄　清咸豐娜環仙館刻本　四冊

210000－0741－0004892　991.337/2706/994－995、997

曾文正公［國藩］年譜十二卷　（清）黎庶昌輯清光緒二年(1876)傅忠書局刻本　三冊存九卷(一至六、十至十二)

210000－0741－0004893　991.337/2706－2/25－28

曾文正公事畧四卷　（清）王定安撰　清光緒元年(1875)北京刻本　四冊

210000－0741－0004894　991.337/2706－2/405－406

曾文正公事畧四卷　（清）王定安撰　清光緒元年(1875)北京刻本　二冊

210000－0741－0004895　991.337/2706/600

曾文正公榮哀錄不分卷　（□）□□撰　清同治十一年(1872)著易堂書局石印本　一冊

210000－0741－0004896　991.337/4240

詒穀老人手訂年譜一卷　（清）彭蘊章編　清同治七年(1868)刻本　一冊

210000－0741－0004897　991.337/4428

張制軍[亮基]年譜二卷　（清）林紹年編　清光緒三十一年(1905)張祖祐刻本　二冊

210000－0741－0004898　991.337/4497

還讀我書室老人手訂年譜二卷　（清）董恂編　清光緒刻本　二冊

210000－0741－0004899　991.337/7180

[裕泰]東岩府君年譜不分卷　（清）長善等編　清同治九年(1870)廣州刻本　一冊

210000－0741－0004900　991.337/7720

駱文忠公自訂年譜二卷　（清）駱秉章撰　清光緒二十一年(1895)思賢書局刻本　二冊

210000－0741－0004901　991.34/4042

李氏譜系四卷　（清）李樹德重修　清康熙六十一年(1722)刻本　四冊

210000－0741－0004902　991.34/7515

註釋評點古今名將傳(古今名將兵法列傳)十七卷附錄一卷　（明）陳元素評點　明天啓三年(1623)金閶餘慶堂刻本　六冊

210000－0741－0004903　991.3451/7211

鄂國金陀粹編二十八卷　（宋）岳珂撰　清光緒九年(1883)浙江書局刻本　六冊

210000－0741－0004904　991.347/4432

德壯果公[楞泰]年譜三十卷　（清）花沙納編　清咸豐七年(1857)致遠堂刻本　十六冊

210000－0741－0004905　991.77/6040

洪北江先生[亮吉]年譜一卷　（清）呂培等編次　清光緒三年(1877)洪用懃授經堂刻洪北江全集本　一冊

210000－0741－0004906　991.823/2717/07

右軍[王羲之]年譜一卷叢談一卷　（清）魯一同編　清咸豐五年(1855)刻本　一冊

210000－0741－0004907　991.823/2717/22

右軍[王羲之]年譜一卷叢談一卷　（清）魯一同編　清咸豐五年(1855)刻本　一冊

書名筆畫字頭索引

六畫

九畫

245

十畫

十一畫

247

十二畫

十六畫

十七畫

十八畫

253

書名筆畫索引

三畫

四畫

五畫

269

七畫

272

八畫

278

九畫

285

289

291

十一畫

294

十二畫

297

十三畫

304

十四畫

308

309

十五畫

二十畫

二十一畫

二十二畫

二十三畫

二十四畫